广西金融前沿报告 2018

周建胜　蔡　幸　主编

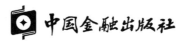

中国金融出版社

责任编辑：吕　楠
责任校对：孙　蕊
责任印制：程　颖

图书在版编目（CIP）数据

广西金融前沿报告2018／周建胜，蔡幸主编 . —北京：中国金融出版社，2019.7
ISBN 978 − 7 − 5220 − 0153 − 1

Ⅰ.①广…　Ⅱ.①周…　②蔡…　Ⅲ.①地方金融事业—经济发展—研究报告—广西—2018　Ⅳ.①F832.767

中国版本图书馆 CIP 数据核字（2019）第 129580 号

广西金融前沿报告 2018

Guangxi Jinrong Qianyan Baogao 2018

出版
发行　**中国金融出版社**

社址　北京市丰台区益泽路 2 号
市场开发部　(010)63266347，63805472，63439533（传真）
网 上 书 店　http://www.chinafph.com
　　　　　　　(010)63286832，63365686（传真）
读者服务部　(010)66070833，62568380
邮编　100071
经销　新华书店
印刷　保利达印务有限公司
尺寸　185 毫米 ×260 毫米
印张　20
字数　428 千
版次　2019 年 7 月第 1 版
印次　2019 年 7 月第 1 次印刷
定价　65.00 元
ISBN 978 − 7 − 5220 − 0153 − 1
如出现印装错误本社负责调换　联系电话(010)63263947

实体经济是国民经济发展的根基。为了推动经济从高速增长向高质量发展转变，中国提出构建现代金融体系。通过深化金融供给侧结构性改革，满足实体经济多元化发展的需要；鼓励金融创新，引导经济资源合理配置，提高配置效率，缓解融资难、融资贵、融资慢等问题，切实降低社会融资成本。

2018 年，中央及地方各级政府、各职能监管部门都在认真贯彻落实党的十九大报告、中央经济工作会议和全国金融工作会议精神，增强对制造业的金融支持力度，着力缓解中小微企业获取金融服务结构不均衡、供给不充分等问题。搭建金融大数据平台，扩大普惠金融覆盖范围，允许金融机构在风险可控的条件下积极创新，营造公平竞争市场环境，降低制度性交易成本。根据第一财经研究院发布的数据，2018 年中国金融条件指数由年初的正值逐渐调整至年末的负值，意味着金融环境由适度收紧转变为适度放松。这与2018 年上半年"去杠杆"、下半年"稳杠杆"的宏观调控步伐基本吻合。

继 2016—2017 年降成本"新41 条""新28 条"之后，广西2018 年实施优化营商环境大行动，推出《关于加大金融支持实体经济发展的若干措施》（即"新16 条"），旨在提升金融服务实体经济的水平与效率。2013—2018 年广西沿边金融改革顺利完成，先行先试沿边金融、跨境金融和地方金融改革，并梳理12 条可复制推广的"广西经验"。沿边金融改革推出的一系列创新举措，促进了实体经济的发展。例如，"互市＋金融服务"的发展模式与人民币对东盟国家货币区域银行间交易平台、人民币对越南盾银行柜台挂牌"抱团定价"和"轮值定价"模式、试验区六市金融同城化、边贸外汇收支差异化管理等。广西跨境保险产品从无到有，而且跨境保险业务发展走在全国前列。2018 年末，广西建设面向东盟的金融开放门户上升为国家战略。这不仅是我国金融改革开放战略的重要尝试，而且也是广西沿边金改的深化与发展，以及构建"南向、北联、东融、西合"全方位开放新格局的重要支撑。

在现阶段，由于金融市场结构单一、直接融资比重偏低、营商环境亟待优化、市场信息披露不够充分、社会信用体系不够完善等原因，广西金融业自身应有的效率激励功能、效率约束功能都没有充分发挥出来，从而在一定程度上制约了实体经济的发展。广西正在通过进一步深化经济体制改革，加快金融改革开放步伐，努力解决这些问题。

2018 年恰逢中国改革开放 40 周年、广西壮族自治区成立 60 周年。四十年来，中国逐步构建起中国特色的现代金融体系框架，并日臻完善。伴随着一次又一次的思想解放和市场经济探索，广西金融业的开放程度也在不断提高。为了更好地总结新形势下广西金融业发展的最新理论成果和实践经验，我们组织了广西财经学院金融与保险学院的教授、博士们撰写《广西金融前沿报告 2018》。内容包括主题报告、专题报告和附录图表 3 个部分。其中，第一部分"主题报告"有 3 份研究报告，即广西银行业发展分析报告、广西证券业发展分析报告、广西保险业发展分析报告；第二部分"专题报告"有 8 份研究报告，即广西沿边金融改革政策效果分析报告、广西地方性商业银行信贷风险与防范分析报告、广西银行业的 SWOT 分析报告、商业银行支持广西特色小镇建设分析报告、广西农村信用社发展分析报告、广西农村普惠金融发展分析报告、广西上市公司 ESG 绩效分析报告、泰国的外商直接投资现状与趋势分析报告；第三部分"附录图表"有 30 张图表，直观地展示近年来国际国内宏观经济发展状况及金融市场主要指标波动情况，可以作为《广西金融前沿报告 2018》的研究背景。

《广西金融前沿报告 2018》是继《广西金融前沿报告 2016》《广西投资前沿报告 2017》之后，广西财经学院金融与保险学院推出的年度智库蓝皮书系列的第三本。与前两本系列研究报告相比，不但紧扣 2018 年广西金融业服务实体经济与支持中小微企业发展的实践，而且还首次增加了东盟国家投资状况的国别研究（如泰国），契合广西建设面向东盟的金融开放门户这一国家战略。本书以广西经济金融热点、难点及前沿问题研究为重点，将理论研究和应用研究相结合，旨在为促进金融回归实体经济并实现广西经济高质量发展提供强有力的智力支撑。

由于作者研究水平有限，时间仓促，书中难免存在疏漏与不足，恳请专家学者与广大读者不吝赐教。

广西财经学院金融与保险学院

2019 年 1 月 25 日

目录

第一部分　主题报告

第二部分　专题报告

第三部分　附录

第一部分　主题报告

1. 广西银行业发展分析报告

改革开放以来,广西银行业经过40年的飞速发展,在促进经济与社会发展等各个方面都取得了举世瞩目的丰硕成果,同时为国民经济快速发展作出了突出的贡献。随着经济社会的不断发展,尤其是在经济进入新常态的宏观背景下,银行业也在经历着深刻的变革,面对金融行业经营环境的恶化、金融监管不断趋严、新竞争者与各种层出不穷的替代品的冲击以及金融科技公司的快速发展等一系列新环境新契机,银行业在其发展过程中积累的体制机制上的一些矛盾和问题逐渐显露,严重制约了银行业对国民经济社会强大推动作用的发挥,因此时刻掌握学界和业界的前沿动态焦点,敏锐地分析当下银行业所面临的各种新形势,对新常态下加快广西银行业发展的研究具有较强的实践意义。

一、国内外经济环境分析与展望

2017年以来,世界经济总体复苏态势优于预期,同时世界经济增长的动力不断累积。在经济复苏的带动下,全球市场的需求回暖,国际间贸易增长动力增强。2018年是世界经济由收缩向复苏转变的关键期,虽然世界经济复苏的可持续性仍是支撑全球贸易保持稳定增长的基本条件之一,但值得注意的是,2017年的贸易高增长基数会对2018年的贸易增速造成压力,同时世界主要国家实施的紧缩政策以及其对经济的保护主义和地缘政治风险同样也在影响着全球贸易的增长速度。这样一个外部的经济形势对我国而言是机遇与挑战并存的,由此对国际经济环境进行分析具有必要性。

(一) 国际经济运行概况

1. 国际贸易增长速度有所放缓

贸易增长率反映的是全球的生产效率以及全球贸易市场之间的竞争,高贸易增长率有利于全球经济发展。在国际金融危机爆发后,国际贸易间流动一直处于疲软的状态,至2017年世界经济才开始温和复苏,同时全球制造业生产回暖,国际贸易出现反弹,其增速为2011年以来最快。2018年上半年,全球经济延续了2017年的复苏势头,但受美国发起的贸易摩擦、世界主要国家继续实施紧缩的货币政策以及地缘政治风险结构性转换等事件的影响,全球的贸易增速有所放缓。

2. 国际金融市场持续震荡

全球外汇市场在美国经济持续复苏、美联储不断加息等因素的综合影响下,2018年上半年整个市场呈现出较大的波动:一是美元停止下跌开始逐步回升;二是欧盟、英国、日本等发达国家的货币纷纷经历先升后贬的过程；三是新兴市场上货币兑美元的汇率整体呈现出贬值的态势，这一情况导致外汇市场上的汇率风险急剧上升。总体来看，2018年主导汇率市场的核心力量毫无疑问是美元的走势。并且我们可以预见的是未来推动美元继续走强的关键动力会是特朗普"美国优先"的一揽子货币政策。一是美联储不断加息的政策使得美元资产的收益率不断提高，这使得美国流出的大量资本开始回流；二是美国与欧盟、日本、中国和墨西哥等国家的贸易摩擦不减反增，使得其他国家陷入实施经济放缓政策，整体风险被迫上升的窘境，以此推动国际市场的资金不断向美国回流。对新兴市场而言，资金大量流向美国对其经济的影响毫无疑问是巨大的，这将使其货币遭受进一步贬值的风险。在这样的经济背景下，阿根廷、土耳其等国家的货币危机有可能会继续发酵，同时巴西、印度等国家也会存在不断增加的汇率风险。发达国家自身受欧元区货币通胀回升和生产端扩张趋势放缓的影响，未来欧元可能继续贬值；由于近期日本和英国经济都处于稳健增长的状态，其自身的通胀状况都有所改善，在美元反弹的周期下日元、英镑汇率的双向波动将会有所加大。

（二）中国经济概况

1. 国民经济总体平稳，经济结构优化升级

2018 年上半年，我国 GDP 与上年同期相比增加了 6.8 个百分点。分季度来看，第一季度与上年同期相比增加了 6.8 个百分点，第二季度与上年同期相比增加了 6.7 个百分点。我国经济在房地产投资和出口增长等因素的带动下，总体呈现出平稳增长的态势。其中，工业生产情况总体平稳。2018 年上半年全国规模以上工业增加值增加了 6.7 个百分点，较上年同期回落了 0.2 个百分点。与此同时，工业企业利润在上年同期 22.7 个百分点的高增长基础上，仍然能在 2018 年前 5 个月达到同比增长 16.5 个百分点的高增长速度。全国城镇调查失业率已连续 3 个月低于 5%，在全球范围内我国的失业率仍然处于较低水平。

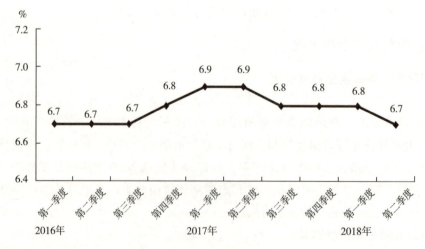

资料来源：国家统计局。

图 1－1　2016 年第一季度至 2018 年第二季度中国 GDP 同比增速

2. 固定资产投资增速小幅回落

2018 年上半年，我国固定资产投资与上年同期相比增长了 6 个百分点；资本聚集对经济增长的推动作用依旧显著，对 GDP 增长的贡献率为 31.4%，比上年同期减少了 1.3%。

就地区而言，2018 年上半年，东部地区投资与上年同期相比增加了 5.5 个百分点。中部地区投资与上年同期相比增长了 9.1 个百分点，西部地区投资与上年同期相比增长了 3.4 个百分点。从上述数据来看，中国各个地区的投资增长率以中部地区为主导。自 2018 年以来，中国东北地区的投资由负面转为正面，投资增长稳步回升。1 月至 5 月和同年第一季度的增长率分别上升了 4.1 个和 4.9 个百分点；其中，辽宁省投资增长较为可观，2018 年上半年增长了 12.1 个百分点，增幅比全国平均水平高 6.1 个百分点。

从行业来看，我国第一产业投资与上年同期相比增长了 13.5 个百分点；第二产业投资与上年同期相比增长了 3.8 个百分点；第三产业投资与上年同期相比增长了 6.8 个百分点。从产业投资结构来分析，目前三大投资构成还是以房地产投资的增速为首。2018 年上半年，全国房地产开发投资增长了 9.7%，比上年同期增加了 1.2 个百分点。近年来，中国部分企业的经营利润有所提升，国家也在持续加大对高新技术产业的投入，2018 年上半年，中国制造业投资增长了 6.8 个百分点，比上年同期增加了 1.3 个百分点。此外，2018 年上半年，我国基建投资比上年同期大幅放缓 13.8 个百分点，究其原因是受表外融资收缩与 PPP 清理等因素的影响，由此可知这就是导致我国固定资产投资增速回落的主要原因。

3. 城乡居民消费增速有所放缓

2018 年上半年，我国社会消费品零售总额比上年同期下降了 1 个百分点。但由于国民经济水平不断提升，国内消费开始为经济增长提供源源不断的动力，2018 年上半年我国消费对经济增长的贡献达到了 78.5% 的高水平，较上年同期提高 14.2 个百分点。其中，城镇消费品零售额与上年同期相比增长了 9.2 个百分点；乡村消费品零售额增长了 10.5 个百分点。按消费类型来分，餐饮收入与上年同期相比增长了 9.9 个百分点；商品

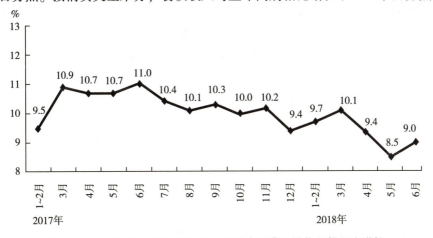

图 1-2　2017 年 1 月至 2018 年 6 月社会消费品零售总额同比增长

零售增长了 9.3 个百分点，其中限额以上单位商品零售同比增长 7.6%。值得注意的是，2018 年上半年全国网上零售总额为 40810 亿元，与上年同期相比增长了 30.1%。其中，实物商品的网上零售总额为 31277 亿元，同比增长了 29.8%，占消费品零售总额的 17.4%；实物商品的网上零售额中，食品、服装和生活类商品分别增长了 42.3%、24.1% 和 30.7%。

4. 对外贸易不确定性增加

2018 年上半年，我国出口总值增长了（以美元计价）12.8%，与上年同期相比增加了 5.1 个百分点；进口总值增长了 19.9%，与上年同期相比增加了 1 个百分点。受中美贸易摩擦的影响，2018 年上半年我国净出口对 GDP 增长的贡献率下降得比较快。在 2018 年下半年，我国的出口增长将面临一定的不确定性和挑战。

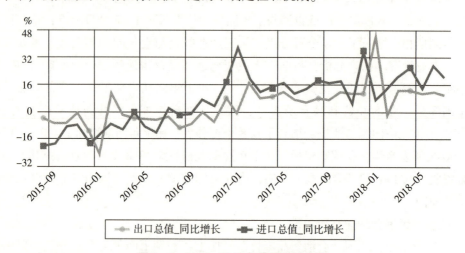

图 1-3　2015—2018 年我国进出口值

5. 财政金融

2018 年中国政府不断稳定和完善宏观经济政策，积极的财政政策持续发力，稳健的货币政策灵活适度，继续加大对实体经济支持力度。2018 年上半年全国一般公共预算收入为 104331 亿元，与上年同期相比增长了 10.6 个百分点。其中，中央一般公共预算收入与上年同期相比增长了 13.7 个百分点；地方一般公共预算本级与上年同期相比增长了 8 个百分点。全国一般公共预算收入中的税收收入与上年同期相比增长了 14.4 个百分点；非税收入与上年同期相比下降了 10.8 个百分点。全国一般公共预算支出与上年同期相比增长了 7.8 个百分点，占 2018 年年初预算的 53.2%，它与上年同期相比增加了 0.1 个百分点。截至 2018 年 6 月底，广义货币余额为 177.02 万亿元，与上年同期相比增加了 8 个百分点，增速与上年同期相比减少了 1.1 个百分点；狭义货币余额为 54.39 万亿元，与上年同期相比增加 6.6%，增速比上年同期低 8.4 个百分点；流通中货币余额为 6.96 万亿元，与上年同期相比增加了 3.9 个百分点。2018 年上半年人民币贷款同比增加 1.06 万亿元。从部门来看，住户部门贷款增加 3.6 万亿元，其中，短期贷款增加 1.1 万亿元，中长期贷款增加 2.5 万亿元；非金融企业及机关团体贷款增加 5.17 万亿元，其中，短期贷款增加 8731 亿元，中长期贷款增加 3.72 万亿元，票据融资增加 3869 亿元；非银行业金融机构贷款增加 2334 亿元。

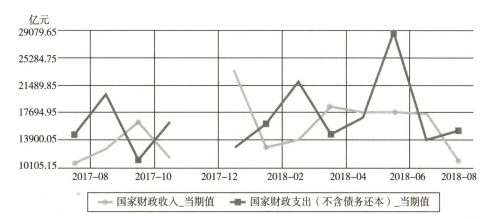

图 1 - 4　2017—2018 年国家财政预算完成情况

表 1 - 1　　　　　　2016 年至 2018 年上半年中国宏观经济主要指标　　　　　单位:%

指标名称	2016 年	2017 年	2018 年上半年
国内生产总值增长率	6.7	6.9	6.8
规模以上工业增加值增长率	6.0	6.6	6.7
全社会固定资产投资增长率	8.1	7.2	6.0
出口增长率	-1.9	10.8	12.8
进口增长率	0.6	18.7	19.9
居民消费价格总水平涨幅	2.1	1.6	2.0
M_0 增长率	8.1	3.4	3.9
M_1 增长率	21.4	11.8	6.6
M_2 增长率	11.3	8.2	8.0

　　综上所述，2018 年上半年我国经济延续了 2017 年总体平稳、稳中向好的发展态势，并且能够支撑经济迈向高质量发展的有利条件越来越多，这就为 2018 年实现全年经济社会主要发展目标创造出优良的基础条件。虽然 2018 年我国面临的外部经济情况并不乐观，进出口贸易的难度增大，国际市场不稳定，与此同时，我国国内进行的结构调整也正处于攻关期，在这样的情况下，中国经济发展必须坚持稳步推进的总体基调，保持战略力度，坚持以供给侧结构性改革为主线，持续扩大市场有效需求，金融业要着力于振兴实体经济，积极、冷静地应对外部的挑战，防范各类风险隐患，引导和稳定社会预期，科学、全面地促进稳定增长，继续深化改革，调整结构，造福民生，防范风险，确保中国经济平稳健康运行。

（三）国内外经济形势下广西银行业的发展策略

现今我国供给侧结构性改革的推进以金融服务实体经济为主要动力。面对2018年复杂多变的国内外经济形势，金融与实体经济之间的关系在这一时期更为关键，我国金融与经济的运行发展都会受其直接影响。2017年全国金融工作会议明确地向银行业提出了"回归本源，服从服务于经济社会发展"的要求，并在会上强调"为实体经济服务是金融的天职"。所以银行业作为广西金融的龙头，应正确认识自身所肩负的社会责任，坚守住金融风险的底线，重新规划自身发展，积极投入金融服务实体经济，实现金融"脱虚向实"的战略中去。

1. 积极发展中间业务应对利差缩小

随着利率市场化的程度越来越深，我国商业银行以利差收入为主的传统盈利模式遭受巨大冲击，广西银行业也不例外。2017年末，广西本外币各项存款余额为2.8万亿元，虽然与上年同期相比增长了9.5%，但其增速却比上年同期下降了2.3个百分点。由此可见商业银行转变盈利模式刻不容缓，当下发展中间业务是商业银行应对利差缩小的有效举措。在商业银行发展的各项业务中，中间业务战略价值巨大，20世纪90年代以来，国际上商业银行的营业收入的主要来源已然变为不断丰富的中间业务，而商业银行传统的信贷业务的利润贡献因不断下降而慢慢淡出。商业银行的中间业务越发丰富，从支付结算发展到融资担保，从个人财富管理丰富到企业金融服务方案，从货币市场扩张到资本市场，中间业务的不断发展不仅极大地丰富了商业银行的营业收入来源，而且大大降低了商业银行的经营风险。当前广西商业银行的中间业务趋于单一化和同质化，各家商业银行的中间业务并不具备核心的竞争性，由此可见，广西银行业的发展需要创新多元化的中间业务发展模式。

一是建立混业经营制，发展私人银行业务。私人银行业务不同于普通的银行个人业务，私人银行业务的主要内容包括为客户提供私人的财富管理、专享的增值服务和全面的金融规划方案，是为高资产客户提供的专属业务。国际上大多数知名银行早已不再受分业经营的限制，开始专注于为自家客户提供银行、证券、保险、信托等一揽子金融服务，已然建立起了混业经营制度。对广西银行业来说，要确保私人银行业务能够健康发展，广西银行业需要在打破分业经营的壁垒，逐步实现混业经营的同时不断提高自身的服务质量和业务能力，以此增强自身的竞争力。

二是运用金融科技，拓宽信用卡业务。在商业银行所经营的业务中，信用卡业务毫无疑问是其高回报、低资本占用的业务之一。所以商业银行在其发展过程中必须重视信用卡业务的发展。广西各家商业银行的信用卡业务还处于不断挖掘、探寻自身亮点与优势的发展中，因此广西银行业需要金融科技为其发展助力。金融科技不仅可以加快商业银行由线下转线上、由人工转自助的进程，还可以打破空间的限制实现商业银行客服中心、网点和自助渠道的统一。利用大数据可以实时关注各个客户的动态，同时关注客户的信用变化情况，以便及时对客户的授信额度进行调整，以此降低商业银行的风险。对大数据的统计分析还能使商业银行实现对不同客户、不同贷款对象提供差别化定价策略，以此实现利润最大化。

三是提供针对服务，发展结算业务。结算业务属于商业银行主要的中间业务。商业银行的结算业务又分为个人结算业务和对公结算业务两个方面。在个人结算业务中，广西各个商业银行需要主动地去发现、挖掘各个客户是否存在外币存款和外币业务的需求，同时加大对其增值业务的发展力度。通过服务的多样化和产品种类多元化来吸引有外币业务需求的客户，并为其提供有针对性的外币存款和个人外币业务。在对公结算业务中，广西银行业需要打造出对公网络综合服务平台，整合结算和现金管理产品，提升对公产品的服务能力，为客户提供更为便利的一站式服务。

2. 提升自身风险承受能力，抵御外部风险

2018 年以来，国际市场动荡因素不断增多，由于中美两国的贸易摩擦持续升温极大地提升了全球经济的不确定性，我国面临越发严峻的外部形势，尽管这样的情况对我国经济的最终影响有待观察，但由贸易摩擦产生的种种不良因素还是使我国金融市场产生了明显的波动，使我国银行业不得不重新规划自身的资产负债配置，增强对流动性风险、信用风险和市场风险等各类风险的管理，这对我国银行业而言无疑是一个新的挑战，尤其是在进出口贸易特别是出口增长方面。虽然我国出台了大量针对性的政策来降低外部环境对国内经济市场的影响，但这样的外部环境使我国存在经济下行的压力。因此，广西银行业需要重新审视自身的发展情况，重视自身的风险把控能力以应对当前形势。

一是加强对风险的把控。在当前复杂多变的内外部环境下，广西银行业更需要着重加强自身对流动性风险、信用风险和市场风险等各类风险的主动管理，要求广西银行业积极从调整自身的资产构架及配置出发，增加风险对冲策略及避险政策，同时还要及时监察国内外市场的情况，以此来审视自己现行所面临的情况，将风险控制在自身可承受的范围之内。

二是加快落实回归服务实体的转型。在贸易摩擦的环境下，广西相关企业的经营活动将会受到很大的影响，以对外贸易为主的企业首当其冲，它们很可能会出现盈利倒退、现金流减少、偿还能力下降等情况。然而值得注意的是，出现短期压力并不能代表企业自身长期的基本面出现了问题，因此广西商业银行需要重点关注的是企业的抗压能力，并且在众多企业中寻找出具备强复原能力、有增长潜力的优质企业，而后对其在信贷投放上作出适度的战略性扶持。在严峻经济形势下更应该加大对实体企业的扶持，为实体经济增加活力。这是广西商业银行所需承担的社会责任，也是稳定商业银行长期的客户来源，降低自身风险的重要途径。

3. 积极转变业务模式，转型发展"大零售"

党的十九大和中央经济工作会议指出，中国特色社会主义和我国经济发展进入新时代。在新时代的背景下，零售金融也将有新的发展：从宏观经济看，经济发展稳定且持续向好，人民生活不断富裕，从前被银行业忽略的普惠业务需求量不断增加，银行可发展的业务出现新"蓝海"。从监管约束看，在监管不断趋强的形势下，银行业开展零售金融领域的经营较之前将更加规范有序，这为商业银行零售金融业务的可持续发展打下良好的基础。从行业生态看，互联网技术的飞速发展使零售金融不论是产业链条、市场格局还是理念文化都发生了一系列深刻变化，"互联网＋零售金融"的不断磨合、发展使银行业的普惠业务可以创新出不同于以往的经营业态。从服务主体看，新时代下的客户相较于传统更加关注个性、强调用户体验感受与掌控力，同时拥有更多的话语权，这些条件使零售金融供给侧结构性改革从内部就拥有强大的动力。从技术条件看，科技的发展程度决定着商业银行零售金融业务的战略远见和服务能力，金融科技的不断发展为商业银行各个方面创新转型赋予了无限可能，使"将合适的产品、通过合适的渠道、配置给合适的客户"这一目标有望成为现实。

在同样的业务规模下，银行经营零售业务与经营传统公司业务相比，零售业务更为多元化，使银行经营零售业务能够更好地分散商业银行的风险，能够更好地实现商业银行质量、效益和规模等各个方面的协调发展。同时商业银行经营零售业务所能获得的贷款收益率较经营传统公司业务来说也更高，并且其所获的收益受经济周期波动影响较小，使商业银行能够获得更为稳定的收益；除此之外，商业银行对零售客户的议价能力与企业相比也更强，这就使商业银行能够获得更大的缓释银行息差缩窄压力的空间。2018 年我国的经济增速平稳趋缓，并且随着我国利率市场化改革的不断深入，商业银行零售业务的重要性越发显著，发展零售金融将是商业银行未来发展的大势所趋。在此背景下广西银行业应紧跟发展浪潮，注重自身零售金融业务的发展。

一是发展交叉销售，稳定客户群体。交叉销售的本质就是针对现有的客户资源不断发现、挖掘其需求，提供有针对性的服务，在保证稳住原有业务的基础上，吸引现有客户办理更多的金融业务，以此不断提高其经济效益，这是商业银行业务发展由广转深的一种转型。着力于发展交叉销售与商业银行着力于去发现新客户相比，交叉销售这种对银行本身一直维护着的存量客户进行交叉销售的策略，不仅使商业银行的营销产品收获更好的销售成果，还可以使银行处于信息优势方以此有效地降低银行业务的各类风险。着力于增强客户的黏性，注重提高商业银行的忠实客户数量是我国商业银行发展的新方向。由于我国商业银行在交叉销售这一块起步较晚，广西银行业更应加大对推进交叉销售战略的力度，把握住深度挖掘存量客户交叉销售的机会，并且商业银行不仅需要运用信息数据对不同客户群体制定有针对性的全套服务，还要对客户和内部员工分别制定可以推进交叉销售的有效激励措施。

二是利用大数据技术，发力消费金融蓝海。改革开放以来，我国居民收入水平不断提升，我国的社会财富不断积累，消费结构也因此不断升级。这使越来越多的人开始关注家庭汽车、家用电器、家庭家具、房屋装修等家庭消费品，还使越来越多的大众开始重视教育、医疗、通信、娱乐、旅游等服务性消费，因此我国国民的消费需求无论是在广度还是在深度上都有了大幅提升。从我国的经济转型与经济结构调整两个方面来看，房地产行业无疑是在我国众多行业中运用投资拉动经济体的最主要的发展行业。从国民消费需求的变动我们可以预见的是，我国的经济结构未来将会由投资拉动型开始逐步转向消费带动型，我国未来的整个大消费行业一片蓝海，对于这样的经济形势，银行业需要把握住发展机会，自身的信贷应跟上经济转型的步伐，大力发展消费金融业务。

2017 年，广西社会消费品零售总额为 7813 亿元，与上年同期相比增长了 11.2%，消费零售总额的增速已实现连续两年回升。其中，汽车、石油类和中西药品类的商品销售依旧保持平稳增长，这三类商品是推动消费品零售增长的主力军，2017 年合计对限额以上单位消费品零售额增长总贡献率高达 70.7%。此外，广西的消费模式还在不断提档升级，以旅游总消费为首，计算机、智能家电、新型数码产品等升级类商品销售额均达到 10% 以上的增速。

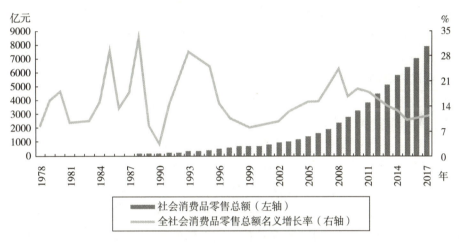

图 1-5 1978—2017 年广西社会消费品零售总额与名义增长率

值得注意的是，广西的商业银行在着力发展消费金融的同时，还应该主动把握住金融科技的浪潮，意识到大数据、区块链等技术的重要性并将其运用到推动零售资产业务模式的转型中去。这就要求广西的商业银行不仅要对自家银行的客户数据做好分类与优化，还应主动着手与其他金融科技公司、电信服务企业、社会公共等各个部门合作，以此来建立起一个可以真实反映用户完整肖像的大数据模型，建立起的数据模型将会助力银行发展零售金融各个业务的全周期中的各个阶段。建立大数据模型以后，广西的商业银行在零售金融的产品设计阶段就可以实现综合多种渠道信息，有效利用大数据来分析各个用户不同的消费需求和消费行为偏好，以此实现为每个用户制定与之相匹配的个性化信贷产品；在贷款的申请阶段，用大数据模型来多维度地对不同客户的信用状况、家庭情况、学习经历、工作状况、收入消费习惯、社交等数据进行整合，从而形成一个可以评估其信用状况、预测其信用变化的信用评级体系，使银行能够拥有一个支持贷款审批、进行贷后风险跟踪的保障。

二、货币政策及其影响

（一）居民中长期贷款

2018 年上半年我国人民币贷款增加 9.03 万亿元，与上年同期相比增加了 1.06 万亿元。住户部门贷款中短期贷款增加了 1.1 万亿元，中长期贷款增多了 2.5 万亿元，合计提升了 3.6 万亿元；非金融企业及机关团体贷款中短期贷款总额增多 8731 亿元，中长期贷款总额增多 3.72 万亿元，票据融资增多 3869 亿元，合计增多 5.17 万亿元；非银行业金融机构贷款增多 2334 亿元。2018 年 6 月，人民币贷款增加 1.84 万亿元，与上年同期相比增加 3054 亿元。

1. 社会融资总额

2018 年上半年社会融资规模增加了 9.1 万亿元，与上年同期相比降低了 2.03 万亿元。其中，人民币贷款针对实体行业发放的数额增加了 8.76 万亿元，与上年同期相比增加了 5548 亿元；外币贷款中针对实体行业发放的数额减少了 125 亿元，与上年同期相比降低了 598 亿元；委托贷款减少 8008 亿元，与上年同期相比减少 1.4 万亿元；信托贷款减少 1863 亿元，与上年同期相比减少 1.5 万亿元；未贴现的银行承兑汇票比上年同期降低 8388 亿元；企业债券净融资比上年同期增多 1.38 万亿元；非金融企业境内股票融资比上年同期降低 1799 亿元。2018 年 6 月社会融资规模增量为 1.18 万亿元，与上年同期相比减少 5902 亿元。

从结构来看，2018 年上半年发放的人民币贷款中针对实体经济发放的数额占同期社会融资规模的 96.3%，与上年同期相比提升了 22.5 个百分点；外币贷款折合人民币占比 0.1%，与上年同期相比降低了 0.5 个百分点；委托贷款占比 8.8%，与上年同期相比减少 14.2 个百分点；信托贷款占比 2%，与上年同期相比减少 13.8 个百分点；未贴现的银行承兑汇票占比 3%，与上年同期相比减少 8.1 个百分点；企业债券占比 11.2%，与上年同期相比提升了 14.5 个百分点；非金融企业境内股票融资占比 2.8%，与上年同期相比减少 1.1 个百分点。

2. 货币政策流动性

截至 2018 年 6 月末，广义货币总计 177.02 万亿元，比上年同期增长了 8 个百分点，增长速度与 5 月末和上年同期相比分别降低 0.3 个百分点和 1.1 个百分点；狭义货币余额为 54.39 万亿元，与上年同期相比增长 6.6 个百分点，增长速度比 5 月末高 0.6 个百分点，比上年同期低 8.4 个百分点；流通中货币余额为 6.96 万亿元，与上年同期相比增长了 3.9 个百分点。2018 年上半年实现净回笼现金 1056 亿元。

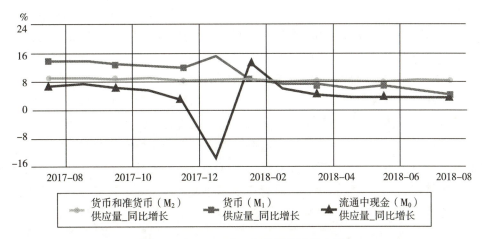

图 1 - 6   2017—2018 年我国货币供应量

2018 年世界经济形势接轨 2017 年，仍然是在国际金融危机后的深度调整期。全球主要经济体的经济走势分化程度愈发明显，同时美国经济在其经济政策调整下开始温和复苏，欧元区的经济复苏基础尚待巩固，英国公投脱离欧盟的决定给各个经济市场都带来了波动，日本经济仍旧处于低迷状态，部分新兴经济体的实体经济面临多重困难，以此来看，2018 年我国面临的国际金融市场风险隐患明显增加。银行业在这样的经济环境下，要更密切地关注国内外经济金融的最新动向和国际资本的流向变化，要坚持稳步发展的基调，努力适应经济发展新常态，保持稳健的货币政策，更加关注松紧适度、使用多元化的货币政策工具，关注货币政策工具的流动性和盈利性的合理比例，通过政策工具的创新实现信贷货币供给量及社会间接融资保持适度规模的增长。大力发展资本市场，将融资方式由间接融资为主转变为直接融资为主，通过完善资本市场的构建，降低企业的融资成本，并通过商业银行信贷制度及信贷体制的完善，降低企业的信贷成本及准入门槛。加强金融业的供给侧结构性改革，从金融产品供给的角度深化金融体制改革，用更加丰富多样化的金融产品及金融工具改进金融业的服务运作效率及为实体经济服务的能力。进一步推进我国利率市场化改革和汇率形成机制的改革，以稳定人民币汇率为工作重点，将汇率保持在合理的基础水平。

（二）监管政策及其影响

银保监会认真贯彻落实党中央、国务院的宏观调控政策，密切跟踪形势，积极推进部署各项监管工作，为经济社会的关键环节及重要发展领域提供配套的金融支持机制与服务机制，为降低金融风险，重点加强对关键领域的风险监管，使金融结构在合理的风险阈值内为实体经济服务。

1. 资管新规

2018 年，银保监会发布了多项文件，深化了"弱化同业，服务实体，限制非标，防范风险"的监管方向。其中《中国银监会关于进一步深化整治银行业市场乱象的通知》

指出的金融体系要以服务实体经济为重点，对银行业提出了进一步的整治要求，并且开始对资金在金融体系空转的行为进行要求，对同业、理财、表外等业务相互交织、多层嵌套的行为进行严查，这表明中国决心加强对资产管理行业的监管。近几年来，资产管理行业已经成为我国金融服务业中发展速度最快的行业之一，但高速发展的弊端也开始越发明显，在金融监管套利和资金空缺等一系列问题上，金融体系的脆弱性变得更加严重。这些问题集中体现在以下两点：一是由于银行业资管规模的高速扩张，多数资产由表内转表外，"影子银行"由此诞生，这使监管机构更难监控银行的实际风险水平。二是金融业监管分工与资产管理行业混业经营发展之间的矛盾日益突出。在商业银行混业经营大规模管理模式与单独监管金融监管体制的冲突下，出现了许多问题。这包括银行部分资产管理产品的嵌套，以及不同监管机构之间缺乏信息共享，导致了监管真空问题。资金只会在金融体系中打转，导致了资金"脱离现实"的问题，而每层资产管理产品的嵌套都可能会增加杠杆率。因此，资本链叠加后的整体杠杆水平过高，金融风险无法控制。2018 年 4 月 27 日，中国人民银行、中国银行保险监督管理委员会、中国证券监督管理委员会和国家外汇管理局颁布实施《关于规范金融机构资产管理业务的指导意见》（以下简称《资管新规》）。《资管新规》的落实，为资管行业的可持续发展指明了六大主要的发展方向。

第一，产品交易结构更加简洁，消除了资产管理业务的多层嵌套问题。在产品设计方面，资产管理产品可以再投资于一层资产管理产品，但投资的产品不得再投资于公募证券投资基金以外的产品，禁止渠道业务。这一规定有利于解决多层嵌套问题，也有利于资金流向实体经济。

第二，我们必须防范产品投资运营中的风险。在产品投资业务方面，《资管新规》禁止资金池，限制非标准业务，要求资产管理业务与其他业务隔离，并要求产品负债率。首先，《资管新规》建议对每项资产管理产品的资金进行单独管理，有利于明确产品资产流动，降低风险。《资管新规》规定，具有资产管理业务的银行需要设立独立的管道公司来开展业务。在资产管理业务独立后，表中的资产负债表外风险的隔离是从系统中实现的。其次，《资管新规》规定了两种类型的杠杆，即分级杠杆（分为优先级、中间级和劣后级）和债务杠杆（通过债务，如借款、质押回购等）增加投资杠杆。这是去杠杆政策在资管业务上的体现。

第三，《资管新规》鼓励使用市场价值计量，但如果满足某些条件，也可以摊销成本计量。公允价值估值原则使投资者能够清楚地了解资产管理产品的收益和风险变化，这是有益的"不得承诺保本保收益"规定的执行。

第四，风险集中度限制和市场准入机制为投资者创造了一个更加高效便捷的投资市场。《资管新规》规定了账户开立的平等地位，平等进入市场可以提高投资市场的运作便利性。

第五，智能投资业务的前瞻性管理。目前，智能投资仍处于起步阶段，《资管新规》的前瞻性监管将对推动智能投资的稳健发展起到积极作用。

第六，过渡期延长至 2020 年底，帮助金融机构顺利过渡。《资管新规》的过渡期截至 2020 年底，比之前公布的征求意见草案中设定的 2019 年 6 月长一年半。设定较长的过渡期可以避免在长期资产到期之前无法连接短期负债并且人为触发到期日不匹配的风险。

2. 金融去杠杆

2018 年宏观调控的核心工作是降杠杆，而降杠杆的核心是优化金融资源、改善实体经济融资环境，其目的是降低金融风险，促进实体经济复兴。中小银行近几年所发展的同业运作模式已经不再以服务实体经济为核心，开始脱离实体经济。所以中小银行的经营运作必然会受到金融去杠杆政策的冲击，面对这种情形，中小银行不得不开始回收从前为各家金融机构提供的债权，收缩、控制之前发展的资产规模。回收债权、控制规模等行为无疑限制了中小银行的利润收入，压低了它们规模的增长增速。其实经济市场从不依靠金融来创造价值，金融行业本身也不是通过自己直接创造价值来实现收益，金融业更多的是通过对实体经济的投资、扶持，使实体经济拥有资本来发展规模，不断增值，投资实体经济的金融业便可以从实体企业的增值中获得利益。究其根本，实体经济的发展离不开银行业的支持，同时实体经济的发展又会反作用于银行业，所以对银行业而言，所有的业务以及发展规划都不应该也不能够脱离实体经济。广西商业银行在实现自身的转型过程中，要牢记金融是为实体经济服务而存在，金融的发展就是促进实体经济的发展这个道理，尝试改变当下金融"脱实向虚"的状况，多发掘实体经济的融资需求，努力维持住实体经济和银行业一直以来相辅相成、相互促进的状态。

3. 加强对实体经济的支持力度

一是加大对实体经济融资需求的支持。2018 年 8 月，银保监会为进一步提升我国银行、保险行业服务实体经济的力度召开银行保险监管工作电视电话会议，会上公布的数据显示，2018 年 7 月，各个金融机构的各项贷款累计与上年同期相比增加了 12.4 个百分点。由此可见，我国银行业已经开始加大对国民经济重点领域的融资支持力度，而我国制造业贷款也从上年开始一直保持着持续正增长的良好态势，基础设施行业贷款与上年同期相比增长了 9.9%，涉农贷款与上年同期相比增长了 7.2%，扶贫小额信贷余额为 2597 亿元，对 639 万户建档立卡户提供支持，绿色信贷贷款余额超过 9 万亿元。

二是着力于小微企业融资问题的缓解。2018 年银保监会提出并实施"两增两控"新要求，开始着力落实差别化不良容忍度等配套政策，已获得一定成效。我国小微企业贷款与上年同期相比增长 12.7%，已高于各项贷款增速 0.3 个百分点。在此基础上，银行业还要领头降低融资成本，以推动降低社会融资成本，在这其中大型商业银行要明白自身的责任，发挥好"头雁"作用，为了政策的贯彻落实，银保监会将会监测我国的 18 家大中型银行小微企业贷款利率，同时实施分类监管考核评估制度。在政策的实施与监管的调控下，银行业积极创新驱动服务战略，2018 年在对信息服务业和科技服务业的贷款业务量上较上年同期分别增长了 27% 和 30%，21 家主要银行战略性新兴产业贷款相比年初增长了 7.3%。

三是深化推进银行业体制机制改革。加快实施银行业对外开放新举措的进程。大力推动公司进行全面治理，针对股权关系和股东行为等突出问题提出了 10 项针对性的工作措施。深入推进组织体系优化，五家大型商业银行已经成立 185 家普惠金融事业部分部，管理型村镇银行和"多县一行"制村镇银行试点项目稳步推进，有序推进保险行业意外险定价机制和经营销售的改革，增强了车险产品体系，使得车险产品更细致、更多层次。提出一系列专项改革建议，切实推动机构回归本源、注重主业，向高质量发展转变。

三、广西商业银行发展概述

面对当前我国复杂多变的经营环境，广西银行业认真贯彻落实宏观调控政策和银行监管政策，进行了合理投放贷款业务，加强了对自身风险的管理，努力推动战略转型，努力创新金融服务，履行社会责任，保持了平稳运行、总体向好的态势。2018 年，广西银行业根据中央经济工作会议和全国金融工作会议的精神，努力提高服务实体经济能力，有序规范开展经营，继续改进金融服务，严守风险底线，保持平稳运行的局面。

（一）广西银行业发展成效

1. 着力稳增长支持实体经济

2017 年，广西银行业认真贯彻落实了稳健中性的货币政策，金融服务实体经济的效能得到了持续提升。广西社会融资规模不断扩大，全年新增 3421.4 亿元，与上年同期相比增加了 804.5 亿元。存款增速小幅回落，2017 年末存款余额为 2.8 万亿元，与上年同期相比增长了 9.5 个百分点，全年新增 2420.8 亿元；贷款稳健增长，2017 年末贷款余额为 2.3 万亿元，与上年同期相比增长了 12.5 个百分点，全年新增 2585.6 亿元。

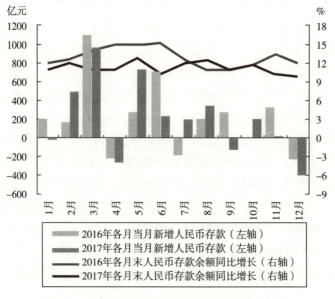

图 1-7　2016—2017 年广西各月新增人民币存款

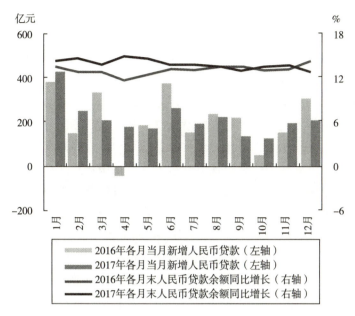

图1-8 2016—2017年广西各月新增人民币贷款

信贷结构有所优化。企业贷款占比为68%，固定资产贷款占比为46%，其中小微企业、涉农、"两权"、扶贫及创业等领域贷款增速均高于各项贷款增速，对脱贫攻坚和薄弱环节的投入进一步加大。金融体系去杠杆有序推进，货币市场和票据市场价升量减，委托投资及资产托管等表外业务增长有所放缓。人民币一般贷款加权平均利率平稳。但信贷资源主要向国有企业及房地产集中，对工业、制造业、民营企业、科技创新和新兴产业领域的投入不足。金融风险总体可控，但信贷市场、债券市场、房地产市场及一些跨市场金融风险隐患仍需重点关注。

银行业继续稳健经营。资产总额和负债总额分别增长8.5%和8.2%；税后净利润增长21.2%，经营状况好转；贷款不良率为1.7%，同比下降0.2个百分点，资产质量有所改善；"引银入桂"取得新进展，进出口银行进驻广西，村镇银行实现地市全覆盖目标，银行主体不断丰富；与2018年初相比，法人金融机构的流动性提高1.8%，说明我国的金融机构流动性水平一直都保持在合理区间内。农村金融和沿边金融改革持续推进。"三农"事业部改革进一步深化，县级农商银行达标组建工作顺利开展；与多个国家和地区发生跨境人民币收付，人民币对东盟国家货币交易平台建设日趋完善，面向东盟的外币现钞跨境调运通道成功搭建，金融服务便利化程度不断提升。

2. 着力推进金融生态环境建设

一是信用体系建设有序推进。从信用体系信息管理来看，2017年广西金融机构的征信系统使用率较高，使用次数高达平均每月62万次，广西人民开始意识到信用信息的重要性并越发关注起来了。从信用体系信息建设来看，广西在2017年建立了36个诚信园（商业）区，金融机构对与银行未建立信贷关系的3.2万户企业提供信贷支持；农户信用信息系统在广西的4个市、88个县（区）建立。从信用体系信息运用来看，2017年广西全区金融机构实现给 371.6 万户信用户办理信用贷款业务，合计发放 2924 亿元信用贷款。

二是支付体系不断健全。从监管方面来看，广西商业银行开始着手建立银行卡收单业务的对应监管平台，同时加大对网络诈骗和无证经营支付业务等违法行为的专项整治，以此保证中国支付业务市场线上、线下多方面的有序。从服务方面来看，各家银行开始对自身的支付系统从功能多样性和便捷性等多方面进行优化，同时保障客户使用支付系统不会遭受信息泄露等危险，健全防火墙措施，针对个人账户进行了分类管理制度的改革，同时将移动支付便民示范工程作为优化服务的重点，为提高支付便民、惠民的服务水平，各个商业银行开始注重新型非现金支付工具的运用普及。从发展方面来看，各家商业银行为均衡城乡金融服务可获得性，提高城乡支付服务的可持续性一直在努力，在这一过程中不断为农村的客户提供功能完善的平台、安全可靠的支付系统，以此来营造良好的支付环境，使农村支付系统能在平稳发展中得到推广。

三是金融消费权益保护工作稳步推进。中国人民银行南宁中心支行在 2017 年组织全辖开启了金融知识宣讲活动，举办金融知识普及活动 3920 余场，发放宣传资料约 157 万份，受众约 156 万人。同时，中国人民银行还对广西的支付服务领域开展了金融消保专项检查。2017 年全年受理投诉 242 件，群众满意率达 100%，宣传、检查工作已然达到预期效果。

3. 着力金融扶贫发展普惠金融

我国在"十三五"规划中提出，势必要打赢脱贫攻坚战，强调于 2020 年完成现行标准下农村贫困人口脱贫工作，即 2020 年建立与全面建设小康社会相适应的普惠金融服务和保障体系，努力实现三个具体目标，即提高金融服务覆盖率，提高金融服务可得性，提高金融服务满意度。2018 年 4 月广西壮族自治区政府正式印发《广西推进普惠金融发展实施方案》，这便要求广西银行业建立起普惠金融体系，加强金融精准扶贫力度。

2016 年广西农信社向 41.3 万户贫困户发放贷款累计 197.54 亿元，广西因此成为我国扶贫小额信贷新增超百亿元的五个省份之一；2016 年以来，已累计向 46.7 万户贫困户发放贷款 223.44 亿元。2016 年至 2018 年 2 月底，广西农信社已累计向建档立卡贫困户发放贷款 245.86 亿元，惠及 51.21 万户贫困户家庭，惠及贫困人口 200 多万人。广西农信社于 2016 年 6 月底前完成除低保社保贫困户外所有贫困户的建档和评级授信全覆盖工作，4000 多名信贷员"5 + 2""白加黑"地加班加点工作，实现了信用档案和评级授信"两个全覆盖"。截至 2017 年 5 月末，贫困户的授信额度达到 417 亿元，为加大扶贫小额信贷发放工作奠定了扎实的基础。

与此同时，广西于 2017 年召开专题会议研究金融扶贫工作，建立金融扶贫联席会议制度，抽调专人集中办公。全区共安排扶贫再贷款额度 60 亿元。新增发放扶贫小额贷款 32.17 亿元，累计放贷达 205.85 亿元，贷款额位居全国前列。

4. 着力建设"一带一路"初显成效

广西是中国唯一一个既面向东盟，又沿江、沿边、沿海的省份，同时还是古代海上丝绸之路的重要发祥地，自身具有得天独厚的地缘优势。2015 年，习近平总书记赋予广西"一带一路"有机衔接的重要门户的定位。广西金融业紧紧围绕这一定位，着重做好金融政策支持、平台支持、资金支持三步，已经初步探索走出了一条金融服务"一带一路"的特色路子。

一是加大金融投入。2017年广西金融机构共支持"一带一路"建设项目630个，惠及企业939家，贷款投放金额为893.5亿元，同比增长33.4%；广西"一带一路"骨干企业累计发债融资超过240亿元。各金融机构用好全口径跨境融资宏观审慎政策，成功办理59笔全口径跨境融资业务，累计签约金额达18.7亿美元；此外，各金融机构创新开展海外并购、"跨境直贷＋内保外贷"、跨境供应链融资、债券融资等，支持"一带一路"重点项目建设。交通银行广西分行通过债券投资计划为北部湾经济区开发建设引入30亿元保险资金，民生银行南宁分行参与广西国企首单面向全球投资者发行的3亿美元海外债券。

二是金融政策。广西紧紧抓住《云南省、广西壮族自治区建设沿边金融综合改革试验区总体方案》（银发〔2013〕276号）出台的重大历史机遇，创造性地提出"铺一条路、搭一个平台、建一个循环圈"的战略构想，陆续推出跨境人民币贷款、境外项目人民币贷款、个人跨境贸易人民币结算、跨境双向人民币资金池等试点业务，建立健全对东盟国家的外币现钞跨境调运业务，建成了广西—东盟资金高速路，启动了人民币与越南盾、柬埔寨瑞尔等部分东盟国家货币的区域银行间交易平台，形成了对东盟的人民币投融资循环圈，使人民币超越美元成为广西跨境收支第一大币种，为"一带一路"建设架起资金融通的桥梁。与此同时，积极促进贸易投资便利化。在试验区为越南盾兑换提供专属的兑换业务、经常项目跨境外汇轧差净额结算、外商投资企业外汇资本金意愿结汇制等试点业务，2017年，将个人本外币特许兑换业务试点范围扩大至试验区内的重点口岸，使其成为边贸企业、边民办理货币兑换的重要渠道。

5. 着力防风险，风险管控有了新提升

广西银行业在对地方法人金融机构不良资产、重点企业金融债务等风险的化解方面，取得了积极进展。并且，在经济持续下行的压力下，2018年上半年广西全区金融运行还能够总体保持平衡健康的态势。

广西各家银行的风险监测系统得到加强，并且中国人民银行广西各分行还对当前有高风险问题的机构进行严格监控，在这样严格的风险控制时期，广西商业银行应加强对存款保险功能的挖掘，并在适当的时期对其主动采取相对应的风险防控措施，银行的风险因此可以得到有效的解决。从数据上看，不良贷款相较于2017年初增加了1.1亿元，关注类贷款相较于2017年初下降了148.8亿元，逾期90天以上贷款相较于2017年初下降了46.2亿元，总体来说，广西银行业的不良贷款率于2017年末为1.7%，与上年同期相比下降了0.2个百分点，广西法人金融机构的流动性较强，比年初增长了1.8%，2017年广西有11家互联网金融企业被要求进行规模整改，这次整改取得了不错的效果，每一家企业都完成了90%的整改内容。

总之，2018年，广西银行业应继续全面落实稳健中性的货币政策，灵活运用货币政策和宏观审慎政策来提高自身对风险的防范能力，以此提高广西金融业务效率和银行业服务实体经济的能力。在资产结构方面，广西银行业需要认识到自身存在的主要矛盾和辖区内发展不均衡的问题，重点优化信贷结构，更好地服务于实体经济和供给侧结构性改革。在风险把控方面，广西银行业需要不断加强对金融风险的监察能力，注意防范各类金融风险隐患，注意防范和化解关键领域的风险，必须坚持不发生系统性金融风险的底线。在经营管理方面，住房贷款是广西银行业贷款业务中的重要业务，所以必须将其保持在一个合理的比重区间，控制增长率，以促进房地产金融更健康发展。除此之外，还要继续加大金融扶贫的力度，对贫困地区和贫困人口要给予切实的帮扶，继续推进农村"双权"抵押贷款试点，努力建设各类示范点和示范区，加快农业供给侧结构性改革进程。在边境金融发展方面，我们将做好边境综合金融改革试点，努力为广西制定更多的金融政策，开辟东盟合作门户，支持高端金融改革。

（二）广西银行业发展的竞争分析

广西是中国唯一的沿海自治区，位于华南西部，与广东、湖南、贵州、云南接壤。南部面向东南亚，西南面向越南，是中国西南地区最为便捷的海上通道，在中国与东南亚的经济交流中发挥着重要作用。不仅具有国家少数民族自治区的政策优势，还具有与东南亚国家国际贸易往来便利的优势。近年来，广西不断利用其区位优势，在该地区建立多个经济区。此外，我国重新振兴"一带一路"倡议，发展海上丝绸之路的政策对广西来说也是一个不可或缺的经济发展新时机。2017 年 1 月 2 日，国务院批复《北部湾城市群发展规划》，广西将以打造面向东盟的开放高地为重点，建设宜居城市和蓝色海湾城市群。2017 年 6 月 29 日，广西 CEPA 先行先试示范基地建设工作新闻发布会在南宁召开。粤桂合作特别试验区、广西钦州保税港区、桂林溢达纺织有限公司、广西产品质量检验研究院、北海出口加工区成为首批 CEPA 先行先试示范基地。2017 年 8 月 17 日，自治区发展改革委印发《广西凭祥重点开发开放试验区建设总体规划（2016—2025）》。以上发展规划都表明，2018 年，广西银行业拥有了更多的发展机会和发展空间，对广西而言，这是一个不容错过的发展时期。

广西除大型商业银行（中国银行、农业银行、工商银行、建设银行、交通银行）以及国有银行中国进出口银行外，还有众多股份制商业银行，此外为促进区内地区经济发展，广西建立了大批城市商业银行，如桂林银行、柳州银行、广西北部湾银行等。近几年互联网和金融的融合不断深入，传统商业银行对突然疯狂占领市场，将客户的眼球牢牢吸引住的互联网金融也是无可奈何，但这并不是传统商业银行的灾难，反而是传统商业银行转型升级的关键转机。同时，金融科技的不断发展为传统商业银行转型提供了可能性，广西的商业银行如何在互联网金融的背景下，认识目前商业银行面临的压力，同时利用自己的各种区位优势与金融科技的力量来完成自身的转型，这将是广西商业银行转型的核心任务。

波特五力模型是被广泛应用于企业经营管理战略中的理论，商业银行作为一个特殊的金融企业，同样适用波特五力模型。本部分将借助波特五力模型，研究作为金融体系主体的商业银行的业务模式，从新进入者的威胁、替代品的威胁、金融市场的竞争度、供应者的议价能力和购买者的议价能力五个维度分析广西商业银行在互联网金融冲击下的竞争分析，以便广西商业银行能够更好地利用信息化、大数据和互联网经济的发展来完善自身的业务模式，以及在金融科技的浪潮下，广西商业银行如何完成自身的转型，向智能金融发展。

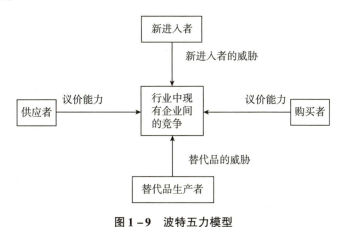

图 1-9　波特五力模型

1. 新进入者的威胁：金融科技公司

近年来，世界科技飞速发展，中国的金融服务业在科技的助力下得到了飞速发展，从 1.0 时代的"信息科技+金融"到 2.0 时代的"互联网+金融"，如今已经向 3.0 时代的"智能金融"转型，金融服务的效率和质量不断提升。这样的一个转型历程，对商业银行而言既是一个新竞争者进入、现有行业的格局遭受挑战的竞争关系到传统金融机构与金融科技公司全面合作形成相互配合关系的转变过程，也是金融科技从前端渠道获客，全面应用到中后台产品设计、风控、合规等领域的过程。

最近几年，我国传统金融机构虽然加大了自身对新技术的研发和应用，但它们与金融科技公司的合作仍没有中断，并且合作的层面还在不断深化。公开信息显示，在过去的一年半内，大型商业银行、保险公司和资管公司等金融机构都已和金融科技公司建立了多样化的合作模式。

表 1-2　　　　　　　　　我国银行与金融科技公司合作汇总

工商银行+京东	2017 年 6 月 16 日，京东金融与中国工商银行签署了关于金融业务合作框架的协议。双方开展的业务集中发挥了彼此的优势，从合作内容上看，它基本涵盖了个人征信、消费金融、供应链金融等全品类的金融服务。
建设银行+蚂蚁金服	2017 年 3 月 28 日，蚂蚁金服集团与建设银行签署了合作协议，蚂蚁金服将帮助建设银行完成线上服务改革，双方将在信用卡线上开卡、线上线下渠道业务、电子支付业务以及信用体系互通等方面开展合作。

农业银行 + 百度	2017年6月20日，中国农业银行与百度签署战略合作协议，共同建设金融科技联合实验室。双方的合作包括通过运用大数据实现金融大脑以及客户肖像的创建，实施精准营销，完善客户信用评价系统，加强风险监控和商业智能，将是围绕金融产品和渠道用户的全面合作。
中国银行 + 腾讯	2017年6月22日，中国银行与腾讯合作成立金融科技联合实验室。双方将云计算、大数据与人工智能等多方面的科技与金融结合起来，建立了统一的金融大数据平台，中国银行的多项业务在技术的持续发力下得到良好的发展。基于双方在各自领域都具备一定的信息、技术、业务优势，双方还将继续挖掘在金融科技领域可以合作的内容。

就广西银行业来说，桂林银行开始拥抱互联网，与互联网金融机构共同探索研发，最终得到了互联网金融在"三农"、扶贫领域的应用，并且推出两种"互联网 + 金融"线上助农贷款模式，有效地满足了"大数据 +"趋势下广西农户的贷款需求。一是加强渠道机制和产品流程创新，强化了与京东金融、保险公司、供应链核心企业之间对接合作的关系，并且推出"桂银京农贷""三农"在线金融产品。即经保险公司、京东金融、企业签署三方合作协议后，由京东金融向与桂林银行合作的涉农企业发放合作验证码，保险公司向企业推荐购买了履约保证保险（贷款金额的2% ~ 3%）的农户名单，再由企业推荐上下游农户申请贷款并发放合作验证码，农户通过合作验证码在京东金融在线申请贷款（银行出资贷款金额的99%，京东金融出资贷款金额的1%），农户将生产经营产品再部分返售给企业，形成了"银行 + 保险 + 互联网金融 + 供应链核心企业 + 农户"闭环式农、贷、保新型网络融资模式。截至目前，已累计投放0.29亿元，惠及农户超过130户。

2. 替代品的威胁：众筹

中国众筹虽然起步稍晚，但已步入"质量并重"的发展阶段。我国最早的众筹平台成立于2011年，在包括"互联网 +"、金融科技兴起、"大众创业、万众创新"、小微企业融资难、居民收入增长所带来的多样化投资需求和消费升级等多重动因的助推下迅速崛起。2013年上线的众筹平台为25家，2014年便跃升至154家，2015年新上线平台数高达222家。由于2016年金融监管不断趋严，众筹行业进入洗牌期，在此期间问题平台不断退出市场，使平台的优势进一步凸显，行业的集中度得到了进一步提升。2017年我国前八大产品众筹平台的交易规模占整个众筹行业的99.8%，驱动行业发展的动能已经实现了由"量"到"质"的转变。

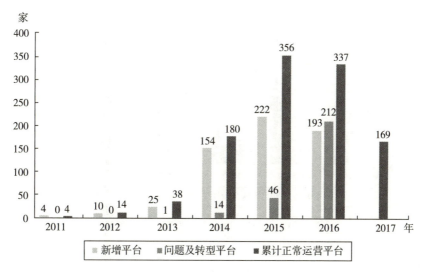

图1-10 2011—2017年我国众筹平台走势

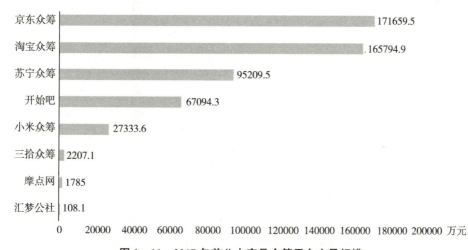

图1-11 2017年前八大产品众筹平台交易规模

3. 供应者的议价能力

一是理财对存款的分流。同业资金成本上升,这必然会传导到理财收益率上,目前可见的是银行理财收益率的变化,市场上各种保本类理财产品的收益率都处于显著的上升状态。以目前市场上规模最大的货币基金天弘余额宝为例,它的收益率从2016年底开始飙升,基本与同业资金利率上升的轨迹同步。理财收益率与存款利率价差逐渐拉大,必然导致存款到理财的分流,2017年以来,余额宝的规模依然在不断扩大,2018年上半年,余额宝的净资产比上期增加0.01%。理财对商业银行存款业务的分流使银行业的议价能力有所下降。

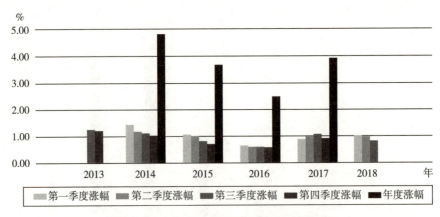

图 1 – 12　2013—2018 年余额宝收益率涨幅

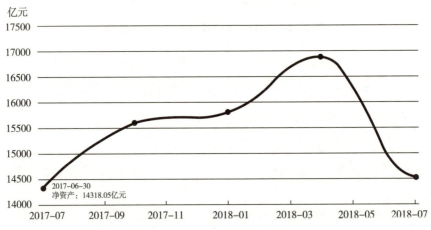

图 1 – 13　2017—2018 年余额宝净资产规模变动

二是金融脱媒的速度开始放缓。由于企业其他融资渠道的成本也在上升，在发行利率上升、配置需求减弱等多重利空因素的影响下，2017 年以来，一方面，企业信用债批量取消发行现象日趋增多；另一方面，中期票据的到期收益率也在不断上升。企业通过金融市场直接融资的成本明显上升，如果这种情况能够持续下去，则会逐渐增强银行表内贷款的议价能力。

三是银行同业、表外放贷款的渠道被大幅压缩。近几年，在监管不力的情况下，银行通过购买非标、委托贷款等形式为房企、国企、政府项目、"三高企业"等提供了大量的资金融资。如今，随着监管的日益趋严，管理层要求银行资产端产品严格穿透底层资产，并且规范通道业务的监管，使通过同业和表外等形式获取资金的企业融资的增速会明显下降。这同样会增强银行表内贷款的议价能力。如上所述，随着金融监管的加强，去杠杆导致流动性预期收紧，2018 年对商业银行而言，其议价能力的提升出现了有利因素，如金融脱媒的放缓，同业、表外放贷款的渠道被压缩等。

4. 购买者的议价能力

一是利率市场化进程的不断深入，推动了客户议价能力的提升。2018 年我国的利率市场化进程也开始走向了终章，利率市场化程度不断加深，银行业必须遵循市场的经济规律，其在利率的定价上主导能力越来越弱。

二是商业银行实施的差别化定价，推动了客户议价能力的提升。商业银行提供的差别化定价是指商业银行根据自身所能获取的客户信息，如历史业务往来盈利、客户的经济条件、工作情况、商业银行对其提供对应贷款所需付出的资金成本、违约的可能性与成本等多种因素综合确定差异化的利率水平，这样的差别化定价可以让商业银行在实现以低利率水平来吸引重点优质客户的同时，以高水平利率来获取高风险客户的风险补偿。这在无形中为银行间竞争优质客户的行为增加了客户的议价能力。

三是金融市场可供选择更多元化，推动了客户议价能力的提升。近几年来我国金融市场上提供给客户的选择越来越多，供给方的竞争者层出不穷，金融服务产品的替代品也越来越多，相较于其他竞争者，我国传统的银行业存在着融资门槛高、融资效率低等弊端，传统银行业在金融市场已经不再具备绝对的选择优势，这样的客观环境推动了客户议价能力的提升。

（三）广西商业银行的发展策略分析

借助 SWOT 模型，对广西商业银行核心竞争力构建组成的要素进行逐层分析，将自身的区位优势与金融创新的优势有机地结合起来，逐渐规避自己的劣势，进行战略转型并提出广西商业银行的发展建议，实现可持续发展。

表 1 – 3 　　　　　　　　　　广西银行业 SWOT 分析

内部环境 外部环境	优势（Strengths） ● 特许经营 ● 资本雄厚 ● 客户资源丰富 ● 风险控制体系完善 ● 物理网点广泛	劣势（Weaknesses） ● 金融供给能力不足 ● 资金成本上升 ● 融资规模扩张空间有限 ● IT 金融人才缺乏
机会（Opportunities） ● 国家政策优势以及区域区位优势 ● 互联网时代，信息技术开放与共享 ● 互联网金融市场迅猛发展 ● 金融科技迅速发展	SO ● 最大化地保留用户群体 ● 吸收互联网金融产品开发和信息技术应用经验	WO ● 加快人才培养和储备 ● 提高服务效率和用户参与度 ● 利用金融科技创新产品优化服务
风险（Threats） ● 市场迅速扩大，竞争激烈 ● 金融创新产品的未知风险 ● 金融"去杠杆"导致的违约风险	ST ● 创新传统业务 ● 推出优质金融产品 ● 完善自身风险管理水平	WT ● 加快自身业务流程再造 ● 树立快捷、高效、多样化的金融服务形象

1. 发展金融科技

如今互联网技术发展迅速，大数据、云计算、人工智能、区块链等新技术与金融的融合渗透层出不穷，金融科技开启了银行业波澜壮阔的商业变革和金融创新。我国银行业当下发展转型的关键无疑是金融科技，可以看到的是，越来越多的商业银行开始主动拥抱金融科技，将其作为发展转型的发力重点。金融科技不仅是我国银行业的机遇，同时也是广西银行业的机遇，广西银行业在这一科技浪潮中，需要规划好自身的发展路线，积极应对金融科技对自身经营管理模式和新技术应用能力的挑战。

当下互联网已然是国民日常生活中的重要组成部分，互联网对于金融行业的意义已是不可同日而语。互联网金融不同于传统金融，其拥有互联网本身的特点，相比传统金融，互联网金融更便捷、更清晰、更低价，客户更有把控力。当互联网与金融相结合，其综合产生的金融业务又难逃风险度高的命运。自从智能手机普及之后，互联网对人们生活的融入越来越深，很多生活的琐事都由一部手机来操控完成，金融领域也不例外，人们不再去银行网点办理金融业务，更多的是通过手机完成。由此可见，为客户建立一个稳定、安全的互联网平台是每家银行的当务之急。在这样的要求下大型商业银行通过引进相关人才研发最适合本行业务产品的互联网平台，而中小型商业银行则通过与已有的网络平台合作建立网络平台。

大数据是通过对多维度、多层次的数据进行分析处理，以此了解客户行为习惯的方式，是当下最为便捷的分析客户的方式。通过运用大数据对客户进行分析挖掘，商业银行可以了解客户过去的行为习惯，预测客户的需求爱好，这为商业银行进行业务创新提供了明确清晰的方向。商业银行要运用大数据为银行业务转型提供支持，首先应当建立起自身培育大数据的采集和整合能力，同时增强对数据的挖掘、分析和加工能力，还要引进相关的高精尖人才，为发展银行大数据提供支持。除此之外，商业银行要想建立起更综合全面的数据信息网，在必要时还应当与现存技术成熟的相关网络平台合作，以此获取数据信息。与购物网站合作，便能获取客户的消费习惯；与网络金融平台合作，了解客户的风险承担能力，以此为客户提供其所需要的业务。

2. 加快资产创设和产品创新能力

在新监管机制的要求下，金融机构想要进一步发展必须先对自身的经营发展状况有一个明确清晰的认识，而后要针对自身资源禀赋和比较优势来规划、打造出专属自己的核心竞争力，为客户提供差异化产品选择，实现市场上的差异化发展。广西银行业可以在过去以固收资产为主要投向的基础上，发展创新出以股权、优先股、并购等为主要投向的产品，提升产品投资组合的盈利能力，改善流动性状况，创造业务的核心竞争力。

广西商业银行在发展过程中其实有得天独厚的条件，无论是地理位置还是政策条件，广西商业银行所拥有的发展条件都拥有其自身特色。但是广西商业银行提供的金融产品种类与我国传统商业银行的金融产品存在相同的弊端，即各家商业银行提供的业务与产品都趋同质化，缺乏优势与特色，同时针对性差贴合度弱。虽然产品的多样性并不是决定商业银行产品竞争力的唯一条件，但商业银行的核心竞争力还是在于是否具备为客户量身定制产品和服务的能力。广西商业银行虽然明白"以客户为中心"的服务理念，但实际的产品业务开展仍是对国内外大型商业银行金融产品的简单模仿，银行内研发新的金融产品也是以丰富产品种类为主要目的，忽视了自身发展方向与目标客户群体的实际需求。目前广西商业银行的产品、服务乃至营销手法都处于高度趋同的状况，且以"拼价格、拼费用、拼关系"为经营手段，致使商业银行的大多营销活动无法找到自身的定位，缺乏核心竞争力。因此，广西商业银行必须重新规划自身发展，制定改革方向。

第一，要找准市场定位。广西商业银行应当加强对当下市场上的产品、客户的分析，针对自身实力与优势，选定目标市场，确定目标客户，研发有针对性、与客户需求契合度高的金融产品。其中，大型商业银行应向综合性银行集团发展，这样便可以达成全方位的金融服务，集团化的商业银行不仅需要注重开展银行业务，还应当注重开展多种除银行业务外的金融产品业务，让客户能够便捷地享受到多种类、多层次的金融服务。中小商业银行要做好市场细分选择合适的目标市场，将发展战略定位于市场补缺型，而非采用追随型战略。

第二，加强客户定位。大型商业银行不应将自身的服务客户单纯定位在一处，因为大型商业银行自身拥有雄厚的资本、技术等实力，可以接受与服务的客户群体比中小型商业银行更多，因此大型商业银行需要把握住大型客户，积极巩固与它们的业务关系，同时需要充实中型客户，最后批量经营小客户，使大型商业银行的客户群体在量上匹配其业务规模。在业务开展阶段，大型商业银行需要强化客户选择，对不同的客户群体实施差别化定价以及差别化的产品配置等差异化策略。更重要的是，大型商业银行的客户群体基数大，需求差异性也更加明显，所以大型商业银行不能再单纯地对客户进行产品营销，而是应该根据客户的需求来制定对应的产品，实现产品营销向客户营销的转变。中小型商业银行应明白自身的定位，不应该与大型商业银行争夺大客户，而应当将服务的重点客户定位于中小企业、城市居民及"三农"领域，根据自身银行的发展战略来确定主要的服务客户。

3. 培养和提升主动管理能力，加快资管业务转型

目前，资管新规的贯彻落实将促进国内资管业态的重组。从短期来看，净值化管理将对银行的债务方面产生一定的影响，客户群体需要时间培养重建。为防止客户资源的流失，有必要加强对产品的营销和推广。从中长期来看，一是加快产品净值管理能力的培养，加强主动管理。二是加强投研能力建设。三是增加直接投资比例，加大金融服务实体经济的力度。四是加速"非标转标"的进程。五是重视和发展高净值客户。六是要整合金融服务资源，开展多市场的综合运作。

四、普惠金融背景下广西商业银行金融精准扶贫的策略

在现代金融体系中，农村金融是其重要的组成部分，现代金融体系想要发展健全，

就必须优化农村金融，在农村金融发展过程中不可避免的阻碍便是扶贫问题，农村自身的资源不及城市且农业本身受生产周期性与不稳定性等因素影响，使农村无法像城市那样发展出成熟且完善的金融体系，甚至还因信息不对称而造成农村金融逆向选择，传统大型国有银行将农户们排斥在外，而金融排斥本身恰巧就是造成贫困人口、低收入人群无法摆脱贫困陷阱的原因，同时党的十九大指出"中国特色社会主义进入新时代，我国社会的主要矛盾已经转变为人民日益增长的美好生活需要和不平衡不充分的发展之间的矛盾"。由此可见，目前急需解决的问题便是消除金融排斥，建立平等、包容的金融体系。

从广西的实际情况来分析，目前广西能够达到全面小康水平的地区并不多，仍然有很多贫困人口生活在贫困地区，久久无法脱贫。虽然广西一直致力于脱贫攻坚战役并开展了很多扶贫工作，如干部驻村帮扶、扶贫小额信贷、"千企扶千村"等，不可否认广西在精准扶贫工作上取得了一定的成绩，但是脱贫的结果依旧不太尽如人意。原因在于广西目前所使用的脱贫帮扶方式大都还是以财政资金这类可持续性比较差的"输血式"扶贫为主，缺乏金融扶贫这类具有"内生性"的扶贫方式，最终导致短期内获得显著成效，但长期来看就会显现出乏力。

我国在"十三五"规划中提出，要打赢脱贫攻坚战，到2020年，实现现行标准下农村贫困人口脱贫，即2020年建立与全面建设小康社会相适应的普惠金融服务和保障体系，实现"三个提高"，即提高金融服务覆盖率，提高金融服务可得性，提高金融服务满意度。这就要求广西加快金融支持精准扶贫项目的进展，在已经实现将传统的"大水漫灌"扶贫模式转为"精准滴灌"扶贫模式的基础上，开始由"输血式"扶贫向"造血式"扶贫转变，由此，建立健全普惠金融体系，加强金融精准扶贫就成为广西打赢脱贫攻坚战的必要条件。

（一）普惠金融与金融精准扶贫的理论联系

普惠金融就是要建立一个完整的金融体系，使一切有金融服务需求的群体都有平等享受金融服务的机会，其实质是信贷获得权的公平，金融融资和投资权的公平。简言之，普惠金融就是面向农民、微小企业和城镇低收入者等社会所有阶层全方位地提供服务的金融体系。从普惠金融的特性来看，普惠金融并不是一种救济和施舍，它强调以整个金融体系的参与，通过均衡资源配置，满足金融需求，实现长远的可持续发展。而金融精准扶贫作为农村扶贫的工具之一，在扶贫开发过程中除了实现金融性扶贫资金的优化配置外，还必须具备精准识别贫困户的能力，这个过程中的精准识别不仅仅是对人群的精准识别，还是对帮扶需求、资金管理、资金使用考核的精准识别，只有这样的精准识别才能让精准扶贫可持续发展观念得到实现，最终实现金融机构发展可持续、贫困户脱贫、社会安稳和谐多方共赢。普惠金融与金融精准扶贫两者之间的关系体现在如下几个方面。

1. 金融精准扶贫是构建普惠金融体系的重要手段

一是金融精准扶贫是金融机构进入扶贫市场的敲门砖。长期以来，信息不完全以及交易成本高等风险使我国一直存在贫困户获得资金难、金融机构提供服务难的两难局面。想要解决金融排斥问题，发展普惠金融，就必须以金融精准扶贫为重要工具推动普惠金融体系建设。具体而言就是金融机构针对精准扶贫识别出的扶贫对象，为其提供相对应的金融服务。有了精准扶贫的精准识别，金融机构提供的金融服务可以具有更强的针对性，同时，金融机构的重点帮扶对象的信息可以从建档立卡工作获取，这极大地减少了金融机构信息收集的成本，也在一定程度上降低了由信息不对称所导致的交易风险。在精准扶贫的政策下，金融扶贫的可操作性得到加强，金融机构可以提供的金融服务面更广了，可获得的收益来源也更为多元化了，金融机构将不再像从前一样面临亏空的危险去给贫困人群发放补贴，而是将通过为精准扶贫对象提供创业来增收资金作为主要的收益来源，这就使金融机构能够在扶贫过程中实现自身的可持续性。精准扶贫体系给金融机构和贫困户提供相对应的政策、资金支持，不仅大大降低了金融机构的风险以及贫困户获取金融服务的难度，同时还保障了普惠金融体系的建立，还使越来越多的金融机构被精准扶贫体系下的小额信贷等政策优惠吸引入驻农村贫困地区。

二是金融精准扶贫是普惠金融体系保障其系统性和精准性的重要手段。精准扶贫政策可以助力普惠金融对贫困户的精准识别，使普惠金融体系能够更快地完善。但是仅靠金融机构来收集、识别贫困人群是非常困难的，原因在于收集信息的成本非常高，工作量非常大。精准扶贫是通过相关部门开展建档立卡工作，贫困户提供对应的信息，从而以识别、记录贫困人群的方式来达到精准识别贫困户的效果。有了精准扶贫的帮助，金融机构在进行金融精准扶贫的过程中就可以不再花费大量的时间成本与资金成本去寻找、鉴定贫困户，只需要通过精准扶贫体系下的建档立卡记录就可以解决识别贫困人群的问题。

三是金融精准扶贫是协调普惠金融体系下金融服务的供给与需求的关系的重要中介。普惠金融所建立的金融体系是一种为社会所有人特别是为低收入人群、贫困人群提供金融服务的金融体系，强调对需求群体获得金融服务机会的公平性，这就意味着它不具备主动解决贫困问题的能力，与此同时，贫困户在自身意识方面存在认识偏差，使农村金融服务存在供给与需求难以协调的情况。金融精准扶贫旨在全力推动贫困地区金融服务到村到户到人，努力让每一户符合条件的贫困户都能按需求便捷地获得贷款，让每个需要金融服务的贫困人口都能便捷地享受到现代金融服务，金融精准扶贫便是普惠金融体系下联系金融机构与贫困户的纽带。所以说金融精准扶贫在普惠金融体系与贫困户之间起到了有效协调供给的作用。

2. 普惠金融是巩固金融精准扶贫成效的重要保障

一是普惠金融体系是金融精准扶贫可持续性的保障。目前，中国所运用的金融扶贫方式是特惠金融。特惠金融不同于普惠金融，它是一种政策性金融，金融机构以依靠国家补贴方式向贫困户提供优惠的融资或保险等金融业务。而普惠金融意在让市场上有金融需求的人群都能以合理的成本获得金融服务，它所注重的是市场上金融服务可获得性是否公平，广西目前所面临的扶贫重点是从解决温饱转向促进发展，过去使用的特惠金融扶贫手段在这样的要求下力不从心，因为要想实现贫困户的自我发展所需要的不仅仅是财政扶贫资金投入，更需要的是金融扶贫这种"内生性"扶贫，即由财政扶贫资金为主、金融资金为辅转变为以金融资金为主、财政扶贫资金为辅。这就使金融精准扶贫不能再依靠财政补贴的方式提供优惠的金融服务，而是需要普惠金融这种注重扶贫过程中市场作用机制的发挥和贫困人口内在脱贫意志的加强的金融体系，所以，只有运行于普惠金融体系下的金融精准扶贫才能保障其扶贫效果的可持续性。

二是普惠金融体系是金融精准扶贫高效性的保障。在目前的金融精准扶贫工作中，由于缺乏金融主体之间的竞争，出现了农村信用合作社中农村金融领域占据垄断地位，中国其他商业银行远离农村金融，拒绝参与金融精准扶贫工作的现象。农村信用合作社因其垄断地位导致了金融精准扶贫工作的低效性，并且在此情况下农村信用合作社极易产生严重的道德风险。并且在政府硬性指标的要求下，金融机构更加缺乏动力去为贫困户切身思考，更不会根据贫困户的不同情况为他们提供针对性的金融产品和服务，这很容易造成金融服务的低效益，甚至有可能还会产生负效益。普惠金融体系是一种以市场经济为主导的金融体系，在此体系下金融机构需要在提供公平的金融服务的同时还能保持自身的盈利性，并且在普惠金融体系下的金融市场是健康的竞争市场而非目前的垄断市场，由此说明，恢复金融精准扶贫工作的市场竞争，保证其高效性，需要普惠金融。

（二）广西金融精准扶贫的实践

1. 广西银行业实施金融精准扶贫的方式

一是产业扶贫。2017 年，广西合并金融农业相关资金 39.3 亿元，用于特色产业发展。制定县级特色产业目录和认证标准，各县确定"5 + 2"特色产业。每个贫困村都确定了"3 + 1"特色产业，覆盖了 60% 以上的贫困家庭。在 54 个贫困县，新增 30 个自治区级现代特色农业（核心）示范区，新建 9461 个新型农民专业合作社和 1756 个家庭农场。建立了 22 个休闲农业和乡村旅游示范点，包括 48 个乡村旅游区（包括农舍），均在四星级以上。广西还向 449900 户贫困家庭提供了扶贫小额信贷，支持贫困户发展自己的产业。

二是金融扶贫。广西 2017 年召开专题会议研究金融扶贫工作，建立金融扶贫联席会议制度，抽调专人集中办公。2017 年广西扶贫再贷款金额共计 60 亿元。新增发放的扶贫小额贷款为 32.17 亿元，2017 年累计放贷达 205.85 亿元。与此同时，广西壮族自治区政府出台了政策性农业保险个人自付保费全免、大病保险报销比例倾斜、扶贫小额保险和信贷保险保费补贴等金融特惠政策，大大降低了贫困户参保的门槛与缴费负担。

2. 金融精准扶贫成效初步显现

一是优化融资条件，为实体经济发展提供有力支撑。

表 1–4　　　　　　　　　　　　广西银行业优化融资实例

创新贷款抵押方式，降低融资难度	梧州农村小额信贷机构创新贷款抵押方式，灵活处理。采用"动产抵押、不动产抵押、保证担保"三式混合等担保方式，发放贷款支持农业企业。如岑溪农商银行创新贷款抵押方式支持实行"互联网+基地""线上+线下"双路径运营模式的电商企业，带动了辖区百香果等水果产业的发展，加快农业产业结构持续调整和优化，助推农民增收致富。
增加分支机构，加强金融服务可得性	1. 截至 2018 年 6 月末，辖区 139 个乡镇全部实现银行分支机构覆盖，乡镇机构覆盖率达 100%。同时，着力加强电子网络建设，提升服务便捷度。全辖县以下 ATM、POS 机、便民服务点分别达到 1213 台、12381 台、3382 个，分别较年初增加 83 台、601 台、76 个。其中农业银行河池分行"惠农通"服务点达到 787 个，1 月至 6 月末，"惠农通"服务点发生交易约 6 万笔，农合机构设立"桂盛通"助农服务点（站）1350 个，设立农村金融综合服务站 50 个，金融服务行政村覆盖率达到 91.95%。 2. 来宾象州长江村镇银行坚持"三农"定位，主动与象州县农民之家水果协会创办的"农民之家"联合在百丈乡、中平镇、运江镇、罗秀镇 4 个乡镇打造金融服务点。该服务点专为农户提供种养技术培训、各类农业资讯、农产品信息销售渠道等综合信息和特色金融产品服务。自创建以来，来宾象州长江村镇银行通过金融服务点向 62 户农户发放贷款 786 万元。
加大信贷力度，助力实体经济增长	北海市区农信社持续加大信贷支农力度，结合以大棚果蔬为主的现代农业，推出大棚专项贷款，支持农民发展大棚果蔬种植，取得了良好的经济效益和社会效益。截至 2018 年 3 月末，该社累计投放大棚专项贷款 1.3 亿元，支持辖区 860 多户农民种植优质果蔬 3680 多亩，带动创就业人数 5380 多人，农民种植人均可支配收入达 1.9 万元以上。

二是创新转型，为实体经济发展提供更优化的服务。

表 1–5　　　　　　　　　　　　广西银行业转型实例

产品创新	1. 工商银行防城港分行针对小微企业贷款于 6 月推出了线上"经营快贷"业务，已成功办理业务 9 笔金额 189 万元；农业银行防城港分行"微易贷"成功成交 2 笔金额 899 万元，发放"惠农 e 贷"农户贷款 123 户金额 911 万元。 2. 桂林银行持续加大小微信贷产品创新力度，继推出银税互动产品"乐意贷"之后，于 2018 年 4 月 15 日正式上线针对小微企业和个体工商户的专项经营性贷款产品"微笑贷"。产品主要运用德国 IPC 调查技术与评分卡相结合的模式，借助大数据全方位、多维度分析客户风险来源和资信情况，实现对小微企业信贷线上审批，降低贷前调查成本和贷后跟踪的难度，同时实行电子方式采集客户信息，省却烦琐的纸质资料收集工作，优化了贷款流程，最快 2 个小时可完成调查审批，当天即可完成贷款发放。截至目前，已累计投放"微笑贷"100 多笔金额 5000 多万元，有效缓解小微企业融资难、融资慢，助推小微企业发展。
服务转型	梧州辖区银行业探索建立有别于传统银行业务的"数据化、智能化、网络化"服务新模式，将客户的资金结算、交易流水、存款投资等各类信息联通整合，实现人民银行征信、税务、工商、海关等公共信息共享，为客户精准"画像"，有效破解信用难点。"轻终端服务+全周期线上管理+第三方合作共赢"互联网金融模式在辖区落地生根。如建设银行梧州分行打造的互联网融资平台——"小微快贷"全流程线上融资，实现了从贷款申请、审批、签约、贷款支用的全流程网络化、自助操作，7×24 小时随借随还，进一步降低了融资成本。

三是强化风险控制，降低金融风险。广西是全国首个探索"大数据风控 + 定向支付"模式的省份，并且推出了首款所有环节都在线上进行的信用助农贷款产品——"桂农贷"，这个产品是广西商业银行与阿里巴巴集团下的蚂蚁金服签署金融合作协议后，蚂蚁金服运用"支付宝"交易所收集的大数据对有意向贷款的农户进行初步的风险评级判定，再由商业银行来选择优质的农资产品、种养殖行业、农业供应链中的核心企业和按村授信四种模式作为有意向贷款农户的定向支付点，申请贷款的农户在线获得银行的信用授权后，便可以通过现金、刷卡这两种方式在定向支付点进行贷款消费，有效满足了农户生产、经营、消费需求。自从该产品推出以来，桂林银行先后开展"桂农贷"产品推广沙龙 100 多场、农资商大会超过 50 场、县域村干部普惠金融会议 4 场，以农资产品、种养殖行业、农业供应链核心企业和信用村四种模式进行了 2 个多月的试点推广，取得了显著成效。

（三）广西金融精准扶贫中存在的问题

1. 脱贫质量不高导致群众对金融精准扶贫满意度不高

一是没有针对性的金融产品导致扶贫效果不佳。广西贫困地区众多，每个地区、每户贫困户的致贫原因千差万别，且因每户帮扶对象的基础条件都不尽相同，所以每户贫困户对金融扶贫的帮扶需求也是大不相同的。金融机构想要仅仅依靠一个信贷产品就解决所有帮扶对象的融资需求，帮扶力度惠及所有贫困群体是不可能的。在这之中，商业银行产品创新存在的高成本低收益也使得其缺乏创新动力，扶贫专属信贷产品在触及质的改变之前必须解决量的提升，但是银行机构大多出于经营成本的考虑选择将现有信贷产品移植到建档立卡户和扶贫经营主体上，在实现了量的提升之后并没有对其业务进行进一步的优化，帮扶对象能够获得的信贷产品的适用性和可行性都不高，缺乏针对性的金融扶贫服务是无法满足扶贫主体多元化融资需求的，这就使广西贫困户在能获取的金融服务上受益不高，以至于金融服务体验不佳。

二是缺乏征信系统与科学的金融扶贫考评指标导致金融扶贫资金使用效率低。由于贫困户自身的认识偏差以及金融机构难以对贫困户进行合理、准确的信用评级，在这样一个信息不对称的情况下，金融扶贫资金的风险会处于一个相对较高的位置，而广西处于贫困地区差异化的监管政策不完善，金融机构无法通过差异化定价获得风险补偿，政策性担保、农业保险等配套政策又很不完善的状况，各个方面对银行机构扶贫资金防范和化解风险支持力度不够，使广西大多数金融机构对扶贫工作都只是表面应付而已。同时金融机构还受金融扶贫考评指标的影响，不关注贫困户的真实需求，单纯地把金融扶贫定义于信贷资金扶贫，政府仅仅关注贷款发放量的金融扶贫效果考量也是导致贫困户无法获得有意义的金融帮扶的原因之一，综合以上因素，广西贫困户无法获得高效的金融扶贫。

2. 广西银行业为贫困户提供的金融服务可得性低

一是由于农村金融机构及其下设营业网点数量少，金融机构区别度低。过去，中国的农业相关银行主要包括农业银行、农村商业银行、邮政储蓄银行和农村信用合作社。在广西目前只有农村信用社一家银行为贫困户提供扶贫投向的金融产品，处于垄断地位的农村信用社极易产生低效性，使广西农村的贫困户难以获得金融服务。例如，武平镇金色村全村 181 户贫困户，只有 4 户获得小额贷款；南坡乡明学村共有 33 户提出申请，只有 13 户获得小额信贷入股分红，占全村贫困户总数的 6.4%；魁圩乡扶贫小额信贷放款户占全乡贫困户的 35.8%。农信社办理扶贫小额信贷工作效率低。武平镇农信社只开放 1 个窗口办理扶贫小额信贷，因系统老旧、识别较慢，平均每天只能办理 8 户小额贷款。该镇申请办理小额贷款的有 1900 多户，办理成功的只有 761 户。

二是多种因素造成的金融排斥。众多金融机构因在贫困地区线下设置的网点少，缺少贫困户的过往业务信息，因此无法判断贫困户的信用状况，想要收集贫困户的信用信息也存在着高成本低效率的问题，在这样信息不对称的形势下，金融机构作为信息的弱势方，会因控制风险而排斥为贫困户提供金融服务。同时广西壮族自治区政府没有将扶贫政策与金融知识宣传到位，这在无形中加大了金融机构实施金融扶贫的难度，导致金融扶贫无法惠及所有贫困户，没能将政策效应最大化。另外，贫困户还受到自身金融能力的限制，以至于对金融风险的识别与防范能力较差，在这样的情况下，广西商业银行如果依然按照传统的"输血式"金融扶贫模式来进行扶贫，不仅会使金融机构因高成本风险等因素向贫困户提供低效、无用的帮扶，甚至会拒绝向贫困户提供帮扶，使农村贫困群体能获取的金融资源和服务更加稀缺，还可能会出现金融机构只愿意为农村精英人士提供金融服务，大部分金融资源落入少部分人手中的情况，使金融精准扶贫仅有扶贫的空壳，没有实际的行动，大大降低了贫困户的金融服务可得性。

（四）策略和建议

1. 运用互联网金融对传统金融业务进行金融创新

从国际普惠金融的案例中我们可以总结到的经验是，发展普惠金融可以促进金融创新，因为当普惠金融体系建立健全后，会促使金融机构进行金融创新，从而实现金融创新领域新高峰。如今，互联网的迅猛发展给金融行业带来了许多改变，互联网缓解了金融机构与客户之间的信息不对称问题，拉近了客户与机构的距离，使金融机构在服务的提供上增加了很多选择，使每一个层次的客户都能获得良好的用户体验。近几年"互联网＋"行动计划是我国发展规划的热点，也是国家顶层设计的长远规划中的重点，互联网与金融的结合，为金融机构打破了时间和空间的限制，使金融机构获得了更好的载体来开展信贷机制和服务模式创新。在这一场由互联网迅猛发展所掀起的浪潮中，广西金融机构可以在实施金融扶贫的过程中借助互联网的成本优势和信息优势，使"互联网＋精准扶贫"成为广西打赢脱贫攻坚战，实现 2020 年全面建设的主要推动力。同时，广西金融机构还可以通过互联网进行金融创新以此实现传统金融业务的优化改革。

2. 运用金融科技提升普惠金融能力从而改善金融精准扶贫

一是运用数字普惠金融提升服务能力。在当前这个信息化、数据化时代，作为金融创新的数字普惠金融，凭借数字技术在金融领域的应用，大大增强了普惠金融支持金融精准扶贫的力度，在数字普惠金融的实践中，金融机构获得精准扶贫对象的信息不再是通过贫困户提交材料，相关业务人员实地考察，数字普惠金融可以为金融机构提供由精准扶贫建档立卡信息所建立的数据库，这样便解决了当下金融机构与客户之间存在的信息不对称问题，使金融机构对客户信息获取的成本更低，从而可以将更多的成本投向金融产品的研发，为客户提供更为优质的金融服务。并且数字技术本身就携带着可应用范围广、使用成本普遍较低等优势，如今人们正接受越来越多技术发展带来的福利，智能手机、移动数据相继在人民的生活中得到普及，人们的衣、食、住、行、生活、娱乐等各个方面开始由线下发展到线上，人们的生活状况开始可以通过网络数据收集分析，这是云计算和大数据能顺利开展的基础，如今，人们对金融服务的需求也开始逐渐由线下发展到线上，人们需要数字分析技术与金融相结合，以此使得可接受的服务不再受时间和空间的限制，金融机构也不需要再花费大量的成本用于挖掘和收集客户信息，由此可见，金融机构发展数字普惠金融，就是让农村贫困人群更快捷地享受到多种金融产品和服务，能有效解决贫困户的金融服务需求。

二是运用数字普惠金融打破金融精准扶贫的空间限制。目前，在农村金融体系中还存在的征信系统不完善、抵（质）押物缺乏等问题，使得贫困群体长期面临融资难、融资贵等问题，这些长期无法解决的难题，在无形中增加了金融扶贫的难度。从广西金融精准扶贫实践来看，当前为贫困户提供"输血式"扶贫的主力军是广西农村信用社，其他普惠金融机构基于成本、风险、难度等多方面的考虑，一直不愿意开展金融精准扶贫，导致广西的金融精准扶贫在广度和深度上都难以纵向延伸。在金融市场上存在的缺乏市场竞争问题，导致目前广西金融精准扶贫成效不够显著。数字普惠金融打破了空间限制，让更多的金融机构为地理位置不佳的贫困户或者金融机构设立的门槛过高导致金融服务缺失的群体提供金融服务。在数字普惠金融的助力下，广西金融精准扶贫可以有效地改善传统金融服务存在的缺点。

3. 引导贫困户形成正确的金融意识，建立与普惠金融相匹配的文化环境

没有合适的环境任何事物都无法顺利发展，同样，没有合适的文化环境作为基础，想要实现普惠金融的健全也是无稽之谈。发生金融排斥很大的一个原因是农村的贫困户自身存在认识偏差，有些贫困户将金融精准扶贫与政府的财政扶贫混为一谈，认为金融精准扶贫服务是金融机构专门为其提供的一种无偿的服务，有些贫困户则认为金融机构为他们提供金融服务是一种不怀好意的恶举等。想要建立普惠金融体系，优化广西金融精准扶贫的模式，势必要扭正贫困户的错误观念。因此，作为普惠金融体系与贫困户之间的媒介的金融精准扶贫工作人员应把控好自己的工作态度。政府方面的扶贫干部理应加强对贫困户融资意识的引导，对贫困户多开展金融的认识教育，解除他们对金融的抵触防线和认识误区，同时还要敲响违约的警钟，让其深刻认识到违约是要遭受处罚的。金融机构方面的工作人员则应该平等和善地接待来寻求帮助的贫困户，耐心解答贫困户的疑惑，降低金融在贫困户心中高不可攀的形象，在签订合同与协议时，则要着重强调贫困户所应当承担的责任以及若贫困户违约会有怎样的后果。政府与金融机构合力，才能为广西普惠金融体系的建立创造合适的环境。

五、广西商业银行业务转型问题

2018 年，中国银行业受宏观经济放缓、利率市场化程度不断加深、金融和技术脱媒、金融去杠杆等严峻挑战的影响，其净资产收益率一直处于持续下滑的状态，从而使银行业不得不改变长久以来的传统金融业务模式。同时由于互联网与金融的融合不断深化，在市场上出现了大量互联网企业将其创新的金融产品嵌入生态之中的情况，传统银行业因此损失了大量的客户资源。银行业在这样的环境下无疑遭受着巨大的冲击。因此，中国银行业全面转型刻不容缓。

自 2008 年国际金融危机爆发以来，巴塞尔委员会吸取了国际金融危机的惨痛教训，于 2010 年颁布了《巴塞尔协议Ⅲ》。与《巴塞尔协议Ⅱ》相比，《巴塞尔协议Ⅲ》在对资本监管的要求方面有了明显的加强，不仅提高了对最低资本的要求，还新增了资本留存缓冲、逆周期缓冲资本和系统重要性银行的额外资本等要求。全球各个金融机构都对新的监管要求作出了相应的改革，其中最突出、最普遍的反应就是商业银行的业务转型。我国为提高资本监管要求，于 2012 年参照《巴塞尔协议Ⅲ》颁布了《商业银行资本管理办法（试行）》。2018 年 1 月 1 日，该办法规定的过渡期结束，因此广西商业银行想要适应逐渐加强的资本监管要求，就必须对各自的业务作出相应的调整，以适应中国"新常态"的发展战略决策。

从金融业发展的角度看，随着中国市场的不断发展优化，商业银行自改革开放以来就一直紧跟中国市场的发展步伐，对自身的情况进行相对应的改革。中国商业银行从最初统一纳入中国人民银行，发展到现代商业银行体系的建立，再到银行的商业化改革和商业银行的市场化改革，最后是如今的市场经济中商业银行在现今市场下的业务转型和发展，可以看出，中国银行业的发展一直都是以促进实体经济发展为导向，以适应经济市场需求为核心的。如今广西商业银行的发展方向也是顺应社会需求进行适当的转型，这样的转型无疑是必须且正确的，在业务转型成功后，广西商业银行不仅能实现自身的发展，还可以促进中国经济的发展。

从实体经济发展的角度看，"实体发展，金融先行"，这句话很好地反映了金融发展对实体经济发展的重要性。国有企业一直都属于我国商业银行的优质客户，随着市场经济的不断深入发展，非国有企业对金融支持的需求量与日俱增，当下我国商业银行业务转型的重要内容不再局限于国有企业，非国有企业同样的是商业银行业务转型的重点。因此，当中国社会进入新的经济发展阶段，广西银行业该如何让商业银行业务转型顺应经济发展是目前面临的一个重要问题。

（一）商业银行业务转型的理论基础

1. 熊彼得的创新理论

企业业务创新是企业发展中的一个重要环节。熊彼得提出，企业创新体现在其生产函数的变化或其生产要素组合的变化上。当其中一个向更好的方向发展时，企业将会取得由创新产生的超额利润。但这样的超额利润并不长久，会随着创新技术的普及而消失。因此，为了不断地获得超额利润，企业需要不停地创新。将这一理论应用到商业银行领域则是指，当银行面对不同的监管环境和经济环境时，想要提高自身的利润，就必须对自身的业务进行创新。

2. 商业银行风险管理理论

金融风险管理理论认为，金融风险与承担风险的损失都是可预测的。并且风险并不是不可控的。商业银行风险管理理论是指商业银行为保证业务预期收益而产生损失的可能性，这其中主要包括负债风险管理理论、资产风险管理理论、资产负债风险管理理论、综合风险管理理论。目前全面风险管理理论是商业银行风险管理理论中的重要理论之一。全面风险管理理论又包括市场风险管理、经营风险管理和银行面临的信用风险。商业银行在日常的经营管理中要根据自身的风险管理要求，开展适当的业务，根据不同时期的风险管理要求，对现行的业务结构进行调整。

（二）广西商业银行业务转型现状分析

2018 年我国资本监管要求趋严，广西商业银行业务也随之发生了明显改变。银行业最低资本要求被提高，逆周期资本计提要求也被提升，广西商业银行的业务开始向较低风险发展。在《资管新规》实施后，广西商业银行的发展与我国大部分商业银行相同，开始出现个人贷款业务增加、由中间业务产生的手续费及佣金收入增加、公司贷款业务下降的情况。

1. 广西商业银行业务发展现状

着力于信贷资金支持。2017 年末贷款余额为 2.3 万亿元，比上年同期增加 12.5 个百分点，但增长速度比上年同期下降 1.4 个百分点。2017 年，总金额增加 2585.6 亿元，较上年同期增加 64.5 亿元。在新增贷款中，从主要参与者的角度来看，68% 是企业贷款。从投资品种的角度来看，46% 是固定资产贷款。"一带一路"建设和实体经济的发展得到了强有力的经济支持。与上年同期相比，小微企业和农业相关贷款分别增加 240.5 亿元和 225 亿元。"两权"抵押贷款余额较上年同期增长 1.1 倍。扶贫贷款余额较上年同期增加 26.8%，对薄弱环节的支持继续增加。然而，制造业贷款减少，新的私营企业贷款仅占公司贷款的 2.5%。

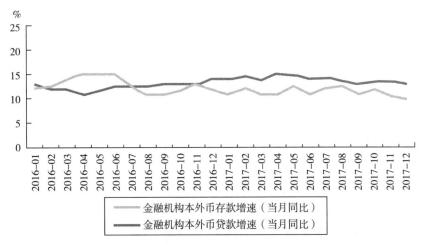

图 1 - 14　2016—2017 年广西金融机构本外币存贷款增速

着力于金融机构的改革。中国农业银行广西分行建立了"三农"渠道管理中心和"三农"互联网金融管理中心，对 75 个县分行实行差异化授权。切实加大对农业和县域的信贷支持力度。广西农村合作金融机构稳步推进县级农村商业银行的建设，目前已有 4 家农村信用社成功转型为农村商业银行。

着力于重大项目的发展。广西壮族自治区层面重大项目、"一带一路"重大项目以及产业转型升级项目反映了当前和今后一段时期广西重点项目建设方向。其中，广西壮族自治区层面重大项目每年由自治区发展改革委公布并统筹推进，2017 年共推出 772 项，总投资 15699 亿元，年度投资超过 2000 亿元；"一带一路"重大项目主要涵盖互联互通、能源资源、合作园区、跨境金融、人文交流、境外项目等多个重点领域，目前已推出近 200 项，总投资 6000 亿元；"四个一百"产业转型升级项目有 400 项，其中新兴产业培育项目、传统产业改造项目、产品升级与工业强基项目、智能制造与智能工厂项目各 100 项，总投资约 4000 亿元。2017 年，中国人民银行南宁中心支行围绕广西重点项目建设"三大主战场"，联合自治区发展改革委、工信委两次召开大型政银企对接活动，达成现场贷款意向近 1200 亿元。同时，搭建重点项目政银企对接长效机制，在广西金融业信息交互平台专门开设"融资项目库"栏目，为金融机构提供可实时查阅的最新重点项目基本信息及融资需求信息，并为广西各层级金融机构开通查询权限。各金融机构自上而下分解任务，把重点项目列为优先支持对象，在操作上开辟绿色通道，实行流程优先、产品优先、规模优先，精准高效地实现项目对接。目前，多家金融机构的总部与广西达成战略合作，地方性金融机构在准入、担保、价格、额度等方便采取灵活优惠的融资政策，持续为广西重点项目提供融资支持。各金融机构推出了"表内＋表外""商行＋投行""传统＋创新""境内＋境外"等 100 多种融资服务模式，有效地满足了多元化项目融资需求。2017 年，中国人民银行南宁中心支行通过"融资项目库"栏目向广西各银行业金融机构发布重点项目 1372 项，项目总投资达 25556 亿元；广西各银行业金融机构共为近 600 个重点项目提供融资近 1800 亿元，同时已列入融资计划的项目近千项，计划融资近万亿元。

着力于广西旅游业发展。近年来，针对广西特有的地域环境优势，广西政府努力推动广西旅游行业发展，努力实现由单一型观光旅游向全域、特色、文化等复合型旅游的转变，目前广西政府着力办好"中国—桂林国际旅游博览会""中国—东盟博览会旅游展"，这是建立中国与东盟旅游合作的广西旅游平台的一种手段。如今，北部湾经济区、贵溪、柳州已成为广西旅游的新名片。2017 年，广西壮族自治区全区有 3 个设区市、16 个特色旅游县和创建县列入国家旅游示范区名单。2017 年，国内外游客数量为 5.2 亿人，同比增长 27.9%；实现旅游总收入 5580.4 亿元，同比增长 33.1%，高出全国平均增长水平 18 个百分点。广西旅游业各项主要指标的增长率连续 7 年保持在 20% 以上，对广西地区生产总值的贡献率达到 14%。它已成为广西实现经济快速稳定增长的重要推动力之一。广西还持续推动"金融支持乡村旅游示范工程"。为了促进广西旅游资金的投入，将采用广西各地区政府担保基金和货币政策工具叠加的政策。2017 年，河池、防城港、北海等市县共设立贷款担保风险补偿资金 2400 万元，可以豁免旅游贷款 2.3 亿元。各类银行业金融机构利用投资银行和债务保护等方式，创新预付贷款、景区贷款、新农村建设贷款等旅游信贷产品。利用租赁、旅游开发资金等手段支持全区旅游、特色小镇旅游、扶贫旅游项目和旅游公司。2017 年，全区旅游融资总额为 1691.8 亿元，同比增长 40.2%，其中银行贷款占融资总额的 87.2%。资金、租赁等融资方式占 10.9%，债券融资占 1.9%。但是，目前广西旅游业发展仍然存在市场化程度低、区域发展不平衡、旅游基础设施和公共服务设施等方面的配套设施不足，旅游市场监管不力，投资方式和融资渠道相对简单等问题。①

2. 广西银行业业务存在的问题

一是银行业务单一。广西实体经济能获得的融资渠道仍然比较单一，就商业银行而言，实体企业能够在商业银行获得的资金还主要依靠申请贷款获得，而广西大多数商业银行基于信息不对称和道德风险的考虑，对中小企业提供信贷更为谨慎，同时还因成本因素而不愿意创新为中小企业提供的金融业务，这就使在广西中小企业的融资需求得不到满足。近几年来，我国为防范系统性金融风险，对金融行业的监管持续发力，广西银行业业务单一不仅会降低其自身资产的质量，还会增加其对自身风险把控的难度。

二是银行业务同质化。从业务结构的角度来看，广西壮族自治区内各类商业银行所经营的金融服务业务结构一直处于高相似度的状态，各家商业银行均是以经营本外币业务、零售和公司业务为主，经营代理业务和信用卡业务全覆盖为辅的多元化经营模式。相比国外的商业银行的经营模式，在经营范围覆盖面上，国外的商业银行同样广泛，与广西银行业不同的是，其业务并不存在同质化，原因在于国外的商业银行会根据自身优势与特点来选择目标市场和目标客户，从而制定有针对性的业务发展战略。同属跨国银行的汇丰银行和花旗银行，它们的属性相同但在经营上大不相同，它们的业务是基于对

---

① 参见《2017 年广西壮族自治区金融运行报告》。

自身的特点和业务发展战略来开展的。而广西各类商业银行的核心业务却没有显现出明显的差异，其所表现的共同特征是以发展贷款规模为主，营业收入以利息收入为主，各家商业银行的业务没有明显的区分度，经营同质化现象严重。从金融产品与服务的角度来看，广西商业银行为客户群体提供的金融产品种类之间缺乏个性化因子，导致金融产品没有明显的差异。

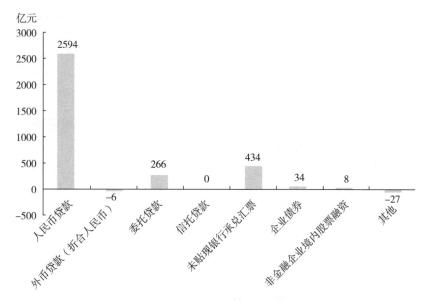

图 1-15　2017 年广西社会融资情况

三是表外业务异化。近年来我国的科技发展速度越来越快，2018 年我国金融监管力度不断加强，金融与科技的融合使金融技术得到了飞速提高，在这样的形势下，我国商业银行的发展不再局限于货币信贷，开始积极发展表外业务，试图以大规模扩张表外资产来突破贷款额度限制，许多商业银行开始发展银行间理财业务，渠道业务的发展增加了中间业务的手续费收入，客观上推高了社会融资规模。2017 年末，广西银行业表外业务发展放缓，金融资产和服务业资产负债表外业务余额占表外业务的 75% 左右，与上年同期相比下降 90%；担保资产负债表外业务余额较上年同期减少 3.7%；金融衍生品资产负债表外业务余额小幅下降，较上年同期下降 2%。信用卡业务的快速发展推动资产负债表外业务余额较上年同期增长 17.9%。为了更有效地降低资产负债表外业务产生的风险，广西金融监管机构需要加强对资产负债表外业务的监管。

（三）广西商业银行的转型路径

1. 优化资本，为广西商业银行业务转型提供有力保障

面对当下资本监管愈发严格的态势，银行业想要降低自身资本约束的压力，就必须着力提高资本的质量、优化资本的结构，以此为自身的业务转型提供有力保障。为了实现自身业务的转型升级，广西银行业需要提高资本充足率、提高中间业务收入、提升负

债业务总额以达到降低贷款业务总额、保持自身稳定发展的效果。利用一级资本补充资本充足率一直以来都是我国商业银行的选择倾向。2017 年 3 月，我国有 16 家上市银行的一级资本净额占资本净额的比例在 80% 以上，由此可见，我国商业银行的二级资本净额占比一直以来都处于较低水平，与商业银行资本监管相关文件中对二级资本的要求相差甚远。因此，我国商业银行的二级资本有很大的提升空间，所以广西商业银行可以考虑的是，在提升自身资本充足水平时，不要只着眼于一级资本的吸收，更应注重对二级资本的吸收。截至 2016 年底，中国银行二级资本为 2251.37 亿元人民币，占一、二级资本总和的 13.85%，由此可以通过增加发行次级债券和混合资本工具增加银行的二级资本，从而提高商业银行的资本充足率。①

2. 保持传统业务优势

随着金融脱媒进程的不断深入，银行业传统业务模式的盈利模式遭受到很大冲击。但这并不代表商业银行不能继续开展以净利差为主要利润收入的业务，与此相反，商业银行应该更重视传统的金融业务，原因在于当下传统金融业务相较于新兴业务已然是商业银行比较熟悉、较为成熟的业务，其业务流程也已经比较完善，客户对传统金融业务熟悉度较高，商业银行对其市场需求的把握也较为准确。因此，商业银行在传统金融业务的开展中所需要付出的成本更小，对风险的把控能力也更高，所以传统金融业务是商业银行更需要把握住的业务，需要商业银行根据自身的实际情况来保持自己的传统业务在市场中的优势。

一是我国商业银行自身拥有较强的财力物力等多方面的实力，从而使我国商业银行能够紧跟国家经济发展的速度，拥有国家规划新经济增长区域后快速在对应地区设置多个线下网点以此开展自身业务的能力。久而久之，商业银行在全国范围内拥有的线下网点数量不断累积增加，在规模效应的作用下，商业银行从中获利。

二是广西商业银行需要及时对自身存贷业务产品进行创新开发。中国的利率市场化改革正在逐步结束，各类商业银行在存贷业务上的竞争已经发生变化。在如此激烈的竞争中，对于存款业务，商业银行需要开发不同类型的定期存款业务。通过通知存款和协议存款等方式来吸收营运资金，以住房储蓄、教育储蓄等形式吸收个人闲置资金，从而建立适应市场需求的各种业务系统。对于贷款业务，商业银行需要积极探索中小企业融资市场，发展短期、快速发展的小额信贷类型，以满足中小企业的融资需求。

三是广西商业银行需要优化信贷结构，减少不良资产，增加利润收入。2018 年我国对金融的监督力度不断增强，提高了对银行业风险把控的要求，在这样的情形下，优化自身的资产结构就成了广西银行业发展的必然要求。

3. 创新非传统业务

商业银行的非传统业务主要是零售银行业务、中间业务和私人银行业务三种。首先，零售银行业务主要是商业银行针对个人和小企业所开展的业务，业务种类也并不多，主

---

① 史倩. 基于资本约束的我国商业银行业务转型研究［D］. 太原：山西财经大学，2018.

要是以小额贷款业务与消费信贷业务为主。因此，零售银行业务在商业银行的多种业务中是属于占用资金较少、风险低以及利润稳定的业务。近年来，由于居民生活水平不断提升，我国的零售银行业务开始不断发展，但银行业的零售金融服务依然处于无法使市场需求得到满足的状态，所以广西商业银行需要把握住机会，开始着力研发消费金融领域的针对性业务，以便广西银行业在2018年这样一个新经济环境下占领消费金融这样一个新的领域，并使其能够在保持自身稳定的利润增长的同时促进广西的消费经济增长。在个人理财业务方面，广西商业银行应当切实分析不同客户的不同需求，结合自身实际的特点和优势，开发具有个性化、差别化、综合化的新型综合理财产品，有针对性地为不同客户提供不同方案，才能满足各个客户群体的理财需求。在财产管理方面，广西商业银行需要结合市场的实际需求，加强对相应的财产管理业务的人才的培养和引进，同时创新发展财产管理的业务种类，以满足广西个人投资者不断增长的财产管理需求。

对于中间业务，目前我国银行业在中间业务这一块是空缺的，不同于国际上的大型商业银行，我国银行业长久以来都是以经营信贷业务为主，以利差收益为主要收入，这就使得我国商业银行的收入来源单一，无形中增加了商业银行的风险。如今我国银行业开始了金融脱媒的改革，在这一过程中，商业银行需要明白中间业务的重要性，找准市场定位，加大中间业务的创新研发，这样才能使自己不会在市场中失去竞争力，同时丰富自己的产品种类，增加营业收入来源，降低自身的风险。

私人银行业务是商业银行针对重要的高级客户所提供的专属综合理财服务。商业银行开展私人银行业务不仅能够从中获得高额的收入报酬，还能够增加与客户之间的信任与了解，增强客户黏性。广西商业银行必须把握住私人银行业务，完善自身的产品体系，并在此基础上进行相关业务的创新。与同业其他金融机构加强合作关系，以此建立其可靠安全的第三方产品库，这样不仅可以为客户资产配置创建一个良好的平台，还扩大了客户可选择产品的范围，满足高端客户的不同需求，为高端客户提供差异化服务，这样便可以进一步提升商业银行整体利润收入。

4. 实现业务的多元化均衡发展

虽然商业银行的核心竞争力并不简单取决于业务的多元化，但业务多元化是影响商业银行发展的重要因素之一。业务多元化从本质上说是商业银行传统业务和非传统业务之间的均衡协调发展。所以无论是从成本收入的角度还是从风险控制的角度来说，业务多元化均衡发展对商业银行都有着极其重要的意义。通过实施业务多元化策略，商业银行可以有效地分散风险，有效地降低交易成本以及提高客户黏性，进而增加商业银行的利润收入，此外，业务多元化均衡发展还起着协同效应、收入多元化效应的作用。因此，商业银行必须均衡发展、平稳向前，才能够走得长远，走得稳健。当前，广西商业银行的业务还是处于单一化、同质化的处境，业务多元化改革发展缓慢，无法提高改革速度与缺乏良好的外部金融制度环境、存在内部经营机制缺陷脱离不开。因此，广西商业银行要想加快业务多元化改革进程，首先，要优化外部金融制度环境，一方面需要广西政府运用政策、资金等多方面助力广西商业银行创新业务，同时助力商业银行加快建立多元化综合经营模式，另一方面需要广西政府完善相关法律制度，规范行业市场，加强金融监管，最终建立起商业银行及其创新金融产品的统一协调监管机制。到金融改革的后期，广西政府还要为广西银行业提供公平公正的竞争市场，使市场上的经营者都能够理智地作出决策。其次，在银行内部经营机制上，要求广西商业银行切合实际完善自身的经营管理机制，重视自身经营管理效率和风险防范能力的提高，同时广西商业银行还需要加大在业务、产品研发创新上的投入，结合自身的实际情况，参考国内外成功经验，找到适合自身的多元化均衡发展的综合型盈利模式。

六、商业银行风险管理模式

中国人民银行于 2017 年发布了第 120 号文，要求商业银行在 2017 年 12 月底前完成基于大数据技术的银行卡风险防控体系建设，提升磁条交易风险管理水平。文中明确表达了我国要让大数据风险防控系统建设切实落地的工作要求。因此，中国银行提出了科技引领数字化发展战略，明确了银行数字化转型目标，即以用户感受为核心、以数据为基础、以技术为导向，在客户、产品、服务等各个方面转化为数据形态的基础上，运用大数据分析来创新银行业务和优化服务流程，实现银行业务内在价值的提升。要实现数字化银行的建设，数据资产是核心竞争力，商业银行利用大数据技术开展对各个用户的深度挖掘与智能分析，充分发挥大数据本身的价值，以数据为驱动来进行决策，这样的行为有利于提升风险管理的前瞻性与商业银行自身业务的专业服务能力。

(一) 大数据时代，商业银行风险管控的机遇和挑战

"十三五"期间，中国的商业银行普遍建立了一个完全支持风险管理的信息系统。这包括使用传统的工作流技术来渗透预贷款、贷款和贷后流程风险管理审批系统以及集中控制配额和风险缓解应用系统。它还包括基于传统数据分析技术的公共和零售信用风险、市场风险和操作风险数据集市，以及支持风险评级模型管理、风险加权资产计量和记分卡部署的规则引擎和计算组件。它满足了《巴塞尔协议Ⅲ》对风险识别、计量、总结和报告的全面风险管理的要求，为银行风险管理奠定了良好的系统基础。

1. 大数据时代，商业银行风险管理迎来了新的发展机遇

首先，大数据技术带来了改进的分析能力。采用 X86 平台、Hadoop 框架和 NoSQL 数据库等技术的开源分布式大数据技术系统引入了实时分布式计算框架和流程计算系统。它使商业银行能够在小型计算机处理能力和 IO 吞吐量方面突破传统数据分析技术的性能瓶颈，并具有大规模吞吐量、流处理和实时分析的技术能力，能够以相对较低的成本进行深入挖掘和分析，将"睡眠数据"转化为有价值的信息资源。它还使商业银行可以将风险管理数据分析对象从样本数据增加到所有数据，从而发现海量数据背后的关系和隐藏法则。

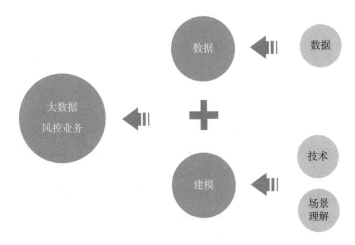

图 1-16 大数据风控业务组成分析

其次，大数据促进了风控模型的创新。大数据技术使商业银行能够突破传统的风险控制模型，创新风险管理和控制工具。第一，由于可以分析的数据的维度和密度将大大丰富，风险模型的可信度将相应增加。第二，数据实时分析等大数据技术的引入将显著提高风控模型的数据及时性，更好地支持实时反馈和预测未来趋势。第三，利用大数据和知识地图进行风险管理信息的知识管理，可以将知识转化为业务规则和模型。第四，利用大数据技术可以实现多因素和多维数据的综合分析，降低综合风险管理的技术门槛。

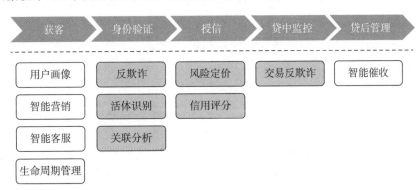

注：浅灰色标注的是大数据风控的主要相关应用。

图 1-17 大数据风控的业务模式

2. 大数据时代，商业银行风险管理迎来了新的挑战

一是数据收集能力的挑战。大数据时代，就是信息收集获取的时代。在此种情形下，数据信息成为各家哄抢的资源，因此商业银行除了要重视对自身传统业务数据进行收集之外，还要注重对互联网、第三方机构等多种来源、多种格式的数据进行收集，只有这样多方位的收集才能满足商业银行对数据需求的丰富程度和复杂性。需要注意的是，商业银行在进行数据收集的过程中要充分考虑收集数据的成本，重视数据的能耗，应在满足可靠性以及数据质量要求等因素的前提下尽可能降低成本，这就对我国商业银行的数据收集能力提出了更高的要求。

二是大数据技能储备的挑战。如今科技发展的速度越来越快，各项技术更新换代频繁，大数据技术也一样，已经有了众多分支，面对这样的形势，商业银行想要实现技术转型就必须努力吸收新的高新技术人才，同时还要对已有的银行工作人员开展知识技能培训，为其配备相应的技术工具，只有这样才能适应当下技术的发展和演进速度，使商业银行在不与时代技术脱节的同时完成自身的技术转型。在这之中，大数据分析团队的建设是战略实施的关键。广西商业银行要想建立起自己的大数据风控系统就必须先建立起自己的专业数据分析团队，而后还需要不断引进高新技术人才，不断提高自身对大型数据的分析和挖掘能力，这样才能为大数据风控的发展提供持续不断的动力。

三是大数据安全的挑战。一方面，商业银行需要在大数据的收集、存储、管理和使用方面制定统一、标准的指导和规范，需要根据数据敏感性、数据脱敏、数据授权级别、数据格式和内容对大数据资产进行分类，采取不同的安全防护策略；另一方面，来自互联网和第三方的外部数据在数据资产识别方面可能存在争议，同时也无法保证这些数据的合规性、安全性和真实性，因而银行难以将其进行充分的利用，银行也必须谨慎对待这些数据。

（二）中国银行智能风控体系建设

中国银行提出了引领科技数字化发展的"构建智能风控体系"战略任务，使用实时分析、大数据和人工智能技术，结合内部数据和外部数据，通过对客户、账户和渠道的全面分析，进行客户资金流量监控，优化信用风险评估系统，识别潜在的违规客户，建立实时反欺诈、信用风险、市场风险和操作风险、智能反洗钱领域的全方位、三维智能风险控制系统。

1. 实时反欺诈

随着互联网的快速发展，电子银行、网上支付、网上贷款等网上银行服务为客户带来了便捷的服务和体验。然而，在线金融服务的发展也面临着广泛的欺诈风险。为了及时有效地识别、监控和处理欺诈风险，中国银行的在线金融风险控制系统旨在建立覆盖整个流程、全方位服务和全渠道的智能风险控制系统。充分利用大数据、云计算和人工智能等新技术，以风险规则和模型为核心，基于数百个规则因子、37个风险特征模型和10个主要机器学习算法，实时监控异常设备、用户、账户、操作、交易等信息，并根据监测结果采取不同的处理措施，如发布、拦截、增强验证和账户冻结。采用"交易前收集分析，交易风险评估确认"两阶段处理业务流程设计，支持"实时生产、灰度测试、离线训练"三套环境协作、连续模拟验证、A／B测试和灰度发布，不断优化模型。

该系统目前每日平均接入交易量超过1000万，拦截了数以万计的欺诈交易，避免客户损失超过1亿元。未来，该系统将继续扩大业务和渠道范围，以实现客户风险分级管理和自适应安全认证。高效协调和应用规则、静态学习模型和机器学习模型，支持完整的案例管理、外出呼叫处理和规则管理功能，全面提升智能化水平。

2. 信用风险

中国银行依靠风险数据集市和相关系统来支持应用功能,如风险监控和预警,风险衡量和报告,以及单一和综合层面的风险模型培训。同时,利用大数据和人工智能语义分析技术构建"Ada"系统,通过企业画像和关联关系挖掘,整合行内信息和外部互联网数据,为企业信用风险管理提供支持,累积了超过553万条互联网舆情信息,形成了18000家公司的大型数据风险肖像,绘制了三个层次的权益、管理、担保、投资和融资维度相关图,监测了145个动态预警指标,并制定了嵌入风险管理过程的五个业务场景。

在此基础上,中国银行还将探索利用人工智能技术进一步探索客户与客户之间的隐藏关系,从"面子"到"身体",识别优势群体和隐藏群体,画出"保证圈",打造"保证球",从而发现多元化、深层次的关系,不断完善大数据风险控制预警指标体系,并将其嵌入风险管理流程体系中。开展行业景气指数等外部信息的收集和分析,进一步提升信用风险的积极防控水平。

3. 市场风险和操作风险

中国银行将大数据技术应用于市场风险评估、测量和监控过程,并将网格计算技术引入资本业务系统。支持多个并发财务计算引擎,实现复杂财务模型的有效估值测量,同时嵌入风险限额指标,实时监控和检查交易。对超出限制和间隔等异常情况进行风险警告。实现风险管理前向转换,利用历史模拟方法,在风险值计算中模拟计算银行交易账户的100种资本业务产品和市场历史数据。每天对超过200000个位置数据执行超过500次/笔模拟计算。

在内部控制与操作风险数据集市和审计数据分析系统中,中国银行积累了大量长期数据,涵盖了国内外所有业务线,约200 TB。依靠统计建模工具进行数据培训和分析模型构建,支持228个内部控制模型,并自动监控300多个审计报告和筛选脚本。内部控制和操作风险警示案例每月生成,更好地支持内部控制管理和内部审计工作。与此同时,中国银行正在推进这些领域的MPP数据库应用,并探索构建基于大数据技术的数据沙箱,以进一步增强数据分析和建模支持能力。

4. 智能反洗钱

为了在世界各地日益复杂严格的反洗钱监管环境下更好地安全合理地运作,中国银行积极利用大数据技术寻求反洗钱应用场景创新。

首先,中国银行建立了全球反洗钱系统,涵盖客户尽职调查、可疑交易监控和制裁清单筛选等功能。它已经形成了全面的反洗钱规则检索和可疑交易报告的解决方案。该系统依赖于有效的列表检索算法来提高列表检索的准确性。使用图形计算和神经网络技术,为客户群中的风险社区建立客户群组视图和智能提示,基于可视化技术和地理信息,支持图形洗钱模式识别和模型设置,采用智能索引方案、时分系统资源平衡分配、基于缓冲区的数据更新架构等机制,保证了系统运行的高性能。中国银行还在探索利用机器学习算法来改进列表检索和模型命中率,并提高基于流计算技术的列表检索和控制模型筛选的速度。并继续在交易链接的建设中应用大数据技术,跟踪资金流动,分析客户交易偏差，挖掘实际受益人。

其次，商业银行通常需要对贸易融资交易进行背景调查，并全面核实与业务相关的物流、信息流和资金流量信息。判断交易背景的合理性和真实性，以识别虚假交易背景和来路不明的资金。中国银行根据非标准化文件图像和物流货船等数据，探讨了人工智能技术在贸易融资业务后台验证过程中的应用。通过组合行内数据生成贸易融资背景验证报告，以提高交易背景调查的效率和准确性，并降低合规风险。

智能风险控制系统的构建需要整合多个维度的数据，如客户交易行为、个人资产、身份形象、绩效历史、行为偏好和关系网络。在业务开展之前、期间和之后进行全面的分析和判断，并进行全面的风险预测和控制。风险识别是智能风险控制的核心。在上述领域，商业银行有条件依靠大数据技术深化风险管理和控制应用场景，创建一个活跃的、三维的、实时的、智能的大数据风险控制系统，打造数字时代的核心竞争力。

（三）中国银行智能风控体系的启示

一是加强商业银行数据收集能力。在大数据时代的背景下，掌握真实度高、精准性强、具备时效性的数据是在市场中获得优势的基础。第一，要求商业银行加强对大数据领域发展的重视，培养和吸收大数据领域的高尖精人才，不仅要将大数据用于智能风险的控制，还要将其用在各个可以促进自身发展的领域，最大限度地发挥大数据的作用。第二，要求商业银行建立大数据平台，在此平台上商业银行既可以收集客户信息用于制定有针对性的特色服务，也可以将数据用于建设自身的风控系统。第三，努力实现金融机构之间建立数据共享的机制，这不仅有利于各个银行自身的发展，也能对整个银行业的风险进行防控。

二是运用大数据合理把控银行业务的风险。如今科技飞速发展，人们拥有的计算能力不断增强，所需消耗的成本不断降低，商业银行风险职能部门可以得到更多层次、多元化的客户信息，由此便可以作出更合理的信贷风险决策，商业银行所提供的投资组合风险也更容易监控，能够更早预见金融犯罪和运营亏损，可以从更多角度去预防系统性的风险。

三是将大数据与其他金融科技结合起来，创新金融服务。科技的发展日新月异，从"互联网＋"模式开始，我国银行业进入了技术资源整合的高峰期。2018年以来，我国很多商业银行都在开展与金融科技公司的合作，由此可见金融科技对传统银行业的重要性。但值得传统商业银行注意的是，金融科技始终是商业银行在金融市场上的竞争者，适度的合作可以为市场提供更优质的服务，但若商业银行自身不注重金融科技的发展，一味依赖与金融科技公司的合作，终将会沦入被市场淘汰的境地。大数据时代对传统商业银行来说是一次难得的机遇，传统商业银行自身资本雄厚，拥有足够的资金和能力去收集数据、发展金融科技，此时若能将大数据与金融科技相结合，创新出新的金融产品，便能够在金融市场上保持自己的核心竞争力。

参考文献

［1］王子惠．创新科技与金融　实施精准扶贫［J］．科技视界，2016（19）：107，112．

［2］李耀清，黄瑞刚，覃丹婧．基于"互联网＋"思维的新时期金融精准扶贫模式研究［J］．区域金融研究，2017（5）：12－19．

［3］李可．普惠金融促进农村减贫问题研究［D］．北京：中央民族大学，2016．

［4］尹优平．金融科技助推普惠金融［J］．中国金融，2017（22）：90－91．

［5］苏薇．普惠金融支持精准扶贫策略研究［J］．经贸实践，2018（3）：154－155．

［6］原妍娜，陈洛川．农村普惠金融助力精准扶贫［J］．时代金融，2018（14）：87，89．

［7］潘锡泉．数字普惠金融助力精准扶贫的创新机制［J/OL］．当代经济管理，2018（40）：1－6［2018－9－15］．http：/kns.cnki.net/kcms/detail/13.1356.F.20180502.0957.002.html．

［8］王梦雪．金融机构精准扶贫模式创新与实践研究［D］．北京：北京邮电大学，2018．

［9］丁金超．我国商业银行发展困境及其转型路径研究［D］．杭州：浙江大学，2017．

［10］黄晓艳．"互联网＋"背景下商业银行业务创新浅析［J］．企业科技与发展，2018（11）：178－180．

［11］中国银行国际金融研究所全球经济金融研究课题组．全球经济面临多重考验——中国银行全球经济金融展望报告（2018年第四季度）［J］．国际金融，2018（10）：47－55．

［12］陈四清．不断提升服务实体经济质效［J］．中国金融家，2018（10）：25－27．

［13］张茹琪．资管新规对我国影子银行的影响［J］．金融经济，2018（18）：67－68．

［14］陆龙飞，徐飞．金融科技背景下我国商业银行经营效率研究［J］．金融教育研究，2018，31（5）：33－39．

［15］张可心．商业银行理财业务中的非标资产监管与转型［J］．企业改革与管理，2018（18）：106，123．

［16］李海燕，傅忠贤，孟秋菊，文言春．"去产能"背景下的中小银行可持续发展［J］．青海金融，2018（9）：28－32．

［17］杨升．金融科技背景下我国商业银行面临的主要挑战与应对措施［J］．时代经贸，2018（26）：10－11．

［18］周成龙．新形势下中间业务转型发展的思考［J］．农银学刊，2018（5）：21－24．

［19］张搏，郑子龙，张婷婷．金融科技与我国银行业的发展研究［J］．农银学刊，2018（5）：37－41．

［20］盛松成，龙玉．资管新规对金融发展意义重大［J］．中国金融，2018（16）：28－30．

［21］麦肯锡咨询公司．新规下中国银行业资管业务转型之路［J］．新金融，2018（8）：10－14．

［22］王晨．做好零售银行是商业银行回归本源之道［J］．现代企业，2018（8）：69，101．

［23］中国人民银行南宁中心支行货币政策分析小组，崔瑜，苏阳，冼海钧，刘俊成，罗树昭，邓蒂妮，陈少敏，王涛，潘玉，陆峰，梁峰华，胡欢欢，钟辉，罗冬泉．2017年广西壮族自治区金融运行报告［J］．区域金融研究，2018（8）：5－13．

［24］张斌．银行"智慧零售"的大数据思维［J］．现代商业银行，2018（14）：36－38．

［25］夏妍．中国数字普惠金融发展对缩小城乡收入差距的影响研究［D］．昆明：云南财经大学，2018．

［26］谷寒婷．宏观稳定性视角下的金融杠杆与金融安全［D］．杭州：浙江大学，2018．

［27］竺妍妍．NY银行小微企业金融服务发展研究［D］．南宁：广西大学，2018．

［28］王乾坤．商业银行去杠杆路径政策的研究［D］．上海：上海师范大学，2018．

［29］钱欣然．金融去杠杆背景下中小银行盈利模式转型研究［D］．合肥：安徽大学，2018．

［30］刘云燕．金融去杠杆与商业银行公司金融业务转型［J］．新金融，2018（3）：45－49．

［31］徐传平．宏观审慎政策与货币政策的协调［J］．金融博览，2018（3）：11－13．

［32］王嘉申．对商业银行风险管理及其效率的研究［D］．南京：南京审计大学，2018．

［33］张园丽．中国影子银行的界定、测度及影响研究［D］．杭州：浙江理工大学，2018．

［34］广西金融统计数据［J］．区域金融研究，2018（1）：92．

［35］高慧．我国普惠金融发展中的金融排斥问题研究［D］．北京：首都经济贸易大学，2017．

（执笔人：夏泰凤）

2. 广西证券业发展分析报告

党的十九大报告明确指出，"深化金融体制改革，增强金融服务实体经济能力，提高直接融资比重，促进多层次资本市场健康发展"。这是我国资本市场改革与发展的重点任务。2018 年 3 月，国务院政府工作报告强调，"深化多层次资本市场改革，推动债券、期货市场发展"，"提高直接融资特别是股权融资比重"。因此，广西证券业发展也需要进一步加快体制机制创新，扩大国内外、区内外证券业的双向开放，提升广西证券业的市场化水平和规模效益，改善广西证券业的服务质量，维护广西证券业的安全稳健运行，引导资本回归本源，强化资本市场服务实体经济的能力，为广西高质量经济发展提供坚实的金融支持。

一、广西证券业发展状况

（一）广西证券业经营状况

中国改革开放 40 周年、广西壮族自治区人民政府成立 60 周年以来，广西资本市场和证券业已经获得长足的发展与进步。2018 年 1 月，广西壮族自治区金融工作办公室和广西壮族自治区财政厅联合印发《关于撬动资本市场资源服务实体经济发展的通知》（桂金办资〔2018〕3 号），加大力度支持广西企业增强直接融资的能力，积极引导资本市场资源服务实体经济。截至 2018 年 7 月，广西拥有境内外上市公司 44 家，其中境内上市 37 家，境外上市 7 家。有新三板挂牌企业 76 家，在广西北部湾股权交易所挂牌托管的企业突破 2880 家。各类型企业利用资本市场直接融资的能力大幅提升。证券分支机构、期货分支机构分别达到 220 家、35 家，私募基金管理人达到 85 家。

根据年报披露的信息，2017 年广西上市公司实现营业收入 1922 亿元，归属母公司净利润为 121 亿元，有 27 家公司提出年度分红预案，分红公司数量比 2016 年增多 6 家，增幅达到 28.57%，预计现金分红总额达到 57.49 亿元，现金红利占净利润的比重达到 45.12%，分红金额及比例均创造历史新高。

2018 年 5 月 31 日，广西壮族自治区人民政府正式启动了全区企业上市（挂牌）"三大工程"，包括广西上市（挂牌）培育、企业上市（挂牌）攻坚、上市公司质量提升等内容。"三大工程"的发展目标是，到 2020 年末，广西的境内外上市公司数量达到 50 家以上；新三板挂牌企业数量达到 120 家以上，新三板重点后备企业数量达到 80 家以上，争取实现广西设区市全覆盖；在广西北部湾股权交易所挂牌托管的企业数量达到 4000 家以上，其中挂牌托管的股份有限公司数量达到 500 家以上；争取在 2020 年末广西直接融资规模累计达到 5000 亿元以上，直接融资比重达到或接近全国平均水平。

作为广西壮族自治区首府、区域经济及资本市场中心，南宁市汇聚了全区主要的经济金融资源。截至 2018 年 7 月，南宁市拥有 16 家境内外上市公司，占广西境内外上市公司数量的 36.36%；南宁市的上市公司总市值大约是 972.15 亿元，占广西上市公司总市值的 35.77%；南宁市拥有 30 家在新三板挂牌的企业，占全区新三板挂牌企业数量的 39.47%。除了拥有 148 家后备上市企业之外，南宁市企业还通过新三板市场累计获得直接融资 5.60 亿元。2018 年 1 月至 7 月，南宁市新增上市公司 1 家、新三板挂牌企业 4 家。与 2014 年末相比，南宁市上市公司与新三板挂牌企业总数增长了 4 倍。根据广西企业上市（挂牌）"三大工程"的战略部署，南宁市将在 2020 年末争取实现境内外上市公司数量达到 20 家以上、新三板挂牌企业数量达到 40 家以上等发展目标。

1. 股票市场经营状况

截至 2018 年 7 月 30 日，从地区分布来看，广西 37 家境内上市公司分布于南宁（14 家，占比约为 37.84%）、柳州（5 家，占比约为 13.51%）、桂林（6 家，占比约为 16.22%）、北海（6 家，占比约为 16.22%）、梧州（2 家，占比约为 5.41%）、贵港（1 家，占比约为 2.70%）、贺州（1 家，占比约为 2.70%）、河池（1 家，占比约为 2.70%）以及玉林（1 家，占比约为 2.70%）；从行业分布来看，广西 37 家境内上市公司分布于制造业（22 家，占比约为 59.46%）、服务业（14 家，占比约为 37.84%）以及农业（1 家，占比约为 2.70%）；从上市板分布来看，广西 37 家境内上市公司分布于主板（29 家，占比约为 78.38%）、中小板（7 家，占比约为 18.92%）以及创业板（1 家，占比约为 2.70%），如表 2 - 1 及图 2 - 1、图 2 - 2、图 2 - 3 所示。

表 2 - 1 　　　　　　　　　　广西境内上市公司基本信息

序号	股票代码	股票名称	公司名称	注册地址	行业分类	上市板
1	000528	柳工	广西柳工机械股份有限公司	广西壮族自治区柳州市柳太路 1 号	专用设备制造业	主板
2	000582	北部湾港	北部湾港股份有限公司	广西壮族自治区北海市海角路 145 号	水上运输业	主板
3	000608	阳光股份	阳光新业地产股份有限公司	广西壮族自治区南宁市江南路 230 号南宁经济技术开发区	房地产业	主板
4	000662	天夏智慧	天夏智慧城市科技股份有限公司	广西壮族自治区梧州市新兴二路 137 号	化学原料及化学制品制造业	主板
5	000703	恒逸石化	恒逸石化股份有限公司	广西壮族自治区北海市北海大道西 16 号海富大厦第七层 G 号	化学纤维制造业	主板

序号	股票代码	股票名称	公司名称	注册地址	行业分类	上市板
6	000716	黑芝麻	南方黑芝麻集团股份有限公司	广西壮族自治区玉林市容县容城南工业集中区黑五类产业园	食品制造业	主板
7	000750	国海证券	国海证券股份有限公司	广西壮族自治区桂林市辅星路13号	资本市场服务	主板
8	000806	银河生物	北海银河生物产业投资股份有限公司	广西壮族自治区北海市西藏路银河软件科技园专家创业区1号	电气机械及器材制造业	主板
9	000833	粤桂股份	广西粤桂广业控股股份有限公司	广西壮族自治区贵港市幸福路100号	造纸及纸制品业	主板
10	000911	南宁糖业	南宁糖业股份有限公司	广西壮族自治区南宁市青秀区古城路10号	农副食品加工业	主板
11	000953	ST河化	广西河池化工股份有限公司	广西壮族自治区河池市六甲镇	化学原料及化学制品制造业	主板
12	000978	桂林旅游	桂林旅游股份有限公司	广西桂林市翠竹路27-2号	公共设施管理业	主板
13	002166	莱茵生物	桂林莱茵生物科技股份有限公司	桂林市临桂区人民南路19号	医药制造业	中小板
14	002175	东方网络	东方时代网络传媒股份有限公司	广西壮族自治区桂林市七星区临江路234号	仪器仪表制造业	中小板
15	002275	桂林三金	桂林三金药业股份有限公司	广西壮族自治区桂林市金星路1号	医药制造业	中小板
16	002329	皇氏乳业	皇氏集团股份有限公司	广西壮族自治区南宁市高新区丰达路65号	食品制造业	中小板
17	002592	八菱科技	南宁八菱科技股份有限公司	广西壮族自治区南宁市高新区工业园区科德路1号	汽车制造业	中小板
18	002696	百洋股份	百洋产业投资集团股份有限公司	广西南宁市高新技术开发区高新四路9号	渔业	中小板
19	002929	润建通信	润建通信股份有限公司	广西壮族自治区南宁市西乡塘区总部路1号中国东盟科技企业孵化基地一期D7栋501室	软件和信息技术服务业	中小板
20	300422	博世科	广西博世科环保科技股份有限公司	广西南宁市高新区科兴路12号	生态保护和环境治理业	创业板
21	600236	桂冠电力	广西桂冠电力股份有限公司	广西壮族自治区南宁市青秀区民族大道126号	电力、热力生产和供应业	主板

序号	股票代码	股票名称	公司名称	注册地址	行业分类	上市板
22	600249	两面针	柳州两面针股份有限公司	广西柳州市东环大道282号	化学原料及化学制品制造业	主板
23	600252	中恒集团	广西梧州中恒集团股份有限公司	广西梧州工业园区工业大道1号第1幢	医药制造业	主板
24	600301	ST南化	南宁化工股份有限公司	广西壮族自治区南宁市良庆区银海大道1223号	化学原料及化学制品制造业	主板
25	600310	桂东电力	广西桂东电力股份有限公司	广西壮族自治区贺州市平安西路12号	电力、热力生产和供应业	主板
26	600368	五洲交通	广西五洲交通股份有限公司	广西壮族自治区南宁市民族大道115-1号现代国际大厦27层	道路运输业	主板
27	600423	*ST柳化	柳州化工股份有限公司	广西壮族自治区柳州市北雀路67号	化学原料及化学制品制造业	主板
28	600538	国发股份	北海国发海洋生物产业股份有限公司	广西北海市北部湾中路3号	化学原料及化学制品制造业	主板
29	600556	ST慧球	广西慧金科技股份有限公司	广西壮族自治区北海市北海大道168号	计算机、通信和其他电子设备制造业	主板
30	600712	南宁百货	南宁百货大楼股份有限公司	广西南宁市朝阳路39、41、45号	零售业	主板
31	600936	广西广电	广西广播电视信息网络股份有限公司	南宁市高新区科园东五路8号好邦大厦525室	电信、广播电视和卫星传输服务	主板
32	601003	柳钢股份	柳州钢铁股份有限公司	广西壮族自治区柳州市北雀路117号	黑色金属冶炼及压延加工业	主板
33	601368	绿城水务	广西绿城水务股份有限公司	广西壮族自治区南宁市江南区体育路4号	水的生产和供应业	主板
34	601996	丰林集团	广西丰林木业集团股份有限公司	广西南宁市银海大道1233号	木材加工及木、竹、藤、棕、草制品业	主板
35	603166	福达股份	桂林福达股份有限公司	广西壮族自治区桂林市西城经济开发区秧塘工业园秧十八路东侧	汽车制造业	主板
36	603368	柳药股份	广西柳州医药股份有限公司	广西柳州市官塘大道68号	批发业	主板
37	603869	新智认知	新智认知数字科技股份有限公司	广西壮族自治区北海市四川南路铁路桥以南新奥大厦	软件和信息技术服务业	主板

资料来源：广西证券期货业协会，统计时间截至 2018 年 7 月 30 日。

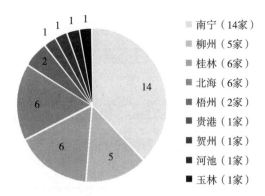

南宁（14家）
柳州（5家）
桂林（6家）
北海（6家）
梧州（2家）
贵港（1家）
贺州（1家）
河池（1家）
玉林（1家）

资料来源：根据 Wind 资讯有关数据绘制。

图 2 - 1　广西境内上市公司的地区分布

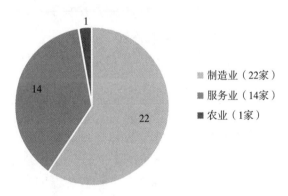

制造业（22家）
服务业（14家）
农业（1家）

资料来源：根据 Wind 资讯有关数据绘制。

图 2 - 2　广西境内上市公司的行业分布

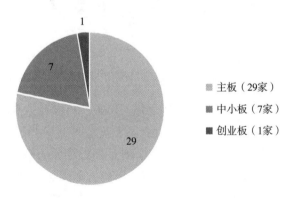

主板（29家）
中小板（7家）
创业板（1家）

资料来源：根据 Wind 资讯有关数据绘制。

图 2 - 3　广西境内上市公司的上市板分布

2017 年广西上市公司的年报显示，广西 37 家境内上市公司的总资产、营业总收入和员工人数分别是 3362.05 亿元、1950.03 亿元、105004 人。其中，国海证券以总资产 660.09 亿元排名第一，恒逸石化以营业总收入 642.84 亿元排名第一，柳钢股份以员工人数 9742 人排名第一，如图 2 - 4 所示。

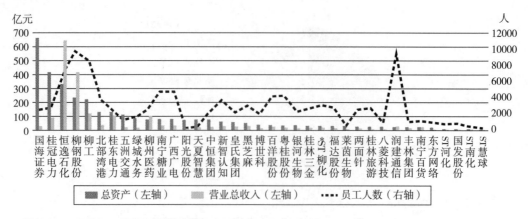

资料来源：根据 Wind 资讯有关数据绘制。

图 2 - 4　2017 年广西境内上市公司的总资产、营业总收入及员工人数

2006—2017 年广西境内上市公司的筹资额（Stock _ A）变动较大，变异系数是 104.48%，但是总体上保持增长趋势，如图 2 - 5 所示。

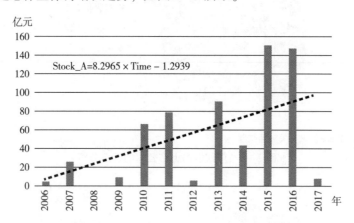

资料来源：根据 Wind 资讯有关数据绘制。

图 2 - 5　广西境内上市公司（A 股）筹资额及变动趋势

从市场交易的层面来看，除了 2015 年之外，2000—2017 年广西境内上市公司的股票交易额（CAP）与人均地区生产总值（PGDP）之间基本上保持了比较稳定的正相关关系，二级市场与经济发展之间的协调性较好，而且回归曲线方程的二次项系数小于零，说明二级市场交易对经济发展的影响力是边际递减的，如图 2 - 6 所示。同时，课题组也注意到，2008 年国际金融危机前后，二级市场累计交易额增长率（TRAN）与地区生产总值增长率（GGDP）之间的关系出现了一些微调，2000—2007 年两者基本上表现出比较明显的正相关关系，而 2008—2017 年两者则呈现出比较微弱的负相关关系。可见，在国际金融危机之后，防止市场情绪尤其是过度悲观导致资本市场与实体经济的剧烈波动，维护二级市场交易稳定，并以此促进实体经济发展是十分必要的。

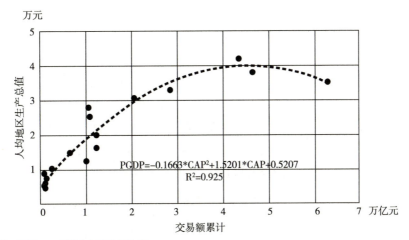

资料来源：根据 Wind 资讯有关数据绘制。

图 2-6　广西的股票交易额与人均地区生产总值的关系

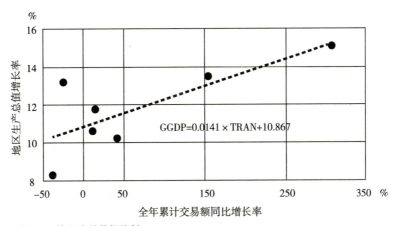

资料来源：根据 Wind 资讯有关数据绘制。

图 2-7　2001—2007 年广西股票累计交易额增长率与经济增长率的关系

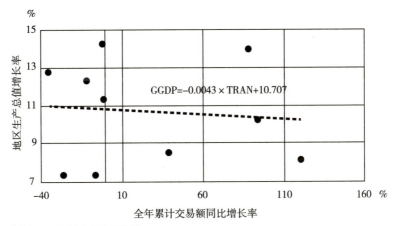

资料来源：根据 Wind 资讯有关数据绘制。

图 2-8　2008—2017 年广西股票累计交易额增长率与经济增长率的关系

截至 2018 年 6 月，广西辖区内的证券经营机构总数已经达到 220 家，将近半数集中在南宁市。其中，南宁市拥有 99 家证券经营机构（占比为 45.0%），柳州市拥有 30 家证券经营机构（占比为 13.6%），桂林市拥有 30 家证券经营机构（占比为 13.6%），玉林市和贵港市拥有 18 家证券经营机构（占比为 8.2%），梧州市拥有 13 家证券经营机构（占比为 13.6%），钦州市拥有 7 家证券经营机构（占比为 3.2%），河池市拥有 7 家证券经营机构（占比为 3.2%），北海市拥有 7 家证券经营机构（占比为 3.2%），百色市拥有 5 家证券经营机构（占比为 2.3%），防城港市拥有 3 家证券经营机构（占比为 1.4%），上海市拥有 1 家在广西注册的证券经营机构（占比为 0.5%）。

表 2 – 2 广西证券经营机构一览表

序号	名称	许可证编号	办公地址	邮编	联系/客服电话
1	国海证券股份有限公司	10240000	南宁市青秀区滨湖路 46 号	530028	0771 – 95563
2	国海富兰克林基金管理有限公司	A043（基金管理资格证号）	上海市浦东新区世纪大道 8 号上海国金中心二期 9 层	200120	021 – 38555555
3	国泰君安证券股份有限公司广西分公司	10275015	南宁市青秀区双拥路 30 号南湖名都广场 A 栋办公 2201、2205 号	530000	0771 – 5581281
4	太平洋证券股份有限公司广西分公司	13485002	南宁市壮锦大道 39 号 B – 4 栋 1508 号房	530022	0771 – 2798038
5	国信证券股份有限公司广西分公司	10295027	南宁市青秀区中東路 9 号利海·亚洲国际 4 号楼 2201、2202、2203、2203A 号	530022	0771 – 5501018
6	申万宏源证券有限公司广西分公司	10385002	南宁市青秀区英华路 56 号半岛旺角 A201、A202 号商铺	530022	0771 – 5309228
7	中国银河证券股份有限公司广西分公司	13695030	南宁市青秀区园湖南路 12 – 2 号三楼	530022	0771 – 5882536
8	海通证券股份有限公司广西分公司	10335014	南宁市兴宁区民主路 18 号邕州饭店 3 号楼二楼	530012	0771 – 2846177
9	大通证券股份有限公司广西分公司	11105001	南宁市青秀区金湖路 38 号永鑫大厦 4 层	530000	0771 – 5506835
10	招商证券股份有限公司广西分公司	10285008	南宁市青秀区金湖路 38 – 1 号时代丽都三楼整层	530000	0771 – 5631168
11	国开证券股份有限公司广西分公司	13475020	南宁市青秀区民族大道 149 号国家开发银行股份有限公司广西壮族自治区分行办公楼 7 楼 703 室	530000	0771 – 8018179

序号	名称	许可证编号	办公地址	邮编	联系/客服电话
12	世纪证券有限责任公司广西分公司	10515004	南宁市青秀区合作路 6 号五洲国际 D 栋 306 号	530000	0771 - 5716961
13	东北证券股份有限公司广西分公司	10155024	南宁市青秀区东葛路 118 号南宁青秀万达广场东 3 栋 1407 - 1410 号	530000	0771 - 2380395
14	兴业证券股份有限公司广西分公司	10945023	南宁市青秀区民族大道 115 - 1 号现代国际 1510 - 1513 号	530000	0771 - 5583322
15	安信证券股份有限公司广西分公司	13661023	南宁市青秀区金浦路 22 号名都苑 1 号楼 0711 号、0713 号	530000	0771 - 2530198
16	平安证券股份有限公司广西分公司	10621030	南宁市双拥路 38 号广西新谊投资大厦 29 层 A 区	530000	0771 - 5573537
17	九州证券有限公司广西分公司	13365027	南宁市青秀区民族大道 146 号三祺广场 12 层 02 号	530028	0771 - 5784576
18	中泰证券股份有限公司广西分公司	12365036	南宁市金湖路 57 号金湖商住小区 4 层 D5、D6 号商铺	530022	0771 - 5673998
19	国海证券股份有限公司北部湾分公司	10245011	钦州市钦北区永福西大街 10 号时代名城副楼二层	535000	0777 - 2100722
20	广州证券股份有限公司广西分公司	10255013	南宁市金湖北路 67 号梦之岛广场十三层 B1301、1302 室	530000	0771 - 2859539
21	西部证券股份有限公司南宁分公司	10875013	南宁市青秀区双拥路 30 号南湖名都广场 A 栋 2501 号	530021	0771 - 5606599
22	天风证券股份有限公司广西分公司	10785009	南宁市青秀区金湖路 63 号第二层 F211A、 F212、 F212A、 F213、 F213A、F215、F211B 号商铺	530028	0771 - 5675568
23	国海证券股份有限公司桂林分公司	10245013	桂林市叠彩区中山中路 46 号	541001	0773 - 2855945
24	长江证券股份有限公司广西分公司	10065048	南宁市青秀区双拥路 38 号广西新谊金融投资大厦 A 座 28 楼 B 区	530022	0771 - 5735533
25	中信证券股份有限公司广西分公司	11021069	南宁市青秀区民族大道 136 - 5 号华润大厦 C 座 18 层 1802、1805 室	530022	0771 - 2539003
26	联讯证券股份有限公司广西分公司	10485014	南宁市青秀区东葛路 118 号南宁青秀万达广场西 2 栋 1118、1119、1120、1121 号	530000	0771 - 5771280
27	西南证券股份有限公司广西分公司	10891113	南宁市青秀区中泰路 8 号天健商务大厦 1203 - 1204 房	530029	0771 - 8018887

序号	名称	许可证编号	办公地址	邮编	联系/客服电话
28	华福证券有限责任公司广西分公司	13505026	南宁市青秀区民族大道 146 号三祺广场 18 层 03A 号	530022	0771 - 5710850
29	方正证券股份有限公司南宁分公司	10971102	南宁市西乡塘区衡阳西路 17 号临街 1 号楼一楼 4 号铺面及二楼	530001	0771 - 3395239
30	国海证券股份有限公司南宁公园路证券营业部	10241020	南宁市公园路 1 号	530012	0771 - 2214331
31	国海证券股份有限公司南宁东葛路证券营业部	10241021	南宁市青秀区东葛路 86 号星和园（皓月大厦写字楼）6 楼	530022	0771 - 5867511
32	国信证券股份有限公司南宁中東路证券营业部	10291053	南宁市青秀区中東路 9 号利海·亚洲国际 4 号楼 22 层 4 - 2201、4 - 2202、4 - 2203、4 - 2203A	530022	0771 - 5501018
33	湘财证券股份有限公司南宁东葛路证券营业部	10911041	南宁市青秀区东葛路 118 号南宁青秀万达广场 5 栋 130 号	530000	0771 - 5869391
34	太平洋证券股份有限公司南宁民族大道证券营业部	13481042	南宁市青秀区民族大道 136 - 5 号南宁华润中心南写字楼 1102 号房	530028	0771 - 5321133
35	南京证券股份有限公司南宁竹溪大道证券营业部	10611044	南宁市青秀区竹溪大道 36 号青湖中心二楼	530021	0771 - 2530530
36	申万宏源证券有限公司南宁英华路证券营业部	10381021	南宁市青秀区英华路 56 号半岛旺角二层	530022	0771 - 5309228
37	中信建投证券股份有限公司南宁中文路证券营业部	13591098	南宁市青秀区中文路 10 号领世郡 1 号 1 号楼 07 号	530022	0771 - 5772680
38	中银国际证券股份有限公司南宁金湖路证券营业部	13191025	南宁市青秀区金湖路 67 号梦之岛广场三层	530022	0771 - 5086888
39	浙商证券股份有限公司南宁金湖路证券营业部	13181053	南宁市金湖路 26 - 1 号东方国际商务港 3B1、3B2、3B4 号	530012	0771 - 2865603
40	中国银河证券股份有限公司南宁园湖南路证券营业部	13691073	南宁市青秀区园湖南路 12 - 2 号	530022	0771 - 5863787
41	海通证券股份有限公司南宁民主路证券营业部	10331016	南宁市兴宁区民主路 18 号邕州饭店 3 号楼 1 层、2 层	530000	0771 - 2846838
42	招商证券股份有限公司南宁民族大道证券营业部	10281035	南宁市民族大道 56 - 1 号星湖综合楼 703 号	530022	0771 - 2829126
43	国海证券股份有限公司南宁滨湖路证券营业部	10241008	南宁市青秀区滨湖路 46 号国海大厦	530028	0771 - 5539161
44	国海证券股份有限公司南宁双拥路证券营业部	10241007	南宁市双拥路 38 号广西新谊投资大厦 5 层	530021	0771 - 2266789

续表

序号	名称	许可证编号	办公地址	邮编	联系/客服电话
45	国海证券股份有限公司南宁西江路证券营业部	10241025	南宁市江南区西江路2号平西村委综合楼六层	530031	0771－2393002
46	国海证券股份有限公司南宁友爱路证券营业部	10241006	南宁市西乡塘区友爱南路42号陆邕大酒店2楼	530003	0771－3118260
47	民生证券股份有限公司南宁金湖路证券营业部	10471035	南宁市青秀区金湖路26号城市之光1号楼2层201号商场	530021	0771－2869001
48	山西证券股份有限公司南宁长湖路证券营业部	10681035	南宁市长湖路20号绿城国际三层	530022	0771－5583507
49	申万宏源证券有限公司南宁长湖路证券营业部	10721021	南宁市青秀区长湖路24号浩天广场3层	530022	0771－5880597
50	国盛证券有限责任公司南宁汇春路证券营业部	13321037	南宁市青秀区汇春路2号希尔顿阳光三楼	530022	0771－2380305
51	广发证券股份有限公司南宁凤翔路证券营业部	10231029	南宁市青秀区凤翔路19号信达大厦二层东侧1、2、5号办公室	530029	0771－5315938
52	长城证券股份有限公司南宁民族大道证券营业部	10051011	南宁市民族大道146号三祺广场13层1303A、1306A号办公室	530028	0771－5885356
53	东北证券股份有限公司南宁东葛路证券营业部	10151068	南宁市青秀区东葛路118号南宁青秀万达广场东8栋142号	530022	0771－2380350
54	东海证券股份有限公司南宁东葛路证券营业部	10081054	南宁市青秀区东葛路118号万达广场东6栋151商铺	530022	0771－2860819
55	光大证券股份有限公司南宁金浦路证券营业部	10201024	南宁市青秀区金浦路22号名都大厦十四层1401、1402、1403、1405、1406号房	530021	0771－5305000
56	国泰君安证券股份有限公司南宁民族大道证券营业部	10271042	南宁市青秀区民族大道137号永凯春晖花园A区办公楼2501、2502、2503、2505	530021	0771－5555644
57	长江证券股份有限公司南宁双拥路证券营业部	10061083	南宁市青秀区双拥路38号广西新谊金融投资大厦A座28楼B区	530028	0771－5735533
58	东方证券股份有限公司南宁金湖路证券营业部	10161052	南宁市青秀区金湖路26－1号东方国际商务港一层10号商铺、二层2A4号和2A5号	530023	0771－5668855
59	国海证券股份有限公司南宁新民路证券营业部	10241014	南宁市青秀区新民路4号华星时代广场五层西面	530022	0771－2267111
60	华泰证券股份有限公司南宁中泰路证券营业部	10431084	南宁市青秀区中泰路11号北部湾大厦南楼7层	530029	0771－5570101

序号	名称	许可证编号	办公地址	邮编	联系/客服电话
61	五矿证券有限公司南宁金湖路证券营业部	10731034	南宁市青秀区金湖路49号圣展酒店4楼	530021	0771－5896138
62	招商证券股份有限公司南宁金湖路证券营业部	10281010	南宁市金湖路38－1号时代丽都3层	530022	0771－5631168
63	大通证券股份有限公司南宁金湖路证券营业部	11101040	南宁市青秀区金湖路38号永鑫大厦4层	530023	0771－5501556
64	国联证券股份有限公司南宁民族大道证券营业部	13121025	南宁市青秀区民族大道143号德瑞大厦综合楼4楼	530021	0771－3197268
65	中泰证券股份有限公司南宁金湖路证券营业部	12361097	南宁市青秀区金湖路57号金湖商住小区4层D5、D6号商铺	530022	0771－5673518
66	东兴证券股份有限公司南宁祥宾路证券营业部	10571102	南宁市祥宾路63号旅游大厦4楼	530028	0771－2815561
67	国海证券股份有限公司南宁金湖路证券营业部	10241070	南宁市青秀区金湖路26－1号东方国际商务港A座四楼	530000	0771－5587190
68	华林证券有限责任公司南宁金浦路证券营业部	10501049	南宁市青秀区金浦路16号汇东国际F座0706房及0708房	530012	0771－5776939
69	国海证券股份有限公司南宁鲁班路证券营业部	10241071	南宁市西乡塘区鲁班路93号瀚林华府01栋商业06号	530000	0771－3923903
70	中航证券有限公司南宁中柬路证券营业部	13271078	南宁市青秀区中柬路9号利海亚洲国际4号楼4－701号	530021	0771－5621688
71	国金证券股份有限公司南宁民族大道证券营业部	10091057	南宁市青秀区民族大道136－2号南宁华润中心西写字楼1001室	530028	0771－8058185
72	华福证券有限责任公司南宁民族大道证券营业部	13501089	南宁市青秀区民族大道115－1号现代国际9层913、914号房	530028	0771－5571700
73	国海证券股份有限公司南宁合作路证券营业部	10241077	南宁市青秀区合作路6号五洲国际D栋第3层第301室	530029	0771－5537291
74	国海证券股份有限公司南宁枫林路证券营业部	10241075	南宁市青秀区枫林路19号保利·童心缘136号	530022	0771－2200916
75	恒泰证券股份有限公司南宁民族大道证券营业部	13311112	南宁市青秀区民族大道127号铂宫国际22楼2207、2208号房	530028	0771－5501369－807
76	国海证券股份有限公司南宁仙葫大道证券营业部	10241082	南宁市仙葫大道西335号金质仙葫住宅小区2号楼3号楼4号楼商铺A215、A216	530200	0771－5382690
77	国融证券股份有限公司南宁金湖路证券营业部	12971065	南宁市金湖路28号和实水榭花都1号楼二层7号商铺2071室	530022	0771－2195385

序号	名称	许可证编号	办公地址	邮编	联系/客服电话
78	财富证券有限责任公司南宁金湖路证券营业部	13201047	南宁市青秀区金湖路 59 号地王国际商会中心 21 层 2115、2116 号	530023	0771 – 5715018
79	国海证券股份有限公司南宁市教育路证券营业部	10241090	南宁市教育路 9 号办公楼 2 层	530022	0771 – 5781126
80	国海证券股份有限公司南宁横县茉莉花大道证券营业部	10241058	南宁市横县横州镇茉莉花大道龙池新城龙翔苑 2 – 12 号	530300	0771 – 7082120
81	国海证券股份有限公司南宁宾阳县财政路证券营业部	10241061	南宁市宾阳县宾州镇财政路都市花园鸿福楼二楼 18 号	530400	0771 – 8243139
82	国海证券股份有限公司南宁香山大道证券营业部	10241062	南宁市武鸣区香山大道聚宝城 A 区 5 号楼 8 号一楼	530199	0771 – 6395828
83	国海证券股份有限公司南宁佛子岭路证券营业部	10241097	南宁市佛子岭路 18 号德利·东盟国际文化广场 B3 栋 218、219 号	530022	0771 – 5380295
84	国海证券股份有限公司南宁白沙大道证券营业部	10241098	南宁市白沙大道 109 号龙光普罗旺斯波乐多庄园 1 号商业楼 205 号商铺	530031	0771 – 4300082
85	国海证券股份有限公司南宁英华路证券营业部	10241099	南宁市英华路 9 号东盟世纪村 2 号楼 2 号	530021	0771 – 5783505
86	国海证券股份有限公司南宁民族大道证券营业部	10241094	南宁市民族大道 155 号荣和山水美地 4 组团 1 号楼 3 号铺面	530022	0771 – 5385160
87	华融证券股份有限公司南宁民族大道证券营业部	13721066	南宁市民族大道 146 号三祺广场 17 层 1701 号办公室	530022	0771 – 8058871
88	国泰君安证券股份有限公司南宁双拥路证券营业部	10271323	南宁市双拥路 30 号南湖名都广场 A 栋 2206 号	530021	0771 – 5555653
89	国海证券股份有限公司南宁燕敦路证券营业部	10241113	南宁市星光大道 223 号荣宝华商城 A – 12 号楼 202、204 号房	530031	0771 – 4896559
90	联储证券有限责任公司南宁东葛路证券营业部	10961047	南宁市东葛路 118 号南宁青秀万达广场西 1 栋 2213、2215 号	530022	0771 – 5711353
91	上海华信证券有限责任公司南宁金湖路证券营业部	13681002	南宁市金湖路 59 号地王国际商会中心 3617、3618、3619 号	530028	0771 – 5507740
92	天风证券股份有限公司南宁东葛路证券营业部	10781057	南宁市东葛路 118 号青秀万达广场西 2 栋 4606、4607、4608、4609 号	530023	0771 – 5572538
93	广州证券股份有限公司南宁金湖北路证券营业部	10251083	南宁市金湖北路 67 号梦之岛广场第十三层 B1301、B1302 号室	530022	0771 – 2859539
94	银泰证券有限责任公司南宁亭洪路证券营业部	13641044	南宁市亭洪路 9 号 10＋1 商业大道 34 栋 35、36、37、45、46 号商铺	530031	4008505505

序号	名称	许可证编号	办公地址	邮编	联系/客服电话
95	安信证券股份有限公司南宁民族大道证券营业部	13661296	南宁市民族大道 136－2 号南宁华润中心西写字楼 18 层办公 1801 室（部分）	530029	0771－5672946
96	西藏东方财富证券股份有限公司南宁民族大道证券营业部	10881087	南宁市青秀区民族大道 143 号德瑞花园 5 栋 13 号门面	530028	0771－8058658
97	华金证券股份有限公司南宁金湖路证券营业部	10701044	南宁市青秀区金湖路 59 号 3415、3416 房	530022	0771－5515132
98	万联证券股份有限公司南宁枫林路证券营业部	11381074	南宁市青秀区枫林路 6 号凤岭春天地下室 A1 区 02 号商铺、03 号杂物房	530000	4008888133
99	万和证券股份有限公司南宁中柬路证券营业部	13171039	南宁市青秀区中柬路 8 号龙光世纪 2 号楼 810、811、812 号	530022	0771－5781208
100	申万宏源证券有限公司柳州东环大道证券营业部	10381006	柳州市东环大道 258 号沃德梦想 2 栋 2－1 号	545006	0772－2807638
101	大通证券股份有限公司柳州中山东路证券营业部	11101028	广西柳州市中山东路 68 号东都百货大楼 12 楼	545001	0772－2806106
102	中航证券有限公司柳州三中路证券营业部	13271023	柳州市柳北区三中路 29 号大东数码国际三层	545001	0772－2808800
103	招商证券股份有限公司柳州解放北路证券营业部	10281053	柳州市城中区解放北路 3 号新大地商厦二层	545001	0772－2815851
104	国海证券股份有限公司柳州晨华路证券营业部	10241005	柳州市晨华路 9 号	545007	0772－3807771
105	光大证券股份有限公司柳州桂中大道证券营业部	10201140	柳州市桂中大道南端 2 号阳光壹佰城市广场 25 栋 25－2	545026	0772－2128001
106	广发证券股份有限公司柳州广场路证券营业部	10231204	柳州广场路 2 号邮政指挥中心二楼	545002	0772－8252836
107	国海证券股份有限公司柳州北站路证券营业部	10241022	柳州市北站路 14 号中百大厦二楼	545001	0772－2836068
108	西部证券股份有限公司柳州海关路证券营业部	10871043	柳州市海关路 3 号温馨嘉园二期 1 楼	545006	0772－2639008
109	海通证券股份有限公司柳州桂中大道证券营业部	10331190	柳州市桂中大道南端 2 号阳光 100 城市广场 7 栋 3－1	545006	0772－8250208
110	国海证券股份有限公司柳州驾鹤路证券营业部	10241016	柳州市驾鹤路 93 号 4－9、20－67、70－74、78－81 号	545001	0772－3866010

序号	名称	许可证编号	办公地址	邮编	联系/客服电话
111	中国银河证券股份有限公司柳州友谊路证券营业部	13691264	柳州市友谊路4号11栋友谊国际2-2	545001	0772-2803130
112	国盛证券有限责任公司柳州跃进路证券营业部	13321200	柳州市跃进路88号冠亚·尚成国际4栋3-1	545001	0772-8256785
113	太平洋证券股份有限公司柳州白沙路证券营业部	13481044	柳州市柳北区白沙路2号保利广场8栋2-8号	545000	0772-3310576
114	国泰君安证券股份有限公司柳州桂中大道证券营业部	10271275	柳州市桂中大道7号东方百盛4栋二十二层2202、2203、2211、2212、2213、2214、一层1-17号	545001	0772-3800108
115	国信证券股份有限公司柳州桂中大道证券营业部	10291146	柳州市桂中大道南端6号九洲国际19-3、19-4、19-5	545001	0772-3598882
116	东方证券股份有限公司柳州文昌路证券营业部	10161116	柳州市文昌路26号东郡21栋2-1、2、3号	545000	0772-3012308
117	西南证券股份有限公司柳州晨华路证券营业部	10891128	柳州市晨华路10号嘉逸财富大厦A座A1604-A1606室	545000	0772-3010597
118	恒泰证券股份有限公司柳州天山路证券营业部	13311113	柳州市水南路245号天山上城小区2-2-9号	545005	0772-8807579
119	安信证券股份有限公司柳州晨华路证券营业部	13661189	柳州市晨华路10号嘉逸财富大厦1单元10-1（1007-1008室）	545001	0772-5388100
120	华林证券股份有限公司柳州文昌路证券营业部	10501144	柳州市文昌路20号乐和大厦地上11层20号	545001	0772-2120107
121	广州证券股份有限公司柳州晨华路证券营业部	10251098	柳州市晨华路10号嘉逸财富大厦1单元6-1（605）	545001	0772-3018016
122	中泰证券股份有限公司柳州文昌路证券营业部	12361270	柳州市文昌路26号东郡1栋（金册大厦）2单元8-1、8-2	545026	0772-3590100
123	山西证券股份有限公司柳州解放南路证券营业部	10681087	柳州市解放南路97号华侨大厦四层北面4-1号	545001	0772-2112101
124	大通证券股份有限公司柳州鹿寨县民生路证券营业部	11101042	柳州市鹿寨县鹿寨镇民生路5号鑫都花园4栋02号	545600	0772-6818973
125	国海证券股份有限公司柳州融水县寿星中路证券营业部	10241072	柳州市融水县寿星中路华都商贸城1幢208号	545300	0772-5863337
126	长城证券股份有限公司桂林穿山东路证券营业部	10051088	桂林市七星区穿山东路43号桂林金街15号楼14号	541002	0773-8983450
127	国海证券股份有限公司桂林辅星路证券营业部	10241052	桂林市辅星路13号甲天下旅游休闲中心2号楼4楼	541004	0773-2536957

序号	名称	许可证编号	办公地址	邮编	联系/客服电话
128	国海证券股份有限公司桂林中山中路证券营业部	10241004	桂林市中山中路 46 号	541001	0773－2863699
129	招商证券股份有限公司桂林中山北路证券营业部	10281036	桂林市中山北路 35 号龙湖大厦三层	541003	0773－2803111
130	国泰君安证券股份有限公司桂林空明西路证券营业部	10271176	桂林市七星区空明西路 16 号	541004	0773－5824168
131	海通证券股份有限公司桂林漓江路证券营业部	10331196	桂林市七星区漓江路 4 号 4 楼	541004	0773－5613088
132	申万宏源证券有限公司桂林漓江路证券营业部	10381003	桂林市七星区漓江路 28 号中软现代城 4 号楼 6、7 层	541004	0773－3821966
133	申万宏源证券有限公司桂林中山南路证券营业部	10381107	桂林市象山区中山南路 13 号桂林华侨大厦一层、六层	541002	0773－3861122
134	国联证券股份有限公司桂林滨江路证券营业部	13121040	桂林市秀峰区滨江路 16 号可高漓江 21 号商务办公楼 1 号 3 楼 1－10 号	541001	0773－8988033
135	光大证券股份有限公司桂林中山中路证券营业部	10201125	桂林市秀峰区中山中路 39 号南方大厦 4 楼 4－1 号	541000	0773－2881288
136	中国银河证券股份有限公司桂林中山中路证券营业部	13691200	桂林市秀峰区中山中路 47 号八桂大厦南楼八层	541001	0773－2106801
137	东方证券股份有限公司桂林中山中路证券营业部	10161051	桂林市中山中路 16 号金泰大厦四楼	541002	0773－2853758
138	方正证券股份有限公司桂林自由路证券营业部	10971172	桂林市七星区自由路 6 号综合楼 1－3 号	541004	0773－5887588
139	兴业证券股份有限公司桂林中山北路证券营业部	10941125	桂林市叠彩区中山北路 35 号龙湖大厦 5 楼 A6 区	541001	0773－8996611
140	华林证券股份有限公司桂林七星路证券营业部	10501143	桂林市七星区七星路 75 号明珠花园 21 栋 1－13－5 号房	541004	0773－7596066
141	广州证券股份有限公司桂林中山中路证券营业部	10251077	桂林市象山区中山中路 12 号	541002	0773－2628699
142	东北证券股份有限公司桂林穿山东路证券营业部	10151105	桂林市七星区穿山东路 28 号彰泰春天北苑 1 栋 1、2－12 号	541004	0773－2309309
143	安信证券股份有限公司桂林中山南路证券营业部	13661277	桂林市象山区中山南路 77 号	541002	0773－3562225
144	中信建投证券股份有限公司桂林中山北路证券营业部	13591267	桂林市叠彩区中山北路 35 号龙湖大厦一楼 B1 区、五楼 A5 区	541001	0773－3116628

序号	名称	许可证编号	办公地址	邮编	联系/客服电话
145	长江证券股份有限公司桂林中山中路证券营业部	10061241	桂林市象山区中山中路 3 号桂林饭店综合楼 4 - （15 - 1）、（14 - 3）、（14 - 2）号写字间	541002	0773 - 3555258
146	中泰证券股份有限公司桂林中山中路证券营业部	12361271	桂林市秀峰区中山中路 38 号智能办公大厦 308 号	541001	0773 - 3100898
147	东方证券股份有限公司桂林临桂区人民路证券营业部	10161079	桂林市临桂区世纪东路 1 号大世界 2 楼	541199	0773 - 3196329
148	国海证券股份有限公司桂林临桂区人民路证券营业部	10241030	桂林市临桂区人民路 53 号	541199	0773 - 5581538
149	国海证券股份有限公司桂林荔浦县荔柳路证券营业部	10241038	桂林市荔浦县荔城镇荔柳路 37 号工行二楼	546600	0773 - 7222811
150	国海证券股份有限公司桂林全州县中心北路证券营业部	10241031	桂林市全州县全州镇中心北路 1 号 3 楼	541500	0773 - 4829866
151	国海证券股份有限公司桂林阳朔县蟠桃路证券营业部	10241050	桂林市阳朔县蟠桃路 13 号工行阳朔支行四层	541999	0773 - 8811122
152	国海证券股份有限公司桂林兴安县三台路证券营业部	10241029	桂林市兴安县三台路 37 号	541300	0773 - 6217191
153	国海证券股份有限公司桂林恭城县迎宾路证券营业部	10241085	桂林市恭城县恭城镇迎宾路 76 号	542500	0773 - 8188839
154	爱建证券有限责任公司玉林教育东路证券营业部	13211016	玉林市教育东路 475 号（原外环北路东侧）	537000	0775 - 2305058
155	申万宏源证券有限公司玉林民主中路证券营业部	10381134	玉林市民主中路 224 号桂林银行大楼（原烟草大厦）9 楼	537000	0775 - 2808808
156	国海证券股份有限公司玉林人民东路证券营业部	10241013	玉林市人民东路 116 号	537000	0775 - 2682729
157	国海证券股份有限公司玉林新民路证券营业部	10241053	玉林市玉州区新民路 411、413 号 1 - 2 楼	537000	0775 - 2660022
158	招商证券股份有限公司玉林广场东路证券营业部	10281076	玉林市文化广场东路 288 号联通大厦主楼二楼	537000	0775 - 5828811
159	安信证券股份有限公司玉林广场西路证券营业部	13661142	玉林市广场西路御电苑小区（玉林市供电局职工住宅楼）高层住宅楼 B 栋第一层的 4 号商铺	537000	0775 - 5821999
160	方正证券股份有限公司玉林广电路证券营业部	10971208	玉林市玉州区广电路 1 号玉林广播电视报社大楼一楼、四楼	537000	0775 - 2677880

序号	名称	许可证编号	办公地址	邮编	联系/客服电话
161	中国银河证券股份有限公司玉林广场路证券营业部	13691380	玉林市玉州区广场东路139号	537000	0775-5808326
162	国泰君安证券玉林广场东路证券营业部	10271323	玉林市广场东路139号	537000	0775-2888018
163	国海证券股份有限公司玉林北流市永丰路证券营业部	10241042	北流市永丰路0200号	537400	0775-6334941
164	国海证券股份有限公司玉林陆川县公园路证券营业部	10241063	玉林市陆川县温泉镇公园路123号	537700	0775-7275106
165	国海证券股份有限公司玉林容县兴容街证券营业部	10241040	玉林市容县兴容街108号中国银行容县支行2楼	537500	0775-5339680
166	国海证券股份有限公司玉林兴业县玉贵路证券营业部	10241074	玉林市兴业县石南镇玉贵路354号	537800	0775-2682729
167	国海证券股份有限公司梧州奥奇丽路证券营业部	10241018	梧州市奥奇丽路8号恒祥花苑27、28号楼二楼	543002	0774-3866688
168	国海证券股份有限公司梧州大学路证券营业部	10241012	梧州市大学路36-1号7号楼15层和8号楼1层194-195号商铺	543000	0774-2811016
169	申万宏源证券有限公司梧州西堤三路证券营业部	10381130	梧州市西堤三路19号10层38-40	543001	0774-6010205
170	招商证券股份有限公司梧州冬湖路证券营业部	10281090	梧州市长洲区冬湖路1号总工会2楼	543002	0774-3100111
171	华泰证券股份有限公司梧州西堤三路证券营业部	10431039	梧州市西堤三路19号1层1号	543002	0774-3863320
172	国海证券股份有限公司梧州政贤路证券营业部	10241078	梧州市龙圩区龙圩镇政贤路77号	543100	0774-2693208
173	国盛证券有限责任公司梧州西堤三路证券营业部	13321238	梧州市西堤三路28号第1幢一层10号商铺	543000	0774-3851758
174	国海证券股份有限公司梧州岑溪市义洲大道证券营业部	10241059	梧州岑溪市义洲大道70号	543200	0774-8210518
175	国海证券股份有限公司梧州藤县藤州大道证券营业部	10241064	梧州市藤县藤州镇藤州大道88号	543300	0774-7281126
176	国海证券股份有限公司梧州蒙山县五福南路证券营业部	10241079	梧州市蒙山县蒙山镇五福南路36号	546700	0774-2811036
177	安信证券股份有限公司梧州西堤三路证券营业部	13661316	梧州市长洲区西堤三路28号第5、6幢二层10号商铺	543002	0774-3886599

续表

序号	名称	许可证编号	办公地址	邮编	联系/客服电话
178	国盛证券有限责任公司北海北海大道证券营业部	13321186	北海市北海大道 136 号明丽商务中心 B 幢 703 号	536000	0779 – 3830428
179	招商证券股份有限公司北海市北海大道证券营业部	10281091	北海市北海大道 181 号奇珠大厦 A 座 5 楼 502 号	536000	0779 – 6668688
180	五矿证券有限公司北海广东路证券营业部	10731012	北海市广东路 109 号瀚宇国际大厦 A 座 5 楼 508、509、510、511 号	536000	0779 – 3835357
181	国海证券股份有限公司北海北海大道证券营业部	10241001	北海市北海大道华美财富广场四楼	536000	0779 – 6801990
182	东方证券股份有限公司北海北海大道证券营业部	10161053	北海市北海大道 187 号逢胜大厦 3 楼	536000	0779 – 3055879
183	东方证券股份有限公司北海茶亭路证券营业部	10161131	北海市茶亭路 31 号富钰大厦 1205 – 1207 号	536000	0779 – 3188681
184	国海证券股份有限公司北海合浦县延安路证券营业部	10241065	北海市合浦县廉州镇延安路 63 号	536100	0779 – 6970155
185	国海证券股份有限公司贵港中山路证券营业部	10241003	贵港市中山北路一号吉田大厦三楼	537100	0775 – 4553088
186	申万宏源证券有限公司贵港中山北路证券营业部	10721171	贵港市中山北路 19 号安居商贸楼三层	537100	0775 – 5963186
187	招商证券股份有限公司贵港金港大道证券营业部	10281121	贵港市金港大道（财富中心）1 幢 2002 号	537110	0775 – 2938775
188	国海证券股份有限公司贵港桂平市浔州路证券营业部	10241039	桂平市西山镇新岗村福桂三千城 B# 217、218 铺	537200	0775 – 3370885
189	国海证券股份有限公司贵港平南县朝阳大街证券营业部	10241034	贵港市平南县平南镇朝阳大街 668 号建设银行二楼	537300	0775 – 7832200
190	国海证券股份有限钦州扬帆北大道证券营业部	10241035	钦州市永福西大街 10 号	535099	0777 – 2850778
191	海通证券股份有限公司钦州子材西大街证券营业部	10331270	钦州市钦南区子材西大街 69 号 1 号楼 119 铺	535000	0777 – 5988831
192	国盛证券有限责任公司钦州永福西大街证券营业部	13321098	钦州市扬帆北大道 35 号开投大厦	535000	0777 – 2877758
193	申万宏源证券有限公司钦州永福西路证券营业部	10381106	钦州市永福西大街 28 号	535000	0777 – 2800562
194	国海证券股份有限公司钦州灵山县江南路证券营业部	10241057	钦州市灵山县灵城镇江南路 427 号金山大厦五层	535400	0777 – 6886000

序号	名称	许可证编号	办公地址	邮编	联系/客服电话
195	国海证券股份有限公司钦州浦北县证券营业部	10241096	钦州市浦北县小江镇解放路 201 号	535300	0777 - 2100739
196	国盛证券有限责任公司百色西园路证券营业部	13321185	百色市右江区西园路 5 号	533000	0776 - 2967220
197	国海证券股份有限公司百色中山二路证券营业部	10241041	百色市右江区中山二路 23 号中银大厦主楼第 6 层，副楼第 3 层	533000	0776 - 2892881
198	国海证券股份有限公司百色平果县教育路证券营业部	10241055	百色市平果县教育路 538 号君临天下 2 层	531499	0776 - 5882803
199	国海证券股份有限公司百色田东县朝阳路证券营业部	10241056	百色市田东县朝阳路百通世界新城广场 2 号楼二楼	531500	0776 - 5218599
200	国海证券股份有限公司百色靖西市金山街证券营业部	10241080	百色市靖西市金山街 94 号	533800	0776 - 2892216
201	国海证券股份有限公司河池西环路证券营业部	10241026	河池市金城江区西环路 396 号	547000	0778 - 2108771
202	方正证券股份有限公司河池金城东路证券营业部	10971137	河池市金城江区金城东路 28 号成源华府一楼 16 号商铺	547000	0778 - 8178880
203	国泰君安证券股份有限公司河池金城中路证券营业部	10271273	河池市金城中路 98 号（金龙湾花园小区第 9 栋 4 楼 01 号房、B 区东商业广场 4 楼 01 号房及 02 号房）	547000	0778 - 2786663
204	国海证券股份有限公司河池宜州区中山大道证券营业部	10241027	宜州区庆远镇中山大道 3 号	546300	0778 - 3225802
205	国海证券股份有限公司河池都安县屏山路证券营业部	10241076	河池市都安瑶族自治县安阳镇屏山南路 25 号	530700	0778 - 2107979
206	国海证券股份有限公司河池南丹县丹城大道证券营业部	10241102	河池市南丹县城关镇丹城大道 175 号	547200	0778 - 2108771
207	国海证券股份有限公司河池巴马县寿乡大道证券营业部	10241105	河池市巴马瑶族自治县巴马镇寿乡大道 768 号	547500	0778 - 6219123
208	国海证券股份有限公司防城港迎宾路证券营业部	10241036	防城港市行政中心区迎宾路乐天花园小区 F10 号商铺 2 - 3 层	538001	0770 - 2821018
209	国海证券股份有限公司防城港东兴市北仑大道证券营业部	10241051	防城港东兴市北仑大道 533 号 10 号楼 2 层	538100	0770 - 7651298
210	国海证券股份有限公司防城港二桥东路证券营业部	10241101	防城港市防城区二桥东路 41 号	538021	0770 - 2821018
211	国海证券股份有限公司崇左友谊大道证券营业部	10241028	崇左市友谊大道中段西侧（东源名城）4 栋 06 号房 1 - 2 层商铺	532200	0771 - 7823403

序号	名称	许可证编号	办公地址	邮编	联系/客服电话
212	国海证券股份有限公司崇左凭祥市北环路证券营业部	10241047	崇左凭祥市北环路 112 号	532600	0771 - 8538318
213	国海证券股份有限公司崇左扶绥县南密路证券营业部	10241100	崇左扶绥县新宁镇南密路 165 - 3、165 - 5 号	532100	0771 - 7535699
214	国海证券股份有限公司贺州建设中路证券营业部	10241032	贺州市建设中路 7 号二楼	542899	0773 - 2213370
215	申万宏源证券有限公司贺州江北中路证券营业部	10721257	贺州市八步区江北中路 200 号经成大厦 602 室	542899	0774 - 5201291
216	中国银河证券股份有限公司贺州建设中路证券营业部	13691373	贺州市八步区建设中路 31 号 A 楼一层商铺	542800	0774 - 3308330
217	大通证券股份有限公司来宾北二路证券营业部	11101035	来宾市北二路 333 号中行 6 楼	546100	0772 - 4210600
218	国海证券股份有限公司来宾桂中大道证券营业部	10241054	来宾市桂中大道东 398 号来宾东方华府 4 号楼二楼东南角商铺	546100	0772 - 6653568
219	国海证券股份有限公司来宾象州县金象路证券营业部	10241073	来宾市象州县象州镇金象路花山小苑 D13 一楼	545800	0772 - 4301777
220	国盛证券有限责任公司来宾红水河大道证券营业部	13321237	来宾市凤临路 1 号裕达中央城亲水河畔 2 号楼红水河大道 18 - 4 号	546100	0772 - 2474899

资料来源：中国证券监督管理委员会网站，统计时间截至 2018 年 6 月 30 日。

　　2011—2017 年广西境内上市公司的年均净利润额大约是 59.2 亿元，变异系数是 54.7%，净利润波动较小，上市公司发展总体平稳，如表 2 - 3 所示。其中，2011—2017 年南宁市上市公司的年均净利润额大约是 19.7 亿元，居广西各地市首位。梧州市、桂林市和北海市的上市公司净利润额的平均数分别是 8.1 亿元、11.5 亿元和 11.4 亿元，变异系数分别是 56.9%、61.0% 和 69.8%，而且各个年度都处于总体盈利状态，企业稳健经营的表现位居广西各地市前列。

表 2 - 3　　　　　　　　　广西上市公司的年度净利润　　　　　　　单位：亿元

地市	2011 年	2012 年	2013 年	2014 年	2015 年	2016 年	2017 年	均值	标准差	变异系数
南宁	7.6	6.1	12.0	-0.9	33.9	37.4	41.7	19.7	17.4	88.3%
柳州	17.7	4.6	4.1	5.7	-16.2	-2.2	32.9	6.6	15.4	231.5%
桂林	4.4	4.7	7.8	13.5	23.8	16.5	9.6	11.5	7.0	61.0%
梧州	1.8	7.0	6.8	16.0	5.2	8.1	11.8	8.1	4.6	56.9%
河池	-0.2	-0.2	0.3	0.2	-1.1	-1.4	0.3	-0.3	0.7	-231.9%
北海	17.6	2.8	10.6	2.7	7.6	14.1	24.6	11.4	8.0	69.8%
贺州	1.0	0.8	0.5	-0.1	3.8	2.1	0.6	1.3	1.3	101.4%

续表

地市	2011 年	2012 年	2013 年	2014 年	2015 年	2016 年	2017 年	均值	标准差	变异系数
贵港	0.5	0.1	−1.1	0.3	1.3	0.4	0.8	0.3	0.7	212.8%
玉林	0.1	0.2	0.4	0.6	1.5	0.2	1.1	0.6	0.5	90.2%
合计	50.6	26.2	41.6	38.0	59.8	75.1	123.4	59.2	32.4	54.7%

资料来源：根据 Wind 资讯有关数据由课题组计算。

2. 债券市场经营状况

在国际金融危机之后，广西债券市场加快了发展的步伐。如图 2 - 9 所示，2007—2017 年广西债券筹资额从 2007 年的 20.50 亿元增加至 2016 年的 890.0 亿元，然后逐渐下调至 2017 年的 681.00 亿元；增长率从 2007 年的 56.49% 上升至 2010 年的 154.12%，然后逐渐下调至 2017 年的 −23.48%，从总体上看，年均增长率大约是 41.95%，明显超过了广西信贷的年均增长速度或者股权融资的年均增长速度。

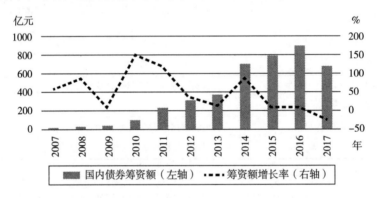

资料来源：根据 Wind 资讯有关数据绘制。

图 2 - 9　广西的国内债券筹资额及增长率

2016 年 6 月 30 日至 2018 年 6 月 30 日的两年时间内，广西一共发行信用债券 984 只，占同期全国发行信用债券数量的 1.47%；累计发行信用债券 4198.33 亿元，占同期全国信用债券发行总额的 0.73%，比重较小，未来发展潜力较大。如果按照金额降序排列，那么广西在全国排名第 24 位，紧跟在江西、内蒙古、贵州之后，且排位在云南、新疆之前。

表 2 - 4　　　　　　　**广西信用债券发行市场与全国其他地区的比较**　　　　单位：亿元

序号	地区	发行金额（亿元）	发行金额占比（%）	发行数量（只）	发行数量占比（%）
1	北京	135027.24	23.62	7432	11.07
2	广东	67241.00	11.76	6029	8.98
3	上海	62697.50	10.97	4155	6.19
4	福建	39782.80	6.96	3919	5.84
5	浙江	37707.30	6.60	6378	9.50
6	江苏	37503.95	6.56	5526	8.23

序号	地区	发行金额（亿元）	发行金额占比（%）	发行数量（只）	发行数量占比（%）
7	山东	26017.67	4.55	4535	6.75
8	辽宁	19492.92	3.41	2882	4.29
9	天津	16183.46	2.83	2079	3.10
10	四川	14165.65	2.48	2755	4.10
11	重庆	13311.33	2.33	1788	2.66
12	河南	9424.67	1.65	2053	3.06
13	安徽	9094.25	1.59	1191	1.77
14	山西	8819.34	1.54	2217	3.30
15	河北	8572.01	1.50	1545	2.30
16	湖南	7472.86	1.31	1112	1.66
17	湖北	7267.83	1.27	1175	1.75
18	陕西	6497.83	1.14	733	1.09
19	贵州	6380.86	1.12	1230	1.83
20	黑龙江	5946.27	1.04	1267	1.89
21	江西	5741.32	1.00	1044	1.55
22	内蒙古	4955.76	0.87	1240	1.85
23	吉林	4770.53	0.83	1216	1.81
24	广西	4198.33	0.73	984	1.47
25	云南	3871.11	0.68	759	1.13
26	新疆	3433.57	0.60	739	1.10
27	宁夏	2037.48	0.36	494	0.74
28	甘肃	1382.47	0.24	298	0.44
29	香港	905.40	0.16	49	0.07
30	青海	822.35	0.14	187	0.28
31	海南	690.67	0.12	104	0.15
32	西藏	167.50	0.03	24	0.04
合计		571583.21	100.00	67139	100.00

资料来源：Wind 资讯，时间区间为 2016 年 6 月 30 日至 2018 年 6 月 30 日。

就发行规模而言，在全部 984 只债券中，有 123 只债券的发行规模超过 10 亿元（含 10 亿元），占比大约是 12.50%；有 711 只债券的发行规模介于 1 亿元与 10 亿元之间（不含 10 亿元），占比大约是 72.26%；有 150 只债券的发行规模在 1 亿元以下（不含 1 亿元），占比大约是 15.24%。

就信用评级而言，在全部 984 只债券中，有 34 只债券在发行时获得 AAA 信用评级，如广西投资集团有限公司 2017 年第二期中期票据（17 桂投资 MTN002），此类债券的占比大约是 3.46%；有 929 只债券获得 AA +、AA - 或者 AA 信用评级，如 2018 年第一期南宁轨道交通集团有限责任公司可续期公司债券（18 南宁轨交可续期债 01），此类债券的占比大约是 94.41%；有 4 只债券获得 A＋或者 A 信用评级，如广西桂林漓江农村合作银行 2016 年第 001 期同业存单（16 广西桂林漓江农合行 CD001），此类债券的占比大约是 0.41%；有 17 只债券在发行时未获任何信用评级，此类债券的占比大约是 1.73%。因此，广西债券市场的信用风险比较小。

就债券类型而言，在全部 984 只债券中，有 2 只证券公司债券，此类债券的占比大约是 0.20%；有 12 只资产支持证券（ABS），此类债券的占比大约是 1.22%；有 36 只一般中期票据，此类债券的占比大约是 3.66%；有 30 只一般公司债券，此类债券的占比大约是 3.05%；有 16 只一般短期融资债券，此类债券的占比大约是 1.63%；有 779 只同业存单，此类债券的占比大约是 79.17%；有 30 只私募债券，此类债券的占比大约是 3.05%；有 26 只定向工具，此类债券的占比大约是 2.64%；有 53 只超短期融资债券，此类债券的占比大约是 5.34%。

就债券期限而言，在全部 984 只债券中，有 2 只债券的期限为 10 年，占比大约是 0.20%；有 57 只债券的期限是 5～10 年（不含 10 年），占比大约是 5.79%；有 348 只债券的期限是 1～5 年（不含 5 年），占比大约是 35.37%；有 577 只债券的期限小于 1 年（不含 1 年），占比大约是 58.64%。因此，广西债券市场以短期融资为主，债务偿还时间可能会相对集中。

就发行城市而言，在全部 984 只债券中，有 384 只债券由南宁市的机构发行，占比大约是 39.02%；有 357 只债券由桂林市的机构发行，占比大约是 36.28%；有 216 只债券由柳州市的机构发行，占比大约是 21.95%；有 8 只债券由钦州市的机构发行，占比大约是 0.81%；有 7 只债券由北海市的机构发行，占比大约是 0.71%；有 3 只债券由玉林市的机构发行，占比大约是 0.30%；有 3 只债券由百色市的机构发行，占比大约是 0.30%；有 2 只债券由河池市的机构发行，占比大约是 0.20%；有 2 只债券由来宾市的机构发行，占比大约是 0.20%；有 1 只债券由梧州市的机构发行，占比大约是 0.10%；有 1 只债券由防城港市的机构发行，占比大约是 0.10%。因此，广西债券市场基本上集中于南宁市、桂林市和柳州市，而且这三个城市拥有广西债券市场大约 97.26% 的份额，尤其是南宁市和桂林市两个城市拥有广西债券市场大约 75.30% 的份额。广西债券市场的区域分布不均衡问题比较突出。

广西在国内债券市场上的融资工具以短期融资券、中期票据为主。例如，2017 年，广西在国内债券市场筹集资金大约 681 亿元，其中短期融资券、中期票据的发行规模分别是 329 亿元、212 亿元，占比分别是 48.31%、31.13%，两者比重相加将近八成。2017 年 12 月 7 日，广西交通投资集团在银行间市场成功发行了广西首单扶贫中期票据，注册金额为 50 亿元，首期发行金额为 15 亿元，占 2017 年全年度广西中期票据融资总额的 7.08%。该笔资金将会被用于河池、百色两市下辖的各个扶贫开发工作重点县的高速公路建设项目。这为广西精准扶贫项目建设开辟了低成本融资的新渠道。

广西地方政府以及各类投融资平台也充分利用境内、境外债券市场筹集建设资金，由此形成一部分地方政府债务。在境内债券市场上，广西在 2017 年发行的地方政府债券规模为 1716.6 亿元，比 2016 年增长 19.2%。其中，新增地方政府债券 491.6 亿元，置换地方政府债券 1225 亿元，置换进度为 100%。此举能够有效地缓解广西地方政府的偿债压力。2017 年，广西地方政府债券的加权平均利率是 4.04%，比 2016 年增加了 1.15 个百分点。在境外债券市场上，2016 年 11 月 3 日，广西交通投资集团有限公司在香港联合交易所发行 3 亿美元企业融资票据，年固定利率为 3%，期限为 3 年，每半年付息一次。2018 年 1 月 15 日，广西金融投资集团有限公司在香港联合交易所发行高信用等级无抵押的 5 亿欧洲美元企业债券，年固定利率为 5.75%，期限为 3 年，每半年付息一次。

3. 基金市场经营状况

2017 年，广西公募基金管理规模是 291.59 亿元，备案私募基金规模是 279.75 亿元，分别比 2016 年增长 44.81% 和 62.31%。截至 2018 年 9 月 14 日，广西只有 1 家基金管理公司，即国海富兰克林基金管理公司。该基金管理公司已经向市场推出 49 只基金产品，如表 2-5 和图 2-10 所示。其中，货币市场型基金的规模比重最大（40.22%），混合债券型一级基金的规模比重最小（0.73%）。规模最大的基金产品是国富安享（基金代码 004120.OF），属于货币市场型基金，规模大约是 55.48 亿元。规模超过 30 亿元的其他三只基金产品分别是国富日鑫月益 30 天 B（基金代码 004664.OF）、国富弹性市值（基金代码 450002.OF）、国富恒裕 6 个月（基金代码 005822.OF），分别属于货币市场型基金、偏股混合型基金、中长期纯债型基金，规模分别是 39.50 亿元、35.48 亿元、30.72 亿元。从历年新增的基金产品数量来看，国海富兰克林基金管理公司正处于加速发展的上升阶段，如图 2-11 所示。

表 2-5 国海富兰克林基金管理公司的产品

序号	基金代码	基金简称	成立日期	投资类型	规模（亿元）
1	000065.OF	国富焦点驱动灵活配置	2013-05-07	灵活配置型基金	14.6076
2	000203.OF	国富日日收益 A	2013-07-24	货币市场型基金	0.8062
3	000204.OF	国富日日收益 B	2013-07-24	货币市场型基金	10.8029
4	000351.OF	国富岁岁恒丰 A	2013-11-20	混合债券型一级基金	1.8093
5	000352.OF	国富岁岁恒丰 C	2013-11-20	混合债券型一级基金	0.1489
6	000761.OF	国富健康优质生活	2014-09-23	普通股票型基金	0.2824
7	000934.OF	国富大中华精选	2015-02-03	国际（QDII）混合型基金	4.0169
8	001392.OF	国富金融地产 A	2015-06-09	灵活配置型基金	0.1658
9	001393.OF	国富金融地产 C	2015-06-09	灵活配置型基金	0.2058
10	001605.OF	国富沪港深成长精选	2016-01-20	普通股票型基金	1.3133
11	002087.OF	国富新机遇 A	2015-11-19	灵活配置型基金	4.1596
12	002088.OF	国富新机遇 C	2015-11-19	灵活配置型基金	0.0030
13	002092.OF	国富新增长 A	2015-11-24	灵活配置型基金	0.6300
14	002093.OF	国富新增长 C	2015-11-24	灵活配置型基金	0.0312

续表

序号	基金代码	基金简称	成立日期	投资类型	规模（亿元）
15	002097.OF	国富新价值 A	2015－12－02	灵活配置型基金	1.5193
16	002098.OF	国富新价值 C	2015－12－02	灵活配置型基金	0.0045
17	002361.OF	国富恒瑞 A	2016－02－04	混合债券型二级基金	7.7786
18	002362.OF	国富恒瑞 C	2016－02－04	混合债券型二级基金	0.4884
19	003972.OF	国富美元债人民币	2017－01－25	国际（QDII）债券型基金	2.6403
20	003973.OF	国富美元债美元现汇	2017－01－25	国际（QDII）债券型基金	0.3871
21	004120.OF	国富安享	2017－05－22	货币市场型基金	55.4833
22	004663.OF	国富日鑫月益 30 天 A	2017－06－19	货币市场型基金	1.8025
23	004664.OF	国富日鑫月益 30 天 B	2017－06－19	货币市场型基金	39.4970
24	005552.OF	国富新趋势 A	2018－02－08	灵活配置型基金	0.3214
25	005553.OF	国富新趋势 C	2018－02－08	灵活配置型基金	1.2048
26	005652.OF	国富天颐 A	2018－03－27	偏债混合型基金	0.2866
27	005653.OF	国富天颐 C	2018－03－27	偏债混合型基金	0.3842
28	005822.OF	国富恒裕 6 个月	2018－04－10	中长期纯债型基金	30.7162
29	006039.OF	国富估值优势	2018－08－22	灵活配置型基金	5.3707
30	150135.OF	国富中证 100A	2015－03－26	增强指数型基金	0.5824
31	150136.OF	国富中证 100B	2015－03－26	增强指数型基金	0.5824
32	164508.OF	国富中证 100	2015－03－26	增强指数型基金	0.5824
33	164509.OF	国富恒利 A	2017－03－10	中长期纯债型基金	0.1097
34	164510.OF	国富恒利 C	2017－03－10	中长期纯债型基金	0.0609
35	450001.OF	国富中国收益	2005－06－01	偏债混合型基金	2.4929
36	450002.OF	国富弹性市值	2006－06－14	偏股混合型基金	35.4756
37	450003.OF	国富潜力组合 A 人民币	2007－03－22	偏股混合型基金	12.5901
38	450004.OF	国富深化价值	2008－07－03	偏股混合型基金	1.7404
39	450005.OF	国富强化收益 A	2008－10－24	混合债券型二级基金	8.1438
40	450006.OF	国富强化收益 C	2008－12－18	混合债券型二级基金	0.0335
41	450007.OF	国富成长动力	2009－03－25	偏股混合型基金	0.7627
42	450008.OF	国富沪深 300	2009－09－03	增强指数型基金	1.4704
43	450009.OF	国富中小盘	2010－11－23	普通股票型基金	12.6864
44	450010.OF	国富策略回报	2011－08－02	灵活配置型基金	0.4505
45	450011.OF	国富研究精选	2012－05－22	偏股混合型基金	0.5813
46	450018.OF	国富恒久信用 A	2012－09－11	中长期纯债型基金	0.1327
47	450019.OF	国富恒久信用 C	2012－09－11	中长期纯债型基金	0.0100
48	457001.OF	国富亚洲机会	2012－02－22	国际（QDII）股票型基金	4.1149
49	960021.OF	国富潜力组合 H 人民币	2016－02－29	偏股混合型基金	0.0003

资料来源：Wind 资讯。基金规模统计时间截至 2018 年 9 月 14 日。

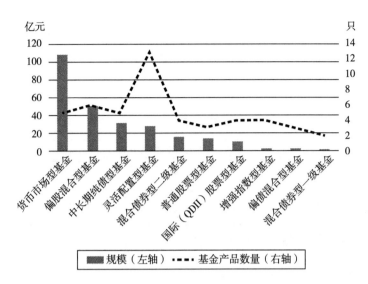

资料来源：根据 Wind 资讯有关数据绘制。

图 2 – 10　国海富兰克林基金公司的基金产品结构

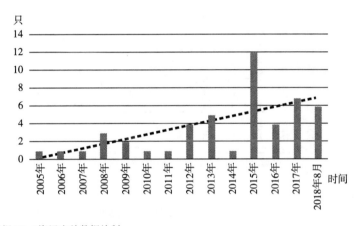

资料来源：根据 Wind 资讯有关数据绘制。

图 2 – 11　国海富兰克林基金管理公司的新增产品数量

在国际金融危机之后，国海富兰克林基金管理公司的净利润变动较大，尤其是 2007 年和 2015 年的净利润增长率均超过 100%，2006—2017 年净利润增长率的变异系数大约是 364.72%，如表 2 - 6 和图 2 - 12 所示。

表 2 – 6　　　　　2006—2017 年国海富兰克林基金管理公司的净利润

年份	净利润（万元）	增长率（%）
2006	5000.00	—
2007	10724.61	114.49
2008	9540.02	– 11.05
2009	10144.91	6.34

续表

年份	净利润（万元）	增长率（%）
2010	7938.91	-21.74
2011	7731.00	-2.62
2012	5584.24	-27.77
2013	6326.16	13.29
2014	4732.28	-25.20
2015	9531.08	101.41
2016	9049.51	-5.05
2017	9482.25	4.78

资料来源：根据 Wind 资讯有关数据由课题组计算。

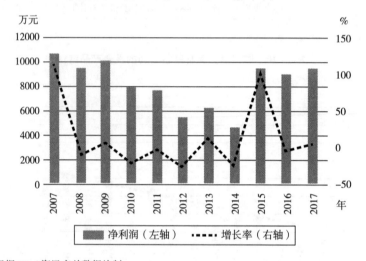

资料来源：根据 Wind 资讯有关数据绘制。

图 2-12　2007—2017 年国海富兰克林基金管理公司的净利润

广西私募基金发展较快。截至 2018 年 6 月 30 日，在全部 85 家基金管理人中，有 65 家基金管理人的注册地是南宁市，占比大约是 76.47%；有 7 家基金管理人的注册地是柳州市，占比大约是 8.24%；有 5 家基金管理人的注册地是钦州市，占比大约是 5.88%；有 2 家基金管理人的注册地是桂林市，占比大约是 2.35%；有 2 家基金管理人的注册地是防城港市，占比大约是 2.35%；有 1 家基金管理人的注册地是玉林市，占比大约是 1.18%；有 1 家基金管理人的注册地是梧州市，占比大约是 1.18%；有 1 家基金管理人的注册地是来宾市，占比大约是 1.18%；有 1 个基金管理人的注册地是百色市，占比大约是 1.18%；如表 2-7 所示。

表 2-7　　　　　　　　广西私募基金管理人一览表

序号	机构管理人名称	登记编号	成立时间	注册地	主要投资基金类型
1	广西北部湾创新发展投资基金管理有限公司	P1033586	2015-12-30	南宁市	股权投资基金
2	广西北部湾股权投资基金管理有限公司	P1000796	2012-07-27	南宁市	股权投资基金
3	广西北部湾资产管理有限公司	P1020672	2015-07-16	防城港市	证券投资基金
4	广西秉健资产管理股份有限公司	P1019585	2015-05-07	柳州市	证券投资基金
5	广西福地创业投资有限公司	P1016666	2014-06-26	百色市	股权投资基金
6	广西广泓鑫投资有限公司	P1020016	2015-03-17	南宁市	证券投资基金
7	广西国得投资管理有限公司	P1021236	2015-06-09	玉林市	证券投资基金
8	广西国开投资管理有限公司	P1001470	2010-06-18	南宁市	股权投资基金
9	广西国开资本资产管理有限公司	P1030194	2014-07-31	南宁市	股权投资基金
10	广西红土创业投资基金管理有限公司	P1022204	2015-06-15	南宁市	股权投资基金
11	广西金贝壳资产管理有限公司	P1026879	2015-09-10	南宁市	证券投资基金
12	广西金润鼎丰资产管理有限公司	P1026442	2015-06-23	南宁市	证券投资基金
13	广西金投投资管理有限公司	P1003966	2014-03-28	南宁市	股权投资基金
14	广西金益沣资产管理有限公司	P1016541	2015-05-13	南宁市	证券投资基金
15	广西利宇投资管理有限公司	P1005907	2014-11-05	南宁市	证券投资基金
16	广西南宁雀昂德资产管理有限责任公司	P1033033	2016-05-10	南宁市	证券投资基金
17	广西南宁市金海投资理财中心（有限合伙）	P1002410	2010-09-15	南宁市	证券投资基金
18	广西农商股权投资基金管理有限公司	P1008373	2014-04-18	南宁市	股权投资基金
19	广西起念股权投资基金管理有限公司	P1013273	2015-03-19	柳州市	证券投资基金
20	广西桥河投资管理有限公司	P1033698	2016-06-12	南宁市	证券投资基金
21	广西瑞登资产管理有限责任公司	P1028945	2015-11-24	南宁市	股权投资基金
22	广西铁投发展基金管理有限公司	P1017490	2014-05-27	南宁市	股权投资基金
23	广西万宁资产管理有限责任公司	P1027768	2015-05-20	南宁市	证券投资基金
24	广西威阳鼎泓资产管理有限公司	P1033641	2015-12-02	南宁市	股权投资基金
25	广西西江创新资本管理有限公司	P1033720	2015-11-06	南宁市	股权投资基金
26	广西信安联股权投资基金管理有限公司	P1033895	2010-03-01	南宁市	证券投资基金
27	广西信泽股权投资基金管理有限公司	P1005414	2014-09-26	南宁市	股权投资基金
28	广西信泽资产管理有限公司	P1005409	2014-05-20	南宁市	股权投资基金
29	广西正雄股权投资基金管理有限公司	P1009764	2014-11-01	南宁市	股权投资基金
30	广西智友投资有限公司	P1017136	2014-03-07	南宁市	证券投资基金
31	广西中创创业投资基金管理有限公司	P1014386	2015-04-30	南宁市	股权投资基金
32	广西中广汇达股权投资基金管理有限公司	P1007488	2014-12-22	南宁市	股权投资基金
33	广西睿添富资产管理有限公司	P1005963	2014-03-07	南宁市	证券投资基金
34	桂林开元投资管理中心（普通合伙）	P1004839	2012-10-25	桂林市	证券投资基金
35	柳州市容易海达投资管理有限公司	P1029648	2015-07-06	柳州市	股权投资基金

序号	机构管理人名称	登记编号	成立时间	注册地	主要投资基金类型
36	柳州市容易投资管理有限公司	P1017937	2015-01-05	柳州市	证券投资基金
37	南宁乾溢源投资管理中心（有限合伙）	P1018250	2015-05-14	南宁市	股权投资基金
38	南宁伽马创业投资有限公司	P1023160	2015-08-16	南宁市	创业投资基金
39	珠江西江产业投资基金管理有限公司	P1001900	2013-05-21	南宁市	股权投资基金
40	广西水星资产管理有限公司	P1060016	2016-04-25	柳州市	证券投资基金
41	广西交通发展投资基金管理有限公司	P1060465	2016-10-10	南宁市	股权、创业投资基金
42	广西锦蓝投资管理中心（有限合伙）	P1060800	2016-04-14	南宁市	股权、创业投资基金
43	广西汇富资产管理有限公司	P1060890	2015-02-15	南宁市	股权、创业投资基金
44	广西国富创新股权投资基金管理有限公司	P1061269	2016-01-29	南宁市	股权、创业投资基金
45	广西来宾鑫隆创业基金投资管理有限公司	P1061359	2016-04-14	来宾市	股权、创业投资基金
46	广西西江资产管理股份有限公司	P1061614	2014-04-09	南宁市	股权、创业投资基金
47	广西创优投资有限公司	P1061758	2014-04-29	南宁市	股权、创业投资基金
48	广西沃盛投资管理有限公司	P1061770	2016-12-20	柳州市	股权、创业投资基金
49	广西鹏億文投资有限公司	P1062585	2015-06-12	南宁市	证券投资基金
50	南宁厚润德基金管理有限公司	P1060842	2016-05-18	南宁市	股权、创业投资基金
51	南宁源立方投资管理有限公司	P1063162	2017-02-17	南宁市	股权、创业投资基金
52	广西新思考资产管理有限公司	P1063321	2017-01-20	南宁市	股权、创业投资基金
53	广西铁投润锰股权投资基金管理有限公司	P1063375	2015-11-18	南宁市	股权、创业投资基金
54	广西京道资产管理有限公司	P1063406	2016-01-19	南宁市	股权、创业投资基金
55	广西初唐投资管理有限公司	P1063484	2014-12-25	南宁市	证券投资基金
56	广西国厚资产管理有限公司	P1063723	2016-12-23	南宁市	股权、创业投资基金
57	广西嘉时向红资产管理有限公司	P1063754	2016-12-07	南宁市	证券投资基金管理
58	广西汉德资产管理有限公司	P1063783	2015-11-20	南宁市	证券投资基金
59	南宁市揽胜亿融基金管理有限公司	P1063920	2016-10-21	南宁市	股权、创业投资基金
60	广西金沃投资管理有限公司	P1064027	2016-12-16	南宁市	股权、创业投资基金
61	广西清控投资管理有限公司	P1064269	2016-12-23	钦州市	股权、创业投资基金
62	广西兆拓投资管理有限公司	P1064327	2016-09-08	南宁市	股权、创业投资基金
63	广西华清华石投资管理中心（有限合伙）	P1064374	2017-06-21	钦州市	股权、创业投资基金
64	广西启迪数字投资管理有限公司	P1064457	2016-07-20	钦州市	股权、创业投资基金
65	广西米富基础创投投资管理中心（有限合伙）	P1064933	2015-11-03	南宁市	股权、创业投资基金
66	广西国富融通股权投资基金管理有限公司	P1065382	2016-11-11	南宁市	股权、创业投资基金
67	广西全域旅游产业发展基金管理有限公司	P1065930	2017-03-29	南宁市	股权、创业投资基金
68	广西北部湾边海基金管理有限公司	P1066094	2017-08-14	防城港市	股权、创业投资基金
69	广西淳富传淇资产管理有限公司	P1066333	2016-12-07	桂林市	证券投资基金
70	广西东信科创基金管理中心（有限合伙）	P1066604	2017-10-23	南宁市	股权、创业投资基金

序号	机构管理人名称	登记编号	成立时间	注册地	主要投资基金类型
71	广西云禾投资基金管理有限公司	P1066840	2018 – 01 – 15	南宁市	股权、创业投资基金
72	广西丝道股权投资基金管理有限公司	P1066907	2018 – 01 – 19	南宁市	股权、创业投资基金
73	南宁投资引导基金有限责任公司	P1066891	2018 – 01 – 19	南宁市	股权、创业投资基金
74	柳州金控明德基金管理有限责任公司	P1067068	2018 – 01 – 29	柳州市	股权、创业投资基金
75	广西景坤投资管理有限责任公司	P1067083	2018 – 01 – 29	南宁市	股权、创业投资基金
76	广西灏合投资管理有限公司	P1067192	2018 – 02 – 01	南宁市	证券投资基金
77	广西力合邦易创业投资管理有限公司	P1067288	2018 – 02 – 11	梧州市	股权、创业投资基金
78	广西丰奥投资管理有限公司	P1067320	2018 – 02 – 11	钦州市	股权、创业投资基金
79	广西盛邦资产管理有限公司	P1067325	2018 – 02 – 11	南宁市	股权、创业投资基金
80	广西清石瀚智投资管理中心	P1067566	2018 – 03 – 09	钦州市	股权、创业投资基金
81	广西豹蔚资产管理有限公司	P1067917	2018 – 04 – 12	南宁市	证券投资基金
82	广西佳西景合股权投资基金管理中心（有限合伙）	P1068168	2018 – 05 – 22	南宁市	股权、创业投资基金
83	广西壮乡缘股权投资基金管理有限公司	P1068226	2018 – 05 – 29	南宁市	股权、创业投资基金
84	广西奇点聚合资产管理有限公司	P1068292	2018 – 06 – 05	南宁市	证券投资基金
85	广西普洲资产管理有限公司	P1068474	2018 – 06 – 25	南宁市	股权、创业投资基金

资料来源：中国证券监督管理委员会网站，统计时间截至 2018 年 6 月 30 日。

在全部 85 家基金管理人中，有 37 家基金管理人的主要投资基金类型是股权、创业投资基金，占比大约是 43.53%；有 27 家基金管理人的主要投资基金类型是证券投资基金，占比大约是 31.76%；有 20 家基金管理人的主要投资基金类型是股权投资基金，占比大约是 23.53%；有 1 家基金管理人的主要投资基金类型是创业投资基金，占比大约是 1.18%。

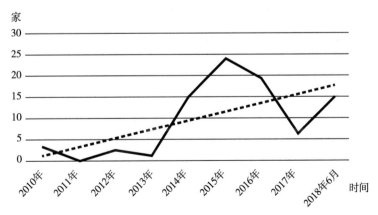

资料来源：根据 Wind 资讯有关数据绘制。

图 2 – 13　广西私募基金管理人的数量

在全部 85 家基金管理人中，有 3 家基金管理人的成立时间是 2010 年，占比大约是 3.53%；有 2 家基金管理人的成立时间是 2012 年，占比大约是 2.35%；有 1 家基金管理人的成立时间是 2013 年，占比大约是 1.18%；有 15 家基金管理人的成立时间是 2014 年，占比大约是 17.65%；有 24 家基金管理人的成立时间是 2015 年，占比大约是 29.41%；有 19 家基金管理人的成立时间是 2016 年，占比大约是 22.35%；有 6 家基金管理人的成立时间是 2017 年，占比大约是 7.06%；有 15 家基金管理人的成立时间是 2018 年（1 月至 6 月），占比大约是 17.65%。

4. 股权交易市场经营状况

截至 2018 年 9 月 20 日，各省（自治区、直辖市）在新三板市场挂牌的企业数量达到 10963 家，其中有 77 家广西企业，占比大约是 0.70%，全国排名相对靠后，如图 2 - 14 所示。而且广西的新三板挂牌企业主要集中于个别中心城市，如表 2 - 8 所示。南宁市企业占比大约是四成，遥遥领先于广西的其他地市。即使排名紧跟南宁市的柳州市和桂林市，两市在新三板市场挂牌的企业数量之和也依然少于南宁市在新三板市场挂牌的企业数量。在新三板市场挂牌的企业中，资产规模超过 10 万亿元的广西地级市只有南宁市、防城港市、玉林市、北海市、桂林市、柳州市等。

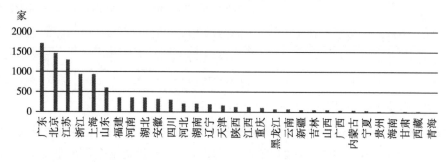

资料来源：根据 Wind 资讯有关数据绘制。

图 2 - 14　各省（自治区、直辖市）企业在新三板市场挂牌的情况

表 2 - 8　　　　　　　广西各地市企业在新三板市场挂牌的基本情况

地市	挂牌企业数（家）	家数占比（%）	股份总量（万股）	资产合计（万元）
南宁	31	40.26	123351.74	357131.30
柳州	12	15.58	52045.85	166528.41
桂林	10	12.99	42514.83	179481.12
梧州	3	3.90	17600.00	36177.78
北海	4	5.19	63167.36	246402.21
贺州	1	1.30	3680.00	9922.21
玉林	7	9.09	73925.52	276033.78
防城港	5	6.49	108980.00	346003.15
钦州	3	3.90	6578.00	8976.68
百色	1	1.30	16800.00	38151.09
合计	77	100	508643.29	1664807.73

资料来源：Wind 资讯。统计时间截至 2018 年 9 月 20 日。

在新三板市场挂牌的新增广西企业数量波动较大，如图2-15所示。2014年和2018年9月，年度新增挂牌企业的数量是5家；2015—2017年，年度新增挂牌企业的数量是20家。另外，挂牌企业的行业分布相对集中于个别行业，如表2-9所示。广西的新三板挂牌企业以制造业为主，占比大约是46.75%。其次是信息传输、软件和信息技术服务业，占比大约是14.29%。仅这两个行业就已经占据广西全部新三板市场挂牌企业总数的一半。交通运输、仓储和邮政业、建筑业、文化、体育和娱乐业等诸多行业都没有能够利用新三板市场。

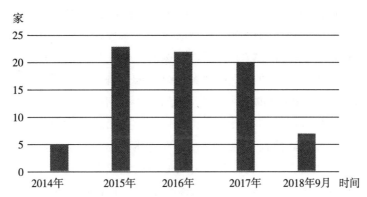

资料来源：根据Wind资讯有关数据绘制。

图2-15　在新三板市场上新增的广西企业数量

表2-9　　　　　　　　广西的新三板市场挂牌企业的行业分布

序号	行业分类	挂牌企业数量（家）
1	制造业	36
2	信息传输、软件和信息技术服务业	11
3	科学研究和技术服务业	7
4	批发和零售业	5
5	农、林、牧、渔业	4
6	租赁和商务服务业	4
7	交通运输、仓储和邮政业	3
8	建筑业	2
9	文化、体育和娱乐业	1
10	水利、环境和公共设施管理业	1
11	居民服务、修理和其他服务业	1
12	房地产业	1
13	电力、热力、燃气及水生产和供应业	1
合计		77

资料来源：Wind资讯。统计时间截至2018年9月20日。

在区域股权交易市场方面，根据《国务院办公厅关于规范发展区域性股权市场的通知》（国办发〔2017〕11号）、《区域性股权市场监督管理试行办法》（证监会令第132号）的相关要求，广西壮族自治区人民政府于2017年9月2日发布《广西壮族自治区人民政府关于明确广西北部湾股权交易所股份有限公司为广西唯一合法的区域性股权市场运营机构的通告》（桂政发〔2017〕40号），将广西北部湾股权交易所股份有限公司确定为广西唯一合法的区域性股权市场运营机构。一方面，其他已经设立的区域性股权市场运营机构必须停止开展新增业务。另一方面，广西北部湾股权交易所股份有限公司通过机构整合，妥善处理已经设立的区域性股权市场运营机构已开展的存量业务。2017年以来，广西证监局积极推进辖区内广西北部湾股权交易所股份有限公司、南宁股权交易中心股份有限公司这两家区域性股权市场运营机构的整合工作。由广西北部湾股权交易所股份有限公司向第一大股东广西投资集团有限公司增发募资1.2亿元，用于收购南宁股权交易中心股份有限公司的100%股权。收购完成之后，南宁股权交易中心股份有限公司更名为广西北部湾股权登记结算有限公司，并且成为广西北部湾股权交易所股份有限公司的全资子公司，其原有的挂牌和融资业务剥离转移至广西北部湾股权交易所股份有限公司，而广西北部湾股权交易所股份有限公司原有的股权登记托管和结算业务则剥离转移至广西北部湾股权登记结算有限公司。2018年3月，广西成为全国率先完成区域性股权市场整合工作的省级行政区。

目前，广西企业主要通过广西北部湾股权交易所完成区域股权交易，如表2-10所示。截至2018年9月20日，广西有3031家企业积极利用全国各个股权交易市场。其中，在广西北部湾股权交易所挂牌交易的企业数量为2574家（包含整合前在广西北部湾股权交易所股份有限公司、南宁股权交易中心股份有限公司挂牌的企业），占比大约为84.03%。在前海股权交易中心、上海股权托管交易中心交易的广西企业数量分别为232家、172家，占比分别为7.65%、5.67%。在天津股权交易所、广东金融高新区股权交易中心、广州股权交易中心、浙江股权交易中心等区域股权交易市场挂牌的广西企业数量相对较少，四个市场加总之后的占比大约只有1.75%。

表2-10　　　　　　　　广西企业利用区域股权交易市场的基本情况

序号	挂牌交易所	挂牌企业数量（家）
1	广西北部湾股权交易所	2574
2	前海股权交易中心	232
3	上海股权托管交易中心	172
4	天津股权交易所	36
5	广东金融高新区股权交易中心	15
6	广州股权交易中心	1
7	浙江股权交易中心	1
合计		3031

资料来源：Wind资讯。统计时间截至2018年9月20日。

为了进一步促进广西区域股权市场发展，引导社会资本流向重点扶持产业、特色产业、支柱型产业和国家战略性新兴产业，根据广西壮族自治区金融工作办公室和广西壮族自治区财政厅联合印发的《关于撬动资本市场资源服务实体经济发展的通知》（桂金办资〔2018〕3 号）以及广西壮族自治区金融工作办公室印发的《关于申请 2017 年度广西北部湾股权交易所挂牌和股权托管奖励资金审核标准的通知》（桂金办资函〔2018〕47 号）的规定，"上一年度营业收入不低于 300 万元，且上一年末净资产不低于 100 万元；或上一年度纳税总额不低于 5 万元，如享受税收优惠政策的，税收优惠符合相关法律法规的规定。属于广西重点扶持产业、特色产业、支柱型产业和国家战略性新兴产业类项目的企业不受财务指标的约束"，相关企业可以申请广西北部湾股权交易所挂牌奖励资金或者股权托管奖励资金。

5. 衍生产品市场经营状况

（1）期货市场经营状况

国海良时期货有限公司是由广西的国海证券股份有限公司控股的、注册地在浙江省杭州市的金融机构。截至 2018 年 8 月，公司注册资本为 5 亿元，共有 29 家营业部网点，雇用员工 318 人。国海证券股份有限公司持有该期货公司大约 83.84% 的股份。中国证监会给予该公司的评级是 BBB 级。如表 2－11 所示，广西现有期货经营机构 35 家。2017 年，广西期货市场成交量大约是 3525.04 万手，成交金额大约是 1.84 万亿元，分别比 2016 年减少 27.22% 和 14.70%。

表 2－11　　　　　　　　　　广西期货经营机构一览表

序号	期货经营机构名称	经营范围	联系电话	经营场所
1	国海良时期货有限公司广西分公司	商品期货经纪 金融期货经纪	0771－5588180	南宁市金湖路 26－1 号东方国际商务港 A 座 4 楼
2	华信期货股份有限公司华南分公司	商品期货经纪 金融期货经纪 期货投资咨询 资产管理	0771－5597698	南宁市金湖路 59 号地王国际商会中心 3822、3823、3824 号
3	中信期货有限公司广西分公司	商品期货经纪 金融期货经纪 基金销售	0771－5828480	南宁市青秀区双拥路 38 号广西国际金融投资大厦 10 层 A 区
4	国海良时期货有限公司南宁营业部	商品期货经纪 金融期货经纪 期货投资咨询 资产管理	0771－5511988	南宁市民族大道 150 号民族影城项目一楼第 D06 号
5	华泰期货有限公司南宁营业部	商品期货经纪 金融期货经纪 基金销售	0771－5739977	南宁市民族大道 137 号春晖花园 A 区办公楼 1501 号

序号	期货经营机构名称	经营范围	联系电话	经营场所
6	宝城期货有限责任公司南宁营业部	商品期货经纪 金融期货经纪	0771 – 5503108	南宁市金湖路 26 – 1 号东方国际商务港 A 座 6 层
7	海通期货股份有限公司南宁营业部	商品期货经纪 金融期货经纪	0771 – 5590832	南宁市青秀区佛子岭路 18 号德利·东盟国际文化广场 B1 栋 1111 – 1112 号
8	混沌天成期货股份有限公司南宁营业部	商品期货经纪 金融期货经纪 期货投资咨询	0771 – 5553695	南宁市青秀区金湖路 38 号 5 楼
9	宏源期货有限公司南宁营业部	商品期货经纪 金融期货经纪	0771 – 5557243	南宁市民族大道 115 – 1 号现代国际大厦 7 层
10	广发期货有限公司南宁营业部	商品期货经纪 金融期货经纪 基金销售	0771 – 5592588	南宁市青秀区地王国际商会中心 4008 – 4012 号房
11	光大期货有限公司南宁营业部	商品期货经纪 金融期货经纪	0771 – 2862812	南宁市金湖路 59 号地王国际商会中心 4810 号、4811 号、4812 号房
12	中粮期货有限公司南宁营业部	商品期货经纪 金融期货经纪 期货投资咨询	0771 – 5557558	南宁市青秀区金湖路 63 号金源 CBD 现代城 13 层 1325 号
13	国联期货股份有限公司南宁营业部	商品期货经纪 金融期货经纪	0771 – 5735816	南宁市青秀区民族大道 143 号德瑞花园 6 号楼 4 层 02 号 B 区
14	弘业期货股份有限公司南宁营业部	商品期货经纪 金融期货经纪	0771 – 5760761	南宁市青秀区东葛路 118 号南宁青秀万达广场西 1 栋 2518、2519、2520 号
15	海航东银期货股份有限公司南宁营业部	商品期货经纪 金融期货经纪	0771 – 5736510	南宁市长湖路 50 号三月花国际大酒店三楼 3188 室
16	瑞达期货股份有限公司南宁营业部	商品期货经纪 金融期货经纪	0771 – 2023656	南宁市青秀区民族大道 141 号中鼎万象东方 D 单元 D401 号、D402 号
17	倍特期货有限公司南宁营业部	商品期货经纪 金融期货经纪	0771 – 5760035	南宁市青秀区民族大道 88 – 1 号铭湖经典 B 座 25 层 B2503 号房
18	北京首创期货有限责任公司南宁营业部	商品期货经纪 金融期货经纪	0771 – 5776608	南宁市金湖路 28 号和实·水榭花都 1 号楼二层 7 号铺 2072 室
19	民生期货有限公司南宁营业部	商品期货经纪 金融期货经纪	0771 – 5567567	南宁市青秀区金湖路 38 – 1 号时代丽都 5 层 504 室
20	新晟期货有限公司南宁营业部	商品期货经纪 金融期货经纪	0771 – 5360389	南宁市青秀区民族大道 127 号铂宫国际 14 层 1408 号房
21	国投安信期货有限公司南宁营业部	商品期货经纪 金融期货经纪	0771 – 5688977	南宁市朱槿路 11 号柬埔寨园区 3 号楼 B – 27 号

序号	期货经营机构名称	经营范围	联系电话	经营场所
22	中辉期货有限公司南宁营业部	商品期货经纪 金融期货经纪	0771 - 5572426	南宁市青秀区东葛路 118 号南宁青秀万达广场西 2 栋 2709 号
23	国海良时期货有限公司柳州营业部	商品期货经纪 金融期货经纪	0772 - 2133213	柳州市友谊路 4 号 11 栋友谊国际 2 - 3
24	上海大陆期货有限公司柳州营业部	商品期货经纪 金融期货经纪	0772 - 3011001	柳州市景行路 19 号方东大厦 5 层
25	中辉期货有限公司柳州营业部	商品期货经纪 金融期货经纪	0772 - 2879280	柳州市潭中中路 8 号华泰大厦 1610 - 1614
26	瑞达期货股份有限公司柳州营业部	商品期货经纪 金融期货经纪	0772 - 3028927	柳州市景行路 19 号方东大厦 6 楼
27	格林大华期货有限公司桂林营业部	商品期货经纪 金融期货经纪	0773 - 3116903	桂林市七星区漓江路 28 号中软现代城 2 区酒店 6 - 01 号 809 室
28	国海良时期货有限公司桂林营业部	商品期货经纪 金融期货经纪 期货投资咨询 资产管理	0773 - 7790168	桂林市七星区辅星路 13 号
29	南证期货有限责任公司北海营业部	商品期货经纪 金融期货经纪	0779 - 2216583	北海市北海大道中 24 号中鼎时代空间商住楼一单元 1102 号
30	瑞达期货股份有限公司梧州营业部	商品期货经纪 金融期货经纪	0774 - 6026871	广西梧州市长洲区西堤三路 19 号国龙财富中心 12 层 1234、1235 号房
31	国海良时期货有限公司梧州营业部	商品期货经纪 金融期货经纪 期货投资咨询 资产管理	0774 - 2022988	梧州市长洲区西堤三路 19 号国龙财富中心 10 楼 28 号铺
32	国海良时期货有限公司北海营业部	商品期货经纪 金融期货经纪 期货投资咨询 资产管理	0779 - 3911689	北海市北京路 49 号桂成花园 B 座 1202 号
33	东兴期货有限责任公司南宁营业部	商品期货经纪 金融期货经纪 期货投资咨询 资产管理	0771 - 5541287	南宁市青秀区中柬路 8 号龙光世纪 2 号楼 1627

续表

序号	期货经营机构名称	经营范围	联系电话	经营场所
34	银河期货有限公司南宁营业部	商品期货经纪 金融期货经纪 期货投资咨询 资产管理	0771 – 5771385	南宁市青秀区东葛路 118 号南宁青秀万达广场东 3 栋 2423 号、2425 号
35	上海东证期货有限公司南宁营业部	商品期货经纪 金融期货经纪	0772 – 2729996	南宁市青秀区金浦路 22 号名都苑 1 号楼 0712 号

资料来源：中国证券监督管理委员会网站，统计时间截至 2018 年 6 月 30 日。

广西盛产甘蔗，全区 56 个县区（含 36 个贫困县）、2000 多万农民种植甘蔗。近年来，白糖市场供过于求，白糖价格乃至甘蔗收购价格都明显下降，影响许多蔗农的经济收入。另外，白糖价格波动剧烈，制糖企业面临的不确定性增大，急需衍生产品市场应对价格风险。白糖期货是广西重要的金融衍生产品之一。如图 2 – 16 和图 2 – 17 所示，在 2006 年 1 月 20 日至 2018 年 9 月 20 日的大多数时候，广西企业的白糖期货仓单数量大于有效预报数量。但是，在 2011—2014 年广西企业的白糖期货仓单数量和有效预报数量都非常少。

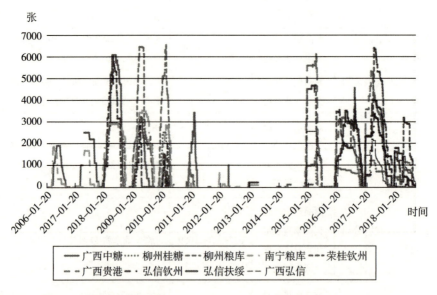

资料来源：根据 Wind 资讯有关数据绘制。

图 2 – 16　2006 年 1 月 20 日至 2018 年 9 月 20 日广西企业的白糖期货仓单数量

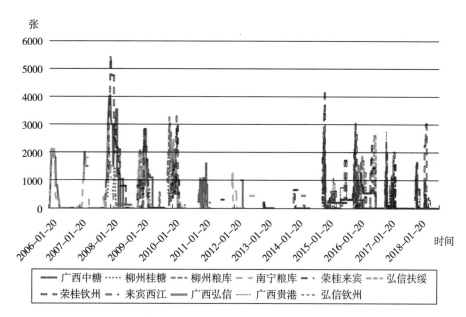

资料来源：根据 Wind 资讯有关数据绘制。

图 2 – 17　2006 年 1 月 20 日至 2018 年 9 月 20 日广西企业的白糖期货有效预报数量

尽管郑州商品交易所的白糖期货能够为制糖企业提供规避价格风险的工具，但是蔗农普遍缺乏关于期货产品的知识，懂得运用期货市场作为避险途径的农户数量就更少了。从 2015 年开始，中国太平洋财产保险股份有限公司等 4 家保险公司与上海新湖瑞丰金融服务有限公司共同推出面向蔗农及制糖企业的"保险 + 期货"项目，即制糖企业承担维持甘蔗最低收购价的责任，而金融机构则为制糖企业提供白糖价格保险。首先，保险公司基于白糖期货价格，开发甘蔗价格险。其次，农民或农业企业通过购买甘蔗价格险确保甘蔗价格的稳定性以及甘蔗种植收入的可预期性。再次，保险公司通过购买期货公司风险管理公司的场外期权产品进行再保险，对冲白糖价格波动的风险。最后，期货公司风险管理公司在期货市场进行相应的复制期权操作，进一步分散风险。2017 年，海通期货与中国人保承办的隆安县白糖"保险 + 期货"试点项目也得以顺利推进。

（2）资产证券化市场经营状况

广西的资产证券化业务仍然处于起步阶段，业务数量较少。截至 2017 年末，广西仅有 2 家金融机构拥有信贷资产证券化业务资格。2014 年广西地区生产总值占全国国内生产总值的比重约为 2.4%。2014 年 12 月至 2016 年 6 月，全国范围内的资产支持证券项目共 437 项，而涉及广西的项目只有 6 项，占比约为 1.37%。具体项目包括：南宁市金通小额贷款有限公司和桂林银行股份有限公司作为发起机构分别创立"第一创业金通小贷资产支持专项计划""民生加银金通小贷一期资产支持专项计划"以及"桂元 2015 年第一期信贷资产支持证券""金聚 2015 年第一期信贷资产支持证券"，国海证券股份有限公司作为发行人分别为昆明理工大学津桥学院的"津桥学院资产支持专项计划"、海南国际旅游产业融资租赁股份有限公司的"海南国租一期资产支持专项计划"提供服务。

根据《中国银监会关于桂林银行开办信贷资产证券化业务资格的批复》（银监复〔2015〕132 号），桂林银行成为银监会实行备案制后广西首家获得开办信贷资产证券化业务资格的城商行。2015—2017 年，桂林银行一共发行了 4 期信贷资产支持证券（Collaterized Loan Obligation，CLO），如表 2 – 12 所示。基础资产主要是银行债权与企业贷款，期限为 4 ~ 5 年。

表 2 –12　　　　　　　　　近年来桂林银行发行的信贷资产支持证券

项目名称	发行总额	分层债券明细	基础资产一级分类	基础资产二级分类	初始起算日	法定到期日
桂元 2015 年第一期信贷资产支持证券	108000.00 万元	15 桂元 1A 发行 72100 万元 15 桂元 1B 发行 10000 万元 15 桂元 1C 发行 25900 万元	银行债权	企业贷款	2015 – 03 – 19	2019 – 04 – 26
金聚 2015 年第一期信贷资产支持证券	221355.00 万元	15 金聚 1A 发行 153600 万元 15 金聚 1B 发行 29700 万元 15 金聚 1C 发行 38055 万元	银行债权	企业贷款	2015 – 10 – 15	2020 – 07 – 26
金聚 2016 年第一期信贷资产支持证券	290695.00 万元	16 金聚 1A 发行 219000 万元 16 金聚 1B 发行 28000 万元 16 金聚 1C 发行 43695 万元	银行债权	企业贷款	2016 – 06 – 07	2021 – 07 – 26
金聚 2017 年第一期信贷资产支持证券	249060.59 万元	17 金聚 1A1 发行 139000 万元 17 金聚 1A2 发行 36000 万元 17 金聚 1B 发行 29400 万元 17 金聚 1C 发行 44660.59 万元	银行债权	企业贷款	2016 – 11 – 01	2021 – 10 – 26

资料来源：Wind 资讯。统计时间截至 2018 年 9 月 20 日。

2015 年，由广西国海证券股份有限公司担任管理人的"美兰机场信托受益权资产支持专项计划"在深圳证券交易所的综合协议交易平台成功发行。这是国内首次以机场航空服务经营收入产生的现金流为基础的资产证券化项目，总规模为 12 亿元。

2016 年 10 月 13 日，桂林市公交票款绿色资产证券化项目在桂林市正式启动。这也是广西区内首笔绿色资产证券化产品，对于广西及桂林金融创新和桂林市建设国家生态文明先行示范区都具有里程碑的意义。具体而言，它是把桂林公交未来 10 年的公交票款收入打包出让，形成资产支持证券，在交易所市场挂牌上市。初定发行规模为 12 亿元，发行期限为 10 年。募集资金用于新能源车的购买、桂林交通及旅游基础设施运营和维护以及公交系统升级改造，未来将进一步方便桂林市民和游客低碳、绿色出行。

2018 年 6 月 29 日，以广西投资集团旗下广西融资租赁有限公司为原始权益人、以国开证券为发行人、主承销商和管理人的资产支持证券（Asset – Backed Security，ABS）"国开证券—广西租赁第一期资产支持专项计划"在上海证券交易所成功发行，成为目前广西单笔规模最大的融资租赁资产证券化项目。该资产支持证券的总金额是 8 亿元人民币，其中分层债券"广租优先""广租次级"分别发行 76000 万元（分层比例为 95%）

和 4000 万元（分层比例为 5%），每半年付息一次。基础资产主要是企业债权与租赁租金。

（二）广西证券业的监管发展状况

1. 积极防控与处置证券业风险

（1）强化现场检查与双随机抽查

根据中国证监会关于现场检查随机抽查的工作部署，尤其是规范事中、事后监管以及提升监管透明度等的要求，2018 年广西证监局完成了对辖区内证券期货基金机构、私募机构以及上市公司、证券审计评估项目、公司债券发行人的现场检查随机抽查工作。其中，检查对象包括随机抽取的 2 家证券分支机构、5 家期货公司分支机构、1 家基金销售分支机构、1 家私募基金管理人、2 家上市公司、2 个证券执业审计项目、1 家公司债券发行人。为了提高现场检查的针对性，广西证监局根据问题风险导向确定随机抽查的上市公司和证券分支机构，并且适当增加了风险类上市公司和投诉举报问题较多的证券分支机构的随机抽查比率。

（2）强化对银行类基金销售机构的监管

为了更好地防范金融风险，维护广西辖区内证券业稳健运行以及广大投资者的合法权益，进一步规范银行类基金销售行为，广西证监局对辖区 3 家银行的基金销售业务进行了双随机现场检查。结果发现：

第一，个别银行在日常业务活动中违反相关规定，安排一些尚未取得基金销售业务资格的员工从事基金产品的宣传推介，一部分客户购买的基金产品风险等级与投资者风险承担能力评级不匹配。根据《证券投资基金销售管理办法》等的规定，广西证监局对个别银行采取责令改正的行政监管措施。

第二，个别银行没有按照规定完善投资者适当性管理制度，没有建立基金从业人员管理档案，存在基金客户档案不完整等问题。为此，广西证监局约谈银行主要负责人，并且提出整改要求。

第三，针对个别银行没有按照规定及时报送基金销售业务的相关信息数据、基金宣传推介材料没有及时备案等问题，广西证监局通过下发监管关注函等方式，加强日常监管工作。

（3）强化对投资咨询活动的监管

广西证监局重视辖区证券业的舆情监测以及对证券期货信息传播的管理，依法规范证券信息传播行为。近年来，广西一部分媒体违反国家证券期货信息传播管理的有关规定，以开展股民交流培训、投资者沙龙等活动为名，聘请不具备证券投资咨询执业资格的人员授课，并使用为"菜鸟股民""初级股民""开小灶""免费试听""不容错过""报名火爆"等诱导性语言进行公开宣传，吸引众多缺乏证券专业知识和投资经验的人员参与活动。为此，广西证监局及时向媒体主管部门发函通报相关问题，要求加强证券期货信息传播管理，并对存在的问题进行限期整改。

2. 投资者保护

（1）完善机构体系

2018 年 3 月，中证中小投资者服务中心广西调解工作站正式运行。这是在广西证监局的指导下，由中证中小投资者服务中心与广西证券期货业协会合作设立，并且按照广西证监局、中证中小投资者服务中心与广西证券期货业协会三方签署的证券期货纠纷解决合作备忘录所确定的工作机制，负责承接广西辖区投资者与证券基金期货经营机构、上市公司等市场主体的证券期货民事纠纷调解工作的公益机构。"申请便捷、程序简化、专业权威、效力保障"是该工作站工作机制的优点。目前，该工作站已经加入法院调解组织，经司法确认的协议具有强制执行力。2018 年 3 月至 5 月，即中证中小投资者服务中心广西调解工作站成立 2 个月内，已经受理广西辖区内证券期货纠纷调解申请 4 起、投诉 6 次、咨询 18 次。在受理的 4 起纠纷调解申请中，如果以案件来源划分，那么有 3 起案件由投资者申请调解，有 1 起案件由机构申请调解；如果以纠纷类型划分，那么有 2 起案件属于证券交易代理合同纠纷，有 1 起案件属于欺诈客户责任纠纷，有 1 起案件属于期货强行平仓纠纷。其中，3 起纠纷得到妥善解决。

（2）加强投资者教育

通过广泛设立的投资者教育基地，广西证监局帮助投资者树立理性投资的意识，增强投资者自我保护的能力。

第一，鼓励和帮助投资者加强证券知识学习，了解投资者的法定权利、义务和责任，提高风险识别和防范意识。

第二，帮助投资者正确认识并主动适应市场形势的变化，切实转变投资理念，更加注重价值投资与长期投资，远离"炒新、炒小、炒差、炒题材、炒概念"等投机行为。

第三，帮助投资者正确认识适当性管理制度，坚守适当性原则，在自身风险承受能力范围内理性参与证券投资。

第四，帮助投资者提升专业投资分析水平。深入研究所投资的上市公司，对公司投资价值作出理性判断，审慎决策，识别和规避投资风险，不跟风炒作。

第五，帮助投资者识别非法证券活动和"代客理财"陷阱。摒弃一夜暴富的想法，警惕各类非法证券咨询和代客理财信息，不轻信、不参与，及时举报。

第六，鼓励和帮助投资者依法维权、理性维权。合理区分证券投资纠纷中"卖者有责"和"买者自负"的责任，依法通过与当事方协商、调解、投诉举报、民事诉讼、司法报案等适当途径维权。

表 2 – 13　　　　　2018 年广西壮族自治区投资者教育基地考核结果

序号	投资者教育基地名称	基地地址	级别
1	安信证券（广西）投资者教育基地	南宁市青秀区东葛路 118 号青秀万达广场写字楼西 1 栋 1717、1718 号	良好
2	平安证券（广西）投资者教育基地	南宁市青秀区双拥路 38 号广西新谊金融投资大厦 29 层	良好

资料来源：中国证券监督管理委员会网站，发文日期为 2018 年 8 月 30 日。

3. 证券业协会发展

广西证券期货业协会、广西上市公司协会是根据《社会团体登记管理条例》由广西区内上市公司和具备证券期货业务资格的中介机构等自愿组成的行业性、非营利性与自律性组织。因为证券资源相对集中于南宁市等少数核心城市，所以广西证券期货业协会、广西上市公司协会的会员也大多来自南宁市等核心城市，如表 2 – 14、表 2 – 15、表 2 – 16、表 2 – 17 所示。仅就广西证券期货业协会证券会员而言，44.39% 的会员来自南宁市，13.17% 和 11.71% 的会员分别来自桂林市和柳州市，三个城市的会员比重之和将近七成。仅就广西证券期货业协会期货会员而言，66.67% 的会员来自南宁市，一个城市的会员占比将近七成。另外，广西证券期货业协会其他会员全部都来自南宁市，占比100%。在广西上市公司协会中，来自南宁市、柳州市、桂林市的会员最多，这三个城市的会员比重占比 70.69%。

表 2 – 14　　　　　广西证券期货业协会证券会员的地区分布　　　　　单位：家

地区	证券公司	证券分公司	证券营业部	合计
南宁	1	21	69	91
柳州	—	—	24	24
桂林	—	1	26	27
玉林	—	—	14	14
梧州	—	—	10	10
北海	—	—	7	7
贵港	—	—	5	5
钦州	—	—	5	5
百色	—	—	4	4
河池	—	—	7	7
防城港	—	—	2	2
崇左	—	—	2	2
贺州	—	—	3	3
来宾	—	—	4	4
合计	1	22	182	205

资料来源：广西证券期货业协会，统计截至 2018 年 6 月 30 日。

表 2－15 广西证券期货业协会期货会员的地区分布 单位：家

地区	期货公司	期货分公司	期货营业部	合计
南宁	—	3	19	22
柳州	—	—	5	5
桂林	—	—	2	2
梧州	—	—	2	2
北海	—	—	2	2
合计	—	3	30	33

资料来源：广西证券期货业协会，统计截至 2018 年 6 月 30 日。

表 2－16 广西证券期货业协会其他会员的地区分布 单位：家

地区	基金公司	股权交易所	其他	合计
南宁	2	1	0	3
合计	2	1	0	3

资料来源：广西证券期货业协会，统计截至 2018 年 6 月 30 日。

表 2－17 广西上市公司协会会员的地区分布

注册地	上市公司	新三板挂牌公司	中介机构	数量（家）
南宁	阳光股份　皇氏集团 南宁糖业　丰林集团 桂冠电力　八菱科技 五洲交通　百洋股份 南宁百货　博世科 南化股份　绿城水务 广西广电　润建通信	金融生态　新影响 益江环保　一铭软件 前程人力　赛富电力 侨虹新材	瑞华会计师事务所广西分所 大信会计师事务所广西分所 致同会计师事务所广西分所 中通诚资产评估广西分公司	25
柳州	柳工　柳钢股份 两面针　柳州医药 柳化股份	升禾环保　七色珠光	—	7
桂林	桂林旅游　莱茵生物 国海证券　桂林三金 东方网络　福达股份	力港网络　桂林森农 瀚特信息	—	9
北海	北部湾港　恒逸石化 银河生物　国发股份 新智认知　慧金科技	—	—	6
梧州	天夏智慧　中恒集团	旭平首饰	—	3
贵港	粤桂股份	—	—	1
贺州	桂东电力	—	—	1
河池	河池化工	—	—	1

续表

注册地	上市公司	新三板挂牌公司	中介机构	数量（家）
玉林	黑芝麻	春茂投资	—	2
防城港 东兴	—	越洋科技　鑫海药业 明利股份	—	3
合计	—	—	—	58

资料来源：广西证券期货业协会，统计截至 2018 年 7 月 30 日。

广西证券业协会积极联合区外证券业协会，共同搭建网络业务培训平台，充分利用区外优秀人才，共享跨区域培训资源。既满足了广西上市公司多元化、专业化培训的需要，又拓宽了广西上市公司的国际化视野，有利于广西资本运作能力的提高，切实提高风险责任意识与合规水平。例如，2018 年 3 月，广西上市公司协会联合上海上市公司协会举办上市公司网络视频培训班，并且组织了广西 34 家上市公司的董事长秘书、财务总监及证券事务代表参加学习。

二、广西证券业面临的问题

（一）实体经济直接融资规模减小

2017 年，广西资本市场累计直接融资总额为 179 亿元，同比下降 70.2%。其中，上市公司股权融资 10.97 亿元，公司债券融资 163.75 亿元，新三板挂牌企业定向增发融资 4.28 亿元，与 2016 年相比分别下降 91.82%、63.06%、52.13%。

2017 年，广西证券业交易量有所下降，交易总金额大约是 3.37 万亿元，比 2016 年下降 2.53%。广西期货成交量为 3525.04 万手，成交金额为 1.84 万亿元，与 2016 年相比分别下降 27.22% 和 14.7%。广西公募基金管理、备案私募基金的规模分别是 291.59 亿元、279.75 亿元，与 2016 年相比分别增长 44.81%、62.31%。

社会融资规模是一定时期内全面反映金融支持实体经济发展的总量指标，即从金融部门注入实体经济的资金总额，属于增量的概念。2010 年底，中央经济工作会议首次提出"保持合理的社会融资规模"。社会融资规模主要包括以下 10 项内容：人民币贷款、外币贷款、委托贷款、信托贷款、未贴现的银行承兑汇票、企业债券、非金融企业境内股票融资、保险公司赔偿、投资性房地产和其他金融工具融资。借助二次移动平均方法将季节因素剔除之后，2014 年第二季度至 2017 年第二季度广西社会融资规模与实体经济直接融资规模（主要包括企业债券、非金融企业境内股票融资）的变动趋势如表 2－18 和图 2－18 所示。从总体上看，一方面，广西社会融资规模表现出先减小后增加的非对称的 U 形走势，即 2016 年第一季度之前呈现缓慢下降的态势，2016 年第一季度之后呈现快速上升的态势。另一方面，广西实体经济的直接融资规模表现出先平稳变化后加速减小的走势，即 2016 年第一季度之前呈现平稳变化的态势，2016 年第一季度之后呈现快速下降的态势。

表 2 - 18　　　　　　　　近年来广西社会融资规模及实体经济直接融资规模　　　　　　　　单位：亿元

时间	社会融资规模	一次移动平均	二次移动平均	实体经济直接融资规模	一次移动平均	二次移动平均
2013 - 12	2801.00	—	—	263.00	—	—
2014 - 03	932.00	1981.50	—	79.00	265.75	—
2014 - 06	1809.00	2058.50	2012.44	300.00	345.25	320.25
2014 - 09	2384.00	2051.75	1997.00	421.00	347.00	330.56
2014 - 12	3109.00	1958.00	1939.06	581.00	323.00	317.81
2015 - 03	905.00	1919.75	1895.00	86.00	307.00	314.75
2015 - 06	1434.00	1826.75	1875.75	204.00	294.25	315.38
2015 - 09	2231.00	1875.50	1851.22	357.00	334.75	316.28
2015 - 12	2737.00	1881.00	1842.43	530.00	325.50	308.86
2016 - 03	1100.00	1821.62	1832.74	248.00	310.60	276.52
2016 - 06	1456.00	1791.59	1867.49	167.00	264.61	234.72
2016 - 09	1993.49	1836.76	1981.17	297.40	205.37	183.76
2016 - 12	2616.87	2019.98	2152.65	346.02	158.30	125.26
2017 - 03	1280.69	2276.36	2302.78	11.05	106.75	83.34
2017 - 06	2188.86	2477.48	2389.07	-21.27	30.63	57.89
2017 - 09	3019.01	2437.31	—	91.20	37.68	—
2017 - 12	3421.38	2365.12	—	41.55	56.50	—
2018 - 03	1120.01	—	—	39.24	—	—
2018 - 06	1900.08	—	—	53.99	—	—

资料来源：根据 Wind 资讯有关数据计算。

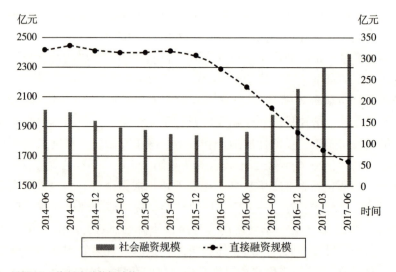

资料来源：根据 Wind 资讯有关数据计算。

图 2 - 18　广西社会融资规模和实体经济直接融资规模（剔除季节因素）

（二）风险累积增多且影响扩大

1. 涉企金融风险累积隐患

在经济下行压力较大的背景下，企业财务风险逐步向金融领域传导，广西涉企金融风险呈现多发态势。截至 2017 年末，广西涉企金融风险事件涉险金额为 272.73 亿元，涉险企业主要分布于制糖、有色、房地产、工程机械等传统支柱行业；涉险金融机构主要为地方法人机构，截至 2017 年末，地方法人机构涉险金额占比高达 54.34%。

广西涉企金融风险形成的原因主要有：一是宏观经济低位运行，市场行情较为低迷，导致部分企业经营陷入困境，无法偿还到期债务；二是部分企业激进发展，盲目扩张，对外负债过高，且普遍存在短债多用的情况，最终出现资金链断裂；三是部分企业偏离主业，参与民间融资，大量资金脱实向虚，增加企业坏账风险；四是部分企业的法定代表人或实际控制人涉及刑事案件，导致企业无法正常运转，持续经营受到影响。

2. 少数上市公司存在较大风险

根据上市公司 2017 年三季报，广西 36 家上市公司中前三个季度亏损的有 9 家，扣非后连续 3 年以上亏损的有 8 家，面临持续经营困难。还有少数公司经营机制不健全，投资管理不善，资产质量差，不良资产历史包袱重，影响融资发展能力。个别公司治理运作不规范，信息披露透明度不高，潜在风险较突出。

3. 少数公司债券存在潜在的兑付风险

2017 年，广西企业发行各项债券 686.85 亿元，其中，广西交通投资集团成功发行广西首单扶贫中期票据 15 亿元，企业到期债券全部如期兑付，未发生新增违约事件，投资者对广西的投资信心不断增强。但是，受市场利率走高以及国海证券风险事件和广西有色金属集团债券违约事件影响，债券市场形势仍不容乐观。一方面，企业融资步伐有所放缓。2017 年，广西企业取消或延期发行债券 141 亿元，各项债券累计发行量同比大幅减少 387.15 亿元，降幅达 36.05%。另一方面，二级市场潜在风险值得关注。受经济基本面向好、市场资金面趋紧及强监管政策等多重因素影响，2017 年债券市场呈现明显的熊市格局，债券利率大幅上行，辖内债券市场成员须合理改善持券结构，切实加强资金头寸管理，防范流动性风险。

2018 年，广西公司债券将进入第一个回售或到期兑付高峰期，但是部分公司债券发行人在公司治理、信息披露、日常经营等方面存在较多问题，个别公司资产负债率较高，融资渠道受限，经营现金流吃紧，主要以政府补贴和非经常性收益维持业绩，依靠借新债偿旧债的方式维持运转，偿债能力和抗风险能力较弱。

4. 少数交易场所违规经营风险较为突出

近年来，广西少数交易场所违规行为死灰复燃，有的涉嫌从事非法证券期货活动，造成当事人严重财产损失，在一定程度上给广西金融生态带来不良影响。根据《国务院关于清理整顿各类交易场所　切实防范金融风险的决定》（国发〔2011〕38 号）和《国务院办公厅关于清理整顿各类交易场所的实施意见》（国办发〔2012〕37 号）的有关规定，按照清理整顿各类交易场所部际联席会议第三次会议的工作部署，广西金融办在 2017 年 7 月 5 日公布了《关于发布广西壮族自治区经营异常的交易场所名单（第一批）的通告》。其中，第一批被通报的交易场所名单如表 2－19 所示。

表 2－19　　　　　　　　广西辖区内经营异常的交易场所名单（第一批）

一、投资者投诉举报较多的交易场所	
1	南宁大宗商品交易所有限公司
2	南宁（中国—东盟）商品交易所有限公司
3	广西文化艺术品产权交易所有限责任公司
4	广西锢鼎有色金属交易中心有限公司（自更名为广西银河商品交易中心有限公司）
二、未经批准设立的交易场所及分支机构	
1	长三角桂德商品交易中心有限公司
2	广西北部湾船舶交易市场有限公司
3	广西中闽钢材现货交易市场管理有限公司
4	广西东创银产权交易中心有限公司
5	桂糖商品交易中心
6	沿边旅游交易中心有限公司
7	深圳深港奢侈品交易中心有限公司南宁分公司
8	江苏微帝电子交易中心有限公司南宁分公司
9	南宁朝汇国大宗商品交易中心有限公司
10	柳州产权交易中心
11	广西忻城大宗商品交易中心有限公司
12	广西金雅石油化工交易中心有限公司
13	宝湾环球商品交易中心有限公司
14	东兴边民互市贸易商品交易中心有限责任公司
15	东兴边贸商品交易市场管理服务有限公司
16	广西北部湾广明能源交易中心有限公司
17	钦州市钦州港广明油品交易中心有限公司
18	钦州市大桥交易市场服务有限公司
19	广西西南煤炭交易中心有限公司
20	百色市森茂林业产权交易所
21	广西南部国际交易中心有限公司
22	河池大宗商品电子交易中心股份有限公司
23	广西亿铂商品交易市场有限公司
三、投诉较多的会员、代理商、授权服务机构	
1	广西赛尔斯投资有限公司
2	广西中泰祥瑞投资管理有限公司

3	广西朝汇国商贸有限责任公司
4	南宁富纯投资管理有限公司
5	广西柯予贵金属有限公司
6	广西安盈投资有限公司
7	广西会丰文化产业集团有限公司
8	宁波桂健鑫商品经营有限公司南宁分公司
9	天津鑫桂贵金属经营有限公司南宁分公司
10	深圳市前海景鑫石油化工贸易有限公司

资料来源：中国证监会网站。

（三）多层次资本市场培育面临的困难

1. 上市挂牌资源培育不足，市场发展后劲乏力

辖区上市公司、拟上市公司和新三板挂牌公司数量总体偏少，上市挂牌后备资源匮乏，企业上市没有形成"培育一批、挂牌一批、辅导一批、申报一批、上市一批"的良性梯次结构，导致资本市场发展后劲明显不足。以区域股权交易市场为例，各地区域股权交易市场挂牌企业数在几十家至几百家不等，普遍规模较小。区域股权交易市场仍未被社会充分认识，股权交易机制尚不完善，交易规模偏小，股份的流通性差，股权交易的增值性不明显，社会资本的参与热情低，市场参与者较少，影响了市场对资源配置作用的发挥。在实际运作过程中企业融资金额都不大，大部分挂牌企业融资额在500万元到1500万元，主要用于补充流动资金不足，用于项目投资的私募较少。同时，由于股权投资风险较高，退出不易，机构投资者参与热情也不高。股权定价机制较难反映挂牌企业的市场价值，对投资者参考作用也不大。目前的交易机制不能形成众多买家、众多卖家的真正意义的集合竞价，难以形成活跃的交易市场，很多挂牌企业长时间没有交易或零成交，换手率极低。结果，区域股权交易市场不活跃，发展速度比较缓慢。

2. 金融生态环境有待改善

金融生态环境既受到企业层面的干扰，也受到金融业自身层面的影响。一方面，从来自企业层面的干扰来看，2014年以来，广西正菱、丰浩、中美天元、广西有色等大型企业债务风险和信贷风险事件相继发生，导致部分金融机构总部对广西项目贷款审批趋于谨慎；随着供给侧结构性改革的深入推进，广西部分国有企业可能面临兼并重组或破产重整问题，将对广西直接融资市场产生重要影响。另一方面，从金融业自身层面的影响来看，广西金融机构尤其是证券业本身的内部风险管控有待加强。2016年12月13日，国海证券发生债券风险事件。国海证券公司内部工作人员以国海证券的名义在外开展债券代持交易，未了结的合约金额大约为200亿元，涉及金融机构20余家，给债券市场造成了严重的不良影响。2017年5月19日，中国证监会公布了关于国海证券"萝卜章事件"的处罚：暂停国海证券的资产管理产品备案一年，暂停新开证券账户业务一年，暂

不受理债券承销业务有关文件一年。在未来的 8 ~ 10 年内，两名直接责任人不能在证券公司承担相关职务，其涉嫌违法问题移交稽查部门调查处理。2014 年 5 月 19 日至 2018 年 9 月 20 日，经过余额加权之后，广西产业债与城投债的信用利差均呈现先下降后上升的态势，尤其是城投债的信用利差波动更加明显，如图 2 – 19 所示。同期，广东产业债与城投债的信用利差只有广西的一半左右，如图 2 – 20 所示。

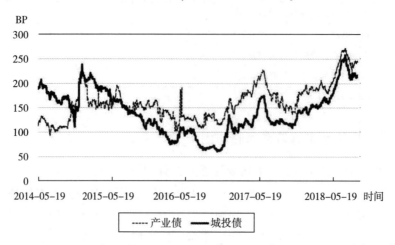

资料来源：根据 Wind 资讯有关数据绘制。

图 2 – 19　近期广西产业债与城投债的信用利差

资料来源：根据 Wind 资讯有关数据绘制。

图 2 – 20　近期广东产业债与城投债的信用利差

三、结论与对策

广西证券业发展与区域经济发展之间的联系具有阶段性特征。在国际金融危机之前，广西证券业发展与区域经济发展之间的正相关关系比较明显，而在国际金融危机之后，一部分金融资源"脱实入虚",两者之间逐渐显现出较弱的负相关性。一方面,政府、监管部门、行业协会鼓励和帮助广西企业利用股票市场、债券市场、基金市场、衍生品市场以及股权交易市场,积极开展"保险+期货"等金融创新,努力维护证券市场的公平、效率与稳定,做好投资者教育与维权工作,从而有助于促进区域经济增长。另一方面,广西证券业在发展过程中也面临着一些挑战。除了实体经济直接融资减少之外,经济下行压力下的涉企金融风险增多、多层次资本市场培育不足、金融生态环境有待改进等多个因素相互叠加,导致广西证券业对区域经济的支撑作用被削弱。因此,广西证券业对区域经济的影响力取决于以上两个方面的强弱对比。在新常态下,只有做好顶层设计,充分发挥优势,努力克服困难,强化积极因素,弱化消极因素,化挑战为机遇,切实维护证券业与实体经济之间的协调发展,才能不断提升广西证券业对区域经济发展的促进作用。

第一,加强证券业发展的顶层设计。在统筹发展北部湾经济区、沿边金融综合改革试验区的同时,将广西证券业发展规划与粤港澳大湾区发展规划、海南自由贸易港发展规划等对接起来,共享改革红利,借鉴有益经验,充分发挥广西的区位优势,增强广西证券业的竞争力。

第二,除了谏言政府及监管部门加快股票发行的注册制改革之外,债券、基金、衍生品、股权交易等其他市场的管理体制也需要进一步深化改革,要让市场在资源配置中发挥决定性作用。同时,监管部门应该鼓励金融创新,给予欠发达地区更多的金融创新容忍度。

第三,广西需要进一步加快供给侧结构性改革,为区域经济增长与证券业创新发展提供后劲。在增长速度换挡期、前期刺激政策消化期和结构调整阵痛期"三期叠加"以及传统制造业困顿与新兴产业崛起并存的特殊阶段,在面对降成本、降杠杆、降风险的现实约束条件下,广西证券业应该进一步提高直接融资比重,增加股权融资比重,减少债务融资比重,引导社会资金"脱虚入实",规范新三板市场和股权交易市场,加快企业并购重组,盘活存量资产,缓解中小微企业"融资难、融资贵"的问题。

第四,加快完善多层次资本市场。夯实证券业基础设施建设,既要突出南宁作为区域金融中心的地位,又要重视各地市金融业之间的均衡发展,引导股票、债券、基金、衍生品、股权交易等多个市场之间的协调发展,大力发展普惠金融与绿色资产证券化。

第五,优化金融生态环境。除了"引金入桂"提供优惠政策之外,广西政府和监管部门还应该严格要求证券机构合规经营、控制风险,完善随机抽查制度、证券投资纠纷调解与仲裁制度,加大问责力度,完善退市制度,形成"不想违规""不敢违规"的氛围。

第六,重视证券业人才队伍建设。既要从海内外引进招聘高端专业人才,又要充分利用广西区内高校培养应用型人才。同时,进一步优化激励机制,减少人才流失。

参考文献

［1］崔瑜.2017 年广西金融业发展回顾及 2018 年展望［J］.区域金融研究，2018.

［2］孟庆江.供给侧改革中证券公司的机遇、挑战及对策［C］.//中国证券业协会.创新与发展：中国证券业 2016 年论文集［M］.北京：中国财政经济出版社，2017.

［3］倪铭娅.助力经济高质量发展 资本市场大有可为［N］.中国证券报，2017 － 12 － 21.

［4］孙慧平.白糖"保险 + 期货"广西隆安项目顺利推进［N］.期货日报，2017 － 11 － 24.

［5］张田苗."保险 + 期货"推广至广西蔗糖产区［N］.期货日报，2017 － 01 － 25.

［6］中国人民银行南宁中心支行金融稳定分析小组.2017 年广西壮族自治区金融稳定报告［J］.区域金融研究，2018.

（执笔人：黄荣哲）

3. 广西保险业发展分析报告

近年来，在经济发展进入新常态、供给侧结构性改革大力推进、保险业"新国十条"政策有效引导的时代背景下，广西保险行业在服务经济社会发展中实现了平稳较快发展，行业功能也得到了充分发挥。尽管业务量水平在我国各省（自治区、直辖市）中的整体排名并不靠前，但广西保险业呈现出突出的发展潜力，后发优势明显。

一、2017 年广西保险市场发展概况

（一）2017 年广西财产险市场发展概况

1. 保费收入

（1）全年整体保费收入

2017 年，广西财产保险业实现原保费收入 1959803.92 万元，在全国 31 个省市（去除集团、总公司本级，并将计划单列市归入各省中）中位列第 18 位，比上年提升 1 位。同比 2016 年的 1657133.65 万元增加了 302670.27 万元，增长率达到 18.26%。2017 年全国的增长率为 12.72%，广西的增速高于全国 5.54 个百分点。依据广西国民经济和社会发展统计公报中的地区生产总值与常住人口数据计算，2017 年广西财产险保险深度为 0.88%，较上年增长了 0.04 个百分点。2017 年广西财产险密度为 401.19 元/人，较上年的 342.52 元/人上升了 58.67 元/人。

（2）月度保费收入

1）业务量及环比增长情况

月度保费方面，受各公司年初业务推动与业务归口统计问题的影响，1 月与 12 月业务量比其余月份大许多。月度保费环比增长方面，除 2 月外，其余月份保费环比波动均较平稳（见图 3 −1）。

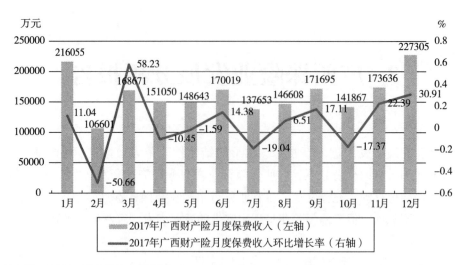

资料来源：根据广西保监局官网数据分析。

图 3 – 1 2017 年广西财产险月度保费收入及环比增长情况

2）业务量及同比增长情况

与上年同期相比，除 1 月外，2017 年每个月均实现同比稳步的正增长（见图 3 – 2）。

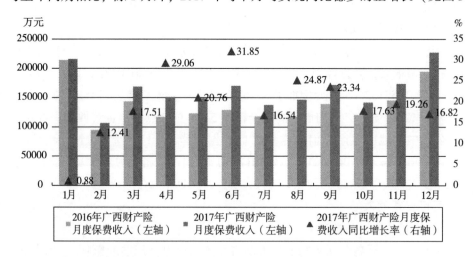

资料来源：根据广西保监局官网数据分析。

图 3 – 2 2017 年广西财产险月度保费收入及同比增长情况

2. 赔付支出

（1）全年整体赔付支出

2017 年，随着财产险业务的自然增长，赔付支出也较快增长，全年赔付支出 849775.36 万元，比 2016 年的 759819.93 万元增加了 89955.43 万元。相较于财产险业务 18.26% 的年增长率，2017 年赔付支出的增长率仅为 11.84%，缓于保险业务量的增长，其增长趋势是良性的。2017 年财产险赔付率为 43.36%，已控制在 45% 以下。相较于上年的 45.85% 下降了 2.49 个百分点，因此 2017 年的财产险业务比上年更为优质。

（2）月度赔付支出

2017 年各月的月度赔付支出情况是非常稳定的（见图 3 - 3）。

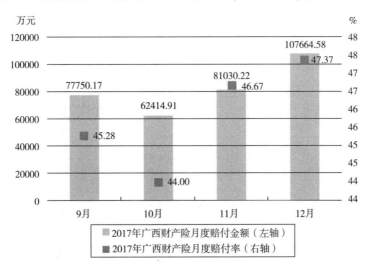

注：1 ~ 8 月数据存在缺失。

资料来源：根据广西保监局官网数据分析。

图 3 - 3　2017 年广西财产险月度赔付支出与赔付率

3. 竞争格局

（1）市场主体数量

2017 年，广西非寿险市场保险主体共有 30 家，其中，中资财险主体 29 家，外资财险主体 1 家。中资财险主体中有 7 家专业互联网保险公司在广西开展业务，是以虚拟公司口径计入广西财产险市场业务统计，这些公司分别是众安财产广西分公司、中铁自保广西分公司、阳光信用广西分公司、泰康在线广西分公司、易安财产广西分公司、安心财产广西分公司、众惠相互广西分公司，全国的网上财产保险公司均已在广西开展业务。目前，广西只有一家全国性法人保险机构，为北部湾财产保险股份有限公司。较 2016 年增加了 2 家保险主体，分别为永安财广西分公司、众惠相互广西分公司。从资本结构来看，中资财险主体数量远远占优（见图 3 -4）。

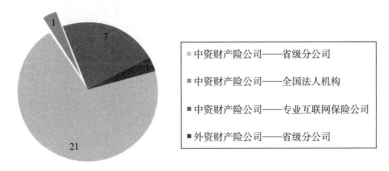

资料来源：根据广西保监局官网数据分析。

图 3 - 4　2017 年广西财产保险市场保险主体数量情况（单位：家）

（2）市场占有率

各非寿险市场保险主体 2017 年的保费收入市场占有率情况如表 3 – 1 所示。

表 3 – 1　　　　2017 年广西各财产保险公司原保险保费收入市场占有率情况

保费收入排名	公司名称	资本结构	保费收入（万元）	市场占有率（%）
1	人保股份桂分	中资	697021.02	32.69
2	平安财桂分	中资	388020.37	18.20
3	太保财桂分	中资	26646.25	15.32
4	北部湾财产桂分	中资	171194.87	8.03
5	华安桂分	中资	131059.20	6.15
6	大地财产桂分	中资	73601.13	3.45
7	阳光财产桂分	中资	72831.3	3.42
8	国寿财险桂分	中资	59821.56	2.81
9	鼎和财产桂分	中资	40798.44	1.91
10	太平保险桂分	中资	36866.94	1.73
11	天安桂分	中资	24704.00	1.16
12	安盛天平桂分	外资	20759.97	0.97
13	华泰桂分	中资	13353.42	0.63
14	中华联合桂分	中资	12677.41	0.59
15	都邦桂分	中资	11988.64	0.56
16	出口信用桂分	中资	9474.11	0.44
17	紫金财产桂分	中资	8874.14	0.42
18	中银保险桂分	中资	7371.18	0.35
19	众安财产桂分（虚拟）	中资	6232.74	0.29
20	安邦桂分	中资	5321.56	0.25
21	渤海桂分	中资	5058.39	0.24
22	永诚桂分	中资	3451.61	0.16
23	泰康在线桂分（虚拟）	中资	2974.68	0.14
24	永安财桂分	中资	1044.56	0.05
25	中铁自保桂分（虚拟）	中资	648.57	0.03
26	华农财险桂分	中资	328.10	0.02
27	阳光信用桂分（虚拟）	中资	5.43	0.00
28	安心财产桂分（虚拟）	中资	1.01	0.00
29	易安财产桂分（虚拟）	中资	0.29	0.00
30	众惠相互桂分（虚拟）	中资	0.00	0.00
中资小计			2111370.91	99.03
外资小计			20759.97	0.97
合计			2132130.88	100.0

资料来源：根据广西保监局官网数据分析。

从资本结构来看，中资保险主体业务的市场占比达到99.03%，外资保险主体市场占比仅为0.97%，中资保险公司在市场上的地位遥遥领先。值得注意的是，北部湾财产作为广西唯一的一家地方法人保险机构，2017年保费收入达171194.87万元，市场份额为8.03%，排名第4位。其他公司由于自身发展策略不同，市场份额出现些微变化。

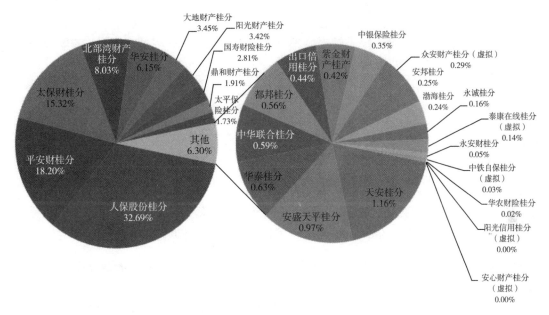

注：母饼图为市场占有率前10位的公司，子饼图对其余公司进行细化。

资料来源：根据广西保监局官网数据分析。

图3-5　2017年广西各财产保险公司原保费收入市场占有率情况

进一步，对广西财产险市场的行业集中度相关指标进行计算。首先是CR_n指数，即行业集中率，表示规模最大的前几家企业的行业集中度；计算公式为：$CR_n = \dfrac{\sum (X_i)_n}{\sum (X_i)_N}$，其中，$i$表示第$i$家企业的产值、产量、销售额等，在本文是财产险保费收入，n表示产业内规模最大的前几家企业数，N表示产业内的企业总数，计算结果如表3-2所示。

表3-2　　　　　　　　　　2017年广西财产险市场集中度情况

市场集中度		具体公司
CR_1	32.69%	人保股份桂分
CR_2	50.89%	人保股份桂分、平安财桂分
CR_3	66.21%	人保股份桂分、平安财桂分、太保财桂分
CR_4	74.24%	人保股份桂分、平安财桂分、太保财桂分、北部湾财产桂分
CR_5	80.39%	人保股份桂分、平安财桂分、太保财桂分、北部湾财产桂分、华安桂分

市场集中度		具体公司
CR_6	83.84%	人保股份桂分、平安财桂分、太保财桂分、北部湾财产桂分、华安桂分、大地财产桂分
CR_7	87.26%	人保股份桂分、平安财桂分、太保财桂分、北部湾财产桂分、华安桂分、大地财产桂分、阳光财产桂分
CR_8	90.07%	人保股份桂分、平安财桂分、太保财桂分、北部湾财产桂分、华安桂分、大地财产桂分、阳光财产桂分、国寿财险桂分
CR_9	91.98%	人保股份桂分、平安财桂分、太保财桂分、北部湾财产桂分、华安桂分、大地财产桂分、阳光财产桂分、国寿财险桂分、鼎和财产桂分
CR_{10}	93.71%	人保股份桂分、平安财桂分、太保财桂分、北部湾财产桂分、华安桂分、大地财产桂分、阳光财产桂分、国寿财险桂分、鼎和财产桂分、太平保险桂分

资料来源：作者计算分析。

广西财产保险业前三家企业人保股份、平安财桂、太保财桂就占了整个市场的超过65%，而广西财产保险业 CR_8 为90.07%，根据美国经济学家贝恩和日本通产省对产业集中度的划分标准，广西财产保险业是极高寡占型市场（$CR_8 \geqslant 70\%$）。依据公式 $HI = \sum_{i=1}^{n} (100 \times X_i/X)^2 = \sum_{i=1}^{n} S_i^2$，其中，$X$ 表示市场总规模，X_i 表示第 i 家企业的规模，$S_i = X_i/X$ 表示第 i 家企业的市场占有率，n 表示该产业内的企业数。经计算广西财产保险业赫希曼指数（HHI）的值为1779.11。根据以 HHI 值为基准的市场结构分类标准，广西财产险业开始转入低寡占Ⅰ型（$1800 > HHI \geqslant 1400$）。能从高寡占Ⅱ型市场（$3000 > HHI \geqslant 1800$）转变成低寡占Ⅰ型市场，可见广西财产险市场正逐步打破垄断，开始了"百花齐放"的良性竞争。

4. 区域市场

（1）保费收入

2017年，广西区域保险业务呈现良好发展局面，南宁、柳州、桂林依然是保费收入贡献的重要地区，南宁仍然处于遥遥领先的地位，其业务量是第二位柳州的3.04倍。各市保险业均实现平稳较快增长，全区14个市保险业务全部实现正增长，增幅超过20%的有梧州、百色、来宾、崇左四地，其中来宾市以34.02%的增速居广西之首。北部湾经济区保险业迅速发展，南宁、北海、钦州、防城港四市总体保费规模达到746030.65万元，占全区的38.07%，同比上年占比下降6.95个百分点。

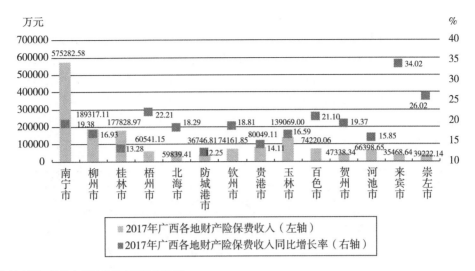

资料来源：根据广西保监局官网数据分析。

图 3 – 6　2017 年广西各地财产险保费收入及增长情况

（2）保险深度与密度

依据广西各地相关年度的国民经济和社会发展统计公报中的地区生产总值与常住人口数据计算财产保险深度与密度。

1）保险深度

2017 年广西各地保险深度情况如图 3 – 7 所示。南宁市的保险深度仍居于广西之首，2017 年的保险深度较上年小幅增长了 0.11 个百分点。除北海、钦州、百色外，其他地区的保险深度均实现了正增长，但增长幅度不大，只有南宁、桂林、贺州、来宾的增长幅度超过了 0.1 个百分点。

资料来源：根据广西保监局官网数据分析。

图 3 – 7　2017 年广西各地财产险深度及增长情况

2）保险密度

2017 年广西各地保险密度情况如图 3 – 8 所示。南宁、柳州的保险密度是较高的，其经济水平总量在广西各地区中也较大。但全区各地保险密度的增长量并不大，除了梧州、百色、来宾、崇左外，其余地区保险密度的增长率均未能突破 20%，由于本身保险密度非常低，如此小幅度的增长短期内无法使保险密度有根本性的改变。

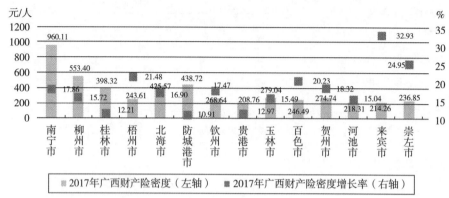

资料来源：根据广西保监局官网数据分析。

图 3 – 8　2017 年广西各地财产险密度及增长情况

（二）2017 年广西人身险市场发展概况

1. 保费收入

（1）全年整体保费收入

2017 年，广西实现人身险保费收入 3691184.31 万元，在全国 31 个省市（去除集团、总公司本级，并将计划单列市归入各省中）中位列第 23 位。同比 2016 年的 3034604.63 万元增加了 656579.68 万元，增长率达到 21.64%。从具体险种来看，其中，人寿保险（寿险）保费收入为 2835491.91 万元，增长了 18.84%；人身意外伤害险（意外险）保费收入为 194801.21 万元，增长了 14.89%；健康险保费收入为 660891.19 万元，增长了 37.95%，是人身保险业务增长的最大动力。2017 年全国的增长率为 20.29%，广西的增速稍高于全国 1.35 个百分点。

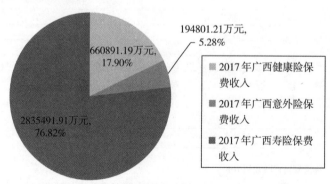

资料来源：广西保监局。

图 3 – 9　2017 年广西人身险各险种保费收入占比情况

依据广西国民经济和社会发展统计公报中的地区生产总值与常住人口数据计算，2017 年广西人身险深度为 1.81%，较上年增长了 0.32 个百分点。2017 年广西人身险密度为 755.62 元/人，较上年增加了 134.41 元/人。

（2）月度保费收入

1）环比增长情况

①人身险整体环比增长情况

月度保费方面，1 月业务比上年同期大幅增长了 5.4 倍，这也是人身险业的增长常态，其余月份保费同比增幅均较为平稳（见图 3 - 10）。

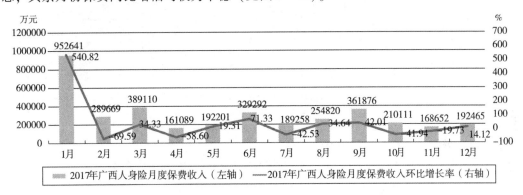

资料来源：根据广西保监局官网数据分析。

图 3 - 10　2017 年广西人身险月度保费收入及环比增长情况

具体各人身险险种的月度保费收入及环比增长情况如下。

②意外险环比增长情况

如图 3 - 11 所示，9 月是全区各中小学、大中专院校的学年度第一个学期的开学时间，也是新生入学注册的时间，学生购买学生意外伤害险，所以该月意外伤害险业务量猛增，其余月份均保持平稳的增长。

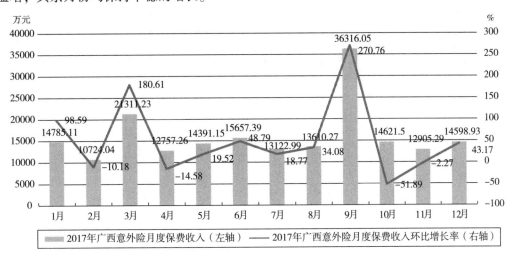

资料来源：根据广西保监局官网数据分析。

图 3 - 11　2017 年广西意外险月度保费收入及环比增长情况

③健康险环比增长情况

如图 3－12 所示，广西健康险业务量在 3 月、6 月、9 月、12 月呈现出季度末集中增长的规律，原因可能是各公司采用以季度为考察周期的激励手段。

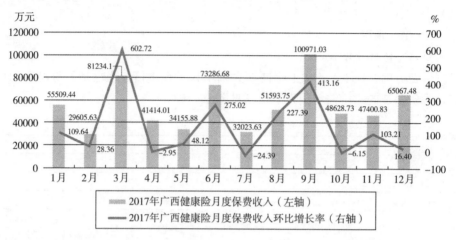

资料来源：根据广西保监局官网数据分析。

图 3－12　2017 年广西健康险月度保费收入及环比增长情况

④寿险环比增长情况

如图 3－13 所示，2017 年广西寿险业务在 1 月迎来了一次爆发性增长，比上年 12 月增长了 10 倍，其余各月份波动较平稳。

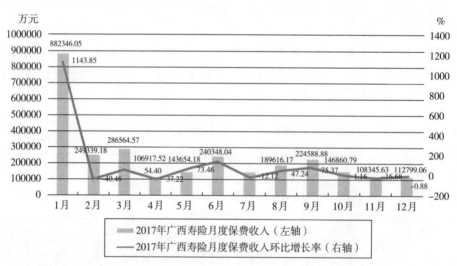

资料来源：根据广西保监局官网数据分析。

图 3－13　2017 年广西寿险月度保费收入及环比增长情况

2）同比增长情况

①人身险整体同比增长情况

与上年同期相比，2017 年广西人身险业务每个月均实现同比稳步的正增长。其中除 2 月外，其余各月份的增速均在 10% 以上（见图 3－14）。

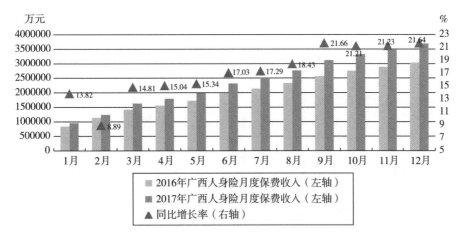

资料来源：根据广西保监局官网数据分析。

图 3 – 14 2017 年广西人身险月度保费收入及同比增长情况

具体各人身险险种的月度保费收入及同比增长情况如下。

②意外险同比增长情况

2017 年各月的意外险保费收入同比增长情况呈现出较大的波动，其中 1 月与 4 月增幅较小，未能达到 5%，而 5 月和 12 月增幅将近 30%，在业务量猛增的 9 月，其上年同期也存在类似原因的业务增长，故增长率反而不太大。

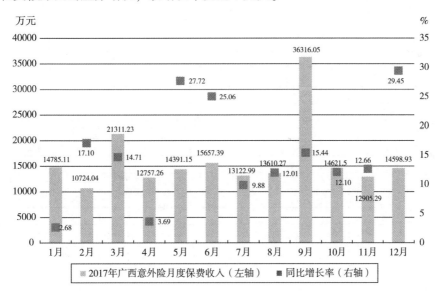

资料来源：根据广西保监局官网数据分析。

图 3 – 15 2017 年广西意外险月度保费收入及同比增长情况

③健康险同比增长情况

如图 3 – 16 所示，2017 年各月的健康险保费收入同比增长情况呈现出较大的波动，波动范围为 –5% ~ 90%。

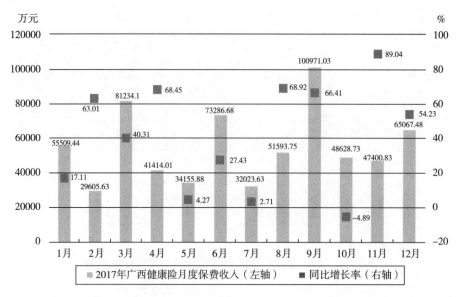

资料来源：根据广西保监局官网数据分析。

图 3－16　2017 年广西健康险月度保费收入及同比增长情况

④寿险险同比增长情况

如图 3－17 所示，2017 年各月的寿险保费收入同比增长情况呈现出较大的波动，波动范围为 －10% ～60%。

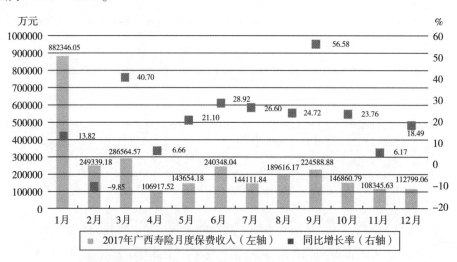

资料来源：根据广西保监局官网数据分析。

图 3－17　2017 年广西寿险月度保费收入及同比增长情况

2. 赔付支出

（1）全年整体赔付支出

赔付支出金额方面，2017 年，随着人身险业务的自然增长，赔付支出也较快增长，全年赔付支出 968524.62 万元。其中，意外险赔付金额为 48380.54 万元，健康险为

262072.32 万元，寿险为 658071.75 万元。赔付率方面，人身险整体赔付率为 26.24%，比 2016 年的 27.34% 略为下降。从具体的险种来看，意外险的赔付率为 24.84%，健康险为 39.65%，寿险为 23.21%。赔款增速方面，2017 年比 2016 年的 829685.13 万元相比，增加了 138839.49 万元。2017 年赔付支出的增长率为 16.73%，远低于 2017 年人身险业务 21.64% 的年增长率，可以说人身险业务呈现出较为优质的局面。

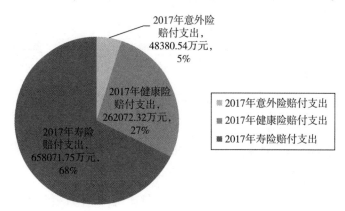

资料来源：根据广西保监局官网数据分析。

图 3 – 18 2017 年广西人身险各险种赔付支出情况

（2）月度赔付支出

①人身险月度赔付支出情况

2017 年的各月度赔付支出从已有数据来看是较为稳定的，赔付率除 11 月以外基本都能控制在 40% 以下（见图 3 – 19）。

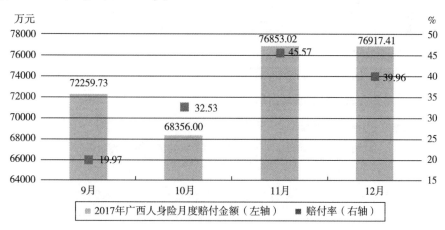

注：1~8 月由于数据缺失未能进行分析。

资料来源：根据广西保监局官网数据分析。

图 3 – 19 2017 年广西人身险月度赔付支出额与赔付率

②意外险月度赔付支出情况

人身险具体各险种赔付情况如下。

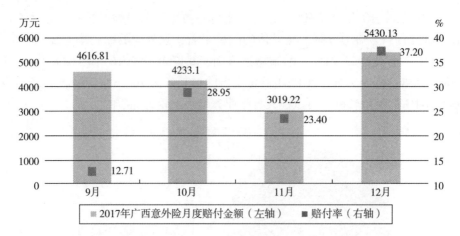

资料来源：根据广西保监局官网数据分析。

图 3 - 20　2017 年广西人身意外伤害险月度赔付支出额与赔付率

③健康险月度赔付支出情况

从图 3 - 20 和图 3 - 21 可以看出，意外险与健康险因 12 月要年内结清赔款业务，因此在当月赔付支出额猛增。

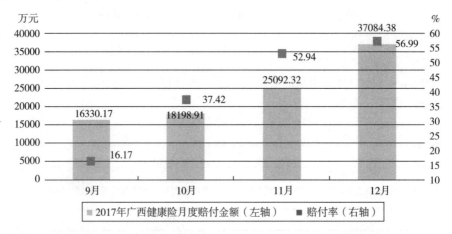

资料来源：根据广西保监局官网数据分析。

图 3 - 21　2017 年广西健康险月度赔付支出额与赔付率

④寿险月度赔付支出情况

从图 3 - 22 可以看出，寿险相较于意外险和健康险呈现出不同特点，寿险保险金的支取通常是在 1 ~ 3 月，故不存在 12 月赔款支出猛增的局面。寿险各月度的赔付支出额与赔付率的波动均较为稳定，且赔付率比意外险和健康险低，这跟寿险期限长的属性是有关系的。

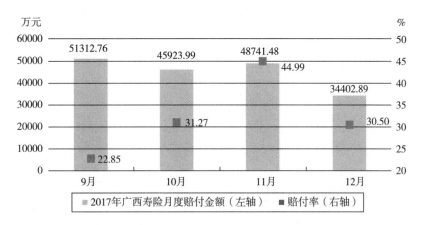

图 3 – 22 2017 年广西寿险月度赔付支出额与赔付率

3. 竞争格局

（1）市场主体数量

2017 年，广西寿险市场保险主体共有 17 家，其中，中资人身险主体共 15 家，但没有全国性法人保险机构，外资人身险主体共 2 家。2017 年，广西尚无全国性寿险法人保险机构[①]。较 2016 年增加了 1 家保险主体，为工银安盛人寿广西分公司，其资本性质为外资。从资本结构来看，中资人身险主体数量远远占优（见图 3–23）。

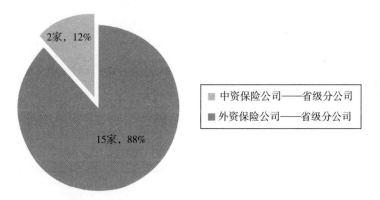

图 3 – 23 2017 年广西人身保险市场保险主体数量情况

（2）市场占有率

各寿险市场保险主体 2017 年保费收入的市场占有率情况如表 3–3 所示。

[①] 国富人寿获批成立时间为 2018 年 6 月，故 2017 年广西尚无全国性寿险法人保险机构。

表 3 – 3 2017 年广西各人身险公司原保险保费收入市场占有率情况

保费收入排名	公司名称	资本结构	保费收入（万元）	市场占有率（%）
1	国寿股份桂分（含续存业务）	中资	1286693.43	36.57
2	平安寿桂分	中资	444579.64	12.63
3	太保寿桂分	中资	332599.26	9.45
4	人保寿险桂分	中资	279101.74	7.93
5	太平人寿桂分	中资	245862.12	6.99
6	新华桂分	中资	194224.53	5.52
7	合众人寿桂分	中资	180584.56	5.13
8	泰康桂分	中资	176863.02	5.03
9	富德生命人寿桂分	中资	137753.38	3.91
10	平安养老桂分	中资	69795.06	1.98
11	中信保诚桂分	外资	53801.48	1.53
12	阳光人寿桂分	中资	47177.52	1.34
13	农银人寿桂分	中资	33581.09	0.95
14	民生人寿桂分	中资	22485.74	0.64
15	泰康养老桂分	中资	6602.95	0.19
16	太平养老桂分	中资	4248.42	0.12
17	工银安盛桂分	外资	2903.42	0.08
中资小计			3462152.45	98.39
外资小计			56704.89	1.61
合计			3518857.35	100.00

资料来源：根据广西保监局官网数据分析。

从资本结构来看，中资保险主体市场占比达到98.39%，外资保险主体市场占比仅为 1.61%，中资保险公司在市场上的地位遥遥领先，但与2016年外资寿险公司占比0.88% 相比较，2017年占比1.11%来说，外资寿险企业的市场占有率有所提升。中国人寿广西 分公司（国寿股份桂分）一家独大，市场占有率接近40%，其余各公司除平安人寿外 （12.63%）市场占有率都未能突破10%。

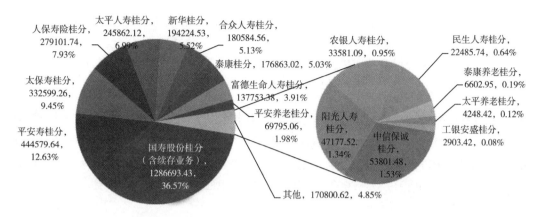

注：母饼图为市场占有率前10位的公司，子饼图对其余公司进行细化。

资料来源：根据广西保监局官网数据分析。

图3-24　2017年广西各财产保险公司原保险保费收入市场占有率情况

进一步，对广西人身险市场的行业集中度相关指标进行计算。首先是 CR_n 指数，即行业集中率，表示规模最大的前几家企业的行业集中度；计算公式为：$CR_n = \dfrac{\sum (X_i)_n}{\sum (X_i)_N}$，其中，$i$ 表示第 i 家企业的产值、产量、销售额等，在本文是人身险保费收入，n 表示产业内规模最大的前几家企业数，N 表示产业内的企业总数，计算结果如表3-4所示。

表3-4　　　　　　　　　　　**2017年广西人身险市场各集中度情况**

市场集中度		具体公司
CR_1	36.57%	国寿股份桂分（含续存业务）
CR_2	49.20%	国寿股份桂分（含续存业务）、平安寿桂分
CR_3	58.65%	国寿股份桂分（含续存业务）、平安寿桂分、太保寿桂分
CR_4	66.58%	国寿股份桂分（含续存业务）、平安寿桂分、太保寿桂分、人保寿险桂分
CR_5	73.57%	国寿股份桂分（含续存业务）、平安寿桂分、太保寿桂分、人保寿险桂分、太平人寿桂分
CR_6	79.09%	国寿股份桂分（含续存业务）、平安寿桂分、太保寿桂分、人保寿险桂分、太平人寿桂分、新华桂分
CR_7	84.22%	国寿股份桂分（含续存业务）、平安寿桂分、太保寿桂分、人保寿险桂分、太平人寿桂分、新华桂分、合众人寿桂分
CR_8	89.25%	国寿股份桂分（含续存业务）、平安寿桂分、太保寿桂分、人保寿险桂分、太平人寿桂分、新华桂分、合众人寿桂分、泰康桂分
CR_9	93.16%	国寿股份桂分（含续存业务）、平安寿桂分、太保寿桂分、人保寿险桂分、太平人寿桂分、新华桂分、合众人寿桂分、泰康桂分、富德生命人寿桂分
CR_{10}	95.15%	国寿股份桂分（含续存业务）、平安寿桂分、太保寿桂分、人保寿险桂分、太平人寿桂分、新华桂分、合众人寿桂分、泰康桂分、富德生命人寿桂分、平安养老桂分

资料来源：根据广西保监局官网数据分析。

中国人寿广西分公司（国寿股份桂分）一家独大，市场占有率达到 36.57%，广西人身保险业前三家企业国寿股份桂分、平安寿桂分、太保寿桂分就占了整个市场的近 60%，而广西人身保险业 CR_8 为 89.25%，根据美国经济学家贝恩和日本通产省对产业集中度的划分标准，广西人身保险业是极高寡占型市场（$CR_8 \geqslant 70\%$）。依据公式

$$HI = \sum_{i=1}^{n} (100 \times X_i/X)^2 = \sum_{i=1}^{n} S_i^2，其中，X 表示市场总规模，X_i 表示第 i 家企业的规模，$$

$S_i = X_i/X$ 表示第 i 家企业的市场占有率，n 表示该产业内的企业数。经计算广西人身险业赫希曼指数（HHI），值为 1804.57。根据以 HHI 值为基准的市场结构分类标准，广西人身保险业是高寡占 II 型市场（3000 > HHI > 1800），印证了 CR_n 指数的结果。

4. 区域市场

（1）保费收入

1）各地人身险整体保费收入

2017 年，广西区域保险业务呈现良好发展局面，南宁、柳州、桂林依然是保费收入贡献的重要地区，南宁仍然处于遥遥领先的地位，第二位是桂林，第三位是柳州。各市保险业均实现平稳较快增长，所有 14 个市保险业务全部实现正增长，增幅超过 40% 的有梧州、北海、贵港三地，其中北海以 55.93% 的增速居于广西之首。北部湾经济区保险业迅速发展，南宁、北海、钦州、防城港四市总体保费规模达到 664937.84 万元，占全区的 33.32%，同比增长 32.79%。但柳州市的人身险业务不容乐观，其业务规模与桂林市进一步拉大，且与玉林市之间的差距则进一步缩小。

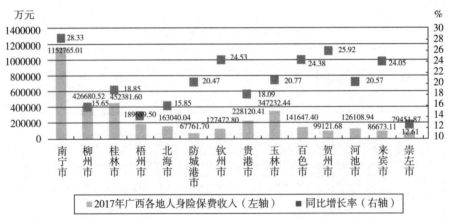

资料来源：根据广西保监局官网数据分析。

图 3 – 25　2017 年广西各地人身险保费收入及同比增长情况

具体各险种的保费收入及增长情况如下。

2）各地意外险保费收入

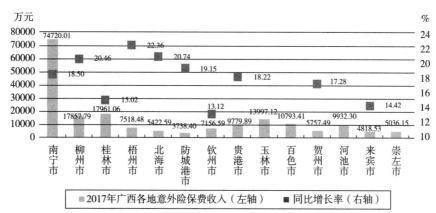

资料来源：根据广西保监局官网数据分析。

图3-26 2017年广西各地意外险保费收入及同比增长情况

3）各地健康险保费收入

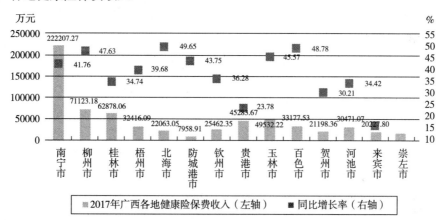

资料来源：根据广西保监局官网数据分析。

图3-27 2017年广西各地健康险保费收入及同比增长情况

4）各地寿险保费收入

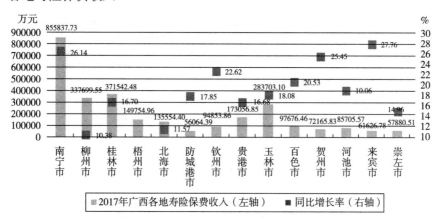

资料来源：根据广西保监局官网数据分析。

图3-28 2017年广西各地寿险保费收入及同比增长情况

（2）保险深度与密度

1）保险深度

依据各地各年度的国民经济和社会发展统计公报中的地区生产总值与常住人口数据，若公报未及时公布，则利用广西统计局的快报或年鉴数据进行补齐，依此计算广西各地的人身险深度与密度。2017 年，广西各地保险深度情况如图 3-29 所示，南宁市的保险深度仍旧居于广西之首。除北海、崇左外，2017 年广西各地人身险深度均实现了正增长，且涨幅较高。

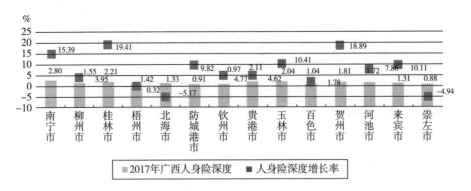

资料来源：根据广西保监局官网数据分析。

图 3-29　2017 年广西各地人身险深度及增长情况

2）保险密度

2017 年，广西各地保险密度情况如图 3-30 所示。南宁的保险密度最高，第二位、第三位、第四位分别是柳州、北海、桂林。人身险密度的增长情况与历年相比增幅减小，仅有南宁、柳州、桂林、北海、防城港增幅突破 100 元/人。

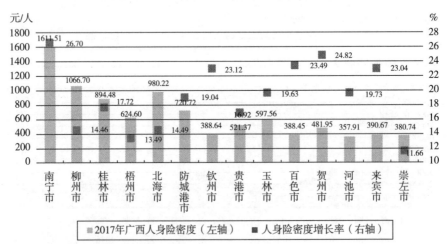

资料来源：根据广西保监局官网数据分析。

图 3-30　2017 年广西各地人身险密度及增长情况

（三）2017年广西保险行业要闻

1. 第一季度行业要闻

（1）广西保险行业2016年消费投诉下降百分之十五——广西保监局推进保险消费投诉处理标准化取得明显成效（广西保监局2017年1月11日发布，节选）

2016年，广西保险业务快速增长21%，但各保险公司接到的投诉不升反降15%，保险消费投诉处理工作交出了一份令消费者满意的成绩单。成绩的取得与广西保监局致力推动的保险消费投诉处理标准化建设功不可没。第一，落实"我负责"，推动投诉处理管理标准化。第二，强化"我做好"，升级投诉处理流程标准化。第三，推动"我提高"，创新投诉处理监督标准化。

（2）不忘初心，继续前进——广西保险业举行新年升国旗仪式　开启工作模式（广西保监局2017年2月4日发布，节选）

2017年2月3日，广西保监局及广西保险行业协会全体工作人员在南宁水晶城广场举行了简朴而又庄严的升国旗仪式。上午9点，国旗护卫队队员迈着整齐的步伐护送国旗走向升旗台。随着雄壮的国歌响起，旗手奋力挥臂将国旗展开，鲜艳的五星红旗冉冉升起。广西保监局局长姜国富发表了讲话。他表示，在2017年春节后的第一个工作日举行升国旗仪式，满怀敬仰之心看着五星红旗冉冉升起，这是作为一个中国公民的骄傲与光荣！面对庄严的五星红旗，我们把国家荣誉、责任更深地铭刻在自己心中。参加升旗仪式的干部纷纷表示，站在鲜艳的五星红旗下，满怀着激情与信念，新的一年将以更饱满的精神继续为保险事业发展努力奋斗！

（3）南宁保险纠纷调委会便捷高效为民排忧解难——成立5个月来，调解案件涉案金额150万元，调解案件履约率100%（广西保监局2017年2月6日发布，节选）

2016年7月，在广西保监局的指导下，经南宁市司法局批准，南宁保险行业协会人民调解委员会（以下简称保调委）正式成立。作为行业性、专业性人民调解组织，南宁保调委根据人民调解的有关法规，按照自愿、平等、公正的原则，为保险消费者和保险机构提供调解服务。

自成立以来，南宁保调委共受理保险消费纠纷案件25件，调解案件涉案金额150万元，调解成功率80%，调解案件履约率100%，充分发挥了人民调解高效率、低成本、少对抗的优势，实实在在地为消费者解决了困难。

（4）广西党委政府将保险扶贫列为2017年全区脱贫攻坚重点工作（广西保监局2017年2月15日发布）

近期，广西壮族自治区扶贫开发领导小组印发2017年工作要点，将保险扶贫列为重点工作：积极通过农业保险、大病保险、民生保险、信贷保险等，解决因灾、因病、因意外伤害风险致贫返贫和贫困户融资难问题。鼓励市、县（市、区）引入保险增信机制，采取"政银保"风险共担方式，加大扶贫小额信贷投放力度。实施贫困人口参加城乡居民基本医疗保险个人缴费财政补助专项政策，加大医疗救助、大病保险力度，提高贫困人口基本医疗保障水平。

（5）2016 年广西保险业交出亮丽成绩单——保费增速 21.6%，共为广西经济社会提供各类风险保障 32 万亿元（广西保监局 2017 年 2 月 20 日发布，节选）

2016 年以来，广西保险业围绕自治区"两个建成"目标，坚持"抓服务、严监管、防风险、促发展"，各项工作取得了积极成效，实现了"十三五"良好开局。一、行业综合实力不断提升。二、助力脱贫攻坚战略成效显著。三、助力实体经济发展迈上新台阶。四、助力社会管理创新取得新成绩。

2. 第二季度行业要闻

（1）第一季度广西扶贫小贷险助力精准扶贫成效显（广西保监局 2017 年 4 月 11 日发布）

2017 年以来，广西加大推动扶贫小额贷款保证保险发展力度，发挥扶贫小贷险增信功能作用，有力地支持了扶贫产业和建档立卡贫困户发展生产的融资需求，取得了保险精准扶贫的显著成效。第一季度末，全区扶贫小贷险已在百色、梧州、贺州等地相继开展，累计为 3437 户建档立卡贫困户提供融资支持 1.7 亿元，支持融资金额是 2016 年全年的 10 倍。扶贫小贷险已成为广西保险业支持贫困户低成本获得生产资金、推进全区脱贫攻坚的重要扶贫工具。

（2）广西建立四项机制启动环境污染责任保险试点（广西保监局 2017 年 4 月 20 日发布）

近期，广西保监局联合广西壮族自治区环保厅印发《关于开展环境污染责任保险试点工作的通知》，在重有色金属矿采选业等五个涉重行业正式启动环境污染责任险试点。一是建立挂钩约束机制。企业投保环责险情况与企业信用评价、金融机构信贷支持、重金属污染防治专项资金支持等方面挂钩。二是建立保费浮动机制。未出险的企业，适当下调费率，不采取防范措施或未及时整改环境风险又出险的企业，适当上浮费率。三是建立查勘理赔机制。需要现场查勘的，保险公司应在 2 个小时内到现场；达成赔偿协议的，根据不同赔偿数额，最短 5 个工作日、最长 30 个工作日向企业支付赔款。四是建立智库支持机制。组建专家库，对风险事故做第三方责任认定和损害鉴定，为环境污染事故查勘、定损、定责提供技术保障和人力支持。

（3）广西建立实施金融精准扶贫政策效果评估制度（广西保监局 2017 年 4 月 21 日发布）

广西建立实施金融精准扶贫政策效果评估制度。广西保监局联合人民银行南宁中心支行、自治区扶贫办等有关部门制定出台《广西金融精准扶贫政策效果评估实施细则》，主要评价滇桂黔石漠化片区县和国家扶贫开发工作重点县共计 33 个县的直接融资、保险服务、扶贫贷款、金融基础设施等指标，其中保险服务重点评价各县贫困人口保费收入总额。评估每年开展一次，评估结果作为开展金融精准扶贫政策创新试点、金融差别化监管、脱贫攻坚工作年度目标考核内容的重要参考依据。

（4）广西首个城镇职工大病保障工作在河池市启动（广西保监局 2017 年 4 月 25 日

发布）

广西首个城镇职工大病保障工作在河池市启动。作为广西老少边穷地区的河池市近日率先启动城镇职工大病保障工作，为全市 25.38 万名城镇职工提供"基本医保＋大病保障"双保险保障。大病保障将借鉴城乡居民大病保险模式，由商业保险公司承办，实行"三统一"政策：一是统一统筹层级，实行市级统筹；二是统一筹资标准，保费由城镇职工大病统筹基金支出，不额外增加职工负担；三是统一支付政策，单次报销起付线统一为 5000 元，市内、外住院发生的医保目录内自付费用分别报销 70%、40%，目录外自费费用报销 20%。

（5）广西全面推进学生平安保险条款改革（广西保监局 2017 年 5 月 11 日发布）

广西全面推进学生平安保险条款改革。广西保监局围绕推进保险业供给侧结构性改革，从源头入手，组织保险业及司法、法律等相关领域专家共同研究拟定 2 套共 8 个学生平安保险指导性条款，拟在辖内试点推广。一是强化对基本医保的补充作用。区分被保险人是否参加基本医保的不同情况，设计差异化的责任范围和理赔标准。二是体现被保险人风险差异性。区分被保险人风险差异特征，分别拟定义务教育阶段版和非义务教育版两套条款。三是规范条款内容。全面通俗化、规范化条款表述，删除或修改条款中表述不规范内容，并统一等待期、治疗延长期及免责内容等内容。

（6）广西试点设立"保险理赔工作室"购买理赔调解服务（广西保监局 2017 年 5 月 17 日发布）

广西试点设立"保险理赔工作室"购买理赔调解服务。近日，广西贵港市试点在交警大队设立"保险理赔工作室"开展行业人民调解，通过引入公估机构提供保险理赔及纠纷调解服务。一是集中理赔。保险行业共同委托理赔工作室提供车险人伤查勘、跟踪、伤情判断、垫付、预赔付等服务，提升行业理赔服务效率。二是深度融合。理赔工作室在交警大队驻点办公，通过交警部门实时获取事故信息，实现交通事故处理与理赔服务无缝对接，防止"诉讼黄牛"见缝插针、诱导诉讼。三是多方联动。理赔工作室与交警大队及驻点交通巡回法庭开展联动调解，通过司法确认、法院委托调解、委派调解等方式强化诉调对接，确保案结事了。

（7）广西保险业多措并举开展"5·15 防范非法集资主题宣传日"活动（广西保监局 2017 年 5 月 22 日发布）

广西保险业认真贯彻落实中国保监会 2017 年防范非法集资专题宣传月活动部署，开展"5·15 防范非法集资主题宣传日"活动。一是广西保监局制订印发方案，组织指导全区 37 家保险公司和 14 家保险行业协会统一行动，于 5 月 15 日当天在全区 14 个地市统一开展以"树立风险意识，远离非法集资"为主题的防范非法集资现场宣导活动。二是各单位结合自身特点和当地工作实际，采取现场展示、案例剖析、趣味问答、宣传片等群众喜闻乐见的形式向广大人民群众宣传防范非法集资知识。当天，全区参与现场活动的人民群众和保险消费者超过 1 万人次，发放宣传资料数千份，有力地推进了宣传月活动的深入开展。

（8）广西全面启动学生平安保险改革（广西保监局 2017 年 6 月 10 日发布）

为有效治理学生平安保险经营乱象，防控业务风险，有效满足人民群众保障需求，广西保监局坚持治标及治本相结合，指导行业全面启动学生平安保险改革。一是以提升风险保障能力为核心推进产品改革。围绕供给侧结构性改革，在全辖推广使用学生平安保险指导性条款，并全面提高产品保障额度，压缩不正当竞争空间。二是以健全消费者权益保护机制体系为根本优化行业服务标准。签订广西学生平安保险服务公约，制定投保环节明确告知基准内容，全面规范学生平安保险销售、承保及理赔、宣传教育等服务标准。三是以对接精准扶贫工作为抓手服务国家重大战略。建立特困生学生平安保险专项帮扶基金；推动学平险补偿方案向建档立卡贫困生倾斜，提高赔付比例。四是以建立有序市场为目标构建多层次监督体系。建立行业自律和外部监管两个专项监督机制，并持续开展专题宣传，强化外部舆论监督。

（9）广西保险业 2017 年防范非法集资专题宣传月活动取得良好成效（广西保监局 2017 年 6 月 15 日发布）

广西保险业 2017 年防范非法集资专题宣传月活动取得良好成效。一是教育了保险从业人员。全行业通过会议宣讲、专题培训、问卷调查等形式对 33 万余人次的从业人员进行了宣导教育，通过微博、微信、手机 APP 等新兴媒体教育近 15 万人次，合计约 50 万人次，实现了保险从业人员宣教全覆盖。二是扩大了社会宣传面。行业向社会公众发放宣传资料超过 18 万份，发送短信、微信等信息近 80 万条，通过新兴媒体宣导公众阅读超过 50 万人次，参与宣传保险从业人员 2.3 万余人次，直接受教育群众达 150 余万人次。三是消除了非法集资风险隐患。组织行业宣导非法集资特征与排查方法，指导各保险公司开展重点排查，开展反非法集资现场检查，共发现风险薄弱环节 30 多个，提出整改意见 33 条，进一步强化了宣传排查工作效果。

（10）广西保险业全面启动"7·8 全国保险公众宣传日"活动（广西保监局 2017 年 6 月 28 日发布）

广西保险业全面启动"7·8 全国保险公众宣传日"活动，围绕保险扶贫主题重点开展以下活动。一是开展千人"7.8 公里扶贫公益跑"活动，通过捐赠跑步里程支持保险扶贫项目。二是组织开展"保险扶贫成果图片展"活动，向社会公众展示广西保险扶贫工作成果和先进事迹。三是组织开展"保险五进入"活动，由各地市协会组织公司走进社区、企业、学校、农村等与大众互动，确保宣传活动覆盖全区 14 个地市。四是搭建包括户外、移动电视、网络、电台等媒体在内的全方位宣传平台，在南宁火车东站出站层打造行业品牌通道，覆盖所有出站人流；在地铁及公交车移动电视、火车站及机场 LED 投放保险公益广告；在电台开设栏目宣讲保险知识和扶贫典型案例；在广西新闻网开设"7·8"专栏，报道各地"7·8"活动成果。

3. 第三季度行业要闻

（1）广西重拳整治车险乱象（广西保监局 2017 年 7 月 10 日发布）

广西保监局积极落实"1＋4"文件要求，重拳整治车险市场乱象，为深化车险改革营造良好环境。一是动态监测，非现场监管制度化。建立涵盖定价、费用、效益情况的车险非现场监测月报制度，明确数据异常警示标准，上半年共对 12 家次公司电话提示，向 3 家公司发出风险提示函或监管函。约谈高管 5 人次，并就近 2 年车险招投标违规案件查处情况向行业集中通报。二是重拳出击，现场检查常态化。累计三个月车险检查评分排行业前三的公司为必查，已启动对 3 家次机构的车险巡查，对人保某支公司开展突击检查，精准打击违规赠送等违规行为。三是积极引导，行业自律规范化。广西保险行业协会以《反垄断法》《保险法》等法律法规为基础，组织会员公司开展车险运营风险监控自律，指导地市协会开展合规经营自律，出台自律核查方案、自律核查操作规程，上半年共对 9 家次公司开展自律核查，对 6 家次公司追究自律违约责任。经过强力整顿，广西车险经营指标明显向好。截至 5 月，车险保费增速为 11.43%，高于年初 6.01 个百分点；车险综合费用率为 44.12%，较年初下降 5.5 个百分点；承保利润率为 8.39%，高于年初 3.76 个百分点。

（2）广西积极推进特色农险扶贫（广西保监局 2017 年 8 月 14 日发布）

广西积极推进"农业保险 + 龙头企业 + 合作社"的特色农险扶贫项目。近日，人保财险承保广西澳益农业发展有限公司淡水龙虾项目，首张保单涉及养殖区共 116.04 亩，提供风险保障 174 万元。广西澳洲淡水龙虾养殖项目是广东帮扶广西脱贫攻坚 20 周年重点项目，也是粤桂黔高铁带扶贫重点项目，受到国务院扶贫办的高度关注，计划建设为重点示范性扶贫工程。该项目采取合作社的模式，由公司、村集体、致富带头人、建档立卡贫困户共同组成合作社，其中贫困户以获得的政策性小额贷款入股，广西澳益农业发展有限公司提供技术、种苗支持，并负责保底收购，确保合作社获得一定利润，帮助贫困户增收脱贫。澳洲淡水龙虾保险项目的顺利启动试点是广西保险业充分发挥保险功能作用，积极履行扶贫开发社会责任的重要体现，对于支持扶贫产业发展、稳定农民收益具有重要作用。

（3）广西保险业建立四项机制全力应对台风"天鸽"（广西保监局 2017 年 8 月 24 日发布）

为做好 2017 年第 13 号台风"天鸽"影响广西期间的保险防灾防损和保险理赔服务工作，广西保监局指导辖内各保险公司建立四项机制，全面做好保险服务工作。一是建立灾害预警机制。由广西保险气象防灾减灾研究中心在台风"天鸽"影响广西前，连续发布灾害预警信息，指导各保险公司做好防灾减损准备工作。二是建立大灾应急处置机制。针对本次台风来势猛影响大的特征，广西保监局指导辖内各保险公司按照"防大灾抗大灾"的要求，按照气象部门预报的台风运行路径，做好相关区域的抗灾应急准备，调集人力物力，做好重点区域的应急处置工作；对于涉及国计民生和自治区重点建设项目，要求各保险公司开通绿色通道优先查勘理赔。三是建立督导检查机制。根据灾害损失情况，各保险公司成立了督查检查组到台风影响严重地区检查指导灾害应对准备工作，督导灾害查勘理赔服务。四是建立信息值班和报告机制。各保险公司在广西保监局的指导下建立了 24 小时值班制度，随时接受保险报案和查勘理赔，每天定期报告公司接报案和理赔情况，重大案件信息随时报告，确保全辖保险服务工作有序进行。

（4）广西崇左试点边境地区跨境务工意外伤害强制保险（广西保监局 2017 年 8 月 24 日发布）

广西崇左试点边境地区跨境务工意外伤害强制保险。近日，广西出台《崇左市跨境劳务人员人身意外保险实施意见》，进一步营造"一带一路"良好跨境用工环境，切实保障境外务工人员在华权益。一是要求各级政府及市人社局、公安局、商务口岸委等部门做好落实跟踪，境外边民务工管理服务中心设立保险服务窗口，确保境内用工单位为中越边境外籍入境劳务人员购买意外综合保险，保障范围涵盖意外伤害、意外医疗、定期寿险、住院误工津贴、疾病住院等保险责任，其中意外伤害、意外医疗保额分别不得低于 15 万元、2.5 万元；二是要求保险公司使用向当地行业协会报备的优惠费率产品，单险种费率低至 0.5‰；三是建立"激励费率"机制，实现未出险情况下的费率下浮，激励用工单位在切实做好安全生产工作的同时有效降低企业用工成本。

（5）广西打造糖料蔗价格指数保险"升级版" 更好服务蔗糖产业发展（广西保监局 2017 年 9 月 4 日发布）

广西打造糖料蔗价格指数保险"升级版"，更好服务蔗糖产业发展。近日，广西在 2016 年全国率先成功开展糖料蔗价格指数保险试点的基础上，正式启动 2017 年深化试点工作，打造价格指数保险"升级版"，用实际行动深入贯彻落实 2017 年"中央一号"文件精神，推动农业保险更好服务现代农业产业发展。一是服务范围升级。保险期限从一年延长到三年，提前锁定蔗农未来三年种植收益，稳定蔗农种植预期；试点县域由 4 个扩大到 10 个，试点范围由 40 万亩扩大到 50 万亩，更多蔗农将从中受益。二是保障能力升级。设定了 480 元/吨的基础保底保险价格，并建立了保险价格随糖价水平上涨同步提高的联动机制，确保蔗农价格下跌有保底，价格上涨有收益。三是保险机制升级。在"保险 + 期货"风险分散机制的基础上，建立料蔗价格指数保险平滑基金，从保险公司承保盈利中逐年计提，以丰补歉，有效分散价格波动风险。四是惠农效果升级。进一步降低蔗农保费负担，每吨保费由原来的 3.6 元下降至 3 元，其中建档立卡贫困户的保费由财政全额补贴。

（6）广西保险业多维度助推脱贫摘帽（广西保监局 2017 年 9 月 13 日发布）

广西保险业多维度助推脱贫摘帽。辖区内保险机构积极承担社会责任，助推脱贫攻坚，并取得良好成效。一是完善农业保险服务体系建设，加快深度贫困地区普惠网点设立。北部湾保险建立覆盖全区 110 个市县区的服务网络，建设 630 多个农村保险基层服务站（点），基本打通服务农户"最后一公里"。二是发挥渠道优势深化政银合作，推进保险产业扶贫。农银人寿广西分公司联合农业银行通过农行网点为 13 个地市 64 个县（区）建档立卡贫困户提供借款人意外伤害保险保障。三是创新贫困地区保险服务，扩大保险保障范围。人保财险广西分公司积极探索开发价格指数保险、特色水果收入保险、灾害指数保险，在贫困地区推动开展澳洲淡水龙虾养殖、田七等 17 个农业保险险种。四是创新产业扶贫模式。人保财险开创"保险帮扶铺路 + 保险融资输血 + 保险保障托底"

立体扶贫模式，在都安县设立保险精准扶贫基金，已投入 200 万元支持"贷牛还牛"产业扶贫项目，得到了国务院扶贫办的高度评价。

（7）广西保险业试点利用道路交通监控视频打击车险诈骗行为（广西保监局 2017 年 9 月 19 日发布）

广西保险业试点利用道路交通监控视频打击车险诈骗行为。近日，南宁交警部门与行业协会联合印发了关于打击车险诈骗的通知，率先在南宁建立道路交通监控视频合法调取合作机制。根据文件规定，保险机构提交监控视频调查申请表，经保险行业协会审核后，即可提交交警部门取证。交警部门应在调查结束后 3 个工作日内将调查结果加盖公章提供给保险机构。广西保监局将根据南宁市的实行情况，有步骤地在全辖推开此项工作。据统计，2017 年上半年，广西交警部门与保险行业利用监控视频共同打击涉嫌保险诈骗 600 多起，涉案金额约 4500 万元，同比增长 22%。合作机制推开后，将有效解决保险公司因取证难无法及时报案立案的老大难问题，将更大幅度地减损挽损，更有力地打击车险诈骗行为。

（8）广西保险业为特殊人群提供意外风险保障　助力改善民生（广西保监局 2017 年 9 月 20 日发布）

广西保险业为特殊人群提供意外风险保障，助力改善民生。一是为环卫工人提供意外风险保障。新华人寿为南宁 16408 名环卫工人赠送意外伤害保险保障，累计风险保障高达 16 亿元。二是为计划生育家庭提供意外风险保障。自治区财政安排专项经费，由中国人寿为广西农村符合计划生育政策的家庭承保"爱心保险"，2017 年上半年，"爱心保险"有 2066 名被保险人发生了理赔，赔付金额合计 1156.83 万元。三是为农民工提供意外风险保障。自治区总工会和各市总工会共同出资，由中国人寿为在广西境内工作的百万农民工承保意外伤害保险，保障范围包括意外残疾、意外医疗及住院津贴、交通事故意外身故责任等，2017 年上半年累计赔付 41.35 万元。

4. 第四季度行业要闻

（1）广西警保合作打击车险诈骗　亮利剑出新招（广西保监局 2017 年 10 月 9 日发布）

近期，在广西保监局的协调推进下，南宁市公安局交通警察支队与南宁保险行业协会联合出台《南宁市道路交通事故反保险诈骗案件管理暂行办法》（以下简称《暂行办法》），进一步加强打击占保险欺诈 80% 的车险骗赔行为。《暂行办法》的出台标志着公安交警与保险业的合作进一步加深，协作机制进一步密切，对车险欺诈案件的打击力度不断提高。

根据《暂行办法》的规定，南宁市将建立反保险诈骗"公安交警工作小组"和"保险行业工作小组"两个工作小组，协调相关工作。在交通警察大队、财产保险公司及各南宁市轻微财产损失道路交通事故快速处理理赔服务网点设置反保险诈骗岗位工作联系人，具体处理反车险诈骗工作。

警保合作机制将呈现出三个新的特点：一是工作启动更快速。保险公司人员或者交通警察在处理道路交通事故中一旦发现涉嫌保险诈骗行为，经本单位反保险诈骗岗位联系人同意，即可启动协作配合调查程序，确保第一时间阻击车险诈骗。二是固定证据更有效。保险公司经保险行业工作小组审核，可以向交警部门申请调取相关监控视频及其他检验报告等证据，交警部门在3日内出具相关证明并加盖公章。三是联合打击力度更大。对于情节严重、涉嫌犯罪的，保险公司和交警部门将及时会商，移交相关部门立案。2017年上半年，广西交警部门与保险行业利用监控视频等共同打击涉嫌保险诈骗600多起，涉案金额约4500万元，同比增长22%。

近年来，为切实保护保险消费者的合法利益，严厉打击道路交通事故保险诈骗行为，广西保险业不断加深与公安部门的交流合作，提高反欺诈案件的处置效率，完善防范和打击工作机制，取得了明显的工作成效。

一是打击涉嫌欺诈案件数量金额创新高。2016年以来，开展警保联动排查协查，全行业排查赔案近30万件，发现可疑赔案近2万件，涉案金额达4.85亿元，减损挽损超过3亿元。其中，各警种共侦破或阻止涉嫌保险欺诈案件1600余起，涉案金额超过1.2亿元，减损挽损超过1亿元，公安机关共立案侦办15件，立案金额达2266万元。二是查处大案要案取得实效。2016年以来，广西保监局联合区经侦总队指导各地市反保险欺诈工作站开展警保侦办协查，共对22起大案要案进行会商处置。其中，2016年侦破全国首例涉嫌2000万元的森林保险欺诈案，抓获犯罪分子5名，产生较大的社会威慑力。三是警保协作机制进一步完善。目前，广西保监局探索推进多警种联合打击机制，已在全区14个地市建立健全反保险欺诈工作站，经侦、交警、刑侦多警种共同参与，协作机制更加完善。

下一阶段，广西警保合作深入打击保险欺诈将成为"新常态"，在首府南宁率先亮剑出招打击道路交通事故保险诈骗的基础上，《暂行办法》将在广西其他13个地市逐步推广实施，形成跨地市合作、全区一盘棋的打击道路交通事故车险诈骗有效工作模式，让车主和广大保险消费者有更多的安全感。

（2）广西保险业积极发挥保障功能支持深化农村金融改革取得良好成效（广西保监局2017年10月16日发布）

广西保险业积极发挥保障功能，支持深化农村金融改革，服务"三农"取得良好成效。一是拓展农村普惠金融服务网络。目前已建立乡镇农险服务站858个、农险服务点3081个，并启动保险业参与行政村"三农金融服务室"建设试点工作。二是推动农险产品创新。创新开展了"保险+期货"模式的糖料蔗价格指数保险，以及大蚝、对虾、香蕉、烟叶、田七种植和海水养殖等18种地方特色保险。2013年以来，广西农业保险增速持续居全国前列，2017年中央对广西政策性农业保险补贴计划达12亿元。三是完善农险服务体系。出台《政策性糖料甘蔗种植保险定损规范》《政策性森林保险林业有害生物损失认定标准》《水稻保险查勘理赔定损规程》等，规范农险服务，并引入无人机查勘、芯片植入等信息技术，提高理赔效率。四是加大保险扶贫合作与创新力度。2017年上半年，全区扶贫农业保险为22.3万户次建档立卡贫困户提供风险保障11.5亿元；大病保险为 1.3 万人次贫困户报销医疗费用 6750 万元，报销比例提高了 10~13 个百分点；扶贫小额人身保险为 111.6 万建档立卡贫困人口提供风险保障，占全区贫困人口的比例超过 24%；扶贫小额信贷保证保险和借款人意外险帮助 3.2 万户贫困户获得扶贫小额贷款。此外，人保财险向广西提供 10 亿元普惠金融项目资金，已在河池、贺州市启动，并打造了都安县"贷牛还牛"扶贫项目；中国人寿集团定点帮扶天等县和龙州县，已投入帮扶资金达 3700 多万元。

（3）2017 年前三季度保险业平稳发展　"保障＋服务"功能持续增强（广西保监局 2017 年 11 月 13 日发布，节选）

2017 年前三季度，保险业从具体看，市场运行呈现以下特点：一是业务增长稳中趋缓，风险保障金额较快增长。二是行业坚持回归本源，产品结构进一步调整。三是资金运用配置更趋合理，投资收益稳步增长。四是保险科技广泛应用，互联网保险公司业务快速发展。五是立足国家发展战略，显著提升保险服务能力。

（4）保险知识进校园（广西保监局 2017 年 12 月 4 日发布）

2017 年 11 月 28 日，"保险，在你身边"校园公益宣讲团走进广西大学商学院，为 130 多名师生带来了一堂精彩的保险、金融安全知识宣讲课。这标志着由广西保监局、广西青少年发展基金会联合举办的"保险，在你身边"主题校园公益活动正式拉开帷幕。

活动现场，广西保监局保险消费者权益保护处处长莫利宁与在座大学生进行了亲切交流，他表示，党的十九大吹响了新时代接续奋斗的号角，广大青年朋友们正处在一个充满机遇与挑战的伟大时代，而保险作为现代社会最常用的管理风险的市场化机制和社会化安排，能够对青年朋友学习、工作、生活中的风险进行有效管理，解决青年朋友奋斗之路上的后顾之忧，为青年朋友在伟大时代建功立业保驾护航，引起了在座大学生的广泛共鸣。来自广西保监局和平安人寿广西分公司的宣讲团成员给在座师生介绍了保险、金融安全方面的基本常识、典型案例，现场回答了大学生关于保险产品选择、防范金融诈骗等方面的提问。广西大学商学院党委副书记胡小坤表示，当前，一些不法分子盯上大学生，金融诈骗案件在校园时有发生，本次活动的举行，对于引导在校大学生强化风险防范意识，树立理性消费观念，提升自我保护能力，避免和减少校园金融诈骗案件，具有积极意义。

据悉，本次"保险，在你身边"主题校园公益活动将在广西大学、广西外国语学院、南宁职业技术学院、广西希望高中 4 所学校开展。活动将持续至 12 月下旬，其间将举办多场保险、金融安全知识校园宣讲会以及读书日、知识测试等形式多样的保险、金融安全知识宣传教育活动，预计将有近万名学生参加。

（5）广西全面提升防灾防损建设　夯实"保险业姓保"（广西保监局 2017 年 12 月 5 日发布）

2017 年以来，广西多措并举加强行业防灾防损建设，进一步强化保险保障属性，提升行业风险管理水平和风险防范能力，夯实"保险业姓保"。一是搭建合作平台，实现与职能部门的资源整合、优势互补。推动行业与自治区气象部门联合建立广西保险气象防灾减灾研究中心，借助气象部门在天气预警、灾害分析等领域的专业优势，增强行业应对重大气象灾害的能力。加强与林业部门沟通协作，促进行业与其达成防灾防损相关合作协议，发挥林业部门防灾防损优势，减少全区森林保险灾害损失。二是建立专家库，为防灾防损工作提供技术指导。分别从林业、气象领域选聘专家学者，成立保险气象专家库、森林保险专家库，为行业开展防灾防损工作提供专业化智力支持。三是开展培训教育，增强防灾防损意识和专业技能。将防灾防损培训融入全区高管培训班课程中，增强高管防灾减灾意识，树立科学的保险经营理念。联合自治区总工会、人社厅举办 2017 年财产保险业职业技能竞赛，提升从业人员防灾防损专业技能，营造行业良好的学习氛围。

二、2017 年广西保险行业在全国的竞争力评价分析

（一）竞争力评价分析方法介绍

1. 研究方法的选取

一个地区保险行业的竞争力，可以从两个方面进行衡量，一是现有的保险业务发展水平，二是该地区保险业发展的资源即保险业未来发展的潜力。因此，需要构建"保险业务发展水平"与"保险业发展资源及潜力"两个一级指标来反映地区保险业竞争力的不同方面，然后在每一个一级指标下面构建若干个二级指标，进行综合分析以得到保险公司综合竞争力的评价。由于人身保险业与财产保险业的经营模式、发展思路、监管要求等方面都有所区别，因此区分人身保险业与财产保险业分别进行评价分析。

因此，本研究涉及多个变量（指标），而在一般的研究情况下，多个变量之间常常有一定的相关关系，会影响研究结果的准确性。主成分分析法就能解决上述问题，主成分分析法可将大量彼此可能存在相关关系的变量转换成较少的彼此不相关的综合因子（主成分）进行分析，并且在新的综合变量基础上加以综合评价。因此，主成分分析法是本研究最恰当的分析工具。

主成分的概念最早是由 Karl Parson 在 1901 年引进的，但当时只针对非随机变量进行讨论。1933 年 Hotelling 将这个概念推广到随机变量。特别是近年来，随着计算机软件的应用，主成分分析的应用也越来越广泛。在经济统计研究中，除了经济效益的综合评价研究外，对不同地区经济发展水平的评价研究，不同地区经济发展竞争力的评价研究，人民生活水平、生活质量的评价研究等都可以用主成分分析方法进行研究。另外，主成分分析除了用于系统评估研究领域外，还可以与回归分析结合，进行主成分回归分析，以及利用主成分分析进行挑选变量，选择变量子集合的研究。

2. 主成分分析的原理及模型

（1）主成分分析的基本思想

主成分分析是采取一种数学降维的方法，找出几个综合变量来代替原来众多的变量，

使这些综合变量能尽可能地代表原来变量的信息量，而且彼此之间互不相关。这种将把多个变量化为少数几个互相无关的综合变量的统计分析方法就叫作主成分分析或主分量分析。

主成分分析所要做的就是设法将原来众多具有一定相关性的变量，重新组合为一组新的相互无关的综合变量来代替原来变量。通常，数学上的处理方法就是将原来的变量做线性组合，作为新的综合变量，但是这种组合如果不加以限制，则可以有很多，具体应按如下方式选择。如果将选取的第一个线性组合即第一个综合变量记为 F_1，自然希望它尽可能多地反映原来变量的信息，这里"信息"用方差来测量，即希望 Var（F_1）越大，表示 F_1 包含的信息越多。因此，在所有的线性组合中所选取的 F_1 应该是方差最大的，故称 F_1 为第一主成分。如果第一主成分不足以代表原来 p 个变量的信息，再考虑选取 F_2 即第二个线性组合，为了有效地反映原来的信息，F_1 已有的信息就不需要再出现在 F_2 中，用数学语言表达就是要求 Cov（F_1，F_2）$=0$，称 F_2 为第二主成分，依次类推可以构造出第三个、第四个……第 p 个主成分。

（2）主成分分析的数学模型

对于一个样本资料，观测 p 个变量 x_1，x_2，$\cdots$，x_p，n 个样品的数据资料阵为：

$$X = \begin{pmatrix} x_{11} & x_{12} & \cdots & x_{1p} \\ x_{21} & x_{22} & \cdots & x_{2p} \\ \vdots & \vdots & \vdots & \vdots \\ x_{n1} & x_{n2} & \cdots & x_{np} \end{pmatrix} = (x_1,\ x_2,\ \cdots,\ x_p)$$

其中，
$$x_j = \begin{pmatrix} x_{1j} \\ x_{2j} \\ \cdots \\ x_{nj} \end{pmatrix} \quad j = 1,\ 2,\ \cdots,\ p。$$

主成分分析就是将 p 个观测变量综合成为 p 个新的变量（综合变量），即

$$\begin{cases} F_1 = a_{11}x_1 + a_{12}x_2 + \cdots + a_{1p}x_p \\ F_2 = a_{21}x_1 + a_{22}x_2 + \cdots + a_{2p}x_p \\ \qquad\qquad \cdots \\ F_p = a_{p1}x_1 + a_{p2}x_2 + \cdots + a_{pp}x_p \end{cases}$$

简写为：

$$F_j = \alpha_{j1}x_1 + \alpha_{j2}x_2 + \cdots + \alpha_{jp}x_p \quad j = 1,\ 2,\ \cdots,\ p$$

要求模型满足三个条件：第一，F_i、F_j 互不相关（$i \neq j$，I，$j = 1$，2，$\cdots$，p）；第二，F_1 的方差大于 F_2 的方差，F_2 的方差大于 F_3 的方差，依次类推；第三，$a_{k1}^2 + a_{k2}^2 + \cdots + a_{kp}^2 = 1$，其中，$k = 1$，$2$，$\cdots$，$p$。于是，称 F_1 为第一主成分，F_2 为第二主成分，依次类推，有第 p 个主成分。主成分又叫主分量。这里 a_{ij} 我们称为主成分系数。

上述模型可用矩阵表示为 $F = AX$，其中，

$$F = \begin{pmatrix} F_1 \\ F_2 \\ \vdots \\ F_P \end{pmatrix}, \quad X = \begin{pmatrix} x_1 \\ x_2 \\ \vdots \\ x_P \end{pmatrix}, \quad A = \begin{pmatrix} a_{11} & a_{12} & \cdots & a_{1p} \\ a_{21} & a_{22} & \cdots & a_{2p} \\ \vdots & \vdots & \vdots & \vdots \\ a_{p1} & a_{p2} & \cdots & a_{pp} \end{pmatrix} = \begin{pmatrix} a_1 \\ a_2 \\ \vdots \\ a_P \end{pmatrix}$$

A 称为主成分系数矩阵。

3. 主成分分析的基本步骤

设有 p 项指标的 n 个样本构成矩阵 X。

样本观测数据矩阵为：

$$X = \begin{pmatrix} x_{11} & x_{12} & \cdots & x_{1p} \\ x_{21} & x_{22} & \cdots & x_{2p} \\ \vdots & \vdots & \vdots & \vdots \\ x_{n1} & x_{n2} & \cdots & x_{np} \end{pmatrix}$$

第一步：对各指标的原始数据进行标准化处理，变换成为 Z – score 分数。

$$Z_{ij} = \frac{X_{ij} - \overline{X_j}}{S_j} \quad i = 1, 2, \cdots, n; \ j = 1, 2, \cdots, p$$

其中，$\overline{X_j} = \frac{1}{n} \sum_{i=1}^{n} X_{ij}$ 为第 j 个变量的均值，$S_j^2 = \frac{1}{n-1} \sum_{i=1}^{n} (X_{ij} - \overline{X_j})^2$ 为第 j 个变量的样本方差。对于逆向指标的数据，还要先采用 $x'_{ij} = -x_{ij}$（叶宗裕，2003）方法转化为正向指标后，才进行上述的标准化处理。

通过标准化处理为 Z – score 分数以后，首先，处理后的全部指标数据均为正向，且数据越大越好；其次，指标数据中有些是比率指标，有些是数值指标，对全部数据精细归一化处理后全部指标数据都在 0 至 1 间取值，避免了指标单位对评价结果的影响，即达到了无量纲化的处理要求。

第二步：计算样本相关系数矩阵 R。

$$R = \begin{pmatrix} r_{11} & r_{12} & \cdots & r_{1p} \\ r_{21} & r_{22} & \cdots & r_{2p} \\ \vdots & \vdots & \vdots & \vdots \\ r_{n1} & r_{n2} & \cdots & r_{pp} \end{pmatrix}$$

经标准化处理后的数据的相关系数为：

$$r_{ij} = \frac{1}{n-1} \sum_{k=1}^{n} Z_{ki} Z_{kj} \quad i, j = 1, 2, \cdots, p$$

第三步：求矩阵 R 的特征值和特征向量。

求矩阵 R 的特征值 $\lambda_i \geq \lambda_2 \geq \lambda_p$ 和特征向量 $U = (u_{ij})_{1p \times p}$ 要运用雅克比方法。特征值 λ_i 是特征方程 $|R - \lambda E| = 0$ 的根，它的大小反映了各个主成分在描述所评价对象上所起的作用的大小，λ_i 对应的特征向量 U_{*j} 由方程 $|R - \lambda_i E| U_{*j} = 0$ 给出。

第 i 个主成分可以表示为 $F_i = \sum_{j=1}^{n} U_{ki} Z_{*j}$ $i = 1, 2, \cdots, p$。

第四步：选取主成分数目的判定准则。

主成分分析可以得到 p 个主成分，但是，由于各个主成分的方差是递减的，包含的信息量也是递减的，所以实际分析时，一般不是选取 p 个主成分，而是根据各个主成分累计贡献率的大小选取前 k 个主成分，这里贡献率就是指某个主成分的方差占全部方差的比重，实际也就是某个特征值占全部特征值合计的比重。

所以，第 i 个主成分的方差贡献率表示该主成分能解释的原始变量的信息量，其贡献率为 $a_i = \lambda_i / \sum_{i=1}^{p} \lambda_i$。

对于一般的主成分分析，累计的方差贡献率 q 应当是越大越好，最好 $q \geq 85\%$，若研究的条件无法保证 q 大于 85%，至少也应当超过 50%、接近 60%。

对于约定的累计方差贡献率 q_0，如果有关系 $\sum_{i=1}^{k-1} \lambda_i / \sum_{i=1}^{p} \lambda_i < q_0 < \sum_{i=1}^{k} \lambda_i / \sum_{i=1}^{p} \lambda_i$ 成立，则取前 k 个主成分进行分析评价。

第五步：计算主成分得分并进行分析。

根据标准化的原始数据，利用所得到的前 k 个主成分 F_i 作为变量，相应的方差贡献率 λ_i 作为权重，就可得到各主成分加权平均后的得分 $G = \sum_{i=1}^{k} \lambda_i F_i / \sum_{i=1}^{k} \lambda_i$。

基于所得出的数据，就可以进行进一步的统计分析，其中常见的应用有主成分回归、变量子集合的选择、综合评价等。

（二）2017 年广西财产保险业在全国的竞争力评价分析

1. 指标的选取及数据的处理

（1）指标的选取

业务水平是一个地区保险业发展水平的直接体现，反映了一个地区保险业的经营管理能力、盈利能力和地区财产受到保险保障的程度。该部分选取的指标为：2017 年财产保险保费收入、2017 年财产保险保费收入较上一年的增长率、2017 年财产保险赔付支出、2017 年财产保险深度、2017 年财产保险密度。这些指标是各类保险学术分析中的经典选取指标，也是中国保险监管机构多年来衡量地方保险业发展的官方统计口径。数据均来源于公开数据，公开数据这一途径能保证数据统计过程中的科学性，也保证了权威性。

各个指标中，指标"2017 年财产保险保费收入"是在各地保监局网站中的保险业经营数据统计中直接获取；指标"2017 年财产保险保费收入较上一年的增长率"则要通过与 2016 年的财产保险保费收入（2016 年的财产保险保费收入同样是在各地保监局网站中的保险业经营数据统计中直接获取）进行计算，公式为：（2017 年财产保险保费收入 – 2016 年财产保险保费收入）/2016 年财产保险保费收入，并进行百分比换算；指标

"2017年财产保险赔付支出"同样是在各地保监局网站中的保险业经营数据统计中直接获取。这里需要注意的是，该指标是逆向指标，即指标的绝对数越小才是越积极的，进行主成分分析之前要先采取 $x'_{ij} = -x_{ij}$（叶宗裕，2003）的方法转化为正向指标；指标"2017年财产保险深度"受限于公开数据发布时间，并非直接获取，需要通过计算，公式为：2017年财产保险保费收入/2017年地区生产总值，其中地区生产总值的数据来自各地国民经济和社会发展统计公报；指标"2017年财产保险密度"的情况类似，计算公式为：2017年财产保险保费收入/2017年地区常住人口，其中地区常住人口的数据也来自各地国民经济和社会发展统计公报。

（2）数据的处理

分析的原始数据如表3-5所示。

表3-5　　　　　　　　　　　　　　分析的原始数据

指标名称	2017年财产保险保费收入	2017年财产保险赔付支出	2016年财产保险保费收入	2017年地区生产总值	2017年地区常住人口
单位 地区	万元	万元	万元	亿元	万人
广东	11053404.20	5490712.36	9455241.26	89879.23	11169.00
江苏	8139964.05	4556108.86	7334341.31	85900.90	8029.30
山东	6941501.63	3539592.05	6262902.86	72678.18	10005.83
浙江	7607568.25	4307691.54	6965633.71	51768.00	5657.00
河南	4435928.00	2175642.24	3729535.13	44988.16	9559.13
四川	4963607.91	2411127.03	4572146.42	36980.20	8302.00
湖北	3085312.03	1532956.08	2632176.72	36522.95	5902.00
河北	4873578.49	2253886.81	4421311.98	36000.00	7519.52
湖南	3141882.24	1651511.29	2730477.74	34590.56	6860.20
福建	3013731.25	1615508.79	2743005.42	32298.28	3911.00
上海	4286147.84	2338136.42	3711507.47	30133.86	2418.33
北京	4043848.82	2124912.89	3692494.00	28000.40	2170.70
安徽	3662783.11	1870253.68	3127928.63	27518.70	6254.80
辽宁	3169528.84	1759039.78	2948228.40	23942.00	4368.90
陕西	2142108.60	1076561.00	1913831.46	21898.81	3835.44
内蒙古	1798300.02	1132637.13	1627330.42	18853.22	2528.60
江西	2137420.67	1068961.05	1836465.46	20818.50	4622.10
广西	1959803.92	849775.36	1657133.65	20396.25	4885.00
天津	1415727.27	740984.36	1275594.45	18595.38	1556.87
重庆	1838714.11	964629.87	1652267.29	19500.27	3075.16
黑龙江	1695381.00	927951.41	1488955.65	16199.90	3788.70

续表

指标名称	2017 年财产保险保费收入	2017 年财产保险赔付支出	2016 年财产保险保费收入	2017 年地区生产总值	2017 年地区常住人口
单位 地区	万元	万元	万元	亿元	万人
吉林	1553319.24	821775.22	1332287.09	15288.94	2717.43
云南	2551422.94	1150591.52	2244271.70	16531.34	4800.50
山西	1941002.11	967284.31	1741486.50	14973.50	3702.35
贵州	1792599.58	913763.09	1531474.03	13540.83	3580.00
新疆	1699050.21	890911.01	1533806.24	10920.00	2444.67
甘肃	1123145.30	549105.62	1006149.84	7677.00	2625.71
海南	571380.26	271058.26	475994.96	4462.54	925.76
宁夏	560374.92	269609.74	460887.09	3453.93	681.79
青海	333363.10	165019.99	296418.05	2642.80	598.38
西藏	168540.80	86763.11	139034.20	1310.60	377.00

资料来源:各地银保监局、保险业经营统计、中国统计年鉴。

对所需分析的指标依据原始数据计算,最终进行主成分分析的处理后数据如表 3-6 所示。

表 3-6 进行主成分分析的处理后数据

指标名称	2017 年财产保险保费收入	2017 年财险保费收入较上一年的增长率	2017 年财产保险赔付支出	2016 年财产保险深度	2016 年财产保险密度
单位	万元	万元	万元	%	元/人
指标方向 地区	正向	正向	逆向	正向	正向
北京	4043848.82	9.52	2124912.89	1.44	1862.92
天津	1415727.27	10.99	740984.36	0.76	909.34
河北	4873578.49	10.23	2253886.81	1.35	648.12
辽宁	3169528.84	7.51	1759039.78	1.32	725.48
上海	4286147.84	15.48	2338136.42	1.42	1772.36
江苏	8139964.05	10.98	4556108.86	0.95	1013.78
浙江	7607568.25	9.22	4307691.54	1.47	1344.81
福建	3013731.25	9.87	1615508.79	0.93	770.58
山东	6941501.63	10.84	3539592.05	0.96	693.75
广东	11053404.20	16.90	5490712.36	1.23	989.65
海南	571380.26	20.04	271058.26	1.28	617.20
山西	1941002.11	11.46	967284.31	1.30	524.26

指标名称	2017 年财产保险保费收入	2017 年财险保费收入较上一年的增长率	2017 年财产保险赔付支出	2016 年财产保险深度	2016 年财产保险密度
单位	万元	万元	万元	%	元/人
指标方向 地区	正向	正向	逆向	正向	正向
吉林	1553319.24	16.59	821775.22	1.02	571.61
黑龙江	1695381.00	13.86	927951.41	1.05	447.48
安徽	3662783.11	17.10	1870253.68	1.33	585.60
江西	2137420.67	16.39	1068961.05	1.03	462.43
河南	4435928.00	18.94	2175642.24	0.99	464.05
湖北	3085312.03	17.22	1532956.08	0.84	522.76
湖南	3141882.24	15.07	1651511.29	0.91	457.99
重庆	1838714.11	11.28	964629.87	0.94	597.92
四川	4963607.91	8.56	2411127.03	1.34	597.88
贵州	1792599.58	17.05	913763.09	1.32	500.73
云南	2551422.94	13.69	1150591.52	1.54	531.49
西藏	168540.80	21.22	86763.11	1.29	447.06
陕西	2142108.60	11.93	1076561.00	0.98	558.50
甘肃	1123145.30	11.63	549105.62	1.46	427.75
青海	333363.10	12.46	165019.99	1.26	557.11
宁夏	560374.92	21.59	269609.74	1.62	821.92
新疆	1699050.21	10.77	890911.01	1.56	695.00
内蒙古	1798300.02	10.51	1132637.13	0.95	711.18
广西	1959803.92	18.26	849775.36	0.96	401.19

资料来源：作者计算整理。

2. 分析的检验

利用主成分分析法，共选取了 2 个主成分，其累计解释率达到了 72.320%（见图 3 - 31）。

对所做的主成分分析，进行 KMO 检验与 Bartlett 球形检验。KMO 检验值为 0.699，已超过 0.6。Bartlett 球形检验的近似卡方统计量值为 144.741，df 值为 10，Sig 值在 0.000 以下，说明小于显著水平 0.05，可拒绝原假设，故适合进行因子分析。

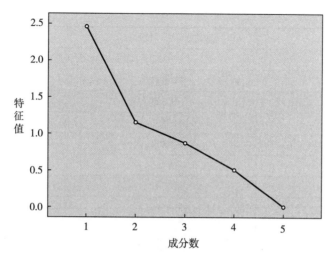

资料来源：作者计算整理。

图 3 – 31　主成分分析碎石图

3. 分析的结果

各地区财产保险业务水平的主成分分析评价得分及排名如表 3 – 7 所示，2017 年广西的得分为 – 0.623，得分为负数说明没有达到全国的平均水平，在全国各地中的排名为第 27 位。

表 3 – 7　　　　　　　　2017 年全国各地财产保险业主成分分析评分排名

地区	主成分分析评价得分	排名
浙江	1.710	1
广东	1.704	2
北京	1.293	3
江苏	1.252	4
上海	1.094	5
山东	0.665	6
四川	0.446	7
河北	0.413	8
辽宁	0.228	9
上海	0.128	10
新疆	0.092	11
山西	0.086	12
安徽	– 0.041	13
云南	– 0.121	14
内蒙古	– 0.269	15
河南	– 0.290	16

地区	主成分分析评价得分	排名
陕西	− 0.302	17
天津	− 0.334	18
重庆	− 0.360	19
宁夏	− 0.361	20
湖南	− 0.458	21
甘肃	− 0.486	22
黑龙江	− 0.505	23
湖北	− 0.516	24
吉林	− 0.583	25
贵州	− 0.607	26
广西	− 0.623	27
江西	− 0.644	28
海南	− 0.701	29
青海	− 0.730	30
西藏	− 1.178	31

资料来源：作者计算整理。

将各主成分分析评价得分利用条形柱状图例示如下，通过图 3 - 32 可直观地看出各地财产保险业务水平的差距。

（三）2017 年广西人身保险业在全国的竞争力评价分析

1. 指标的选取及数据的处理

（1）指标的选取

选取的指标为：2017 年人身保险保费收入、2017 年人身险保费收入较上一年的增长率、2017 年人身保险赔付支出、2017 年人身保险深度、2017 年人身保险密度。

各个指标中，指标"2017 年人身保险保费收入"是在中国保监会的保险业经营数据统计中直接获取；指标"2017 年人身保险保费收入较上一年的增长率"则要通过与 2016 年的人身保险保费收入（2016 年的人身保险保费收入同样是在各地保监局网站中的保险业经营数据统计中直接获取）进行计算，公式为：（2017 年人身保险保费收入 − 2016 年人身保险保费收入）/2016 年人身保险保费收入，并进行百分比换算；指标"2017 年人身保险赔付支出"同样是在各地保监局网站中的保险业经营数据统计中直接获取。这里需要注意的是，该指标是逆向指标，即指标的绝对数越小才是越积极的，进行主成分分析之前要先采取 $x'_{ij} = - x_{ij}$（叶宗裕，2003）的方法转化为正向指标；指标"2017 年人身保险深度"受限于公开数据发布时间，并非直接获取，需要通过计算，公式为：2017 年人身保险保费收入/2017 年地区生产总值，其中地区生产总值的数据来自各地国民经济和社会发展统计公报；指标"2017 年人身保险密度"的情况类似，计算公式为：2017年人身保险保费收入/2017 年地区常住人口，其中地区常住人口的数据也来自各地国民经济和社会发展统计公报。

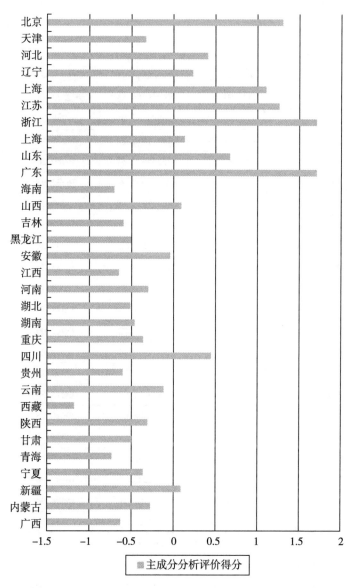

资料来源：作者计算整理。

图 3 – 32　2017 年全国各地财产保险业主成分分析评分排名

（2）数据的处理

分析的原始数据如表 3 – 8 所示。

表 3 – 8 分析的原始数据

指标名称 地区 \ 单位	2017 年人身保险保费收入 万元	2017 年人身保险赔付支出 万元	2016 年人身保险保费收入 万元	2017 年地区生产总值 亿元	2017 年地区常住人口 万人
广东	31992582.00	5933073.48	28749833.40	89879.23	11169.00
江苏	26355175.32	5280081.23	19568134.85	85900.90	8029.30
山东	20436429.39	4773058.78	16758985.53	72678.18	10005.83
浙江	13865510.96	2226063.34	10883164.06	51768.00	5657.00
河南	15764747.50	4081126.99	11821935.37	44988.16	9559.13
四川	14430329.26	3422064.69	12548627.68	36980.20	8302.00
湖北	10382381.67	2531771.09	7885487.34	36522.95	5902.00
河北	12270901.61	3221282.00	10531357.88	36000.00	7519.52
湖南	7959955.48	2115005.99	6134136.49	34590.56	6860.20
福建	7307017.46	1641086.38	6432907.68	32298.28	3911.00
上海	11584852.62	3151140.17	11581073.57	30133.86	2418.33
北京	15687683.92	3652512.77	14697067.55	28000.40	2170.70
安徽	7408817.57	2106572.43	5633038.23	27518.70	6254.80
辽宁	9584757.46	1993898.53	8208567.12	23942.00	4368.90
陕西	6544816.72	1523513.00	5233531.88	21898.81	3835.44
内蒙古	3900822.03	732183.39	3241413.70	18853.22	2528.60
江西	5138220.08	1098878.92	4250624.64	20818.50	4622.10
广西	3691184.31	968524.62	3034604.63	20396.25	4885.00
天津	4234417.09	812257.48	4019274.89	18595.38	1556.87
重庆	5608820.74	1603699.65	4363785.22	19500.27	3075.16
黑龙江	7618730.68	1477232.90	5366283.37	16199.90	3788.70
吉林	4863006.50	929210.19	4238902.41	15288.94	2717.43
云南	3581410.09	1029927.68	3049402.50	16531.34	4800.50
山西	6298221.44	1644097.12	5263993.97	14973.50	3702.35
贵州	2084688.61	624308.46	1681356.21	13540.83	3580.00
新疆	3538655.74	843024.89	2865177.94	10920.00	2444.67
甘肃	2540634.12	642717.88	2070414.97	7677.00	2625.71
海南	1076905.57	219757.20	856075.35	4462.54	925.76
宁夏	1091744.24	225948.53	878065.80	3453.93	681.79
青海	468431.68	127507.97	390864.29	2642.80	598.38
西藏	111596.18	36460.45	83454.42	1310.60	377.00

资料来源：各地银保监局保险业经营统计、中国统计年鉴。

对所需分析的指标依据原始数据计算，最终进行主成分分析的处理后数据如表3-9所示。

表3-9 进行主成分分析的处理后数据

指标名称	2017年人身保险保费收入	2017年人身险保费收入较上一年的增长率	2017年人身保险赔付支出	2017年人身保险深度	2017年人身保险密度
单位	万元	万元	万元	%	元/人
指标方向／地区	正向	正向	逆向	正向	正向
广东	31992582.00	11.28	5933073.48	3.56	2864.41
江苏	26355175.32	34.68	5280081.23	3.07	3282.38
山东	20436429.39	21.94	4773058.78	2.81	2042.45
浙江	13865510.96	27.40	2226063.34	2.68	2451.04
河南	15764747.50	33.35	4081126.99	3.50	1649.18
四川	14430329.26	15.00	3422064.69	3.90	1738.18
湖北	10382381.67	31.66	2531771.09	2.84	1759.13
河北	12270901.61	16.52	3221282.00	3.41	1631.87
湖南	7959955.48	29.76	2115005.99	2.30	1160.31
福建	7307017.46	13.59	1641086.38	2.26	1868.32
上海	11584852.62	0.03	3151140.17	3.84	4790.43
北京	15687683.92	6.74	3652512.77	5.60	7227.02
安徽	7408817.57	31.52	2106572.43	2.69	1184.50
辽宁	9584757.46	16.77	1993898.53	4.00	2193.86
陕西	6544816.72	25.06	1523513.00	2.99	1706.41
内蒙古	3900822.03	20.34	732183.39	2.07	1542.68
江西	5138220.08	20.88	1098878.92	2.47	1111.66
广西	3691184.31	21.64	968524.62	1.81	755.62
天津	4234417.09	5.35	812257.48	2.28	2719.83
重庆	5608820.74	28.53	1603699.65	2.88	1823.91
黑龙江	7618730.68	41.97	1477232.90	4.70	2010.91
吉林	4863006.50	14.72	929210.19	3.18	1789.56
云南	3581410.09	17.45	1029927.68	2.17	746.05
山西	6298221.44	19.65	1644097.12	4.21	1701.14
贵州	2084688.61	23.99	624308.46	1.54	582.32
新疆	3538655.74	23.51	843024.89	3.24	1447.50
甘肃	2540634.12	22.71	642717.88	3.31	967.60
海南	1076905.57	25.80	219757.20	2.41	1163.27
宁夏	1091744.24	24.34	225948.53	3.16	1601.29
青海	468431.68	19.85	127507.97	1.77	782.83
西藏	111596.18	33.72	36460.45	0.85	296.01

资料来源：作者计算整理。

2. 分析的检验

利用主成分分析法，共选取了 2 个主成分，其累计解释率达到了 81.730%（见图3 – 33）。

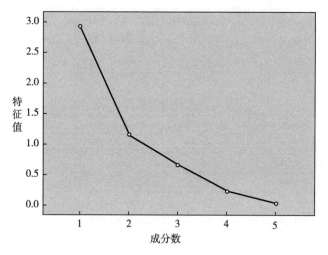

资料来源：作者计算整理。

图 3 – 33　主成分分析碎石图

对所做的主成分分析，进行 KMO 检验与 Bartlett 球形检验。KMO 检验值为 0.620，已超过 60% 的基本水平。Bartlett 球形检验的近似卡方统计量值为 120.767，df 值为 10，Sig 值在 0.000 以下，说明小于显著水平 0.05，可拒绝原假设，故适合进行因子分析。

3. 分析的结果

各地区人身保险业务水平的主成分分析评价得分及排名如表 3 – 10 所示，2017 年广西的得分为 – 0.666，得分为负数说明没有达到全国的平均水平，在全国各地中的排名为第 27 位。

表 3 – 10　　　　　　2017 年全国各地人身保险业主成分分析评分排名

地区	主成分分析评价得分	排名
北京	1.987	1
广东	1.557	2
上海	1.155	3
江苏	1.001	4
山东	0.682	5
四川	0.594	6
河南	0.395	7
河北	0.378	8

地区	主成分分析评价得分	排名
辽宁	0.349	9
浙江	0.145	10
山西	0.140	11
黑龙江	0.022	12
湖北	−0.042	13
天津	−0.057	14
上海	−0.112	15
吉林	−0.117	16
陕西	−0.174	17
重庆	−0.234	18
安徽	−0.299	19
新疆	−0.318	20
湖南	−0.341	21
江西	−0.414	22
甘肃	−0.425	23
宁夏	−0.465	24
内蒙古	−0.496	25
云南	−0.540	26
广西	−0.666	27
海南	−0.702	28
青海	−0.843	29
贵州	−0.864	30
西藏	−1.297	31

资料来源：作者计算整理。

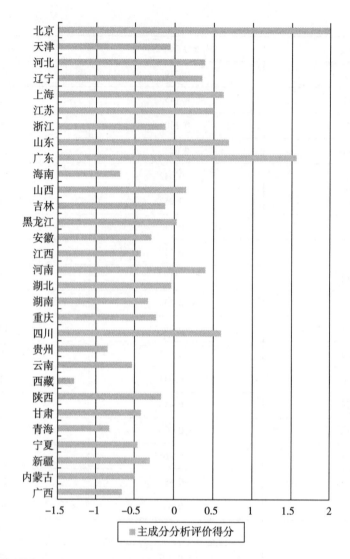

资料来源：作者计算整理。

图 3-34 2017 年全国各地人身保险业主成分分析评分排名

三、2018 年上半年广西保险市场发展概况

（一）2018 年上半年广西财产险市场发展概况

1. 保费收入

（1）上半年整体保费收入

2018 年上半年，广西财产险市场发展势头良好，1 月至 6 月，财产险原保费收入为
1117996.63 万元，在全国 31 个省市（去除集团、总公司本级，并将计划单列市归入各省

中）中位列第20位，排名比2017年下降了2位。同比2017年1~6月的961039.69万元增长了16.33%，而2018年上半年全国财产险保费收入的增速为12.15%，因此广西财产险保费收入增速高于全国平均水平4.18个百分点。依据广西统计局的国民经济核算快报数，2018年上半年广西财产险深度为1.18%，比2017年全年的保险深度增加了0.30个百分点，增速是较快的。因广西上半年常住人口数无统计快报，2018年上半年的保险密度无法计算。从已有的情况来看，2018年上半年广西财产险市场发展势头良好。

（2）月度保费收入

1）业务量及环比增长情况

月度保费方面，保费并非每月都能增长。2月和4月环比下降，其中2月下降是各公司年度"开门红"后的自然下降（见图3-35）。

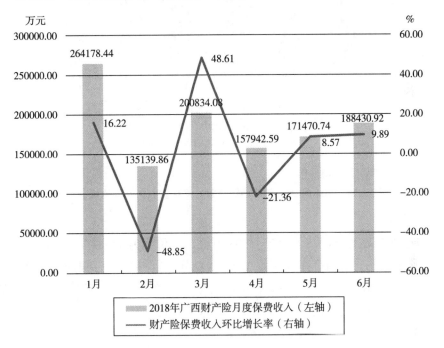

资料来源：根据广西保监局官网数据分析。

图3-35 2018年上半年广西财产险月度保费收入及环比增长情况

2）业务量及同比增长情况

与上年同期相比，2018年上半年各月均实现同比稳步的正增长（见图3-36）。

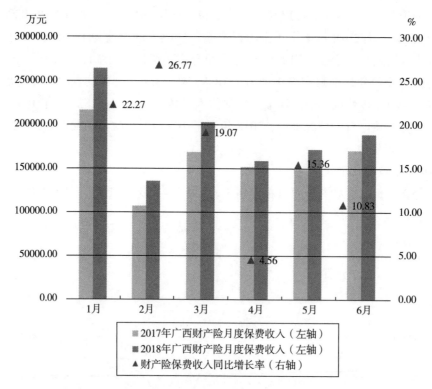

资料来源：根据广西保监局官网数据分析。

图 3 – 36　2018 年上半年广西财产险月度保费收入及同比增长情况

2. 赔付支出

2018 年上半年赔付支出总计 467573.95 万元，赔付率为 41.82%，与 2017 年全年的赔付率 43.36% 相比有小幅小降（下降 1.54 个百分点），但考虑到财产险的赔付支出多在年底的月份完成结算与支付，因此目前赔付率的下降不足以说明财产险质量的改善。另外，2018 年上半年的各月度赔付支出情况也较为稳定。

3. 竞争格局

（1）市场主体数量

2018 年上半年，广西非寿险市场保险主体共有 30 家，其中，中资财险主体 29 家，外资财险主体 1 家，较 2017 年没有增加新的经营主体。其中，中资财险主体中有 7 家互联网保险公司在广西开展业务，以虚拟公司口径计入广西财产险市场业务统计，这些公司分别是众安财产、中铁自保、阳光信用、泰康在线、易安财产、安心财产、众惠相互。目前，广西只有一家全国性法人保险机构，为北部湾财产保险股份有限公司。从资本结构来看，中资财险主体数量远远占优（见图 3 – 37）。

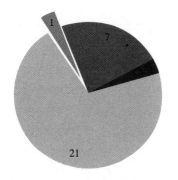

资料来源：根据广西保监局官网数据分析。

图3－37　2018年上半年广西财产险市场保险主体数量情况（单位：家）

图例：
■ 中资财产险公司——省级分公司
■ 中资财产险公司——全国法人机构
■ 中资财产险公司——专业互联网保险公司
■ 外资财产险公司——省级分公司

（2）市场占有率

各非寿险市场保险主体2018年上半年的保费收入市场占有率情况如表3－11所示。

表3－11　　2018年上半年广西各非寿险主体的保费收入市场占有率情况

保费收入排名	公司名称	资本结构	保费收入（万元）	市场占有率（％）
1	人保股份广西分公司	中资	428131.09	33.955
2	平安财险广西分公司	中资	230185.12	18.256
3	太保财险广西分公司	中资	190376.38	15.099
4	北部湾财险广西分公司	中资	102714.80	8.146
5	华安财险广西分公司	中资	66024.43	5.236
6	大地财险广西分公司	中资	42071.13	3.337
7	阳光财险广西分公司	中资	41198.85	3.267
8	国寿财险广西分公司	中资	35373.85	2.805
9	鼎和财产广西分公司	中资	32749.82	2.597
10	太平保险广西分公司	中资	20587.11	1.633
11	天安财险广西分公司	中资	13901.07	1.102
12	中华联合广西分公司	中资	10306.24	0.817
13	安盛天平桂分	外资	7109.54	0.564
14	华泰财险广西分公司	中资	6782.10	0.538
15	都邦财险广西分公司	中资	5507.25	0.437
16	众安财险桂分（虚拟）	中资	5278.76	0.419
17	泰康在线桂分（虚拟）	中资	3870.58	0.307
18	出口信用南宁营业管理部	中资	3831.31	0.304
19	紫金财险广西分公司	中资	3488.63	0.277
20	中银保险广西分公司	中资	2673.69	0.212
21	中铁自保桂分（虚拟）	中资	2584.84	0.205
22	安邦财险广西分公司	中资	1981.18	0.157
23	永诚财险广西分公司	中资	1633.38	0.130

保费收入排名	公司名称	资本结构	保费收入（万元）	市场占有率（%）
24	永安财险广西分公司	中资	1582.10	0.125
25	渤海财险广西分公司	中资	592.29	0.047
26	华农财险广西分公司	中资	343.16	0.027
27	阳光信用桂分（虚拟）	中资	1.24	0.000
28	易安财险桂分（虚拟）	中资	0.07	0.000
29	安心财险桂分（虚拟）	中资	0.00	0.000
30	众惠相互桂分（虚拟）	中资	0.00	0.000
中资小计			1253770.47	99.43
外资小计			7109.54	0.56
合计			1260880.01	100

资料来源：根据广西保监局官网数据分析。

从资本结构来看，中资保险主体市场占比达到99.43%，外资保险主体市场占比仅为0.56%。中资保险公司在市场上的地位遥遥领先，唯一的一家外资保险公司——安盛天平桂分（网络保险公司）虽然排名在第13位，但相较于2017年全年0.97%的市场占有率，2018年上半年下降势头明显，似乎很难"守住"外资保险主体的"阵地"。第一位仍然是人保财险，市场占有率较上年稍有上升，另外，平安继续排名第二位，对太保的优势得到稳固，预计在未来5年中太保的反超机会已不大。而北部湾财险作为广西唯一的一家全国性法人保险机构，2018年上半年保费收入达102714.80万元，市场份额为8.146%，保持着第4位的位置，仅次于国内的三大保险公司，地方优势凸显。

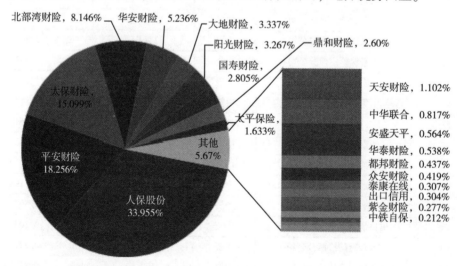

注：母饼图为市场占有率前10位的公司，子图对其余公司进行细化。

资料来源：根据广西保监局官网数据分析。

图3-38　2018年上半年广西各财产保险公司原保费收入市场占有率情况

进一步，对广西财产险市场的行业集中度相关指标进行计算。首先是 CR_n 指数，即行业集中率，表示规模最大的前几家企业的行业集中度；计算公式为 $CR_n = \dfrac{\sum (X_i)_n}{\sum (X_i)_N}$，其中，$i$ 表示第 i 家企业的产值、产量、销售额等，在本文是财产险保费收入，n 表示产业内规模最大的前几家企业数；N 表示产业内的企业总数，计算结果如表 3 - 12 所示。

表 3 - 12 　　　　　　　2018 年上半年广西财产保险业市场各集中度情况

市场集中度		具体公司
CR_1	33.95%	人保股份
CR_2	52.21%	人保股份、平安财险
CR_3	67.31%	人保股份、平安财险、太保财险
CR_4	75.46%	人保股份、平安财险、太保财险、北部湾财险
CR_5	80.69%	人保股份、平安财险、太保财险、北部湾财险、华安财险
CR_6	84.03%	人保股份、平安财险、太保财险、北部湾财险、华安财险、大地财险
CR_7	87.30%	人保股份、平安财险、太保财险、北部湾财险、华安财险、大地财险、阳光财险
CR_8	86.83%	人保股份、平安财险、太保财险、北部湾财险、华安财险、大地财险、阳光财险、国寿财险
CR_9	89.43%	人保股份、平安财险、太保财险、北部湾财险、华安财险、大地财险、阳光财险、国寿财险、鼎和财险
CR_{10}	91.06%	人保股份、平安财险、太保财险、北部湾财险、华安财险、大地财险、阳光财险、国寿财险、鼎和财险、太平财险

资料来源：作者计算分析。

广西财产保险业前三家企业人保股份、平安财险、太保财险就占了整个市场的超过 65%，而广西财产保险业 CR_{10} 为 91.06%，根据美国经济学家贝恩和日本通产省对产业集中度的划分标准，广西财产保险业是极高寡占型市场（$CR_8 \geqslant 70\%$）。依据公式 $HI = \sum_{i=1}^{n} (100 \times X_i/X)^2 = \sum_{i=1}^{n} S_i^2$，其中，$X$ 表示市场总规模，X_i 表示第 i 个企业的规模，$S_i = X_i/X$ 表示第 i 个企业的市场占有率，n 表示该产业内的企业数。经计算广西财产保险业赫希曼指数（HHI），值为 1847.06。根据以 HHI 值为基准的市场结构分类标准，广西财险业是高寡占 II 型市场（3000 > HHI > 1800），印证了 CR_n 指数的结果。

4. 区域市场

2018 年上半年广西各地区保险市场发展良好，各市保险业均实现平稳较快增长。南宁、柳州、桂林依然是保费收入贡献的头三位地区，南宁仍然处于遥遥领先的地位，是第二位柳州的 3 倍。北部湾经济区保险业迅速发展，南宁、北海、钦州、防城港四市总体保费规模达到 499382.65 万元，占全区的 44.67%。

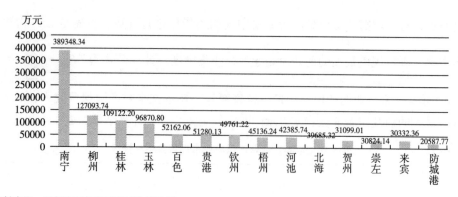

资料来源：根据广西保监局官网数据分析。

图 3－39　2018 年上半年广西各地财产险保费收入及增长情况

（二）2018 年上半年广西人身险市场发展概况

1. 保费收入

（1）上半年整体保费收入

2018 年上半年，广西实现人身险保费收入 2602709.97 万元，在全国 31 个省市（去除集团、总公司本级，并将计划单列市归入各省中）中位列第 22 位。同比 2017 年 1 ~ 6 月的 2314001.46 万元增加了 288708.51 万元，增长率达到 12.48%。从具体险种来看，人寿保险（寿险）保费收入为 2016890.64 万元，同比增长 5.64%；人身意外伤害险（意外险）保费收入为 111299.31 万元，同比增长 24.18%；健康险保费收入为 474520.02 万元，同比增长 50.54%。相较于 2018 年上半年全国人身险同比下降 7.44% 的大势，广西人身保险业的增速可以说是大大高于全国平均水平。全国人身险业务在 2018 年的发展困境在于互联网保险的兴起，网络众筹产品尽管不属于人身保险，但是其功能和人身保险相似，且价钱便宜，在一定程度上替代了人身保险产品。而广西属于互联网与文化发展落后地区，因此广西人身保险业受到的冲击较小，但长期来看，广西人身保险业必须做到很大程度的改革，才能适应未来业态的发展要求。

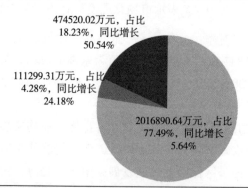

■2018 年上半年寿险保费收入　■2018 年上半年意外险保费收入　■2018 年上半年健康险保费收入

资料来源：根据广西保监局官网数据分析。

图 3－40　2018 年上半年广西人身险各险种保费收入及增长情况

依据广西统计局的国民经济核算快报数，2018年上半年广西人身险深度为2.97%，比广西2017年全年的保险深度1.81%增加了1.16个百分点。2018年上半年广西常住人口数无统计快报，2018年上半年的保险密度无法计算。从已有的情况来看，2018年上半年广西人身险市场发展势头还是较为良好的。

（2）月度保费收入

1）业务量及环比增长情况

月度保费方面，受各家公司年度"开门红"的影响，1月的业务量较2017年12月猛增了近4倍之多。整体上与往年相同，1月与3月的业务量会多于其他月份，除了1月与3月外的其余各月份保费同比增幅均较为平稳（见图3-41）。

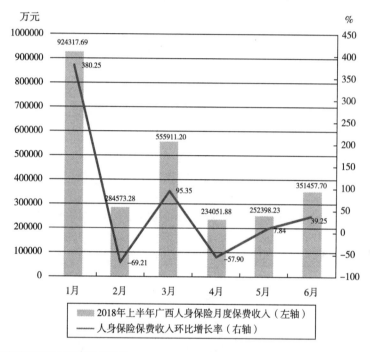

资料来源：根据广西保监局官网数据分析。

图3-41　2018年上半年广西人身险月度保费收入及环比增长情况

具体各人身险险种的月度保费收入及环比增长情况如下。

如图3-42所示，3月是全区各中小学、大中专院校的学年度第二个学期开学时间，学生购买学生意外伤害险，所以该月意外伤害险业务量会有所增长，但3月不像9月是学年度第一学期和新生入学注册学期，因此其增长量也达不到9月那样的成倍数增长。总体来看，与往年的上半年相同，意外险也呈现出1月和3月的业务量会大于其他月份的规律。

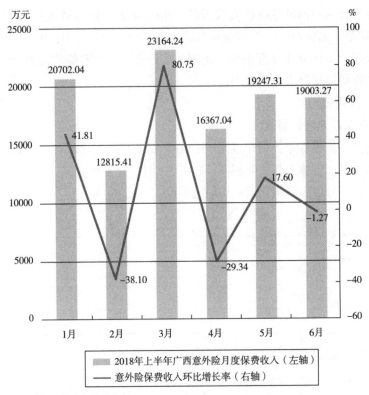

资料来源：根据广西保监局官网数据分析。

图 3 - 42　2018 年上半年广西意外险月度保费收入及环比增长情况

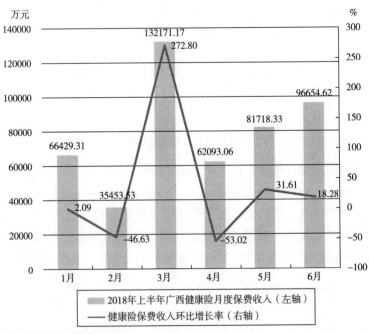

资料来源：根据广西保监局官网数据分析。

图 3 - 43　2018 年上半年广西健康险月度保费收入及环比增长情况

2018年上半年的健康险业务同样受到全区各中小学、大中专院校开学的影响，在3月业务量猛增，其他各月份业务量增长稳定。

如图3-44所示，受各家公司年度"开门红"的影响，2018年广西寿险业务在1月迎来了一次爆发性增长，比上年12月猛增近6.5倍，而后回落了70%多，其余各月份波动较平稳。

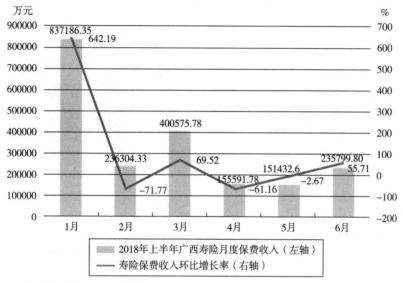

资料来源：根据广西保监局官网数据分析。

图3-44　2018年上半年广西寿险月度保费收入及环比增长情况

2）业务量同比增长情况

2018年上半年中，1月与2月和上年同期相比出现了负增长，其余月份则是较为稳定的正增长（见图3-45），原因可能在于互联网保险带来的冲击。

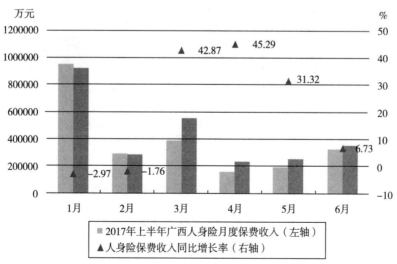

资料来源：根据广西保监局官网数据分析。

图3-45　2018年上半年广西人身险月度保费收入及同比增长情况

具体各人身险险种的月度保费收入及同比增长情况如下。

如图 3-46 和图 3-47 所示，意外险与健康险各月同比都实现了正增长，其中，5 月均是增长最快的月份。

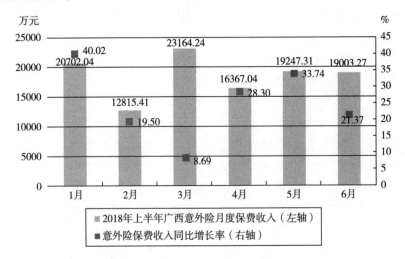

资料来源：根据广西保监局官网数据分析。

图 3-46　2018 年上半年广西意外险月度保费收入及同比增长情况

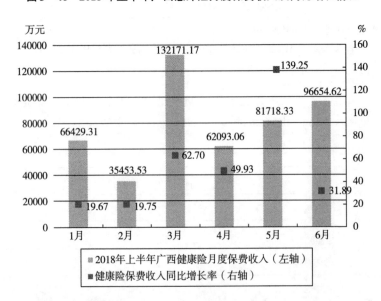

资料来源：根据广西保监局官网数据分析。

图 3-47　2018 年上半年广西健康险月度保费收入及同比增长情况

寿险是人身险的主要构成，业务量上很好地体现出人身险 1 月与 3 月"大"的规律。2018 年上半年寿险与广西人身险市场整体趋势一样，1 月与 2 月出现了同比负增长，但其余月份增长程度较为稳定。

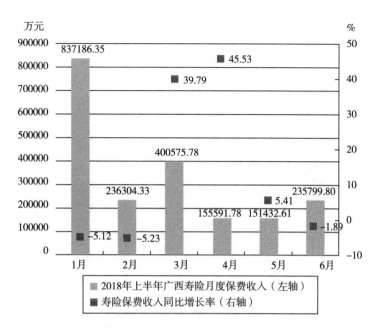

资料来源：根据广西保监局官网数据分析。

图3-48　2018年上半年广西寿险月度保费收入及同比增长情况

2. 赔付支出

（1）全年整体赔付支出

赔付支出金额方面，2018年上半年赔付支出总计618786.10万元。其中，意外险赔付金额为27674.79万元，健康险为168673.37万元，寿险为422437.94万元。赔付率方面，人身险整体赔付率为23.77%，比2017年的26.24%略为下降。从具体险种来看，意外险的赔付率为24.87%，健康险为35.55%，寿险为20.95%。

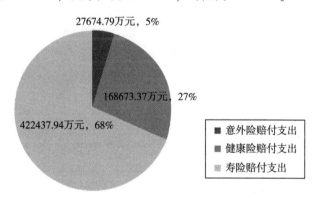

资料来源：根据广西保监局官网数据分析。

图3-49　2018年上半年广西人身险各险种赔付支出及增长情况

（2）月度赔付支出

2018年上半年各月份赔付支出如图3-50所示，各月份的赔付率较为稳定。

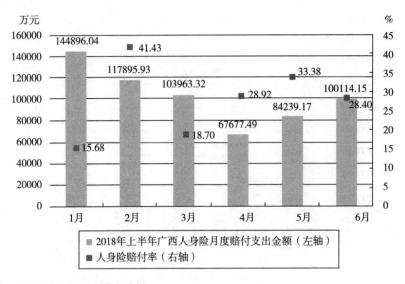

资料来源：根据广西保监局官网数据分析。

图 3 – 50　2018 年上半年广西人身险月度赔付支出额与赔付率

人身险具体各险种赔付情况如下。

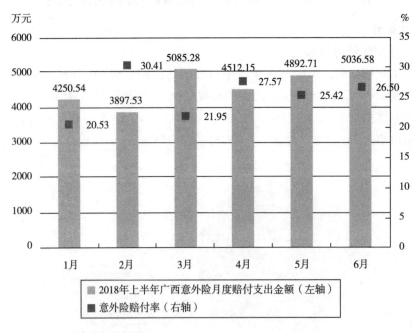

资料来源：根据广西保监局官网数据分析。

图 3 – 51　2018 年上半年广西意外险月度赔付支出额与赔付率

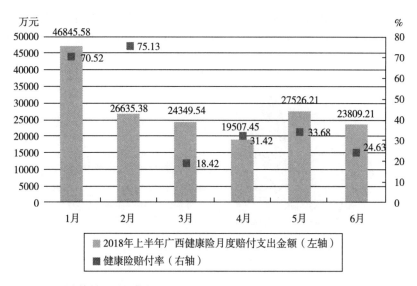

资料来源：根据广西保监局官网数据分析。

图 3－52　2018 年上半年广西健康险月度赔付支出额与赔付率

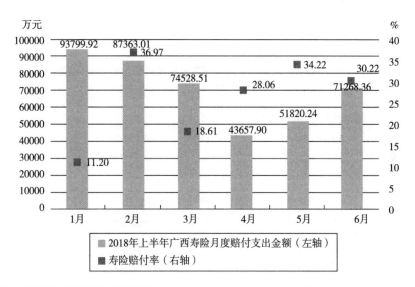

资料来源：根据广西保监局官网数据分析。

图 3－53　2018 年上半年广西寿险月度赔付支出额与赔付率

从各险种来看，均是 2 月的赔付率最高，其余月份赔付率较为稳定，总体而言，广西人身险各险种的赔付支出情况还是控制得较好的。

3. 竞争格局

（1）市场主体数量

2018 年上半年，广西人身险市场保险主体共有 18 家，其中，中资人身险主体共 16 家，外资人身险主体共 2 家，较 2017 年增加一家。值得注意的是，2018 年 6 月 7 日国富人寿获准开业，6 月 19 日国富人寿获准开业的批复在银保监会挂网。国富人寿是广西首家法人寿险公司，也是银保监会合并后广西获批的第一家金融机构。加上此前在广西成立的北部湾财险，广西已经实现了产寿险双牌照。从资本结构来看，中资人身险主体数量远远占优（见图3-54）。

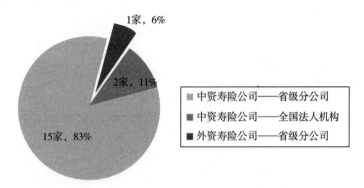

资料来源：根据广西保监局官网数据分析。

图3-54 2018年上半年广西人身保险市场保险主体数量情况

（2）市场占有率

各人身险市场保险主体2018年上半年的保费收入及市场占有率情况如表3-13所示。

表3-13　　　2018年1～6月广西各人身险公司原保险保费收入市场占有率情况

保费收入排名	公司名称	资本结构	保费收入（万元）	市场占有率（%）
1	国寿股份桂分（含续存业务）	中资	847621.73	34.46
2	平安人寿桂分	中资	341252.55	13.87
3	富德生命桂分	中资	234522.20	9.53
4	太保寿险桂分	中资	223102.45	9.07
5	人保寿险桂分	中资	218119.91	8.87
6	太平人寿桂分	中资	195650.91	7.95
7	新华人寿桂分	中资	123199.37	5.01
8	泰康人寿桂分	中资	102791.50	4.18
9	合众人寿桂分	中资	42711.92	1.74
10	中信保诚桂分	外资	37868.31	1.54
11	阳光人寿桂分	中资	27718.00	1.13
12	平安养老桂分	中资	18311.01	0.74
13	农银人寿桂分	中资	18143.85	0.74
14	民生人寿桂分	中资	13543.37	0.55
15	工银安盛桂分	外资	6493.66	0.26
16	泰康养老桂分	中资	5170.08	0.21
17	国富人寿	中资	0.00	0.00

保费收入排名	公司名称	资本结构	保费收入（万元）	市场占有率（%）
	中资小计		2415464.62	98.20
	外资小计		44361.97	1.80
	合计		2459826.59	100.00

资料来源：根据广西保监局官网数据分析。

从资本结构来看，中资保险主体市场占比达到 98.20%，市场份额相较于 2017 年的 98.39%，差别不大。外资保险主体市场占比仅为 1.80%，中资保险公司在市场上的地位遥遥领先。中国人寿广西分公司（国寿股份桂分）的市场占有率达到 34.46%，仍旧一家独大，但较 2017 年全年的份额，有小幅下降，其余各公司中只有平安人寿桂分的市场占有率突破 10%。

进一步，对广西人身险市场的行业集中度相关指标进行计算。首先是 CR_n 指数，即行业集中率，表示规模最大的前几家企业的行业集中度；计算公式为 $CR_n = \dfrac{\sum (X_i)_n}{\sum (X_i)_N}$，其中，$i$ 表示第 i 家企业的产值、产量、销售额等，在本文是财产险保费收入，n 表示产业内规模最大的前几家企业数，N 表示产业内的企业总数，计算结果如表 3 – 14 所示。

表 3 – 14　　　　　　　2018 年上半年广西人身保险市场各集中度情况

市场集中度		具体公司
CR_1	34.46%	国寿股份（含存续业务）
CR_2	48.33%	国寿股份（含存续业务）、平安人寿
CR_3	57.87%	国寿股份（含存续业务）、平安人寿、富德生命
CR_4	66.94%	国寿股份（含存续业务）、平安人寿、富德生命、太保寿险
CR_5	75.80%	国寿股份（含存续业务）、平安人寿、富德生命、太保寿险、人保寿险
CR_6	83.76%	国寿股份（含存续业务）、平安人寿、富德生命、太保寿险、人保寿险、太平人寿
CR_7	88.77%	国寿股份（含存续业务）、平安人寿、富德生命、太保寿险、人保寿险、太平人寿、新华人寿
CR_8	87.94%	国寿股份（含存续业务）、平安人寿、富德生命、太保寿险、人保寿险、太平人寿、新华人寿、泰康人寿
CR_9	89.67%	国寿股份（含存续业务）、平安人寿、富德生命、太保寿险、人保寿险、太平人寿、新华人寿、泰康人寿、合众人寿
CR_{10}	91.21%	国寿股份（含存续业务）、平安人寿、富德生命、太保寿险、人保寿险、太平人寿、新华人寿、泰康人寿、合众人寿、中信保诚

资料来源：作者计算分析。

在人身险市场中，老三家中国人寿、太平洋、平安仍然份额较大，但最值得注意的是富德生命异军突起，排名第三位，其市场占有率接近10%，而在2017年其市场占有率不足4%，仅排名第9位，究其原因在于富德生命在2018年推出了很优质的保险产品。广西人身保险业 CR_{10} 为91.21%，根据美国经济学家贝恩和日本通产省对产业集中度的划分标准，广西人身保险业是极高寡占型市场（$CR_8 \geqslant 70\%$）。依据公式 $HI = \sum_{i=1}^{n} (100 \times X_i/X)^2 = \sum_{i=1}^{n} S_i^2$，其中，$X$ 表示市场总规模、X_i 表示第 i 个企业的规模，$S_i = X_i/X$ 表示第 i 个企业的市场占有率、n 表示该产业内的企业数。经计算广西人身保险业赫希曼指数（HHI），值为1742.84。根据以 HHI 值为基准的市场结构分类标准，广西人身险业开始转入低寡占Ⅰ型（$1800 > HHI \geqslant 1400$）。能从高寡占Ⅱ型市场（$3000 > HHI \geqslant 1800$）转变成低寡占Ⅰ型市场，可见广西人身险市场正逐步打破垄断，开始了"百花齐放"的良性竞争。

4. 区域市场

2018年上半年，广西各市保险业均实现平稳较快增长，所有14个市保险业务全部实现正增长。南宁、柳州、桂林依然是保费收入贡献的重要地区，南宁仍然处于遥遥领先的地位。其中玉林人身险保费收入提升较快，仅次于桂林，并且差距不算太大，大有超越之势。北部湾经济区保险业迅速发展，南宁、北海、钦州、防城港四市总体保费规模达到1068270.96万元，占全区的41.04%，占比比2017年进一步扩大。

具体各险种的保费收入及增长情况如下。

由图3-56至图3-58可知，2018年上半年广西14个地级市中，南宁在意外险、健康险和寿险方面均保持遥遥领先之势。而玉林在上述三个险种中都已较为接近桂林。2018年上半年广西各地人身险的发展形势差异较大。

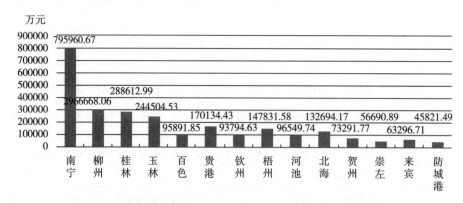

资料来源：根据广西保监局官网数据分析。

图3-55 2018年上半年广西各地人身险保费收入及增长情况

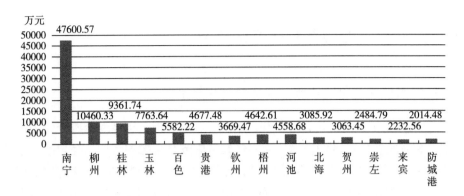

资料来源：根据广西保监局官网数据分析。

图 3 – 56　2018 年上半年广西各地意外险保费收入及增长情况

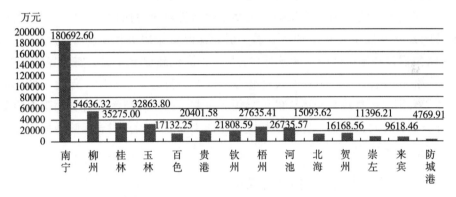

资料来源：根据广西保监局官网数据分析。

图 3 – 57　2018 年上半年广西各地健康险保费收入及增长情况

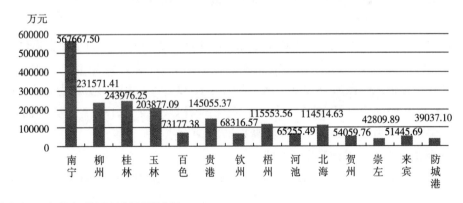

资料来源：根据广西保监局官网数据分析。

图 3 – 58　2018 年上半年广西各地寿险保费收入及增长情况

四、广西保险业服务实体经济研究

（一）国家层面的保险业服务实体经济政策措施

2017 年 7 月全国金融工作会议召开，强调"金融要把为实体经济服务作为出发点和落脚点""金融是实体经济的血脉，为实体经济服务是金融的天职，是金融的宗旨，也是防范金融风险的根本举措"。为深入贯彻全国金融工作会议精神，加大保险业服务实体经济力度，中国保监会于 2017 年底发布《中国保监会关于保险业支持实体经济发展的指导意见》（保监发〔2017〕42 号），从四大方面服务实体经济。

一是在构筑实体经济风险保障体系方面，积极发展企业财产保险、工程保险、责任保险、意外伤害保险等险种，为实体经济稳定运行提供风险保障。二是在大力引导保险资金服务国家发展战略和实体经济方面，引导保险资金服务供给侧结构性改革，支持"一带一路"倡议和国家区域发展战略。三是在不断创新保险业服务实体经济形式方面，支持行业设立中国保险业产业扶贫投资基金，构建"公益 + 交易所 + 保险"的精准扶贫模式，建立与国家脱贫攻坚相适应的保险服务机制。四是在持续改进和加强保险监管与政策引导方面，完善最低资本标准等相关偿付能力监管规则，引导保险业回归本源，增强服务实体经济的能力。

（二）广西保险业服务实体经济现状

2017 年广西保险业坚持"保险业姓保"，回归风险保障初心，发挥经济"减震器"和社会"稳定器"功能，在服务实体经济方面取得了一定的成绩。

1. 保险保障水平有所提高

2017 年，广西实现保费收入 565.1 亿元，同比增长 20.5%；共为全社会提供各类风险保障 39.3 万亿元，同比增长 22.8%，约是广西地区生产总值的 20 倍。其中，财产险公司为全社会提供风险保障 18.2 万亿元，同比增长 33.5%；人身险公司为全社会提供风险保障 21.1 万亿元，同比增长 14.8%。全年累计赔付支出 181.8 亿元，同比增长 14.4%。保险深度为 2.77%，比上年提高 0.47 个百分点。

2. 保险助力精准脱贫探索出新模式

2017 年，广西农业保险为超过 50 万户次建档立卡贫困户提供风险保障 66 亿元。大病保险采取降低起付线和提高赔付比例的方式，提升建档立卡贫困人口大病医疗费用报销水平，起付线最低降至 2750 元，赔付比例上调 10 个百分点最高至 90%，全年为近 6 万名贫困人口赔付医疗费用约 2 亿元，总体赔付比例在基本医保基础上平均提高了 14 个百分点。通过提供风险担保和产业发展融资，帮助建档立卡贫困户发展产业脱贫致富。扶贫小额信贷保证保险和借款人意外伤害保险累计帮助近 5 万户建档立卡贫困户获得贷款超过 26 亿元。推动人保集团投入 12 亿元支农惠农资金支持广西脱贫产业发展，目前已在南宁、河池、崇左、贺州 4 个地市落地，打造了"政府 + 险资 + 企业 + 农户 + 保险"五位一体保险扶贫模式。

广西保险行业初步形成了"综合运用全方位保险工具，整合投入全系统保险资源，有力助推产业扶贫，有效解决深度贫困"保险扶贫"广西模式"。各保险公司积极行动，征求总部资源向广西倾斜，许多保险公司及时跟进，加大了扶贫工作力度。例如，人保集团、人保财险总公司开设了广西扶贫保险产品开发绿色通道，人保财险广西分公司成立了扶贫事业部，专门负责保险扶贫工作；国寿集团增派总部人力支持帮扶县扶贫工作；安信农险联合太平洋产险拟投入 50 万元至 100 万元资金用于支持广西贫困县的农产品价格指数保险和特种大病保险；新华人寿广西分公司向总公司申请扶贫资金和扶贫保险产品。广西保险服务脱贫攻坚品牌效应影响力不断增强，如崇左"大病保险 + 小额保险"健康扶贫模式，以及河池"政府 + 险资 + 企业 + 农户 + 保险"扶贫模式等。

3. 广西保险业服务"一带一路"重要门户建设取得突破

广西保险业落实自治区"三大定位"，主动融入沿边金融综合改革大局，为建设"一带一路"重要门户保驾护航。一方面是出口信用保险支持力度成效显著。全年出口信用保险保障金额达 41.4 亿美元，协助企业融资超过 13.7 亿美元，对广西出口企业覆盖率达 63.4%，对全区一般贸易出口支持约 23%，有力地支持了广西外贸发展。另一方面是跨境保险服务创新稳步推进。2017 年 9 月，经中国保监会批准，在凭祥口岸率先落实机动车辆出境综合商业保险制度，填补全国出境车辆商业保险空白，全年承保中越跨境机动车 8051 辆次，保障规模超过 4 亿元。在崇左、防城港等沿边地市启动跨境务工人员意外伤害保险，全年累计承保跨境劳务人员 4.5 万人次，提供保障约 80 亿元，为中国—东盟劳务合作提供了保障支持。

4. 多方面助推实体经济发展

围绕自治区产业转型升级，推动保险产品供给侧结构性改革，为实体经济行稳致远提供保险服务支撑。一是险资入桂优化保险供给。二是农业保险助推农业现代化。三是科技保险等新型产品助推动力变革。四是责任保险助推效率变革。

（三）广西保险业服务实体经济现状的实际效果分析

衡量一个地区保险业发展程度的指标有很多，但能衡量保险业服务实体经济的指标在学术界尚无统一的定论，本文认为赔付支出才是保险业服务实体经济的真正体现，故在此处重点针对赔付情况来分析广西保险业服务实体经济现状的实际效果。

1. 广西保险业的整体赔付状况

由上所述，本文认为赔付支出才是保险业服务实体经济的真正体现，因此本部分重点对广西保险业的赔付支出进行分析。2008 年至 2017 年共计十年的广西保险业赔付情况如表 3 - 15 所示。

表 3 – 15   2008—2017 年广西保险业赔付情况

项目	2008 年	2009 年	2010 年	2011 年	2012 年	2013 年	2014 年	2015 年	2016 年	2017 年
保险业整体赔付支出金额（万元）	423266	444341	451294	588132	743999	909377	1091500	1327669	1589505	1818300
保险业整体赔付率（%）	31.71	29.90	23.64	27.66	31.23	33.01	34.84	34.42	33.88	32.18
财产险赔付支出金额（万元）	241538	235988	257335	355545	465074	547233	675349	723396	759820	849775
财产险赔付率（%）	60.32	47.48	39.13	44.97	50.41	48.79	51.70	49.16	45.85	43.36
人身险赔付支出金额（万元）	181728	208353	193959	232587	278925	362144	416151	604273	829685	968525
人身险赔付率（%）	19.45	21.06	15.50	17.41	19.10	22.17	22.78	25.33	27.34	26.24

资料来源：广西保监局。

由表 3 – 15 可见，广西保险业整体赔付支出近 10 年以来都呈现出较大的增长趋势，整体赔付率维持在一个较为稳定的水平。其中，人身险赔付率呈现出小幅上升趋势，而财产险赔付率则下降幅度较大。因广西财产险业务在整个保险业中所占比重较大，因此整体赔付率没有受到人身险业务的影响，能长期维持稳定。

2. 广西保险业服务实体经济的实际效果

一般而言，整体经济总量的增长，会带来保费收入的增长，同时赔付支出相应地也会增长。因此，应当分析赔付支出与地区生产总值之间的数量关系，以确定广西保险业服务实体经济的实证效果。

表 3 – 16   2008—2017 年广西保险业赔付支出与地区生产总值的相关关系

项目	2008 年	2009 年	2010 年	2011 年	2012 年	2013 年	2014 年	2015 年	2016 年	2017 年
名义地区生产总值增长率（%）	17.06	9.51	18.92	18.35	10.08	9.79	7.80	6.73	8.27	10.19
名义赔付率增长率（%）	14.14	4.74	1.54	23.27	20.95	18.19	16.69	17.79	16.47	12.58
单位地区生产总值获得保险业赔付比率（%）	0.60	0.57	0.47	0.50	0.57	0.63	0.70	0.79	0.87	0.89
人均获得的保险业整体赔付金额（元）	87.89	91.50	97.89	126.62	158.91	192.71	229.60	276.83	328.55	372.22
人均获得的人身险整体赔付金额（元）	37.73	42.91	42.07	50.07	59.57	76.74	87.54	126.00	171.49	198.27

资料来源：广西保监局。

由表 3 – 16 可见，广西保险业的名义赔付率的增长速度是能够长期领先于地区生产总值增长的, 故单位地区生产总值获得保险业赔付比率也呈增长趋势。然而, 单位地区生产总值获得保险业赔付比率的绝对值非常小, 甚至从未突破1%, 因此广西实体经济受到保险业保障的程度相当低。从人均所获得保障的角度而言, 同样说明了保险业对广西实体经济的服务作用有限。以2017年为例, 广西的保险密度 (人均保费) 为1157元, 然而人均所获得的赔付支出仅为372.22元, 并且从多年的比例来看, 人身险的人均赔付金额只能占整体的约1/3, 最高的年份也仅仅是突破一半而已, 可见广西的人均可获保险赔付主要是由财产险业务拉高的, 然而财产险业务主要是针对企事业单位等法人, 个体居民并非最直接的受益者, 因此广西保险业对广西居民的保障作用较为有限。

3. 广西保险业服务实体经济实际效果的比较分析

仅从自身角度无法判断出广西保险业服务实体经济的实际效果与周边省份的差距, 在此选取华南六省 (广东、广西、云南、贵州、海南、福建) 为研究对象, 其中既包括沿海发达地区也包括西部内陆省份, 可比较分析广西保险业服务实体经济实际效果的水平, 具体情况如图3-59所示。

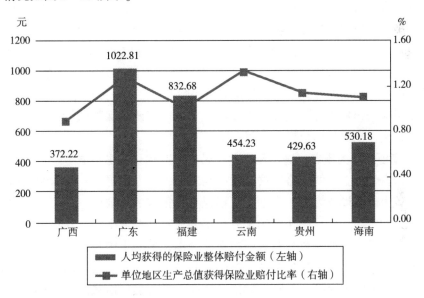

资料来源: 各省统计公报、各省保监局数据库。

图3-59 2017年华南六省保险业服务实体经济实际效果比较

由图3-59可见, 不论是人均获得的保险业整体赔付金额, 还是单位地区生产总值获得保险业赔付比率, 广西不仅远远落后于发达的省份广东和福建, 而且比同处西部地区的云南、贵州, 以及经济体量较小的海南省均落后。可见, 尽管广西有一定规模的保险收入体量, 但在保险行业质量以及对实体经济服务的成效方面均不如周边各省份。

(四) 广西保险业服务实体经济的政策建议

广西保险业服务实体经济的政策建议主要有如下五点。

1. 全区保险业进一步提升"风险保障"的供应水平，以促进实体经济增长

尽管对保险业而言，风险保障与资金融通二者并不相悖，但在当前保险经营机构以及监管部门要明确保险业的定位应当以"风险保障"为本。在定位理念上不能本末倒置，为了追求资金融通而进行资金融通，并不是保险的"天职"，如果能够满足社会各类风险保障的需求，那么保险业聚集大量长期资金、发挥"资金融通"的作用，则是水到渠成的事情。

2. 加大力气配合扶贫攻坚工作的推进，发展涉农保险业务

"金融扶贫，保险先行"，在助力脱贫攻坚战略方面，广西保险业要建立以农业保险、大病保险为核心的保险扶贫保障体系，防止贫困户因病因灾返贫致贫。保险业应在推动"三农"保障范围由自然风险向市场风险升级方面加大改革创新力度。广西蔗糖产区所开展的"保险＋期货"产品，就是"精耕细作"保险支持当地农村经济发展的典型案例，还应当进一步推广，扩大覆盖面。要在扩面上下功夫和提标上下功夫。

3. 有效引导广西本土两家地方性保险公司的保险资金运用流向

对于保险资金投资方面，全国性保险公司在广西这一普通省份都是二级分公司，没有对公司资金进行投资的权限，但有建议权，应当积极向总公司建言献策，多向广西进行投资，投资要紧密围绕"去产能、去库存、去杠杆、降成本、补短板"五大重点任务。

广西拥有两家地方性保险公司，分别是北部湾财产保险公司与国富人寿保险公司，这两家地方性保险公司的资金投资行为对广西保险业资金投资流向起到最为关键的作用，因为这两家保险公司拥有对资金投资方向的决定权。广西的保险监管部门应当积极引导上述公司，将更多比例的资金投入广西实体经济发展上。

4. 以东南亚地区为重点，进一步为"一带一路"倡议推进护航

广西作为古代海上丝绸之路的重要发祥地之一，作为中国唯一与东盟陆海相连的省份，当前正致力于建设成为"一带一路"倡议有机衔接的重要门户。广西应当与东盟各国携手共进，构筑包括保险业在内的全方位多领域对外开放平台，在更大范围、更广领域、更深层次上进一步加强与东盟各国的交流合作，推动中国与东盟各国共享保险业发展的成果。探索建立中国—东盟保险合作常态化、长效化机制，深化提升政保合作关系，逐步将广西打造成中国保险业面向东盟和"一带一路"倡议沿线国家与地区开放合作的前沿。一方面，广西要继续推进区域保险交流合作。另一方面，要继续推进"一带一路"倡议偿付能力监管国际合作。

5. 保险监管部门应积极引导保险公司以服务实体经济为重要发展方向

广西的保险监管部门应当积极引导区内的保险公司及经营机构，在其制定战略、创新产品和服务、资金安排等过程中，一定要立足于实体经济的需要，要让保险机构认识到服务实体经济是其在行业内经营能够可持续的根本条件。尤其是国有保险公司和地方性保险公司，应当发挥带头作用，真正体现和践行"国家意志"。

总之，服务实体经济乃金融之本，而保险是现代金融业的重要组成部分，从其核心功能来看，服务实体经济更是保险之基，只有这样保险等金融业才能行稳致远，广西经济才能向现代经济体系、向高质量发展阶段迈进。

参考文献

［1］广西保监局网站．广西保险市场主要数据（快报）［R］．2017—2018．

［2］各地人民政府门户网站．各地国民经济和社会发展统计公报［R］．2017—2018．

［3］广西保监局网站．广西保险业行业要闻［N］．2017—2018．

［4］广西保监局网站．广西保险业年报［R］．2017—2018．

［5］陆峰．"一带一路"下中国—东盟自贸区保险业的发展目标定位［J］．当代经济管理，2016（10）：89－97．

［6］陆峰．论保险地理学的学科创建［J］．新经济，2016（3）：3－5．

［7］寇业富．2013年中国保险公司竞争力评价研究报告［M］．北京：中国财政经济出版社，2013：59－61．

［8］陆峰．基于聚类分析的我国寿险公司拓展东盟市场策略［J］．保险研究，2015（2）：39－49．

［9］李洪成．SPSS数据分析基础与实践［M］．北京：电子工业出版社，2013．

［10］米红，张文璋．实用现代统计分析方法及SPSS应用［M］．北京：当代中国出版社，2004：205－230．

（执笔人：陆峰）

第二部分 专题报告

4. 广西沿边金融改革政策效果分析报告

高效的金融体系对于提高一个国家或地区的对外开放和经济发展水平至关重要。为提高云南和广西两省金融体系服务实体经济的水平，2013 年 11 月 21 日，中国人民银行联合国家发展改革委、财政部等 10 部委印发了《云南省、广西壮族自治区建设沿边金融综合改革试验区总体方案》（以下简称《总体方案》）。《总体方案》从总体要求、主要任务、保障措施等方面指明了滇桂沿边金融综合改革试验区建设的方向和目标。该试验区是我国首个跨省的综合金融改革试验区，地域范围涵盖了云南和广西 15 个地级市（州），总面积为 31.77 万平方公里，覆盖人口 4419 万人。自《总体方案》发布以来，时间已经过去将近 5 年，人们亟须了解沿边金改成效究竟如何，是否需要适时的政策调整，这就需要我们深入审视沿边金改的政策效果。审视以往的政策，是为了将来能制定出更有效的政策。只有通过审视近 5 年沿边金改的成功经验和失败教训，才能为将来制定更符合实际的政策提供依据。就我们文献调研的情况看，目前还缺乏这方面的研究。

如何准确地评估沿边金改的政策效果是令人颇感棘手的问题。对沿边金改政策效果评估的前提是，需要明确地厘清政策的目标。而从《总体方案》来看，沿边金改的目标是综合多元的，涵括了从推进人民币业务创新、促进贸易便利化到农村金融产品和服务创新等一系列的目标组合，而非实施指向明确的单一政策目标，这就难以用单一的变量度量政策效果。因此，政策目标的选择成为本研究所面临的第一个难点。

基于以下理由，本文采用沿边金改对跨境人民币使用的影响这个单一视角研究沿边金改的政策效果。一方面，从沿边金改的推出时点来看，正逢美国次贷危机引发全球性危机的后时代，次贷危机使人们看清了以美元本位制为基础的国际货币体系的极不合理处——危机爆发后，美国通过量化宽松和扭曲操作刺激本国经济复苏，却通过美元以外源性通胀、流动性泛滥、汇率贬值等诸多形式将危机转嫁给其他国家①。因此，改革不合理的国际货币体系已经成为国际社会的普遍共识，人民币国际化正是我国为应对不合理的国际货币体系摆脱对美元过度依赖的重大而长期的国家战略（陆长荣和丁剑平，

---

① 正如巴里·埃森格林在《嚣张的特权——美元的兴衰和货币的未来》一书中谈到次贷危机时所指出的"美元的国际地位使其可以低成本地获得国外融资，从而保持低利率，这使美国家庭可以入不敷出照样生活，发展中国家的家庭最终为美国的富裕家庭提供资助。在现行的国际货币体系下，其他国家为获得美元不得不向美国提供低成本融资，最终导致危机的爆发。次贷危机是美国的危机，但当危机蔓延到全世界后，资金为避险又纷纷回流美国，将美国国债利率压得很低，帮助美国解困。美国在玩火，在现有货币体系的反常结构下，其所造成的问题却要其他国家来承受……"——当前国际货币体系的不合理性显而易见。当然，美国是对人类商业文明作出巨大贡献的国家，美元霸权的形成有其历史合理性，改变现有的以美元本位制为基础的国际货币体系将是一个极为漫长的过程，美元霸权并未终结，但从历史的长视角看，也许美元霸权的终结已经开始。

2016)，值此之际推出的沿边金改很难说不存在这方面的考虑。另一方面，可从沿边金融综合改革试验区选择的地理位置来看。学术界对于人民币国际化的路径选择上，普遍的观点是认为分两步走较为稳妥，即先实现人民币的"区域化"再到"国际化"，综合考虑经济发展水平和相互间贸易的规模等因素，实现人民币区域化最优先选择的地区无疑是与我国近邻的东盟国家（陈雨露等，2005；周元元，2008；孙立和崔蕊，2008；李稻葵和刘霖林，2008）。由此，沿边金改以云南广西两省与越南、老挝、缅甸相邻的城市为试验地，很明显考虑的是其与东盟国家接壤的地理优势，在这些地方就人民币区域化的一些政策措施先行先试，取得经验后再向其他地区推广。在这里试验的好处是既可以使政策的效果最清晰地得以显现，又可以在试验不成功时将不利影响局限在较小的范围内，最小化试错的成本。

从《总体方案》中列出的沿边金融综合改革试验区的十大任务来看，与人民币国际化——特别是围绕扩大边贸中人民币的使用范围和使用比例等——直接相关的占到 30% 以上。如列在首位的任务是"推动跨境人民币业务创新，实施跨境人民币双向贷款业务促进跨境结算便利化、人民币特许兑换业务、人民币现钞出入境管理、货币挂牌交易和人民币海外投贷基金、推动人民币与周边国家跨境清算和结算体系建设等"，此外，第六大任务"促进贸易投资便利化"、第七大任务"加强金融基础设施建设的跨境合作"以及第十大任务"健全跨境金融合作交流机制"中的诸多任务重点和举措也均与人民币国际化高度相关，可见我们前述的分析并非没有根据。综上所述，我们认为通过研究沿边金改对跨境人民币使用的影响检验沿边金改的政策效果具有相当高的合理性。

本文研究面临的第二个难题是如何将沿边金改对人民币区域化的影响从其他政策的影响中分离出来。在我们研究的时间区间内，与人民币国际化有关的重要政策措施不断出台，例如，2009 年 7 月，中国人民银行等六部委联合发布的《跨境人民币结算试点管理办法》允许在跨境贸易中采用人民币结算的试点企业享受出口退免税政策优惠；2011 年 8 月，《关于扩大跨境人民币结算地区的通知》把跨境人民币结算试点区域扩大到全国等①。以上政策措施均可能对跨境人民币结算产生影响，这就需要我们找到某种方法将其影响与沿边金改政策的影响进行分离，否则我们的研究结论就可能混淆不同政策的影响效果。幸运的是，滇桂沿边金改在城市的选择上给我们提供了一个绝佳的机会。沿边金改将滇桂两省与越南、老挝、缅甸相邻的城市作为沿边金改的试验区域，这就使我们可以采用滇桂两省中未被沿边金改覆盖的城市作为比照对象。考虑到滇桂两省所有城市都受到前述全国性政策的影响，而只有沿边金改覆盖的城市受到沿边金改政策的影响，通过结合采用近年来流行的双重差分法（Difference in Difference，以下简称 DID 法），对

---

① 类似的政策措施还有：2011 年 1 月，人民银行下发《境外 FDI 人民币结算试点管理办法》，开始允许在对外直接投资中采用人民币结算，同年 10 月又发布了《外商直接投资人民币结算业务管理办法》，进一步拓宽了人民币的使用范围；2012 年 3 月，人民银行等六部委又联合发布《关于出口货物贸易人民币结算企业管理有关问题的通知》，允许具有进出口经营资格的企业开展出口货物贸易人民币结算业务。此外，其他的一些重大战略，如"一带一路"倡议的推出可能也对人民币国际化有影响。

比滇桂两省列入和未列入沿边金改城市的跨境人民币结算额的差异即可分离出沿边金改对跨境人民币结算的净影响。

本文使用 2009 年到 2018 年滇桂两省的省市级数据，结合 DID 法和类 DID 法识别沿边金改的政策效果。特别地，我们通过比较滇桂两省列入沿边金改的城市和未列入沿边金改的城市在《总体方案》推出前后跨境人民币结算额的差异，来评估沿边金改的政策效果。研究结果表明：首先，沿边金改使得所覆盖的沿边城市跨境人民币结算额显著地增加。其次，进一步地分城市检验表明，沿边金改对省会城市（昆明、南宁）的跨境人民币结算额促进效果更高。最后，政策效果在滇桂两省的对比检验表明，列入沿边金改的云南城市跨境人民币结算额的提高比列入沿边金改的广西城市低，但该结果不显著。

本文贡献主要有：研究了沿边金改的政策效果，丰富了对我国各类改革试验区的政策效果的认识，为今后进一步调整相关试验区的政策提供了新的依据；而采用双重差分法，将我国的沿边金改政策效果作为研究对象，丰富和拓展了双重差分法的应用领域和范围。

一、模型设计与数据描述

本研究面临的首要问题是目前只能获得省级的年度跨境人民币结算数据，无法直接取得研究所需要的市一级的跨境人民币结算数据。公开数据只能获得省级总量值无法获得地市级分量值，就需要我们对市级的跨境人民币结算额进行估算。幸运的是，涉及贸易经济的数据比较全面，可从两省统计局数据库中方便获得，而跨境人民币结算与贸易经济数据之间存在极强的相关性，我们可以利用这种相关性构建回归模型来估算市级的跨境人民币结算额。参考现有人民币结算影响因素的研究（牛风军和李明，2017；苏治等，2014；郑周胜，2017），我们建立如下估算模型：

$$\ln Rmbuse_{it} = \alpha_0 + \beta_0 \ln Trade + \beta_1 FDI + \beta_2 CPI + \beta_3 Exchange + \beta_4 GDP + \varepsilon_{it}$$

其中，$\ln Rmbuse$ 为跨境人民币结算额的对数；$\ln Trade$ 为进出口总额对数，代表贸易规模；FDI 为中对外直接投资水平；CPI 为体现国内物价稳定性的物价指数；$Exchange$ 为代表人民币汇率稳定性的人民币兑美元波动率；GDP 为中国经济相对规模，用中国国内生产总值占全球比率代表。

具体估算过程如下：首先，我们分别用滇桂两省的省级数据估计上述模型，得到模型的回归系数；然后，采用滇桂两省各地级市的数据代入上述模型中估算出市一级的跨境人民币结算额[①]。基于同一省份影响跨境人民币结算额的外部环境基本一致，这里我们潜在的假设是滇桂两省市级的跨境人民币结算额与模型解释变量之间的比例关系和省

---

① 对模型进行估计时，跨境人民币结算额、进出口总额、中对外直接投资以及物价水平用省级数据，汇率波动、GDP 相对规模用全国数据。其后用模型估算市级跨境人民币结算额时，跨境人民币结算额、进出口总额、中对外直接投资以及物价水平用市级数据，汇率波动、GDP 相对规模仍然采用全国数据。

级数据比例关系完全一样。

本文数据来源于 Wind 数据库和滇桂两省省级和市级统计局数据库，样本区间为沿边金融改革（以下简称"沿边金改"）出台前后约九年（2009—2017 年）的数据。我们选择云南和广西两省所有的地级市作为研究样本，其中，属于云南的城市（少数民族自治州）有 16 个，占城市总样本数的 53.33%；属于广西的城市有 14 个，占城市总样本数的 46.67%；省会城市有 2 个，占城市总样本数的 6.67%；在样本城市中共有 15 个城市（州）属于沿边金融综合改革试验区的覆盖范围，正好为总样本城市数量的 50%。表 4 - 1 为进行计量分析时使用的研究变量的描述性统计。

表 4 - 1　　　　　　　　研究变量的描述性统计

变量	符号	观测数	均值	标准差	最小值	最大值
跨境人民币结算额	$\ln Rmbuse$	18	3.16	4.22	1.15	8.18
城市是否属于沿边金融改革试验区	DC	30	0.50	1.11	0	1
时间区间是否在沿边金改之后	DT	18	0.46	1.83	0	1
进出口总额	$\ln Trade$	18	5.21	6.12	3.12	8.57
中对外直接投资	FDI	18	16.18	20.15	10.08	46.85
国内物价稳定性	CPI	18	1.52	0.28	1.21	2.38
人民币兑美元波动率	$Exchange$	9	2.51	1.39	-0.13	4.86
中国经济占世界经济的比重	GDP	9	10.82	1.85	9.78	13.28

二、实证结果分析

本文拟采用双重差分法和类双重差分法（类 Difference in Difference，以下简称类 DID 法）来检验"沿边金改"的政策效果。

（一）DID 法检验结果

双重差分法是近年来常用于政策效果评估的一种较为有效的方法。本文的研究设计为，以滇桂两省划入沿边金融综合改革试验区范围的城市为处理组，以这两省区不包括在沿边金融综合改革试验区的城市为对照组，同时控制其他影响人民币跨境结算额的因素，对比实施沿边金改后的处理组和对照组之间的差异，从而检验沿边金改的政策效果。为此，共将研究样本分为四组，即沿边金改实施前的处理组和沿边金改实施后的处理组、沿边金改实施前的对照组和沿边金改实施后的对照组。研究中我们采用两个虚拟变量度量这样的划分。一个为 DC，城市属于沿边金融综合改革试验区的（处理组）取值为 1，城市不属于沿边金融综合改革试验区的（对照组）取值为 0；另一个为 DT，沿边金改推出前的时间取值为 0，沿边金改推出后的时间取值为 1。具体的检验模型为：

$$\ln Rmbuse_{it} = \alpha_0 + \alpha_1 DC_{it} + \alpha_2 DT_{it} + \alpha_3 DC_{it} \times DT_{it} + \varepsilon_{it} \tag{1}$$

其中，i 和 t 分别代表城市和时间，$\ln Rmbuse$ 为跨境人民币使用变量（取对数），在此为各城市的年度跨境人民币结算额；ε 为随机误差项。如此，对对照组而言，$DC_{it} = 0$，由公式（1）可知，沿边金改前后 $\ln Rmbuse$ 分别为：

$$\ln Rmbuse_{it} = \alpha_0 + \varepsilon_{it} \; (DT_{it} = 0) \text{ 和 } \ln Rmbuse_{it} = \alpha_0 + \alpha_2 + \varepsilon_{it} \; (DT_{it} = 0)$$

可见，沿边金改前后，对照组的跨境人民币结算额的变动为 $DIF_1 = \alpha_2$。类似地，对处理组而言，$DC_{it} = 1$，由公式（1）可得沿边金改前后 $\ln Rmbuse$ 分别为：

$$\ln Rmbuse_{it} = \alpha_0 + \alpha_1 + \varepsilon_{it} \; (DT_{it} = 0) \text{ 和 } \ln Rmbuse_{it} = \alpha_0 + \alpha_1 + \alpha_2 + \alpha_3 + \varepsilon_{it} \; (DT_{it} = 0)$$

即沿边金改前后，处理组跨境人民币结算额的变动为 $DIF_2 = \alpha_2 + \alpha_3$。综上，沿边金改对跨境人民币结算额的净影响为 $DIF_1 - DIF_2 = \alpha_2 + \alpha_3 - \alpha_2 = \alpha_3$，即公式（1）中的交乘项 $DC_{it} \times DT_{it}$ 的系数 α_3。DID 法就是如此通过巧妙的双重差分设计度量出沿边金改政策的独立效果。如果沿边金改能促进人民币的国际化进程，那么 α_3 应该显著为负；如果沿边金改对促进人民币的国际化效果不明显，那么 α_3 应该不显著。

参考现有对人民币国际化影响因素的研究文献，我们在公式（1）中加入相应的影响人民币跨境使用的控制变量，模型修正为：

$$\ln Rmbuse_{it} = \alpha_0 + \alpha_1 DC_{it} + \alpha_2 DT_{it} + \alpha_3 \, DC_{it} \times DT_{it} + \beta X + \varepsilon_{it} \qquad (2)$$

其中，$\ln Rmbuse$ 为滇桂两省各城市的跨境人民币结算额。X 为控制变量向量，包括反映各城市贸易规模的进出口总额 $\ln Trade$（取对数），反映外商直接投资水平的 FDI，反映国内物价水平的 CPI，反映人民币汇率稳定性的人民币兑美元波动率 $Exchange$，反映中国经济相对规模的中国国内生产总值占全球比率 GDP，以及控制个体特征的虚拟变量（城市虚拟变量和年份虚拟变量）。

表 4 - 2　　　　　　　　　　　沿边金改政策效果（DID 法检验）

	Pool - OLS			系统 GMM		
	（1）	（2）	（3）	（4）	（5）	（6）
DC	2.18 (1.03)	3.74 (1.27)	3.88 (1.30)	1.08 (0.78)	2.78* (1.86)	3.03* (1.91)
DT	4.01* (1.87)	4.77*** (3.77)	5.08*** (3.98)	3.00 (1.02)	2.81*** (3.37)	3.07*** (4.08)
$DC \times DT$	3.61** (2.57)	4.27*** (10.17)	4.19*** (10.08)	1.88*** (3.19)	2.07*** (11.85)	2.18*** (13.27)
$\ln Trade$	18.13*** (3.16)	19.05*** (4.26)	20.33*** (4.68)	10.38*** (5.02)	17.11*** (6.88)	18.82*** (8.09)
FDI	9.10** (2.46)	8.89** (2.47)	8.86** (2.63)	11.02* (1.92)	14.87*** (3.89)	16.78*** (4.77)
CPI	-0.63* (-1.90)	-0.66* (-1.91)	-0.67* (-2.03)	-0.88* (-1.79)	-0.89* (-1.80)	-0.79* (-1.91)

续表

	Pool – OLS			系统 GMM		
	(1)	(2)	(3)	(4)	(5)	(6)
Exchange	1.24 **	1.22 **	1.22 **	2.33 ***	3.16 ***	3.07 ***
	(2.56)	(2.62)	(2.67)	(3.70)	(3.08)	(3.11)
Constant	−24.16 *	−26.07 *	−28.46 *	−10.21 **	−18.18 **	−19.67 **
	(−2.08)	(−2.17)	(−2.21)	(−2.11)	(−2.24)	(−2.35)
城市虚拟变量	否	是	是	否	是	是
年份虚拟变量	否	否	是	否	否	是
R^2	0.89	0.92	0.96			
AR(1)				0.003 ***	0.004 ***	0.101 *
AR(2)				0.890	0.806	0.462
Hansen				1.000	1.000	1.000
N	270	270	270	270	270	270

注：***、**、*分别代表在1%、5%和10%水平上显著；括号内为 *T* 值；*AR*（1）、*AR*（2）为自相关检验；*Hansen* 为 Hansen 检验值；报告的为 *P* 值。

表4-2中回归（1）~回归（3）报告的是采用 Pool-OLS 估计方法的结果，其区别在于是否添加城市虚拟变量、年份虚拟变量。对比回归结果，各方程的回归变量系数的符号、显著性等基本一致，说明结果比较稳健。我们最关心的是体现沿边金改对跨境人民币结算额影响的 $DC \times DT$ 的系数，在三个回归方程中均至少在5%水平上显著为正，这表明沿边金改显著地促进了跨境人民币结算数额的提高，换言之，金改使那些列入沿边金改范围的沿边城市在跨境人民币使用上明显比未列入沿边金改的城市要高。

（二）类 DID 法检验结果

前文用 DID 法证实了在剔除其他因素影响的情况下，滇桂两省进行的沿边金改能有效地促进人民币的跨境使用。借鉴 Martinez-Bravo 等（2011）、才国伟和黄亮雄（2010）所采用的类 DID 法进一步检验本文的研究问题。研究方法如下。

首先，构造一个虚拟变量 *DD*，如果某市属于沿边金改覆盖范围且该年在《总体方案》公布后，则取值为1，否则取值为0。以昆明市为例，由于昆明属于沿边金改覆盖的城市，而《总体方案》是在 2013 年 11 月推出的，因此对于昆明 2014 年及之后的年份 *DD* 取值为1，依次类推。表4-3为变量 *DD* 的描述性统计。

表4-3   变量 *DD* 的描述性统计

变量	观测数	均值	标准差	最小值	最大值
DD	270	0.48	1.33	0	1

然后，采用如下回归模型：

$$\ln Rmbuse_{it} = \beta_0 + \beta_1 DD + \gamma X + \mu_{it} \tag{3}$$

其中，β_1 是我们主要关注的回归系数，度量的是沿边金改的政策效果。如果沿边金改促进了跨境人民币结算额的提高，那么 β_1 将显著为正；如果沿边金改对促进跨境人民币结算额政策效果不明显，则 β_1 应不显著。X 为与公式（2）相同的控制变量。

表 4 - 4 为采用类 *DID* 法检验公式（3）的回归结果。回归（1）～回归（6）显示，*DD* 的回归系数都显著为正。类 *DID* 法的考察仍然表明，2013 年后实施的沿边金改政策对跨境人民币结算额的增加有明显的促进效果。

表 4 - 4　　　　　　　　　　沿边金改政策效果（类 *DID* 法检验）

	Pool - OLS			系统 GMM		
	（1）	（2）	（3）	（4）	（5）	（6）
DD	2. 11 **	4. 21 ***	4. 36 ***	1. 18 ***	2. 22 ***	3. 08 ***
	(2. 47)	(9. 67)	(7. 89)	(3. 69)	(6. 87)	(7. 87)
ln*Trade*	16. 22 ***	15. 04 ***	15. 33 ***	12. 48 ***	16. 21 ***	17. 62 ***
	(4. 26)	(6. 27)	(6. 73)	(5. 66)	(5. 90)	(7. 03)
FDI	7. 10 **	8. 65 **	8. 92 **	9. 02 *	11. 82 ***	15. 45 ***
	(2. 36)	(2. 57)	(2. 66)	(1. 82)	(4. 87)	(6. 68)
CPI	- 1. 61 *	- 1. 62 *	- 0. 79	- 0. 98 *	- 0. 67 *	- 0. 73 *
	(- 1. 80)	(- 1. 77)	(- 1. 09)	(- 1. 69)	(- 1. 77)	(- 1. 88)
Exchange	1. 14	1. 22 *	1. 12 *	1. 35 **	3. 16 *	3. 07 **
	(1. 56)	(1. 69)	(1. 67)	(2. 70)	(1. 78)	(2. 81)
Constant	- 44. 26 *	- 56. 17 *	- 68. 36 *	- 23. 41 **	- 28. 13 **	- 16. 77 **
	(- 2. 18)	(- 2. 07)	(- 2. 11)	(- 2. 61)	(- 2. 74)	(- 2. 85)
城市虚拟变量	否	是	是	否	是	是
年份虚拟变量	否	否	是	否	否	是
R^2	0. 91	0. 95	0. 98			
AR（1）				0. 011 ***	0. 014 ***	0. 061 *
AR（2）				0. 790	0. 796	0. 482
Hansen				1. 000	1. 000	1. 000
N8	270	270	270	270	270	270

注：***、**、* 分别代表在 1%、5% 和 10% 水平上显著；括号内为 *T* 值；*AR*（1）、*AR*（2）为自相关检验；*Hansen* 为 Hansen 检验值；报告的为 *P* 值。

无论是采用静态面板还是采用 GMM 估计，类 *DID* 法的结果与 *DID* 法的实证结果都比较接近，说明我们的研究结论较为稳健。

（三）区分城市的检验结果

滇桂两省不同城市的跨境人民币结算额对沿边金改的政策反应是否存在差异？比如，沿边金改在云南、广西的城市之间，或者在省会和非省会城市之间，对跨境人民币使用的影响程度是否不同？为了检验是否存在这种差异，我们在回归模型中加入政策效应变

量 $DC \times DT$ 与云南城市虚拟变量和省会城市虚拟变量的交乘项。即，在 DID 法的表 4 – 2 的回归（3）中和回归（6）中加入交乘项 $DC \times DT *$ 云南城市、$DC \times DT *$ 省会城市；在类 DID 法的表 4 – 4 的回归（3）和回归（6）中加入交乘项 $DD *$ 云南城市、$DD *$ 省会城市。分别采用 Pool – OLS 和系统 GMM 两种估计方法，估计结果如表 4 – 5 所示。

表 4 – 5   不同城市沿边金改政策效果差异的检验

	Pool – OLS		系统 GMM	
	DID	类 DID	DID	类 DID
$DC \times DT *$ 省会城市	2. 17 **		3. 02 **	
	(2. 76)		(2. 68)	
$DC \times DT *$ 云南城市	– 1. 38		– 0. 81	
	(– 1. 09)		(– 1. 16)	
$DD *$ 省会城市		2. 77 ***		3. 18 ***
		(5. 08)		(7. 11)
$DD *$ 云南城市		– 1. 89		– 1. 91
		(– 0. 96)		(– 1. 03)

注：***、**、* 分别代表在 1%、5% 和 10% 水平上显著；括号内为 T 值；仅列出关注的变量的回归系数。

表 4 – 5 的结果显示，无论采用何种模型也无论用何种计量方法估计模型，省会城市的交乘项回归系数均显著为正，这说明滇桂沿边金改对跨境人民币结算额的影响在省会城市比其他城市效果要更明显，我们认为这可能与省会城市通常有较大的经济规模从而对外贸易和投资的规模也相对较大，并且省会城市有较多的人才对沿边金改政策的理解较深和对政策的监督执行较到位等因素有关；而云南城市的交乘项系数均为负，但不显著，说明沿边金改对跨境人民币结算额影响的政策效果在云南和广西的城市之间不存在显著差异，但总的来说广西方面政策效果相对较好，这可能跟广西与相邻的主要贸易对象越南贸易和投资规模要大于云南主要的贸易对象缅甸有关。

三、结论

2013 年 11 月，中国人民银行会同国家发展改革委、财政部等多个部委通过了《总体方案》，如今，沿边金改已经持续了近 5 年时间，亟待对其政策效果进行总结分析。本文以滇桂两省省市级数据为研究样本，通过使用双重差分法、类双重差分法两种绩效分析模型，使用面板数据 Pool – OLS 和系统 GMM 估计方法，从沿边金改对跨境人民币结算额的影响角度深入检验了沿边金改的政策效果。实证结果表明，沿边金改能显著提高所覆盖城市的跨境人民币结算额，有助于促进人民币区域化的进程；进一步的检验还发现，沿边金改在省会城市的政策实施效果好于非省会城市；而滇桂两省城市的政策效果对比方面，尽管不显著，但广西略好于云南。

双重差分法逻辑清晰，背后有较为坚实的统计理论支撑，其估计结果应该是比较可信的。本文的不足之处在于无法直接获得市一级的跨境人民币结算数据，目前需要用模型通过省级数据估算，估算的数据不可能完全符合真实数据本身，如果未来有关方面公布市级数据将有助于改善我们的研究。

参考文献

[1] 才国伟，黄亮雄. 政府层级改革的影响因素及其经济绩效研究 [J]. 管理世界，2010（8）：73 – 83.

[2] 陈雨露，王芳，杨明. 作为国家竞争战略的货币国际化：美元的经验证据——兼论人民币的国际化问题 [J]. 经济研究，2005（2）：35 – 44.

[3] 陈钊，熊瑞祥. 比较优势与产业政策效果——来自出口加工区准实验的证据 [J]. 管理世界，2015（8）：67 – 80.

[4] 李稻葵，刘霖林. 人民币国际化：计量研究及政策分析 [J]. 金融研究，2008（11）：1 – 16.

[5] 陆长荣，丁剑平. 我国人民币国际化研究的学术史梳理与述评 [J]. 经济学动态，2016（8）：93 – 101.

[6] 马广奇，李洁. "一带一路"建设中人民币区域化问题研究 [J]. 经济纵横，2015（6）：41 – 46.

[7] 牛风君，李明. "一带一路"背景下人民币周边区域化的影响因素实证研究 [J]. 商业经济研究，2017（23）：162 – 164.

[8] 彭红枫，谭小玉，陈文博，李艳丽. 亚洲货币合作和人民币区域化进程——基于带傅里叶变换的 SURADF 实证研究 [J]. 世界经济研究，2015（1）：36 – 47，127.

[9] 苏治，李进，方彤. 人民币区域接受程度：指数构建与影响因子计量——以东盟及中国香港为例 [J]. 经济理论与经济管理，2014（7）：51 – 63.

[10] 孙立，崔蕊. 东亚人民币化与中国的对策 [J]. 国际金融研究，2008（8）：16 – 23.

[11] 项后军，何康，于洋. 自贸区设立、贸易发展与资本流动——基于上海自贸区的研究 [J]. 金融研究，2016（10）：48 – 63.

[12] 叶修群. 保税区、出口加工区与贸易开放——基于倍差法的实证研究 [J]. 中央财经大学学报，2017（7）：116 – 125.

[13] 殷华，高维和. 自由贸易试验区产生了"制度红利"效应吗？——来自上海自贸区的证据 [J]. 财经研究，2017，43（2）：48 – 59.

[14] 郑周胜. 丝绸之路经济带跨境经贸合作对人民币区域化的影响研究——基于中国与哈萨克斯坦相关数据的检验 [J]. 金融理论与实践，2017（6）：17 – 23.

[15] 周元元. 中国—东盟区域货币合作与人民币区域化研究 [J]. 金融研究，2008（5）：163 – 171.

［16］ Busso, M. , Gregory, J. and P. Kline. Assessing the Incidence and Efficiency of a Prominent Place Based Policy ［J］. American Economic Review, 2013, 103 (2): 897 – 947.

［17］ Greenstone, M. , Hornbeck, R. and E. Moretti. Identifying Agglomeration Spillovers: Evidence from Winners and Losers of Large Plant Openings ［J］. Journal of Political Economy, 2010, 118 (3): 536 – 598.

［18］ Kline, P. . Place Based Policies, Heterogeneity and Agglomeration ［J］. American Economic Review: Papers & Proceedings, 2010, 100 (2): 383 – 387.

［19］ Kline, P. and E. Moretti. Local Economic Development, Agglomeration Economics and the Big Push: 100 Years of Evidence from the Tennessee Valley Authority ［J］. Quarterly Journal of Economics, 2014, 129 (1): 275 – 331.

［20］ Chen, B. , Lu, M. , Xiang, K. and C. L. Xu. Development Zones Effectiveness and Key Ingredients: Evidence from a Natural Experiment in China ［R］. Working Paper, 2004.

［21］ Cheng, L. K. and K. Kwan. What are the Determinants of the Location of Foreign Direct Investment? The Chinese Experience ［J］. Journal of International Economics, 2000, 51 (2): 379 – 400.

［22］ Démurger, S. , Sachs, J. , Woo, W. , Bao, S. and G. Chang. The Relative Contributions of Location and Preferential Policies in China's Regional Development: Being in the Right Place and Having the Right Incentives ［J］. China Economic Review, 2002, 13 (4): 444 – 465.

［23］ Head, K. and R. J. Ries. Inter – city Competitionfor Foreign Investment: Static and Dynamic Effects of China's Incentive Areas ［J］. Journal of Urban Economics, 1996 (1): 38 – 60.

［24］ Martinez – Bravo, M. , N. Qian, Y. Yao. Do Local Elections in Non – Demoncracies Increase Accountability? Evidence from Rural China ［R］. National Bureau of Economic Research, 2011.

［25］ Schminke, A. and J. Van Biesebroeck. Using Export Market Performance to Evaluate Regional Preferential Policies in China ［J］. Review of World Economics, 2013, 149 (2): 343 – 367.

［26］ Wang, J. . The Economic Impact of Special Economic Zones: Evidence From Chinese Municipalities ［J］. Journal of Development Economics, 2013 (101): 133 – 147.

（执笔人：莫小东）

5. 广西地方性商业银行信贷风险与防范分析报告

实体经济是国民经济发展的基础，金融是现代经济的核心，金融的本源是为实体经济服务，只有两者相辅相成、互促互进，国民经济和金融的健康才可持续发展。近年来，党中央、国务院高度重视金融服务实体经济发展问题。2015 年 7 月 17 日，习近平总书记在长春市召开部分省区党委主要负责同志座谈会时指出："要改善金融服务，疏通金融进入实体经济特别是中小企业、小微企业的管道。"2016 年 6 月 20 日，李克强总理在中国建设银行、中国人民银行考察时强调："金融是国民经济的血脉，要走活金融服务实体经济这盘棋。"在 2017 年 7 月 14～15 日召开的全国金融工作会议上，习近平总书记对金融发展提了四个重要原则，其中第一项便是金融要回归本源，服从服务于经济社会发展，同时明确指出"金融要把为实体经济服务作为出发点和落脚点"。在党的十九大报告中习近平总书记再次指出："建设现代化经济体系，必须把发展经济的着力点放在实体经济上，把提高供给体系质量作为主攻方向，显著增强我国经济质量优势。"

金融体制是社会主义市场经济体制的重要组成部分。深化金融体制改革，主要是为了更好地发挥对实体经济的支撑作用。我国总体金融结构仍以银行间接融资为主，直接融资占比仍然偏低。同时，长期以来银行经营过程中信贷风险是金融机构和监管部门风险防范与控制的重要对象和核心内容。随着国际金融危机及金融市场波动性的加剧，各国银行的信用风险都受到了前所未有的挑战。商业银行作为我国市场经济中的重要组成部分，其运行状况对我国整体经济形势有着重要的影响。目前我国商业银行最突出的问题表现在信贷资产质量低下、不良贷款率有上升趋势，以致银行信贷风险已经成为我国金融风险的重大隐患。这些问题在广西地方性商业银行中同样存在。从广西推动经济结构调整和转型升级出台的"八大支持"看，银行信贷支持的科研开发企业和农业都是风险较大的行业，对广西地方性商业银行无疑是巨大的挑战。一方面要响应广西的"八大支持"，另一方面要防患信用风险于未然。所以，在服务实体经济的背景下，广西地方性商业银行必须把服务和风险兼顾考虑，防患于未然。

一、正确理解银行本源与实体经济的内涵及关系

（一）正确理解银行的本源

早期的金融活动源于各种形式的信用，而这些信用活动通常本身就是商品生产和流通的一个环节。正是商品生产和流通的需要，产生了信用活动（当信用活动越来越货币

化之后即称为金融活动），此时金融活动完全嵌入实体经济活动过程，为生产资本、商品资本、货币资本的相互顺利转化提供服务。

（二）正确界定实体经济的内涵和外延

目前，对实体经济的概念还没有一个权威的、统一的定义。一般认为，实体经济活动应当是直接或间接创造社会财富（包括物质财富和精神财富）的活动，实体经济部门既包括农业、工业、交通通信业、商业服务业、建筑业等物质生产和服务部门，也包括教育、文化、知识、信息、艺术、体育等精神产品的生产和服务部门。因此，理解实体经济，服务实体经济发展，要把视野放得更宽些，不能只盯着农业、制造业，也要服务那些符合实体经济特征的服务业。

（三）准确把握银行服务实体经济发展的辩证关系

当前，对银行与实体经济的关系的认识存在误区，最常见的即是将银行作为实体经济发展的附属，过度和片面强调银行资金支持是银行服务实体经济发展的主要功能。实际上，银行与实体经济共生共荣，是利益共同体，并非实体经济发展的附属。从银行发展历程看，银行必须依靠实体经济，实体经济必须给予银行支撑的根基；否则，脱离实体经济的银行，就会成为无本之木、无源之水。但是，如果没有银行给予实体经济给养，实体经济就会了无生机。只有二者相辅相成、互促共进，国民经济才能健康和持续发展。另外一个误区就是银行服务实体经济的功能只局限在融资方面，毫无疑问，银行最基本和最原始的功能是为社会、经济、民生等领域提供资金融通，但是银行服务的功能除了提供资金周转以外，实体经济发展更多需要的是便利的交易方式、准确的资金成本信号，甚至有效的风险管理手段和健全的公司治理机制，不能片面强调银行的提供资金功能而忽视其他服务功能，这样既不利于银行本身创新发展，又不能满足实体经济的有效运行。因此，银行服务实体经济的过程，也是银行不断改进和提升自我发展能力的过程。金融过度创新和自我服务，会引发全球金融危机的爆发，但广西地方性商业银行金融产品创新力度和金融服务创新方式尚不能跟上实体经济发展的步伐，存在金融创新不足问题。如果银行为了创新而创新，而不能匹配实体经济发展需求，会造成一系列的金融风险。

二、广西地方经济的发展现状

（一）全区经济发展稳中提质、稳中增效

2017 年，全区经济运行总体平稳、稳中提质、稳中增效，经济社会保持平稳健康发展。初步核算，全年全区生产总值为 20396.25 亿元，比上年增长 7.3%。其中，第一产业增加值为 2906.87 亿元，增长 4.1%；第二产业增加值为 9297.84 亿元，增长 6.6%；第三产业增加值为 8191.54 亿元，增长 9.2%。第一、第二、第三产业增加值占地区生产

总值的比重分别为 14.2%、45.6% 和 40.2%，对经济增长的贡献率分别为 8.3%、41.9% 和 49.8%。具体见图 5 - 1。

资料来源：广西壮族自治区统计局。

图 5 - 1　2013—2017 年广西生产总值及其增长速度

全年全区全部工业增加值为 7663.71 亿元，比上年增长 6.8%。全区规模以上工业增加值增长 7.1%。在规模以上工业中，分经济类型看，国有控股企业增长 9.4%，集体企业增长 8.3%，股份合作企业下降 47.2%，股份制企业增长 7.6%，外商及港澳台商投资企业增长 6.5%，其他经济类型企业下降 0.3%。分门类看，采矿业增长 2.8%，制造业增长 6.9%，电力、热力、燃气及水生产和供应业增长 11.5%。具体见图 5 - 2。

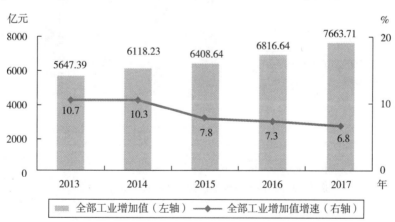

资料来源：广西壮族自治区统计局。

图 5 - 2　2013—2017 年广西全部工业增加值

（二）广西对外贸易总额日趋上升

近几年来广西与东盟、欧盟、亚太经合组织三大经济组织的进出口贸易总额日趋上升。"一带一路"倡议推行以后，2013—2014 年广西与东盟、亚太经合组织的进出口总额呈阶梯式发展，年增长率分别为 667.69%、667.22%，堪称火箭速度，2014 年之后不再出现这种罕见的井喷式增长速度。2017 年广西与亚太经合组织的进出口总额为 3153 亿元，在广西的贸易总额中占据 81.03%。2017 年在中国—东盟自由贸易区的带动下，广西面向东盟国家的进出口总额达到 1893.90 亿元，同比增长 3.7%，在当期广西的外贸总额中占据 49%，东盟因此不容置疑地成为广西最重要的合作对象。因其地理位置和在"一带一路"中的地位，广西与东盟的贸易合作项目不容置否地成为"一带一路"倡议重点建设项目，也成为"十三五"规划中的重点项目。广西与东盟的贸易合作将以良好的趋势向前发展。从中澳双方签订了自贸协定之后，中澳之间进出口贸易总额日有所增，2017 年进出口总额达到 143.3 亿元，同比增长 41.3%。由于原油价格的变化，对广西与中东地区贸易有所影响，进出口总额为 141.9 亿元，同比上涨 12.3%。广西与拉丁美洲国家的贸易因大宗商品的价格下降而下滑，进出口总额仅为 244.3 亿元，下降了 3.1%。此外，广西对香港地区进出口同比下降 26%，为 196 亿元；对我国台湾地区和日本进出口分别增长 8.5% 和 9.8%，分别达到 98 亿元和 51.2 亿元。对"一带一路"沿线国家进出口相比 2016 年增长了 5.2%，共 2100.2 亿元，在广西贸易总额中占 54.3%。具体见图 5-3。总之，在"一带一路"的引导下，广西对外贸易总额日趋上升，其作为"一带"和"一路"衔接的纽扣作用也逐渐凸显。

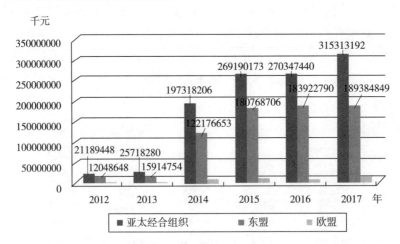

资料来源：南宁海关，http://nanning.customs.gov.cn/。

图 5-3　广西与三大经济组织进出口总额发展情况

三、广西地方性商业银行发展情况

广西的地方性商业银行有三个，分别是广西北部湾银行、柳州银行和桂林银行。广西北部湾银行的前身是南宁市商业银行，2008 年为响应北部湾经济区建设而成立，2017 年广西北部湾银行的总资产达到 1590.3 亿元，净利润为 7.9 亿元。柳州银行成立于 1997 年，一开始是由地方财政和大型企业组建的，后来吸收个人股份改组后才成立地方股份制银行，注册资本为 3.4 亿元，截至 2017 年末，柳州银行的资产总额超过 1110 亿元，拨备前利润为 14.8 亿元。桂林银行原名为桂林市商业银行，成立于 1997 年，2010 年股改后改名为桂林银行，到 2017 年末为止，桂林银行的总资产达到 2272.08 亿元，利润总额超过 19 亿元。三大地方性商业银行股改之后飞快成长。桂林银行、柳州银行、广西北部湾银行在中国企业联合会发布的"2017 中国服务业企业 500 强"中分别排名第 343 位、第 391 位、第 365 位。广西北部湾银行、桂林银行、柳州银行在英国《银行家》杂志发布的"2017 全球银行 1000 强"中分别以 15.94 亿美元、15.20 亿美元、11 亿美元的核心资产排名第 529 位、第 545 位、第 665 位。而在广西推行"引银入桂"战略之后，众多银行纷纷进入广西建立分行。广西的地方性商业银行在迅速发展的同时也面临来自同业的竞争压力。广西地方性商业银行在发展过程中有着很明显的特征。

（一）广西地方性商业银行资产规模快速增长

近年来广西的地区生产总值增长速度居于全国前列，广西地方性商业银行的成长速度也非常喜人，不到十年的时间里桂林银行、柳州银行、广西北部湾银行的总资产分别扩大了 20 倍、10 倍、8 倍。2017 年，广西地方性商业银行共发放贷款 2008.43 亿元，而广西经济的发展则给这三大地方性商业银行带来了 29.32 亿元的利润总额。2017 年广西第一、第二、第三产业对地区生产总值的贡献率分别为 8.3%、41.9%、49.8%，仅仅工业的贡献率就达 37.6%。由表 5-1 可知，桂林银行、柳州银行、广西北部湾银行投放贷款主要集中于第二、第三产业，前三位主要是批发和零售业、制造业和房地产业。而批发和零售业及房地产业正是广西服务业快速发展的关键，制造业是广西第二产业发展的核心。由此可见，广西经济和广西地方性商业银行二者之间的关系是互惠互利、相辅相成的。广西经济的发展给广西地方性商业银行带来发展空间，广西地方性商业银行又为广西经济提供资金支持。

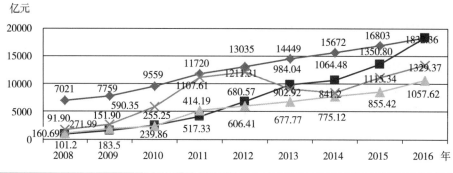

资料来源：国家统计局，桂林银行 207—2016 年年度报告。

图 5-4　近年来广西地区生产总值和广西地方性商业银行资产总额增长情况

另外，广西地方性商业银行最明显的特点是将当地的中小企业和个体工商户以及居民作为核心市场和服务对象。广西北部湾银行的发展重心在北部湾经济区，总部位于广西南宁，其主要业务也集中于北部湾经济区，后经扩展，网点才延伸到中国—东盟自由贸易区，桂林银行和柳州银行也同样如此。因此相比大银行而言，这些银行与当地经济的发展关系更加紧密，对当地经济发展的好坏极为敏感。而因为商业银行主要服务地区和影响范围围绕总部向外延伸，主要服务对象也是当地的中小企业、个体工商户和居民，公司文化会以当地文化作为基础，因此会具有浓厚的地方气息。

表 5－1　　　　2017 年广西地方性商业银行贷款投放前三位行业及其分布情况

排名	桂林银行		柳州银行		广西北部湾银行	
	行业	占总贷款的比例	行业	占总贷款的比例	行业	占总贷款的比例
1	批发和零售业	11.60%	批发和零售业	40.06%	批发和零售业	12.54%
2	制造业	13.06%	制造业	18.02%	制造业	11.31%
3	房地产业	16.61%	房地产业	12.33%	房地产业	6.08%

资料来源：桂林银行官网、柳州银行官网、广西北部湾银行官网。

（二）与国有控股商业银行相比，地方性商业银行影响力有待提高

2017 年广西北部湾银行、桂林银行、柳州银行的总资产分别为 1590.3 亿元、2272 亿元、1175.5 亿元，营业网点分别有 77 个、72 个和 107 个。广西北部湾银行的设立是为了响应北部湾经济自贸区的建设，其影响力网罗左右江革命老区、西江经济带和北部湾开发区，共十个地级市。在其 19 个分行里，南宁市内占 10 个，总行也设在南宁市。桂林银行 72 个营业网点中有 35 个位于桂林地区，影响范围以桂林地区为主，2017 年底桂林银行才在百色市建立分行，影响力才逐渐扩大到广西西部地区。柳州银行 107 个营业网点中有 56 个位于柳州市辖区内，在广西 14 个地级市中，柳州银行只在 8 个市设立了分行（包括柳州市在内）。广西三个地方性商业银行的影响范围都以该银行的所属地管辖范围为主，三个地方性商业银行的总资产之和也没能超过同时期广西农村信用社的总资产。同时期国有控股的五大行中，2017 年中国银行的总资产更是达到 19.47 万亿元，全球有 10145 个分支机构，仅广西就有 292 个营业网点。中国工商银行 2017 年的总资产更是达到了 26.08 万亿元，仅在广西就有 443 个营业网点。其影响范围遍及大江南北，并影响着国际市场。相比之下，不论是广西北部湾银行还是桂林银行或是柳州银行的资产规模就显得非常渺小。与广西农村信用社相比，广西三个地方性商业银行单在营业网点数量上就相差甚远，广西农村信用社在广西有 2380 个营业网点。一般来说，国内大型企业甚至是跨国经营的公司一般都会跨越地域的限制进行资源的优化配置，拓展市场和业务范围，这些企业在发展中毫无疑问都需要与相应的区域性银行、跨国银行以及集团银行保持紧密的合作关系。广西地方性商业银行自身的局限性，不仅在资产规模上，而且在服务水平、网点覆盖的周密性乃至业务专业化水平等方面，很难符合大型企业的需要，因此，这也就决定了它们主要服务于当地中小企业和居民。

（三）广西地方性商业银行的自主性受到干扰

广西地方性商业银行和国内的其他地方性商业银行一样，从出生到发展壮大都与地方政府保持密切的联系。这对地方性商业银行来说，利弊共存，例如桂林银行的发展，在发展过程中就得到了地方政府的大力支持，但受地方政府的干扰也很大。地方政府为了追求政绩，会将解决重大工程和处置企业的融资问题及肩上发展经济的担子转移到地方性商业银行的身上。对地方政府而言，地方性商业银行的快速发展可以带动诸多企事业的发展，可以增加地方的利税。除此之外，地方性商业银行引起的链式反应可以为当地提供更多的就业岗位，有效缓解当地的就业压力。不容忽视的是，地方性商业银行是地方政府为项目进行融资、安排资金的最佳渠道。一个地方性商业银行能够带来诸多好处，因而就会受到地方政府很大的影响。广西地方性商业银行都是年轻的银行，在风险识别和控制、合规经营、激励机制、内部控制方面还不成熟，往往会依赖于政府提供的平台，在做决策时很容易受到地方政府的干扰，银行的自主性也受到挑战。

（四）广西地方性商业银行市场竞争力不足

广西北部湾银行、桂林银行、柳州银行受其自身能力的影响，在市场定位和产品设计方面都趋向同质化，而这些同质化又导致了这些地方性商业银行在运行和管理方面的同质化。广西地方性商业银行都以中小企业和当地居民作为自身进军的市场和服务对象。例如，广西北部湾银行的定位是"服务本土经济、服务中小企业、服务社区居民"；而桂林银行的定位为"小企业伙伴银行、市民银行"；柳州银行的定位是"市民的银行，社区的银行，中小企业的伙伴银行"。在市场定位上相差无几。产品的设计和开发都是以当前流通的产品为参考，加以模仿和改进后成为自己的产品，没有进行自我创新，在产品开发上无法抢占先机，更不用说率先占领市场。

广西的这三个地方性商业银行在与其他大型商业银行进行竞争时主要依靠高存款利息来抢占市场、争夺客户。而其高贷款利率也让很多客户望而却步。本文将广西地方性商业银行和部分大中型商业银行的存贷款利率进行对比，在存款方面笔者选用的是最具有代表性的活期存款和定期存款中的整存整取的利率作为参考；在贷款方面，由于住房贷款利率差别不大就不参与对比，本文主要是对比这些银行短中长三个期限的贷款利率。由表5-2可以看出广西地方性商业银行的存款利率都比大中型商业银行要高得多，尤其是广西北部湾银行的存款利率相比中国银行和浦发银行的存款利率要高很多。在贷款利率方面（见表5-3），除了柳州银行的利率与中国银行和浦发银行的利率齐平之外，桂林银行和广西北部湾银行的贷款利率不论是短期中期还是长期都高于以中国银行和浦发银行为代表的全国性大中型商业银行。这就导致两个问题，一是虽然广西地方性商业银行以高存款利率吸引到储蓄资金，但是也极大地提高了营业成本；二是广西地方性商业银行在资产业务方面，尤其是在贷款业务方面处于劣势地位，很容易造成优质客户的流失，这也导致广西地方性商业银行在竞争中没有绝对的优势。

表 5 –2　　广西地方性商业银行与部分大中型商业银行 2017 年存款利率比较　　单位:%

存款类型		广西北部湾银行	桂林银行	柳州银行	中国银行	浦发银行
活期		0.4025	0.35	0.35	0.30	0.30
定期 （整存整取）	三个月	2.0250	1.54	1.54	1.35	1.40
	六个月	2.3250	1.82	1.82	1.55	1.65
	一年	2.6250	2.10	2.25	1.75	1.95
	二年	3.5250	2.10	2.73	2.25	2.40
	三年	4.5000	3.85	3.58	2.75	2.80
	五年	5.2250	4.00	4.00	2.75	2.80

资料来源：广西北部湾银行、桂林银行、柳州银行、中国银行、浦发银行官网。

表 5 –3　　广西地方性商业银行与部分大中型商业银行 2017 年贷款利率比较　　单位:%

贷款类型		广西北部湾银行	桂林银行	柳州银行	中国银行	浦发银行
短期		4.6	4.6	4.35	4.35	4.35
中长期	1～5 年	5	5	4.75	4.75	4.75
	5 年以上	5.15	5.15	4.9	4.9	4.9

资料来源：广西北部湾银行、桂林银行、柳州银行、中国银行、浦发银行官网。

（五）广西地方性商业银行获利能力不强

根据各行年度报告分析，在桂林银行和柳州银行的营业收入中，贷款业务收入和投资款项收入占比较大，其所占的比率分别为 37.35%、43.83%、6.51%、39.63%（见表 5 –4）。这也符合我国商业银行的现状：以传统信贷业务为主。相比国内股份制银行而言（本文以浦发银行为例），广西地方性商业银行最主要的区别在于非利息收入在总收入中的比例，由表 5 –5 我们可以清楚地看出桂林银行和柳州银行在非利息收入方面存在较大差距。在国内，非利息收入来源于支付结算、银行卡、代理类、基金托管和咨询顾问等业务，其中银行卡业务收益占据非利息收入的最大份额。从中可以看出广西在抢占市场方面的劣势，客户群体范围不广，客流量远比不上股份制银行，更何况国有大型商业银行。广西北部湾银行 2017 年年度报告中显示利息收入为 19.56 亿元，占营业净收入的 89.14%，由此可见广西北部湾银行的营业收入单一化。从表 5 –5 可知，广西北部湾银行、桂林银行、柳州银行的资产利润率分别为 0.54%、0.67%、0.07%，桂林银行的资产利润率刚刚压着 0.6% 的监管指标线，而广西北部湾银行和柳州银行的数据低于监管指标线，特别是柳州银行仅为 0.07%。在资本利润率方面，广西北部湾银行、桂林银行、柳州银行的数据分别为 6.86%、11.11%、0.86%，桂林银行也仅仅刚过 11% 的资本利润率监管指标线，而柳州银行和广西北部湾银行则没有达到监管要求。广西北部湾银行、桂林银行、柳州银行的成本收入比分别为 43.69%、32.95%、35.67%，均低于 45% 的监管标准线，仅广西北部湾银行接近监管标准线。综合来看，广西地方性商业银行的盈利能力都不强，仍有很大的盈利发展空间。

表 5 - 4　　　　　2017 年广西地方性商业银行与浦发银行业务收入分布对比

业务\银行	贷款业务收入	投资款项收入	手续费及中间收入	汇兑等其他非利息收入
桂林银行	37.35%	6.51%	4.02%	0.81%
柳州银行	43.83%	39.63%	2.04%	12.85%
浦发银行	48.95%	23.49%	16.24%	5.3%

资料来源：桂林银行、柳州银行、浦发银行官网。

表 5 - 5　　　　　2017 年广西地方性商业银行的盈利能力情况　　　　单位：%

项目	监管指标	广西北部湾银行	桂林银行	柳州银行
资产利润率	≥0.6	0.54	0.67	0.07
资本利润率	≥11	6.86	11.11	0.86
成本收入比	≤45	43.69	32.95	35.67

资料来源：桂林银行、柳州银行、浦发银行官网。

四、广西地方性商业银行存在的风险

（一）信贷领域拓宽，信贷风险因子增加

2018 年 7 月 10 日，国家发展改革委、教育部等十七个部门联合发布《关于大力发展实体经济　积极稳定和促进就业的指导意见》（发改就业〔2018〕1008 号）。该意见指出，要大力发展实体经济，着力稳定和促进就业，更好地保障和改善民生；深入推进创新创业，催生吸纳就业新市场主体。

针对经济社会发展传统动能减弱，新动能亟须培育推动的形势，广西壮族自治区党委、政府深入实施创新驱动发展战略以促进创新有序健康发展，大力推动"大众创业、万众创新"以调动微观主体积极性，新的力量新的动能不断发力，经济社会发展焕发新的活力。2017 年，全区新登记各类市场主体 47.37 万户，比上年增长 13.2%，平均每天诞生 1300 户左右。创新成果不断涌现，为新经济成长提供了强大的技术支撑。2017 年末每万人口发明专利拥有量为 3.81 件，比上年增长 27.0%。全年签订技术合同成交金额为 39.41 亿元，比上年增长 27.0%。随着 2017 年广西创业创新效果的显现，政府必将出台更加优惠的政策支持大众创业，广西北部湾银行在支持创业创新的过程中将作为重要的资金提供者，加大区内的创业需求的资金供给。而在创业创新的发展过程中，会带来诸多风险因子，这些风险因子将会给地方性商业银行的信贷业务带来挑战。

1. 房企风险和房贷管理风险日益增加

近年来，房地产业在快速发展的同时也积累了巨大的风险，而银行信贷中房地产贷款及住房按揭贷款占比越来越大，房地产行业在广西地方性商业银行的投资方案中占据至关重要的位置。房地产行业素有经济发展"火车头"之称，房地产行业对其他行业，

如制造业、建筑业、批发和零售业均有或多或少的作用。创业创新潮流的推进首先会推动房地产的兴盛。可以肯定的是，在创业创新潮流的推进过程中房地产行业将会以较高的速度发展。而广西地方性商业银行把控好对房地产行业的贷款非常重要，一方面对银行来说，房地产行业将会带来很高的收益；另一方面要承担相应的风险。房地产行业给银行带来的信贷风险有：房企风险和房贷管理风险。由于我国未来对待房地产方面的政策不确定，国家反腐力度加强、国家对不动产的管理以及地方政府的干扰对房地产业都有很大的影响，如果房地产出现销售障碍，那么对银行来说将会面临信贷风险。而在房贷管理方面，因为房地产业属于资金密集型行业，资金数额巨大，如果在贷款管理方面做不到位，就会增大信贷风险。

2. 客户信用级别信息不准确诱发信贷风险

广西在"一带一路"的区位优势和大力发展实体经济的作用下，带给投资者巨大的机遇，使得创业创新进程中，不断涌进优秀的人才，而这些人的生活环境、教育水平、工作环境、个人的思想不同，对银行贷款而言，将会加大审批的难度。因为没有往年的数据作为对比，银行很难确定客户的信用级别，如果仅靠近段时间的数据，或者征信系统来了解借款人的资信情况可能不够全面。而这往往就是引起信贷风险的关键因素。

3. 服务的区域性导致信贷风险过于集中

地方性商业银行自身具有较强的地方色彩，其主要服务于地方经济。例如，广西北部湾银行主要服务于南宁市，在其 77 个网点中，有半数以上是在南宁地区。这种强烈的地方色彩在城镇化过程中会加剧其弊端的凸显：被动型、管理难、关联性大。因为广西北部湾银行的总部和半数网点是在诞生地，可以说南宁地区是广西北部湾银行赖以生存和发展的土地，南宁地区的存款对广西北部湾银行来说非常重要。一旦在贷款方面与南宁地区的借款人不能达成共识，广西北部湾银行就显得很被动，贷款管理的难度也会增大。尽管桂林银行、柳州银行正在努力跨区提供服务，但服务的区域还是相对集中。

（二）政府干预导致地方性商业银行信贷风险加大

近年来广西的基础设施建设发展非常迅猛，作为基础建设的重要资金提供方的广西地方性商业银行面临着来自国内和国外的信贷风险。地方性商业银行在其发展过程中受到政府的影响是巨大的，推动经济结构调整和转型升级，是当前广西经济工作的战略重点，同时，基础设施建设是广西实体经济发展的短板。广西地方政府投身于基础设施建设，而由于广西特殊的地理位置，基础设施建设涵盖国内外地区，地方性商业银行当然也会成为其融资和调节资金的重要渠道。由广西 2017 年统计年鉴了解到，2016 年广西基础建设投资共计 7988 亿元，而来自国内的贷款有 1011 亿元，其中地方贷款 938 亿元。地方性商业银行主要服务于区域经济的特点决定了其必然会受到政府干扰，政府会将自身受到的压力转移到银行身上，由此影响银行的战略判断，从而加大信贷风险。另外，在政府积极推进项目促进投资的前提下，还可能出现这些投资项目的存在与实际诉求脱轨、规划不清的问题，后续建设会存在重复建设、总体过剩或者项目承载性差的局面，最终使资金迟迟无法回收，造成信贷风险，而这些问题将会导致流动性风险、战略风险和更加复杂的市场风险，从而使信贷风险更加尖锐。

（三）同业竞争压力引发信贷风险

广西落后的经济，直接导致广西各个行业人力资源，特别是经济金融类人才匮乏。这与我国经济金融最为发达的长三角地区和珠三角地区相比差距尤为明显。在"引银入桂"战略实行以后，浦发银行、招商银行、兴业银行、广发银行、中信银行、华夏银行、民生银行等全国知名的股份制银行纷纷进入广西设立分行，不仅争夺原有地方性商业银行的市场和客户资源，也分流了广西地区原有的经济金融人才资源，使广西地方性商业银行的发展步履维艰。国有商业银行基于品牌、规模和实力、较为完善的管理机制以及有效的晋升和激励机制成为区内金融人才的心仪之地。全国股份制商业银行与广西地方性商业银行相比，在工作环境、压力、成长空间、待遇、管理模式等方面都有很大的优势，也就成为区内外金融人才的第二选择。广西地方性商业银行当前虽然壮大的势头猛烈，但是其规模与国有商业银行和全国性股份制银行相比依旧如天冠地履。其规模小、影响范围小、服务对象主要是当地中小企业和个体工商户的特点使其在"引银入桂"战略中，在对外贸易发展迅速的背景下，面临很大的竞争压力，这也是引起信贷风险的重要原因。其风险集中表现为以下几点。

1. 同业竞争加大信贷风险

"引银入桂"战略实施以来，全国知名的股份制银行纷纷进入广西，争夺广西地方性商业银行的市场和客户资源。广西北部湾银行同质化、粗放式的发展模式，与精细化、个性化的全国性股份制银行相比处于劣势地位。广西北部湾银行的优质资源必然会受到其他银行的强力抢夺。在服务实体经济下，广西的信贷市场进一步扩大。而为了在竞争中稳固自己的地位，在广西的金融业中有一席之地，广西北部湾银行会参与到"储蓄大战"和抢夺客户的竞争中，但广西北部湾银行在竞争中的优势并不大，只能通过放低贷款的标准、加大关联交易、进一步利用当地民族的区域情感以及以优惠利率和扩大授信额度来维持老客户等措施来扩大自己的竞争优势。由广西北部湾银行 2017 年年报可知广西北部湾银行最大的贷款客户行业分布占比排前四位分别为：批发和零售业（12.54%）、制造业（11.31%）、房地产业（6.08%）、建筑业（6.07%）。这就会引发很多的风险问题，如贷款质量不高，关联交易数额持续增大，贷款区域、行业集中化。这些都会加大其信贷风险。

2. 地方性商业银行自身管理问题导致信贷风险加大

"引银入桂"战略开展以来，众多国有商业银行分流了原本就缺乏的经济金融类的人力资源，而地方性商业银行因为其规模小、影响范围小、资本不够雄厚和管理与激励机制等问题很难吸引到更多高素质的人才。对外经济贸易快速发展，加上地方性商业银行自身的规模和不成熟的管理和激励机制，使人才缺乏的弊端更加凸显。人才的缺乏给地方性商业银行的业务带来了很多困扰。如贷前调查不细致，对抵押物估值过大，贷中执行不严格，对资产管理不到位，贷后监督力度不足等问题，甚至会出现只贷不管、以贷谋私的情况。从而导致短借常用、此借彼用、企业信用评级过高等问题，最终加剧了信贷风险的产生。

（四）外资银行的冲击导致地方性商业银行风险增加

广西壮族自治区政府出台《广西招商引资三年行动计划（2016—2018 年）》后，广西的招商引资力度明显加强。随着国务院《关于促进外资增长若干措施的通知》的下达，外资进入国内的限制明显减少，引进外资的规模将会进一步扩大。外资进入广西后将为区内经济注入活力，也会冲击广西地方性商业银行原有的发展模式，埋下新的信贷风险的种子。

1. 外资银行业务优势冲击地方性商业银行

国务院在通知里明确将放松对外资跨入金融业的准入限制，也就是说，外资银行可以进入广西设立分行。海外的一些国家在金融方面的研究比国内的要更深刻，国外的银行发展时间比国内的更为长久，在管理和业务方面的经验更加丰富。外资银行参与到广西的金融体系中后，广西地方性商业银行将面临"吃剩饭"的问题。外资银行的中间业务成熟，外汇业务领先，金融创新能力很强，即使短时间内无法抢夺国有大型银行的市场份额，但是随着时间的推移，外资银行的业务被认可后，广西地方性商业银行的优质客户可能会选择业务能力更强、管理能力更好、盈利水平更高、服务更为完善的外资银行。而且外资银行在人才培养和薪酬待遇方面比广西地方性商业银行要好，广西地方性商业银行将再一次面临人才流失的风险。被外资银行"过滤"后留下的客户在信用或者偿债能力方面会存在或多或少的不足，地方性商业银行没有更多的选择，只能降低放贷标准吃"剩饭"，加上人才的流失，地方性商业银行在风险识别、计量、检测、控制方面可能不到位，这就为广西地方性商业银行可能"吃坏肚子"埋下伏笔。

2. 信息不对称累积信贷风险

外资如果不是以外资银行的形式进入广西，则将会通过两个方式影响广西地方性商业银行：一是以外资入股银行，参与管理，二是设立企业。广西地方性商业银行的贷款前三个行业分别是批发和零售业、制造业和房地产业。从广西统计局发布的 2017 年广西利用外资情况分析中可以看到，广西在 2017 年实际利用外资达到 50 亿元，在利用外资的方式上以中外合资企业和外资企业为主，二者大约各占一半。在行业分布上，外资注入制造业的额度占实际利用外资总额的 71%，这与广西地方性商业银行贷款的投放方向有所切合。随着企业数量的增加，贷款需求也随着增加。一般来说，外资企业具有较高的信誉和良好的还款能力，成为银行争相夺取的"优质客户"，加上为了引进外资，当地政府还允诺诸多好处，外资企业可能会利用银行间的竞争和政府迫切引进外资的态度为自己谋好处，如要求提高授信额度、信用贷款和降低贷款利率等，地方性商业银行因为与地方政府特殊的联系，在决策上会受到地方政府的干扰，加上其本身在同业竞争中处于劣势地位而盼望地方政府在其中牵桥搭线，最终将选择妥协。由于外资企业一般都具有跨国背景，广西地方性商业银行在审查过程中很难了解到详细的信息，对外资企业的基本情况、贷款可能带来的风险了解不清，对外资企业的财务状况没有诸多的参考从而很难估计其授信情况。加上广西地方性商业银行本身的风险控制制度就不完善，综合性人才缺乏，最终会干扰到银行的判断，可能会使授信额度过高超出可控风险的范围，因为信息不对称而导致道德风险和逆向选择。银行也就面临资金难以回收的风险。

（五）旅游业发展的不确定性激发信贷风险

服务实体经济作为出发点和落脚点，进一步聚焦国家"一带一路"倡议，广西与东盟的人文交流进入新的发展阶段，直接带动了广西交通运输业、旅游业以及教育行业的发展，其中，以旅游业发展最突出。2017 年，广西全区旅游共接待境外游客 512.44 万人（其中，东盟国家入境旅游 124.5 万人次），境外游客消费达到 144.8 亿元，2013 年该数据分别为 391.54 万人和 96.1 亿元。旅游业在此刺激下发展迅速，在广西 754 个旅行社中桂林地区的旅行社有 267 家，排名区内第一。根据广西最新的旅游业规划可知，广西旅游业到 2020 年国际旅游消费的总目标是 152 亿元（约 24.5 亿美元），设立 35 条国际航线，并利用发挥桂林景区的招牌，建造大旅游圈，以桂林国际旅游胜地带动广西旅游业前行，建设更为完善的旅游产业体系。当前很多区内的旅行社与东盟国家的旅行社建立了合作关系，并将业务拓展到境外。作为广西区内的地方性商业银行在广西旅游业有着不可推卸的责任。当前广西地方性商业银行累计为旅游业提供近 20 亿元的贷款，为广西旅游的发展注入新的活力，在这良好的发展势头下，广西地方性商业银行将会看好旅游业，并继续加大贷款金额，但是区内入境游客主要来源于东盟各国，而中国在南海问题上与东盟部分国家存在争议，政治环境并不安定稳固，一旦发生争端，对广西旅游业尤其是业务面向东盟的旅游公司来说将会蒙受很大的损失，广西地方性商业银行也会因此产生信贷风险。

（六）"三农"项目的高风险性增加信贷风险

广西大力实施中央农村一二三产业融合发展项目，农村一二三产业融合发展的目的在于进一步提高农业质量效益和竞争力，增强农村发展活力，推动农民持续较快增收。广西积极探索发展多种类型的农村产业融合方式，培育多元融合主体，建立多形式利益共享机制和实现机制，延伸产业链，提升价值链，拓宽增收链，在实施农村一二三产业融合发展项目上闯出了新路子，开创了新格局。同时，广西将鼓励和支持银行业金融机构到县域设立分支机构、营业网点，增设面向小微、"三农"的专营机构。鼓励各金融机构在县域发起成立村镇银行，加大推进空白县域发展力度。2017 年县域"三农"金融服务室数量新增 30% 以上，到 2020 年将基本实现行政村全覆盖。在加大县域信贷投放力度方面，突出"三农"、工业转型升级、中小企业发展、民生保障等重点，以县域特色小镇、产业园区、农业示范区和旅游项目发展为重点，加快金融业务和产品创新。随着"三农"新格局的形成，广西地方性商业银行对"三农"的扶持不可缺少，但如果加大信贷投放力度就会增长其自身的不良贷款的不稳定性，就会产生更多的信贷风险。

（七）小微贷款积累信贷风险

"互联网＋创业创新"行动是国务院《关于积极推进"互联网＋"行动指导意见》中提出的重要意见，而中小微企业是"互联网＋创业创新"的主力军，是国家经济包容性增长的基础，促进中小微企业的发展，是保持国民经济平稳较快发展的重要基础，是关系民生和社会稳定的重大战略任务。截至 2017 年末，广西小微企业贷款余额为 4453.52 亿元，同比增长 17.81%，高于同期各项贷款增速 5.28 个百分点，广西支小再贷款限额为 65 亿元，已使用 50 亿元，余额同比增长 31.58%，使用率高达 76.92%。支小贷款开办以来，累计发放 23 笔，共计 140 亿元，有效增强了金融机构的资金实力，至少撬动金融机构扩大小微信贷投放 210 亿元，为实体经济注入资金。随着小微企业数量迅猛增长，其对贷款的需求增大，金融机构的贷款投放也将增大。由于小微企业的经营状况难以稳定，其中有部分行业的利润率过于低下，难以达到银行放贷的要求，而政府要求降低小微企业的融资成本，银行就会增加坏账的可能性，可能会面临信贷风险。

五、广西地方性商业银行的风险防范

（一）从广西地方性商业银行自身角度

1. 完善现代银行法人治理结构

在服务实体经济视角下，地方性商业银行滋生信贷风险的根源在于没有建立和完善起现代银行的管理和组织机构，目前其组织结构是传统的总分行结构，机构设计上也符合现代的管理要求，设置了股东大会、董事会、监事会三大机构，实现所有权、运营权、监督权三权分立，但是在实际运行上，股东会对董事的经营决策进行干扰，董事有时可以作出超出自身权利的决定，而监事会却无法真正监督董事。银行的大股东里有半数以上是有国企或央企背景，因此政府通过股东就能干预到银行的决定。因而，地方性商业银行要更加规范股东大会、监事会、董事会、高级管理层的议事制度和决策程序，明确各方的权利义务，尤其要健全以监事会为核心的监事制度。如此才能逐步降低政府对银行的影响。

2. 健全完善内部控制制度

当前，广西地方性商业银行的内控制度最主要的问题是没有明确划分股东、董事会、监事会、高级管理人员、经理人员各自的责权利。例如，广西北部湾银行中小企业信贷中心客户经理黄雁违法放贷 230 万元一案，就说明其没有处理好责任与利益之间的联系。当前普遍存在信贷员参与放贷审批过程，广西北部湾银行也不例外。如此看来，广西地方性商业银行应进一步健全和完善自身的内控机制，不能单纯学习国有商业银行的形式而不学习其精神内涵，要以全面有效、审慎独立为原则，将内部控制深入每一个业务和每一个工作环节中，确立良好的企业灵魂与内控文化，并确定内部控制的权利，建立严密的控制机制，对风险的进行事前防范、事中控制、事后监督和纠正。平衡好各方的权利和利益，从而减少在城镇化过程中因决策失误和泛滥的放贷而带来的风险。

3. 建立完善的人才管理制度

广西地方性商业银行在服务实体经济下面临风险问题的原因也包括缺乏专业能力强、综合素质高的经济金融类人才。而导致这个问题的原因主要有三个，一是广西专业性很高的高等财经类院校很少，地区经济金融类人力资源匮乏；二是广西金融业不发达，人才外流；三是在人才竞争和培养方面不占优势，导致优秀人才纷纷跳槽。而地方性商业银行要应对信贷风险，必须建立完善的人才管理制度，才能招得到人才，留得住人才。首先要改变当前的"有关系者上"和"有上没有下"的晋升制度，应通过多渠道进行考核，在公平、公正、公开的基础上采用"达者为先，优者先上"的晋升制度。而在人才培养方面则是采取专业化针对性训练和培养等措施提升员工专业能力，并进一步主动招聘国内外风险管理行业精英，从员工中抽选优秀人才进行综合培训作为管理干部储备，从而建立一支技术够硬、能力够强、综合型的风险控制团队。其次逐步推进全行信贷等级管理制度和升级鼓励制度，从而建设更专业的信贷队伍。

（二）从市场角度

1. 明确市场定位，加强创新

市场定位是银行前进的路灯，关系着银行的生死存亡。广西地方性商业银行本着"立足广西、立足中小、立足社区，面向东盟、服务三南、融通全球"的战略定位，服务广西经济和广西北部湾经济区开放开发以及中国—东盟自由贸易区建设。广西地方性商业银行的市场定位几乎一致，在经营过程中面临着与国有商业银行和股份制银行，甚至是外资银行的惨烈竞争，这是广西地方性商业银行面临信贷风险的主要原因之一。为了从根本上应对风险，广西地方性商业银行必须加强金融创新，主动优化金融供给，不断满足新时代金融消费者新需求，争夺优质客户，减少信贷风险的产生。一是可以打造集网点、自助设备、农村金融服务室、移动终端、互联网金融平台于一体的金融服务网络，打造服务客户的移动化支付钱包、金融超市等。二是加强产品创新。以品牌为基础，不断打造品牌相关系列金融产品，提升智慧金融、科教金融、国际金融、县域金融及保全金融等特色金融品牌。围绕与生活相关的"衣、食、住、行、游"等场景，加强与支付宝、微信等网络支付端的合作。三是加强流程创新。加强与金融科技公司的合作，提升大数据的收集、共享、研究、利用水平，以此优化流程，延伸服务范围，有效提高客户的金融服务体验。

2. 坚持差异化特色发展策略

广西地方性商业银行要想在激烈的竞争中抢夺到优质客户，减少次级客户以减少信贷风险，就必须进行差异化特色发展。首先是定价的差异化。地方性商业银行在存贷款利率方面都比国有银行和股份制银行高，因而在贷款业务上处于劣势。这时地方性商业银行就必须进行差异化定价，先要将市场细分，将客户细分，然后对优质的客户和次级的客户、发展速度和盈利能力不同的行业，在综合分析借款企业的经营状况、还款能力、信用评级之后，谨慎使用对产品的定价浮动权，要确保自己的定价不能偏离实际再针对不同等级的客户采取不同的定价，在存款方面也不能"一刀切"，应根据地区的不同，同地区的存款压力的不同，确定存款利率，在保证满足客户的期望的同时降低利息成本。其次是产品和服务的差异化。将客户的需求细分，按照不同的功能和需求进行不同程度的服务。最后是经营重心差异化。地方性商业银行要学会利用其本身的灵便性，根据每个地区的行业发展、政府的支持方向以及当地人民的生活习惯，将业务进行差异化发展，力争最大限度地迎合当地的经济发展。在市场需求、政策方向发生转变时迅速调整自己的经营方向，最早最快地选择最优的客户。

（三）从信贷投放角度

1. 扩大服务范围，削弱地方性风险和行业风险

地方性商业银行的发展有很强的地方性，主要是因为其在发展过程中依赖于地方政府和当地人民的支持。例如，广西北部湾银行有过半的客户来自南宁地区，大部分业务集中在南宁地区，而其前三大投放贷款的行业（房地产业、批发和零售业、制造业）就占贷款总额的22.93%。为了削弱广西北部湾银行承担的信贷风险，北部湾银行未来需要将业务扩展，将资金合理分配到其他行业和其他地区。将自己的影响力覆盖到广西各地区，分散过于集中的贷款，各个地区对于本地区的资源各有其倾向，因而行业发展的优惠政策也有所倾向。广西北部湾银行将贷款分散到各地区也有利于地方性引起的地方性风险的分散和削弱。其他地方性商业银行也应扩大服务的地域范围和行业范围，以此减少过于集中的信贷风险。

2. 加强抵押物控制，减少外资注入带来的风险

广西地方性商业银行把服务实体经济作为出发点和落脚点，进一步聚焦国家"一带一路"倡议和广西"三大定位"新使命，其信贷风险还来自外资注入带来的风险因子。外资企业可能会利用招商引资时的优惠政策、地方政府的应诺以及已经银行在竞争中的地位来要求银行提供可能会带来信贷风险的贷款，而针对这些情况，地方性商业银行应当尤为重视风险的防范，坚持风险控制的标准，要求其提供相应的抵押物或者质押物，同样也应该要求外资银行提供第三方信用担保，以此保证自身的资金安全。通过这个方式可以转移自身承担的风险，大大降低信用风险产生的可能。

3. 控制风险成本，降低服务业带来的风险

对银行而言，风险补偿就是要对自身承担的风险进行定价，即充分考虑风险因素后在贷款中进行定价，对于信用等级比较高的客户，可以采取优惠利率的方式放贷，而对于信用等级比较低的客户，就采取较高的利率放贷。"一带一路"倡议增进了广西与东盟各国的联系，从而带动了广西交通运输业、旅游业的发展，但是由于历史和政治等因素，风险由外而内，广西地方性商业银行在给这两个行业贷款定价时必须考虑其中的风险成本，以此减少信贷风险的影响。

（四）合作共赢，提高市场竞争力

广西地方性商业银行的资产规模和影响范围在与国有商业银行和全国性股份制商业银行相比时显得很渺小。其规模小、影响范围小，从而影响其业务的发展，在同业竞争中处于劣势地位。广西北部湾银行、柳州银行和桂林银行不论在市场定位上、影响范围上还是业务经营上都不冲突，如果广西北部湾银行和其他两家银行联合起来，整合成一个影响力较大的银行，那么其总资本将近 5000 亿元，在广西范围内鲜有对手，拥有强大的资产总额就意味着应对风险的能力更强一些，也有更多用于风险监控的资金，人才培养方面的资金也更加充足，盈利能力也随之上升，在跨区域发展和参与区内竞争中都能保持较大的优势，从而抢占更多的优质客户，占领更大的优质市场，从而大大减少信贷风险。

参考文献

［1］龚舒宇．对"对金融要回归本源"的再思考［J］．理论与探索，2018（97）．

［2］郑志英．对金融服务实体经济的思考［N］．金融时报，2018－03－26．

［3］孙凌云，臧建玲．商业银行信贷风险成因及应对措施［J］．商业经济，2018（5）．

［4］崔瑜．2017 年广西金融业发展回顾及 2018 年展望［J］．区域金融研究，2018（1）．

［5］王观，张双双．服务实体经济 金融加大力度［N］．人民日报，2018－07－15．

［6］霍天翔．新时代银行服务实体经济探析［J］．银行家，2018（1）．

［7］钱箐旎．银行业：回归本源 服务实体［N］．经济日报，2018－01－15．

［8］胡倩．金融服务实体经济初探——以广西为例［J］．市场论坛，2017（12）．

［9］黄盛文．深化金融改革 促进广西经济持续健康发展［EB/OL］．［2017－05－22］．广西金融学会．

［10］深化金融改革 助推广西腾跃［N］．广西日报，2014－04－12．

［11］广西壮族自治区统计局．2017 年广西壮族自治区国民经济和社会发展统计公报［DB/OL］．广西壮族自治区统计局．

［12］韩祖海．砥砺奋进 成绩斐然——《2017 年广西统计公报》评读［DB/OL］．广西壮族自治区统计局．

［13］广西壮族自治区金融办公室．我区发挥再担保公司作用推进政府性融资担保缓解小微企业融资难贵问题［DB/OL］．广西壮族自治区金融办公室，2018．

［14］向志强．广西：九方面强化金融支持县域经济力度［N］．新华网，2017－08－08．

［15］周骁骏．助力中小微企业创业 2017 广西"互联网＋"创业节正式启动［N］．

中国经济网, 2017 - 08 - 03.

[16] 关于广西壮族自治区 2017 年国民发展计划执行情况与 2018 年国民经济和社会发展计划草案的报告 [N]. 广西日报, 2018 - 02 - 04.

[17] 罗军. 贯彻时代新思想新要求　奋力打造中国—东盟自贸区一流区域性银行 [J]. 广西北部湾银行, 2018 (3).

[18] 北部湾银行总办公室. "势" 踏征程——看广西北部湾银行如何推动高质量发展 [J]. 广西北部湾银行, 2018 (3).

[19] 刘亚蕾. 我国商业银行中小企业信贷风险管理研究 [D]. 成都: 西南财经大学, 2012.

[20] 马文捷. 服务实体经济视角下我国商业银行普惠金融风险防范研究 [J]. 现代金融, 2017 (39).

[21] 张晨龙. 商业银行小微企业贷款业务与风险控制研究 [D]. 济南: 山东农业大学, 2014.

[22] 王一淞, 张亚坤. 我国商业银行对中小企业贷款风险分析 [J]. 东方企业文化, 2012 (15).

[23] 万斌. 探析我国商业银行信贷风险管理中存在的问题及应对策略 [J]. 东方企业文化, 2012 (17).

[24] 姜翔程, 孔唯, 乔莹莹. 供给侧改革背景下商业银行信贷风险管理的行业思维 [J]. 管理现代化, 2017, 37 (6).

[25] 刘云. 商业银行信贷风险及对策分析 [J]. 时代金融, 2018 (4).

[26] 董婧. 新常态背景下商业银行信贷风险及管理措施 [J]. 中国国际财经, 2018 (4).

[27] 陈丹. 供给侧改革背景下我国商业银行信贷风险的防控 [J]. 产业与科技论坛, 2018 (3).

[28] 孙伟超. 商业银行信贷资产风险及防范措施 [J]. 经贸实践, 2018 (2).

[29] 朱世明. 浅谈商业网银行信贷风险防范 [J]. 财经界, 2018 (2).

[30] 叶香. 经济下行期我国商业银行信贷风险管理研究 [D]. 南昌: 江西财经大学, 2018.

(执笔人：陈超惠)

6. 广西银行业的 SWOT 分析报告

银行业是现代经济赖以发展的重要支撑。2017 年，广西银行业金融机构资产总额为 35891.46 亿元，同比增长 8.51%，全年新增存款 2420.84 亿元，金融机构本外币各项存款余额为 27899.64 亿元，同比增长 9.51%，银行业对地区生产总值的贡献度占第三产业的比重逐年上升。稳增长、促改革、惠民生、防风险，银行业为广西经济社会平稳发展持续提供金融动能，奠定坚实发展的经济基础。

但 2017 年以来，广西产融结合速度放缓，银行业金融支撑力量仍未有效充分发挥。这一方面是由于国内外经济形势更趋复杂，美国贸易保护主义的抬头和针对中国制造的一系列征税措施，恶化了中国国内外贸易环境，产业发展面临艰难困境。另一方面广西银行业法人金融机构数量少，资本充足率、核心一级资本充足率比较低，以及银行业组织体系、服务体系、监管体系还不健全等问题，桎梏了银行业动能的发挥。

党的十九大报告指出要构建现代金融体系，服务实体经济。作为金融业核心的银行业，"回归本源"，脱虚向实，是当前一段时期内金融业供给侧结构性改革的重中之重。当前广西深入贯彻"四大战略"和"三大攻坚战"，尤其是西部陆海新通道建设，广西作为陆海新通道建设的出海口和重要节点，为广西加快银行业供给侧结构性改革，进一步充分发挥银行业金融支撑力量，带来了新的机遇和挑战。因此，研究和剖析广西银行业当前存在的难点和未来发展的重点尤为迫切和重要。

一、广西银行业发展现状

近年来，随着广西金融业去杠杆的有序推进，金融业呈现出"增量创新高、信贷增长快、利润稳回升"的良好发展趋势。在这种良好发展背景下，广西银行业稳健经营，资产总额和负债总额均稳步上升，资产质量不断改善，区域银行业体系总体保持稳定。

（一）银行业金融机构情况

从银行业非法人机构统计来看，驻桂非法人机构数相对较少。截至 2017 年末，广西辖内银行业非法人机构仅 22 家。其中除 3 家政策性银行、5 家国有大型商业银行和 1 家邮政储蓄银行入驻外，股份制商业银行入驻 8 家，外资银行入驻 4 家，仅有 1 家财务公司。从银行业法人金融机构统计来看，截至 2017 年末，银行业法人金融机构有 145 家。其中，小型农村金融机构、新型农村金融机构占绝大多数，分别为 95 家和 45 家，另有城市商业银行 3 家、财务公司 1 家、金融租赁公司 1 家。

从银行业网点布局统计来看，截至 2017 年末，广西辖内银行业网点共 6297 个。其中，大型商业银行、小型农村金融机构、邮政储蓄银行网点布局密集，其网点数分别为 1982 个、2392 个、969 个；城市商业银行、新型农村金融机构、股份制商业银行、国家开发银行和政策性银行紧随其后，网点数分别为 437 个、238 个、206 个、66 个；另有外资银行网点 4 个、财务公司 2 个、金融租赁公司 1 个。银行业从业人数为 91368 人，资产总额达 35981 亿元。

2017 年，广西加大"引金入桂"战略部署，中国进出口银行首次成功入桂，同时广西健全金融机构体系，新设 4 家村镇银行，并加大农村信用社改制步伐，4 家农村信用社改制为农村商业银行。从总体来看，广西银行业金融机构数量持续增加优化，组织体系进一步健全。

表 6 - 1　　　　　　　　　　2017 年广西银行业金融机构情况

机构类别	营业网点			法人机构（家）
	机构个数（个）	从业人数（人）	资产总额（亿元）	
大型商业银行	1982	38448	12774	0
国家开发银行和政策性银行	66	17355	5274	0
股份制商业银行	206	4197	2627	0
城市商业银行	437	7927	4858	3
城市信用社	0	0	0	0
小型农村金融机构	2392	25020	7929	95
财务公司	2	52	165	1
信托公司	0	0	0	0
邮政储蓄银行	969	10442	1787	0
外资银行	4	89	52	0
新型农村金融机构	238	3416	385	45
其他	1	42	40	1
合计	6297	91368	35891	145

注：1. 营业网点不包括国家开发银行和政策性银行、大型商业银行、股份制商业银行等金融机构总部数据；
　　2. 大型商业银行包括中国工商银行、中国农业银行、中国银行、中国建设银行和交通银行；
　　3. 小型农村金融机构包括农村商业银行、农村合作银行和农村信用社；
　　4. 新型农村金融机构包括村镇银行、贷款公司和农村资金互助社；
　　5. 其他包括金融租赁公司、汽车金融公司、货币经纪公司、消费金融公司等。
资料来源：广西银监局、中国人民银行南宁中心支行、广西壮族自治区金融工作办公室。

（二）银行业资产负债情况

截至 2018 年第三季度，广西银行业金融机构资产总额为 38200.47 亿元，比上年同期增长 5.77%，比年初增长 6.17%。负债总额为 36758.90 亿元，比上年同期增长 5.39%，比年初增长 6.40%；所有者权益为 1441.57 亿元，比上年同期增长 16.38%。

表 6 - 2

表 6 - 2	2018 年广西银行业总资产、总负债情况（全金融机构）		单位：亿元
项目	第一季度	第二季度	第三季度
总资产	37411.22	38002.82	38200.47
比上年同期增长	8.21%	6.77%	5.77%
总负债	36044.21	36678.66	36758.90
比上年同期增长	7.81%	6.48%	5.39%
所有者权益	1367.01	1324.16	1441.57
比上年同期增长	19.50%	15.75%	16.38%

资料来源：广西壮族自治区金融工作办公室门户网站。

（三）银行业不良贷款情况

截至 2018 年第三季度，广西银行业不良贷款总额为 924.38 亿元，比第一季度增加了 490.34 亿元，不良贷款有所增加。不良贷款率为 5.77%，比第一季度减少了 2.44%，但比 2017 年末增长了 4.07 个百分点，不良贷款率增长很快。

总体来看，2018 年以来，虽然不良贷款率逐季下降，但不良贷款总额逐步上升，银行业监管机构要加强对银行业金融风险的监测分析。

表 6 - 3	2018 年广西银行业不良贷款及不良贷款率情况		单位：亿元
项目	第一季度	第二季度	第三季度
不良贷款	434.04	930.53	924.38
不良贷款率	8.21%	6.77%	5.77%

资料来源：广西壮族自治区金融工作办公室门户网站。

（四）银行业利润情况

截至 2018 年第三季度，广西银行业总利润为 382.31 亿元，比第一季度增长了 194.47%，增长势头迅猛。

表 6 - 4	2018 年广西银行业利润情况		单位：亿元
项目	第一季度	第二季度	第三季度
本年利润	129.83	253.60	382.31

资料来源：广西壮族自治区金融工作办公室门户网站。

二、广西银行业 SWOT 分析

（一）优势分析

1. 银行业生态环境不断改善

近年来，在国家和广西一系列有效、有序措施的推动下，广西经济呈现出缓中趋稳的良好发展态势。2017 年，全区经济实力显著提升，全区生产总值首破 2 万亿元大关，金融机构存贷款余额均突破 2 万亿元；三次产业结构不断优化，第三产业增长较快，服务业对经济增长的贡献不断提高；市场信心逐步恢复，新旧动能转换加速，经济热度、信心等多项指数均呈回升态势。

金融服务实体经济效能持续提升。2018 年 9 月，广西社会融资规模新增 437.96 亿元，社会融资规模稳步扩大。其中，本外币各项存款余额为 29961.19 亿元，本外币各项贷款余额为 25910.81 亿元。金融业规模稳步增长，金融服务实体经济效能持续提升。

信用体系、信用制度建设不断完善。近年来，广西社会信用体系向纵深推进，注册机构运用应收账款融资服务平台进行实体经济融资的机构家数、交易次数和交易金额不断增加。同时，农村信用体系建设不断推进，农户信用系统、农户信用档案加快推进，农村支付服务产品创新发展，普惠农村金融覆盖面持续扩大。

2. 银行业稳健经营

广西银行业资产规模持续扩大。截至 2018 年第三季度，广西银行业金融机构资产总额为 3.82 万亿元，比上年同期增长 5.77%，比 2017 年末增长了 6.17%。同时银行业盈利水平稳步提高，截至 2018 年第三季度，广西银行业总利润为 382.31 亿元，比 2017 年末增长了 0.8%。

银行业组织体系不断健全。近年来，广西持续采取"引金入桂"战略，不断引进政策性银行、股份制商业银行等金融机构入驻，新增村镇银行，大力发展农村信用社改革。截至 2018 年底，广西辖内有银行业非法人机构 22 家、银行业法人金融机构 140 家，逐步形成了以引进政策性银行、大型国有商业银行、股份制商业银行、邮政储蓄银行、外资银行入驻为导向，以壮大自治区城市商业银行、农村类金融机构为主要发展方向，以完善财务公司等其他类兼具存贷款性质的金融机构为附加的银行业发展格局。

银行业经营网点覆盖面广。银行业加快在广西设置物理网点和自助设备，截至 2017 年末，各类银行业金融机构在广西增设网点 6297 个。小型农村金融机构广布全区，共设置了 2392 个物理网点；大型商业银行覆盖面广，设置网点 1982 个；城市商业银行和股份制商业银行也分别设置物理网点 437 个和 206 个。银行业物理网点覆盖全区，意味着银行业有着强大的销售功能和服务空间。

（二）劣势分析

1. 银行业发展总体水平比较低

广西银行业总规模偏小。长期以来，广西经济虽然取得了长足发展，但在全国各省市中并不显著。2018 年上半年，广西国民生产总值为 8762.63 亿元，在全国仅排名第 19 位。在经济总量不具有明显优势的情况下，金融业总规模尤其是银行业总规模偏小，规模效益还没有显现。2017 年末，与全国银行业资产总额 252 万亿元相比，广西银行业总资产规模仅为其 1.4%，广西银行业总规模偏小。

广西银行业实力较弱。广西当前仅有三家城市商业银行，分别为广西北部湾银行、柳州银行和桂林银行。截至 2017 年 12 月 31 日，三家城市商业银行的总资产分别为 1550 亿元、1240 亿元和 2280 亿元，总资产规模并不突出。按照核心一级资本净额排序，在中国银行业协会发布的 2017 年"中国银行业 100 强榜单"中，广西仅有桂林银行一家法人城市商业银行上榜，排名仅第 89 位，远远落后于其他省市的城市商业银行，甚至其他省市的农村商业银行。

2. 银行业组织体系尚待进一步完善

广西银行业整体组织体系还不健全。从外部看，当前广西银行业组织体系中，非法人银行包括五大商业银行、邮政储蓄银行、股份制商业银行，它们在物理网点布局、银行业金融服务、银行从业人员总数上都优于广西法人银行。从内部看，当前广西银行业资产总额上，小型农村金融机构资产总额为 7929 亿元，远高于城市商业银行的 4858 亿元以及其他银行业金融机构。同时从银行业金融机构家数来看，也是小型农村金融机构覆盖范围广。但小型农村金融机构一般规模比较小，而且只覆盖了农村，以农村金融机构为主的银行业组织体系不具有竞争性，组织体系存在着明显的不健全。

"引金入桂"还有进步空间。当前广西有 2 家政策性银行、5 家国有大型商业银行和 8 家股份制商业银行设置物理网点。同时全国有百余家城市商业银行，但别的城市商业银行还都没有入驻广西。外资银行中只有星展银行、汇丰银行等 4 家入驻。这些数据显示广西吸引区外、境外银行的优势不明显，银行业组织体系还不健全。

3. 银行资产质量面临下行压力

银行业不间断涉险。近年来，广西银行业不断累积不良贷款，发生多起贷款违约事件。城市商业银行、农村信用合作社不同程度地累积不良贷款，其中广西北部湾银行和柳州银行均超过百亿元。

不良贷款有上升势头。2018 年以来，不良贷款从第一季度的 434.04 亿元急剧攀升到第三季度的 924.38 亿元，增长了 113%，不良贷款增长过快，银行资产质量面临着下行压力，这将加剧银行经营压力，进一步削弱广西银行业的竞争力。

（三）机会分析

1. 陆海新通道项目实施

为落实中央对重庆、广西、贵州和甘肃的发展定位和要求，加强区域联动与国际合作，2017 年，渝（重庆）、桂（广西）、黔（贵州）、陇（甘肃）一致同意依托中新（重庆）战略性互联互通示范项目（以下简称中新互联互通项目），共同建设中新互联互通项目陆海贸易新通道（以下简称陆海新通道）。2018 年 12 月 5 日，国家发展改革委牵头制定《西部陆海新通道总体规划》，西部陆海新通道项目逐步演化为国家战略。广西是陆海新通道的重要节点和海上出口，建设陆海新通道，将有效发挥广西的区位优势和发展地位，积极融入国家"一带一路"、长江经济带和西部大开发战略。

陆海新通道的建设，将有利于重构陆海新通道地区经贸格局，推动"中国制造""走出去"，同时有利于加快人民币国际化进程，构建现代化金融体系，形成陆海相连的区域命运共同体。陆海新通道衍生了通道基础设施建设、贸易融资、人民币跨境结算、外汇管理便利化、风险防范与防控等众多金融需求，这就为广西银行业的发展带来了机遇，将有助于广西银行业加快改革开放步伐，提升区域银行业服务水平。

2. 国家构建现代化金融体系

党的十九大报告首提"现代金融"理念，要求实体经济和现代金融并重，两者要协同发展，金融要回归实体经济，要形成"产业体系"，并明确要加快构建现代金融体系。

2018 年 6 月，中国人民银行等九部门共同编制《"十三五"现代金融体系规划》，从健全金融监管体系、建立现代金融监管体系、完善有效支持实体经济的金融服务体系等十个方面，对构建现代金融体系提出了新要求和新任务。广西出台的《广西"十三五"金融业发展规划》也指出要稳妥推进金融创新，扩大金融业双向开放等。金融业的一系列改革和创新制度与办法，都将为广西银行业加速发展带来新的发展机遇。

3. 支持发展战略实施的各项政策落实

广西面向东盟，是东盟国际大通道和西南中南地区开放发展的重要战略支点，"一带一路"倡议、大西南开放战略、陆海新通道项目等经济发展战略覆盖广西，同时北部湾经济区、珠江—西江经济带、左右江革命老区三大国家发展规划为广西经济发展提供了方向。

近年来，广西贯彻和落实各项经济发展战略，加快金融业供给侧结构性改革，不断提升广西金融业对外开放水平，"引金入桂"，吸引区外、境外金融机构入驻广西，这就为广西银行业发展提供优质工程项目，也为不断优化银行业组织体系、构建现代化银行业体系提供了机遇。

（四）威胁分析

1. 宏观经济形势渐趋复杂

从国际上看，中期挑战颇多。各国刚摆脱国际金融危机、欧债危机的泥潭，正在复苏。但美国民粹主义抬头，特朗普挑起的贸易保护主义争端加剧了世界经济的不稳定性，造成了当前及今后一段时期内全球经济预期下降、经济金融不稳定因素增多、各国汇率波动加剧等。

从国内看，我国供给侧结构性改革持续深化，经济进入新常态。一方面，经济保持稳步增长势头，通货膨胀持续处于低位，货币信贷和社会融资规模等各项指标表现良好。另一方面，随着社会经济外围形势恶化，民间投资意愿不足，民营经济融资困难，银行业结构性矛盾依然存在，同时支付宝、微信等对银行业造成"存款搬家"冲击，银行业经营环境持续受到冲击，造成银行业经营的不稳定因素增多。

从广西经济来看，广西经济增速缓中趋稳，产业结构不断优化。但总体来看，第二产业供给侧结构性改革缓慢，一些产业二次创新步履维艰，企业杠杆率较高，经济发展的基础还不甚牢固。银行业方面，银行体系转型升级、银行业组织结构优化都存在一些问题和潜在的风险。

2. 潜在金融风险隐患

近年来，广西银行业发生多起涉险事件，且涉险企业多属广西重要产业。2014—2015 年广西涉企金融风险急剧暴露，涉险金额快速增长，其中 2014 年、2015 年广西的涉险金额分别高达 291.79 亿元和 243.53 亿元。2016 年广西涉险金额为 473.96 亿元，对应的不良贷款余额为 246.07 亿元。同时涉企金融风险主要集中于地方法人金融机构，城市商业银行和广西农合机构均为涉险企业，其中广西北部湾银行和柳州银行的涉险金额均超过百亿元。

地方法人银行业金融机构资本实力薄弱，风险控制水平和自身抵御风险能力远远不如全国性银行机构，历年多发的涉险事件或将引致公众对地方法人金融机构的信任危机乃至区域性的金融风险。

3. 银行业人才匮乏

2017 年末，广西银行业从业人员有 91368 人，约占广西人口规模的 1.99%，银行业从业人员规模并不是很大。这主要因为当前广西的金融人才培育机制还不健全，薪酬水平、配套政策还不能吸引金融高端人才。

银行业高端从业人才的缺乏会限制银行业的金融创新，导致银行业不能有效准确掌握国内外经济发展态势、国家经济发展战略和思想等，进而制约了金融产品创新和服务创新。

三、推进广西银行业发展的对策建议

（一）加大"引金入桂"力度，优化广西银行业组织体系

落实中央"构建多层次、广覆盖、有差异的银行机构体系"的要求，加大自治区"引金入桂"措施的吸引力度，吸引股份制商业银行、区外城市商业银行和境外外资银

行到广西设置物理网点，形成分工合理、有差异的银行体系，促成开放性、政策性、商业性银行分工合作、相互补充的银行体系，引导银行金融机构回归本源、专注主业。

同时加快培育发展新型银行业金融业态。加快银行业改革步伐，壮大广西北部湾银行、柳州银行和桂林银行本土实力，鼓励三家城市商业银行新增网点布局，同时推进农村信用社等小型农村金融机构改革进程，加大普惠金融布局。

（二）创新信贷产品和服务，引领广西经济金融协调发展

银行业回归本源是当前银行业供给侧结构性改革的主旋律，服务广西实体经济发展是广西银行业发展的立身之本。银行业要围绕广西经济发展和产业转型升级过程中的战略部署，调整信贷机构，创新信贷产品和服务，加大信贷产品支持实体经济的投放力度，有效提升银行业服务实体经济的水平和能力。

同时银行业要优化资源配置，将信贷资源配置到自治区重大项目、重要项目、重要产业、支柱产业的转型升级中去，加大对广西企业的信贷支持。非法人银行结构要积极向综合申请信贷倾斜额度，争取总行直贷项目，法人银行要集中力量办大事，广泛参与银团贷款等项目，增加信贷规模，加大对自治区战略发展项目、新型优势产业、中小微企业以及"三农"等领域的信贷投放，支持广西产业转型升级和改造，引领广西产业金融协调发展。

（三）践行普惠金融理念，提高广西银行业服务水平

普惠金融是国家战略决策，广西银行业要回归本源，聚焦普惠金融。一是银行业要加快在广西老少边穷地区布局物理网点和倾斜金融资源，加大对民生领域的金融支持，加大对扶贫产业的金融支持，加大对贫穷地区的金融支持。二是要不断提高金融服务水平。要持续优化银企服务，加强支付清算系统管理，大力推广非现金支付工具应用，推动支付金融产品创新，加大移动支付在城市和农村领域、弱势群体和小微企业领域的便民服务能力。三是加快农村信用体系建设。建立健全农村信用制度和信用标准，加快农村信用信息化。同时进一步完善金融信用信息数据库，对接中小型、微型企业，培育和规范信用服务市场。

（四）深化银行业金融改革，建设广西现代化银行业金融体系

"构建面向东盟的国际大通道，打造西南中南地区开放发展新的战略支点，形成'一带一路'有机衔接的重要门户"，广西银行业有着独有的区位优势和政策优势。银行业要对接东盟开放门户、"一带一路"、陆海新通道等战略的推进和建设，完善银行业基础设施，扩大银行业对外开放。

要加快推进农村金融机构改革，拓展农业类金融机构业务范围。全面深化广西农村合作社金融机构改革，推进县级农合机构改制，鼓励和支持社会资本主导参与设立村镇银行，完善服务"三农"的银行业基础设施。

持续通过"引进来"和"走出去",逐步形成传统商业银行、三家城市商业银行、新型农村金融机构和农村小型金融组织及创新型金融服务组织协同发展、优势互补的现代化银行业金融体系。

（五）健全风险防控体系，筑牢广西银行业"防火墙"

防范和化解金融风险是广西金融业当前和未来一段时期内的重要工作，广西银行要重视和重点防范化解金融风险。首先要多措并举，营造良好的金融生态环境。政府相关部门要加大对法人代表"跑路"、恶意处置抵（质）押资产等逃废债行为的打击力度，人民法院要加大金融执法力度，工商部门要积极配合金融部门整顿规范金融市场秩序，与银行业金融机构一起不断优化金融发展环境。其次要构建金融风险信息平台，加强风险信息共享。政府部门要扩大信息采集范围，加强相关部门的信息共享，有效减少信息不对称。最后银行业金融机构要建立授信联合管理机制。对大数额授信要由多银行、多机构共同参与，组成债权银行联席会议，联合授信，加强信息交流机制，共同防范盲目授信、多头授信和过度授信风险。

四、结论

银行业是现代经济发展的重要推动力量，其作为间接融资的代表连接着资本的盈余和赤字双方，通过不断优化资本的资源配置，推动经济发展。广西银行业一方面要坚持党的领导，认真贯彻和落实国家制定和施行的各项金融政策，加大"引金入桂"力度，不断优化银行业结构体系，同时坚持回归本源，创新信贷产品和服务，支持实体经济发展。另一方面要借力经济发展战略，布局和配置资源，大力发展普惠金融，同时坚持金融改革开放，构建现代化银行业体系，坚守不发生系统性金融风险的底线，筑牢广西银行业"防火墙"，为广西营造"三大生态"、实现"两个建成"，为加快富民兴桂提供坚强有力的金融支撑。

参考文献

［1］刘鹏，周双 . 银行业运行分析及展望［J］. 科技促进发展，2017（11）.

［2］徐旺青 . 中国银行业目前存在的问题探析［J］. 经济师，2017（2）.

［3］丁丽美，曹先琪 . 中国商业银行的发展现状与趋势［J］. 特区经济，2018（1）.

［4］肖晶 . 银行业混合所有制改革的趋势分析与路径探索［J］. 改革与战略，2017（11）.

［5］林毅夫，孙希芳 . 银行业结构与经济增长［J］. 经济研究，2008（9）.

［6］徐成江 . 中国银行业市场结构与贷款质量的关系研究［J］. 武汉金融，2017

（10）.

[7] 王刚，徐畅，苗露阳．引导银行业回归本源　提升服务实体经济能力研究 [J]．经济纵横，2017（8）.

[8] 郑彤明．中国银行业不良资产证券化：现况与展望 [J]．金融与经济，2018（1）.

[9] 黄林，李长银．智能化对银行业的影响及应对策略 [J]．经济纵横，2017（10）.

[10] 刘梦莹．云计算在银行业应用分析 [J]．合作经济与科技，2018（3）.

[11] 姜世戟．产业基金与产业结构调整 [J]．浙江金融，2007（10）.

[12] 刘春志，胡雪玉．基于 DEA 交叉模型的中国银行业效率研究 [J]．经济与管理，2016（6）.

[13] 章添香，李扬，张春海．中国商业银行业市场结构、经营效率与绩效水平——基于 19 家银行的经验数据 [J]．华中师范大学学报（人文社会科学版），2016（3）.

[14] 方意．中国银行业系统性风险研究——宏观审慎视角下的三个压力测试 [J]．经济理论与经济管理，2017（2）.

[15] 黄剑辉，王一峰，霍天翔．中美德日银行业发展对比分析 [J]．中国国情国力，2016（9）.

（执笔人：王伟）

7. 商业银行支持广西特色小镇建设分析报告

"引导特色小镇健康发展"，2017 年底"特色小镇"一词亮相中央经济工作会议，在彰显特色小镇成为供给侧结构性改革的"重要抓手"的同时，再次肯定特色小镇建设已成为我国经济社会发展供需两侧发力的黄金结合点。广西深刻贯彻中央精神并持续发力推动自治区特色小镇发展，2017 年迅速出台了《广西壮族自治区人民政府办公厅关于培育广西特色小镇的实施意见》（以下简称《广西培育特色小镇意见》）的通知，明确到 2020 年，要培育 30 个左右全国特色小镇，建设 100 个左右自治区级特色小镇，建设 200 个左右市级特色小镇和激活 2000 亿元以上固定资产投资的工作目标。但特色小镇建设任重道远，在广西乃至全国，资本短缺是阻碍其快速发展的最大瓶颈，如何多渠道、多形式地利用金融资本助推特色小镇发展，是当前亟待解决的难题。为此，本文在研究特色小镇战略推进带来的巨大投融资需求和当前广西面临的投融资约束的基础上，探讨金融助推广西特色小镇建设发展的政策建议。

一、广西特色小镇的界定和发展基础

（一）"广西特色小镇"概念界定

广西探索推进区域村镇建设较早。从 2010 年底到现在，小镇概念从"特色名镇名村""美丽广西乡村"，逐步发展到如今的"广西特色小镇"。2017 年出台的《广西培育特色小镇意见》对广西特色小镇做了明确界定，如表 7－1 所示。

表 7－1　　　　　　　　　　　广西特色小镇建设界定

小镇定义	建设标准	小镇分类	资金主体	小镇运营	建设产业客体	建设载体	建设目标
相对独立于城市中心区，具有明确产业定位、文化内涵、旅游特征和一定社区功能的发展空间平台	1～3 平方公里面积；轻资产型社会投入要达到 8 亿元/平方公里以上，重资产型社会投入要达到 16 亿元/平方公里以上	国家级、自治区级、市级	政府引导、企业主体	乡镇人民政府、企业	信息技术、节能环保、海洋产业、生物制药、现代物流、电子商务、休闲旅游养老、食品糖业、农产品加工、边境贸易	建制镇（乡）、产业园区、现代农业核心示范区、特色旅游集聚区	一个主题文化品牌、一个文化场馆、一个小镇公园、一个小镇核心区

资料来源：根据《广西培育特色小镇意见》政策文件整理。

广西在承袭浙江等发达地区建设特色小镇标准的基础上，明确广西特色小镇是"相对独立于城市中心区，具有明确产业定位、文化内涵、旅游特征和一定社区功能的发展空间平台"，小镇主要以"建制镇（乡）、产业园区、现代农业核心示范区、特色旅游集聚区等"为载体，分国家级、自治区级和市级进行培育，强调要拓宽融资渠道，"政府引导、企业主体"，积聚全社会资源；同时细分产业类型，要建设"信息技术、节能环保"等特具广西地方特色和产业优势的小镇，进而实现"一个主题文化品牌、一个文化场馆、一个小镇公园、一个具有独特文化机理和建筑风貌的小镇核心区"的"四个一"广西特色小镇建设目标。

（二）广西特色小镇的建设基础

1. 工业基础

广西作为"一带一路"的重要衔接点，近年来，持续去产能、去杠杆、降成本，2017 年全年工业产值为 7663.71 亿元，初步形成了以节能环保、信息技术、生物产业、高端装备制造、新能源、新材料、新能源汽车、大健康和海洋等产业为主体的新兴产业体系。中国—东盟产业园、玉林中药、梧州不锈钢、玉林内燃机、百色生态铝、崇左稀土、柳州汽车、梧州陶瓷、贵港制糖等一大批工业园区相继建成并快速发展，贵港生态工业（制糖）示范园、田东石化工业园、南宁高新区等更是相继入选国家级工业园区。

2. 农业及农副加工业基础

广西日照充沛，气候温和，糖料蔗、桑蚕、木薯、茉莉花、秋冬菜种植、蘑菇、火龙果等农业产业均居中国首位，形成了以制糖业、蚕茧、果蔬等为重点的特色农业产业体系，蔗糖业加工、中草药加工、香料加工等成为广西的支柱产业，2017 年广西农林牧渔业增加值达 2993.22 亿元。

3. 民俗文化和旅游业基础

广西民俗文化丰富。蚂拐节、芦笙节、盘王节、花炮节，打油茶、糯米甜酒、过寨酒、秆秆酒、老友粉，刘三姐的歌等组成了独具特色的八桂民族风情。同时，广西旅游资源得天独厚，桂林、阳朔的峰林，北海的银滩，芦笛岩、七星岩等岩溶洞穴，以及河湖瀑布泉流等都山海兼备，秀丽异常。2017 年广西接待国内外游客 5.23 亿人次，实现旅游总消费 5580.36 亿元，为广西特色小镇的发展奠定了坚实的基础。

4. 政策基础

2017 年 7 月，广西出台了《广西培育特色小镇意见》，提出培育特色小镇"有利于加快产业结构转型升级、有利于集聚产业人口、有利于完善设施服务"，从要求、任务、创建程序、支持政策和政策保障五个方面提出了重要的指导意见。《广西培育特色小镇意见》总体上借鉴浙江等发达地区特色小镇建设经验，立足广西实际，要求住房和城乡建设、发展改革、国土资源、文化、旅游及产业主管部门协同配合，并辅以每个小镇 2000万元补助资金奖励，"政府引导、企业主体"，积极有序推进特色小镇建设。《广西培育特色小镇意见》的颁布为广西特色小镇建设提供了有效的政策保障。

二、广西特色小镇的发展现状

（一）特色名镇名村建设

为推动农村区域经济发展，广西于 2010 年底颁布《关于促进特色名镇名村发展的意见》，启动自治区特色名镇名村建设工作。截至 2016 年底，自治区共创建了 90 个特色名镇名村，包含工贸型 10 个、生态（农业）型 20 个、文化型 24 个、旅游型 36 个。工贸型着重打造特色工业集中区，培育物流配送等新型业态，实现产业结构的供给侧结构性改革调整；生态（农业）型坚持因地制宜和可持续发展理念，培育现代农业生态体系；旅游型主要以建设区域型旅游村镇为目标，打造特色旅游名镇古村；文化型加强文化传承、挖掘和保护，打造彰显广西文化特色的文化村镇。广西特色名镇名村工作的开展，加快推动了广西区域经济调整发展进程，使广西工贸、生态农业、文化和旅游等特色产业逐步壮大。

（二）百镇建设示范工程

为加快推进镇域经济和新型城镇化建设，广西于 2014 年启动百镇建设工作，并于 2016 年 10 月出台了《广西百镇建设示范工程实施方案》，公布了百镇建设名单，其中第一批（2014—2016 年）、第二批（2015—2017 年）分别实施建设 30 个，第三批（2016—2018 年）建设 41 个。百镇建设按照"缺什么补什么"的原则，培育主导产业，发展工业、边贸、旅游和文化等产业，提升产业所在的小城镇质量，加大推进镇域经济发展。

（三）国家级特色小镇

2016 年 7 月，住房和城乡建设部、国家发展改革委、财政部三部委联合发布了《关于开展特色小镇培育工作的通知》，启动全国特色小镇培育工作。同年 8 月，住房和城乡建设部启动了全国特色小镇推荐遴选工作。截至目前，在 2 次遴选中，广西有 14 个镇入选，其中工贸型 4 个（木乐镇、桥圩镇、陆屋镇、新和镇）、农业（生态）型 5 个（莲花镇、校椅镇、侨港镇、溶江镇、六堡镇）、文化型 3 个（南康镇、贺街镇、刘三姐镇）、旅游型 2 个（中渡镇、黄姚镇）。广西入选国家级特色小镇名单及其主导产业如表 7 - 2 所示。

表 7 - 2　　　　广西入选国家级特色小镇名单及其主导产业

序号	名称	类型	主导产业
1	木乐镇	工贸型	休闲运动服装生产、设计、营销
2	桥圩镇	工贸型	羽绒 + 木业 + 旅游
3	陆屋镇	工贸型	机电 + 卫浴 + 农产品加工

序号	名称	类型	主导产业
4	新和镇	工贸型	甘蔗生产＋文化旅游
5	莲花镇	农业（生态）型	月柿产业＋文化旅游
6	校椅镇	农业（生态）型	茉莉花种植、加工＋茉莉花文化旅游
7	侨港镇	农业（生态）型	海洋捕捞渔业＋水产品加工业＋旅游
8	溶江镇	农业（生态）型	米酒酿酒＋葡萄种植＋旅游
9	六堡镇	农业（生态）型	六堡茶＋茶文化＋林木＋旅游
10	刘三姐镇	文化型	刘三姐文化
11	南康镇	文化型	文化＋旅游＋现代农业＋新型工业
12	贺街镇	文化型	宗祠文化＋农业＋旅游
13	中渡镇	旅游型	旅游＋农业＋文化
14	黄姚镇	旅游型	

数据资料：根据网络公布数据整理。

（四）广西特色小镇未来建设规划

为全面贯彻国家大力发展特色小镇建设精神，广西迅速出台了《广西培育特色小镇意见》。在《广西培育特色小镇意见》中着重提出"到2020年，要培育30个左右全国特色小镇，建设100个左右自治区级特色小镇，建设200个左右市级特色小镇"，自治区级特色小镇涵盖全国特色小镇。该意见的出台为广西贯彻国家特色小镇发展战略、发展广西区域经济指明了方向。

三、广西特色小镇建设的资金需求

（一）广西轻、重资产型特色小镇建设社会投入要求

2017年7月，广西出台的《广西培育特色小镇意见》对广西特色小镇建设主要区分为轻资产型特色小镇和重资产型特色小镇，两种类型的特色小镇的建设面积"原则上按1～3平方公里面积进行建设"，但对两种类型的特色小镇的社会投入要求不同，文件明确要求"轻资产型社会投入要达到8亿元/平方公里以上，重资产型社会投入要达到16亿元/平方公里以上"。

（二）广西轻、重资产型特色小镇建设数量研究预测

《广西培育特色小镇意见》从整体上确立了广西特色小镇建设数量和投入资金规模，但没有明确指出轻、重资产型以及国家级、自治区级、市级三种类型小镇的拟建数量。通过研究分析广西经济发展现状和未来走势、过往政策实施路径以及固定资产投入占比

等因素，本研究认为广西特色小镇按照轻、重资产分类拟建数量，在资金均衡、数量均衡以及固定资产投入配比三种情形下有如下三种建设发展路径，如表 7 - 3 所示。

表 7 - 3　　　　　　　广西特色小镇轻、重资产分类建设数量预测　　　　　单位：个

路径名称	轻资产	重资产
数量均衡	150	150
资金均衡	200	100
固定资产投入配比	112	188

《广西培育特色小镇意见》要求特色小镇 "轻资产型社会投入要达到 8 亿元/每平方公里以上，重资产型社会投入要达到 16 亿元/平方公里以上"，但根据广西经济发展预测和其他省市特色小镇建设投入实际，广西轻资产型特色小镇建设未来社会投入可能会达到 8 亿 ~ 24 亿元/平方公里，重资产型特色小镇社会投入可能会达到 16 亿 ~ 48 亿元/平方公里，因此可分别对应出低、中、高三种情景下广西特色小镇建设投资需求总量，如表 7 - 4 所示。其中低情景下轻、重资产型特色小镇社会投入分别为 8 亿元/平方公里、16 亿元/平方公里，中情景下轻、重资产型特色小镇社会投入分别为 16 亿元/平方公里、32 亿元/平方公里，高情景下轻、重资产型特色小镇社会投入分别为 24 亿元/平方公里、48 亿元/平方公里。

表 7 - 4　　　　　　　　广西特色小镇投资需求总量预测　　　　　　　单位：亿元

路径名称	低情景	中情景	高情景
数量均衡	3600	7200	10800
资金均衡	3200	6400	9600
固定资产投入配比	3904	7808	11712

在三种均衡路径、三种情景研究设计下，广西特色小镇建设投资需求差异明显，特色小镇投资需求最大与最小的差异高达 3.66 倍，同时资金均衡路径下特色小镇建设最低投资需求仍大幅超出《广西培育特色小镇意见》中要求的 2000 亿元固定资产投资水平，这说明广西特色小镇未来战略实施将对轻资产型特色小镇建设有明显倾向。进一步考虑到广西农业发展和旅游业天然优势，以及已入选全国特色小镇的 14 个小镇类型（轻重比为 11:3），未来广西特色小镇建设轻、重资产类型数量比为 2:1 较为合理，这符合广西社会和经济发展实际。

（三）资金均衡路径下广西特色小镇建设的资金需求

根据社会投入，对预建设的轻、重资产型特色小镇数量进行优化调整和梯形部署，如表 7 - 5 所示。

表 7-5   广西特色小镇投资需求预测

建设面积（平方公里）	轻资产型			重资产型		
	1	2	3	1	2	3
建设数量（个）	135	45	20	65	25	10
投资需求小计（亿元）	1080	720	480	1040	800	480
投资需求合计（亿元）	4600					

为实现特色小镇发展目标，投资需求为 4600 亿元，远远高于《广西培育特色小镇意见》计划的 2000 亿元固定资产投资水平。这就需要广西从自身优势出发，充分利用金融利器，创新投融资模式，开拓多层次投融资渠道。

四、商业银行参与广西特色小镇建设的必要性和可行性

（一）商业银行参与广西特色小镇建设的必要性

习近平总书记在党的十九大报告中明确要求"增强金融服务实体经济能力"，金融要回归本源，支持实体经济。广西特色小镇的建设，为广西银行业推进银产融合、优化金融生态提供了发展机遇。

一方面，特色小镇是国家重大经济发展战略，为商业银行回归实体经济提供了渠道和平台。商业银行通过参与特色小镇投融资建设，发展金融创新和产融结合，为小镇发展提供了巨大的支持作用，并通过支持过程不断创造自身价值，实现支持实体经济发展的银行业回归。

另一方面，商业银行提供金融支持培育和发展特色小镇，优化资源配置，带动城乡区域经济协调发展，践行国家特色小镇发展战略，有助于广西经济生态和金融生态的改善，体现了商业银行金融的"普惠"理念。

（二）商业银行参与广西特色小镇建设的可行性

2017 年广西银行业总资产为 3.59 万亿元，存贷款余额分别达到 2.71 亿元和 2.32 亿元，银行业已经成为自治区政府部署战略决策、对接"一带一路"、保障重点产业、重点项目稳步实现的不可或缺的力量。商业银行作为广西金融业的重要组成部分，可以通过配置和整合资源参与广西特色小镇建设。

一方面，商业银行能够为广西特色小镇建设提供资金支持。特色小镇基础设施的提升和主导产业的培育都离不开商业银行的支持，商业银行的支持是广西特色小镇建设发展的重要一环，商业银行有能力深入特色小镇建设的各个环节。另一方面，商业银行丰富的产业孵化和培育经验可以助力广西特色小镇的建设发展。商业银行长期与企业共成长，具有引导产业孵化、培育产业发展的丰富经验，可以根据广西特色小镇建设类型提

供专业化服务，助推特色小镇产业发展。

五、商业银行参与广西特色小镇建设路径

（一）信贷融资支持特色小镇项目建设

商业银行可以为广西特色小镇提供项目贷款支持。商业银行在风险可控的前提下，通过配置信贷资源，以短期贷款、中长期贷款、银团贷款等形式和方式，支持广西特色小镇基础设施、公共服务、环境保护、产业发展等项目建设。对特色小镇资产质量好、现金流稳定的项目，更可以进一步创新金融服务，加大信贷支持，快速对接项目在各个建设周期的资金需要。

（二）支持特色小镇项目建设债券融资

对于广西特色小镇主导产业企业中资产质量好、现金流稳定的企业，商业银行可以借助区域优势和掌握客户信息的优势，了解企业的直接融资需求，参与和协助小镇企业发行短期融资券、中期票据、项目收益债等债务融资工具，帮助小镇企业筹集较低成本的建设资金。

（三）创新金融产品和服务支持特色小镇项目建设

商业银行可以与广西区政府形成紧密联系的建设联合体，探索和建立与特色小镇建设发展相适应的市场化融资机制。参股自治区政府城市建设资金，参股产业发展基金，积极开展与政府的 PPP 融资方式合作，杠杆化政府财政金融力量，引导社会资本积极参与特色小镇建设，为自治区特色小镇建设提供多元化金融服务支持。

六、商业银行支持广西特色小镇建设发展存在的问题

（一）广西特色小镇融资程序烦琐减弱了小镇项目对商业银行的吸引力

广西特色小镇主要以建制镇（乡）、产业园区等为载体进行培育，特色小镇建设主要依托乡镇政府落实开展。但目前乡镇政府不是一级完整的预决算财政单位，没有融资权限，需要层层上报等待审批，程序冗长烦琐，工作效率较低。同时乡镇一级政府对项目决策缺乏主导权，企业进入乡镇的制约性较大。这些都可能造成特色小镇投融资建设项目对商业银行吸引力有限。

（二）特色小镇项目收益低降低了商业银行参与小镇项目建设的积极性

广西特色小镇建设项目大都具有收益低的特点。这是因为特色小镇建设虽然以产业

发展为主导，但同时以"完善设施服务，建设宜居城镇"和提高城镇居民生活质量为最终目标，这就致使小镇建设项目很多集中在基础设施完善及公共服务提高方面，这一类项目几乎没有固定收益，收益非常低。商业银行是企业，最终是以盈利为目标的，收益低降低了商业银行参与小镇建设的积极性。

（三）特色小镇项目风险大制约了商业银行支持小镇项目建设的力度

特色小镇项目的建设周期都比较长，一些涉及农业、旅游、环保、养老等的融资项目建设周期一般都需要3年到5年，同时需要融资的额度比较高，项目收益还具有一定的不确定性，这就加大了项目融资的风险性。项目周期长，占用了商业银行的资本，加大了商业银行的经营风险，商业银行对小镇项目建设的投资支持力度趋向疲软。

（四）特色小镇信用体系发展滞后制约了商业银行金融支持的进入渠道

广西特色小镇建设要"激活2000亿元以上固定资产投资"，通过固定资产投资形成城乡结合的新平台，带动区域经济发展。预算内资金、国内贷款、利用外资、自筹资金和其他资金是广西固定资产投资的五个资金来源。但长期以来，特色小镇所在区域小镇和小镇企业、小镇居民信用体系相对滞后，信息不对称问题比较严重，小镇建设长期依赖于政府财政支持，这加大了商业银行进入的难度。

七、商业银行支持广西特色小镇建设的政策建议

（一）建设特色小镇投融资项目良好政策氛围

特色小镇的主要运营主体是乡（镇）政府，因此要科学界定政府职能，建立良好有效的自治区特色小镇投融资项目政策氛围，提高特色小镇投融资项目发展建设工作效率。乡（镇）政府一级要具有一定的投融资决策主导权，负责特色小镇投融资项目实施；县一级政府要成立建设特色小镇项目管理工作领导小组，出台特色小镇项目投融资方案等；市、省一级政府应为办理特色小镇建设资金上报、审批等事宜开辟绿色通道，并在土地利用指标及融资等方面给予便利，同时还应制定税收减免、贷款利息补贴等优惠政策，吸引商业银行积极参与特色小镇建设。

（二）加大银行体系对特色小镇的金融支持力度

银行体系作为我国金融体系最重要的组成部分，是助推自治区特色小镇建设发展最重要的金融力量，要统筹和整合各类商业银行融资主体，加大信贷支持，提供优惠的中长期贷款，引领带动社会资本参与自治区特色小镇建设。商业银行要进一步完善金融服务体系，为特色小镇提供全方位的金融服务支持，同时还应大力创新金融产品，有效对接特色小镇项目建设。

（三） 创新建设特色小镇项目多元投融资体系

要充分利用金融创新，创新融资模式，拓宽融资渠道，建设特色小镇项目多元投融资体系。鼓励特色小镇建设中的基础设施领域投融资项目优先考虑选择政府、商业银行与社会资本合作（PPP）模式，鼓励有稳定现金流的特色小镇项目通过 PPP、资产证券化融资，同时在特定条件下允许地方政府发行特色小镇建设专项债券、绿色债券。商业银行要有效对接特色小镇建设项目，积极支持和协助特色小镇项目 PPP 融资、债券融资等，大力形成和建设自治区特色小镇建设项目的多元投融资体系。

八、结语

我国经济发展进入新常态，在这一关键时期，建设自治区特色小镇将成为推进广西经济转型升级的重要引擎。但由于广西经济底子薄，特色小镇建设面临资金不足困境。商业银行是经济发展的重要推手，是保障战略项目实施的金融源头活水。在自治区特色小镇建设中，要加大银行信贷支持力度，创新金融产品和服务，协助、参与和支持 PPP、债券融资等融资模式，构建多层次多渠道投融资体系，使"金融活水"充溢自治区特色小镇建设的"蓄水池"，加快推进自治区特色小镇建设。

参考文献

［1］宋艳丽. 开发性金融支持小城镇发展的策略研究［J］. 农业经济问题，2014（1）：61－65.

［2］宣吉方，陈颂华. 农业政策性金融支持特色小镇的战略思考［J］. 农业发展与金融，2016（5）：30－33.

［3］李涛. 经济新常态下特色小镇建设的内涵与融资渠道分析［J］. 世界农业，2017（9）：75－81.

［4］魏蓉蓉，邹晓勇. 特色小镇发展的 PPP 创新支持模式研究［J］. 技术经济与管理研究，2017（10）：125－128.

［5］袁军. 金融资本推动特色小镇发展思考［J］. 青海金融，2018（7）：24－27.

［6］万树，徐玉胜，张昭君等. 乡村振兴战略下特色小镇 PPP 模式融资风险分析［J］. 西南金融，2018（10）：11－16.

（执笔人：王伟、蔡幸、黄巍华）

8. 广西农村信用社发展分析报告

实施乡村振兴战略，是党的十九大作出的重大决策和部署，是新时期"三农"工作的总基调。为落实《党中央、国务院关于实施乡村振兴战略的意见》（中发〔2018〕号）的精神，广西颁发《中国共产党广西委员会决定实施乡村振兴战略的决定》，对广西乡村振兴工作进行总体规划和部署，这使广西农村实现华丽的蝶变，农业成为一个有所期待的产业，农村成为和平美丽的生活家园，农民成为有吸引力的职业。乡村振兴战略在各个阶段的顺利实施都离不开金融支持。广西农村信用社一直坚持把农村、农业和农民作为普惠金融的主要战场，坚持走支农道路。目前，广西农村信用社已成为广西最大的金融体系，也是唯一覆盖整个省、市、县、乡、村的普惠金融体系，打通了农村金融服务的"最后一公里"。在 2018 年第一季度，广西农村信用社发放了广西银行小额扶贫贷款的 99%、涉农贷款的 64.12%，小型微型企业贷款的 50% 都是在为农业、农村、农民服务，为广西乡村振兴战略的发展提供坚实的金融支持。但广西农村信用社在发展过程中，仍存在管理体制、运行机制、人员素质等问题。因此，在乡村振兴战略的背景下，根据广西农村信用社发展的现状，深入分析其存在的问题和原因，有针对性地提出优化发展的对策和建议，是推进广西乡村振兴和农村信用社健康发展的一项重要任务。

一、广西农村信用社发展现状及乡村振兴规划

（一）广西农村信用社基本概况

自 2005 年 9 月成立以来，广西农村信用社一直代表广西政府对全区的农业合作机构开展管理和服务工作。目前，广西农村信用社区联社包括 22 个部门，在南宁、梧州、柳州、玉林、桂林、百色、北海等地设有多个办事处。截至 2018 年 9 月底，广西农村信用社拥有县级农村信用社、农村合作银行、农村商业银行等 91 家县级农村合作金融机构。广西农村信用社的各类机构网点共 2367 个，员工达到 25000 多人。在服务广西"三农"发展、支持乡村振兴和地方经济发展方面，广西农村信用社是工作人员数量最多、金融服务网络最大、金融资产和实力最强的金融机构。广西农村信用社长期致力于服务农业、农村和农民，服务中小企业，服务广西本地经济建设，已连续多年荣获广西政府授予的"金融机构支持广西经济发展突出贡献奖"。

（二）广西农村信用社发展现状

1. 网点分布不断完善

近年来，广西农村信用社的服务网络不断扩大和完善，同时也在不断优化和调整，以提高金融服务的覆盖面，更好地为"三农"服务。针对农村地区的特点，特别是偏远的乡镇，如山路崎岖，没有物理网点，且不适合建立自助银行，村民们办理业务需要花很长一段时间，高成本等，广西农村信用社积极开展"桂盛通"服务为成千上万的乡村项目服务。例如，侧岭乡是广西的一个普通乡镇，这个乡大约有12000人，与其他乡镇一样，水泥道路仍不能覆盖所有村庄，甚至有的屯是非常难走的砂石路，交通非常不便利。广西农村信用社的工作人员克服各种困难，积极到村里调查，向他们介绍了"桂盛通"自助终端为村民提供金融服务的便民性，取得村民安装自助终端的许可，在当地设立了金融便民服务点。

在广西农村信用社的不断努力下，广西农村信用社已建成数百个金融便捷服务点，建成"桂盛通"自助结算终端1000余个，使广大村民能够实现"足不出村"即可办理小额存取款、转账结算、账户查询等服务，圆村民"家门口银行"的梦想。例如，80岁孤寡老人魏老，健康状况不佳，腿脚不是很灵活，所生活的村子未实现完全通车，要到80里之外的农村信用社领取养老金75元，每次来回花费将近一天的时间。但在他的村庄安装"桂盛通"自助终端后，魏老走几步路就可以领到养老金，减少了距离，不用那么折腾，对村民来说非常方便。魏老并不是唯一一个得到这种便利的人，只要是在"桂盛通"自助终端所在的村子里，村民都非常感谢农村信用社对他们的关心和照顾，这让村民们的生活更加方便和美好。

2. 涉农贷款持续增加

广西农村信用社经过多年发展，存贷款余额逐年增加，对地方经济发展的支持力度不断加强。广西农村信用社涉农小额信贷包括农户联保贷款、农机贷款、青年创业贷款和农户小额信贷，但这些种类的贷款要求有所不同。如涉农小额信用贷款，贷款对象为长期（一年以上）居住在乡镇（不包括城关镇）行政管理区域内的居民，包括那些在城镇生活了很长一段时间但户口不在本地的居民，以及国有农场员工和农村个体工商户。申请贷款的基本条件是：生产经营活动正常，收入来源合法可靠，民事行为能力完全，偿债能力强，信用记录良好。根据当地农业生产的季节性特点、贷款项目的生产周期和借款人的综合还款能力，灵活确定贷款期限。截至2018年8月末，广西农村信用社涉农贷款余额达到4068亿元，比年初增长了7.29%。

正是由于广西农村信用社涉农贷款的增加和针对广西农村实际情况推出的各种小额信贷，广西农村信用社为当地农业、农村、农民的发展作出了巨大的贡献。广西农村信用社还充分发挥自身优势，支持农村的特色产业，逐渐成为支持"三农"的主力军。自2003年以来，广西农村信用社为金澄江新兴丝绸有限公司发放贷款1.034亿元，帮助该公司盘活资金，解决资金流通困难的问题，十多年来广西农村信用社给该公司的信贷资金从 100 万元提高到 3000 万元，帮助该公司从无名的困难的小企业逐渐发展为广西金澄江地区"农业产业化重点龙头企业""广西壮族自治区扶贫龙头企业"，其生产规模不断扩大，桑树基地面积从 3100 亩逐渐发展到 27000 亩，公司总产值达到 5600 多万元，提供了 260 多个就业岗位，带动周边农民桑蚕养殖、制造蚕丝致富。

3. 业务产品不断创新

为解决村民贷款困难和抵押困难的问题，广西农村信用社在开展档案评级建设的同时，大力推进农村信用体系建设，促进农民快速获得涉农贷款。支持扶贫和改善民生，创新引入失业担保贴息贷款、青年创业贷款、妇女贴息贷款、计划生育贴息贷款和林权抵押贷款等多种产品，并结合实际，不断调整乡镇贷款审批权限和贷款期限，满足农村各种各样的资金需求，执行"回巢"项目，为进城就业农民、返乡创业农民工提供资金支持，完善跟踪服务。目前，共有 1800 余万元的小额担保贴息贷款提供给下岗人员，300 余万元的计划生育贴息信用贷款发放给农户，因此为 600 余户下岗、失业人口、农村创业妇女、返乡农民工发展"三农"提供了有效资金支持。

同时，大力推进农村小额信贷和联保贷款，扩大贷款范围，满足农民、农村经济组织和涉农生产企业的金融需求。如广西博庆食品有限公司，成立之初资金周转不良、生产困难，广西农村信用社及时给予帮助，发放贷款总计人民币 3550 万元让它一次又一次克服困难，使其逐渐形成"公司 + 农户"的商业模式，建立了"产、供、销"一条龙的蔗糖生产加工基地。目前，广西农村信用社共向 1715 户甘蔗种植户发放贷款合计 6297 万元。这带动周边农民种植甘蔗 2 万多亩，人均收入提高近 1000 元。

（三）广西乡村振兴规划

1. 乡村振兴战略

2017 年 10 月 18 日，习近平同志在党的十九大报告中提出了乡村振兴战略。党的十九大指出，"三农"问题是影响国民经济和人民生活的根本性问题。"产业兴旺、生态宜居、乡风文明、治理有效、生活富裕"是实施乡村振兴战略的总体要求，涉及农村经济、政治、文化、社会、生态文明、党建等方面，各方面相互联系、协调、促进、互补。实现乡村振兴战略，必须坚持党的农村工作管理，优先考虑农业和农村的发展，整合城乡发展，与自然和谐相处，采取适应当地条件的措施逐步有序地进行。

2. 广西乡村振兴规划

为促进新时期农业和农村发展，广西将从农村基础设施建设、农村公共服务建设、涉农产业发展三个方面大力实施《乡村振兴产业发展基础设施公共服务能力提升三年行动计划（2018—2020 年)》。广西将筹集 60 亿元专项资金，支持农村基础设施建设、农村公共服务建设和涉农产业发展。预计有 16469 个项目投资 1426 亿元，其中农村基础设施建设 521.5 亿元，实施工程 1098 个，农村公共服务建设 214.5 亿元，实施项目 15082 个，涉农产业发展 690 亿元，实施项目 289 个。

（1）农村基础设施建设

在农村基础设施建设方面，广西将专注于交通设施建设，促进一些支持县域经济发展的高速公路工程建设，推进二级公路和村公路重建项目，在施工中特别注重自然村道路的硬化。农村水利基础设施建设方面，将集中在农田水利建设，抓好农村饮用水安全、污水废物管理工作，力争用三年时间实现集中式饮用水比率为85%或更多。建设污水处理设施，建造281个村庄和城镇综合污水处理设施。大力实施"厕所革命"新三年行动计划，推进农村人居环境综合整治。同时，完善农村电、气、网基础设施，着力解决农村电、气、网发展不平衡、不充分的问题，努力提高农村电、气、网综合服务能力。

（2）农村公共服务建设

在农村公共服务建设方面，广西将以农村基础教育和医疗卫生建设为重点。计划用三年时间重点支持农村、边远地区和贫困地区教育基础设施建设，加快义务教育均衡发展，力争到2020年实现各县义务教育均衡发展95%以上。切实改善农村基层医疗卫生，加快实施改善农村公共卫生服务项目，加强农村医疗卫生人员的培训，并形成各个县之间的分工与合作机制。同时，进一步加强文化、体育、养老等公共服务能力建设。

（3）涉农产业发展

在产业发展方面，广西将大力发展农产品加工业，加强糖的加工业，加强森林产品、牲畜、家禽和水产品、烟草等产品的加工业，扩大特色农产品加工业，如粮油、水果和蔬菜、木薯、现代中药、桑、蚕的加工，加快建设千亿元农业加工产业集群。培养和引进国家农业龙头企业，大力发展农产品加工，整合中小企业，建设农产品加工区或集群。积极培育农产品品牌，专注于现代农业示范区的特点，建立一批产值超过10亿元、50亿元、100亿元的第三产业示范区。培育一批具有农产品加工的特色小镇和农业综合体。广西将进一步加强"双高"甘蔗基地建设，力争在2019年完成500万亩"双高"基地建设，提前一年完成中央政府确定的目标任务。加快甘蔗生产储备划界，争取到2018年底完成1150万亩甘蔗生产储备划界。继续推进核心制糖优化重组，增强核心制糖竞争力。积极探索发展多元化甘蔗产业的新途径，为甘蔗产业创造新的经济增长点。加强培养新兴形式的制糖工业，加快甘蔗的种植和肉牛养殖业，专注于甘蔗和肉牛养殖龙头企业，如广西农垦集团的肉深加工、草种植、甘蔗叶饮料、有机肥料生产和其他工业链。加快甘蔗秸秆综合利用，提高甘蔗秸秆附加值，延伸甘蔗产业循环生态经济产业链。

二、广西农村信用社支持乡村振兴

（一）广西农村信用社支持乡村振兴的优势

广西农村信用社以"三农"为服务领域和服务对象。在乡村振兴战略背景下，广西农村信用社正确客观的市场定位，不仅可以帮助广西农村信用社在银行业日益激烈的竞争中站稳脚跟，还可以和农业、农民、农村一起振兴。广西农村信用社的行业优势包括：

首先,广西农村信用社起源于农村,发展于农村,服务于"三农"。服务网络的布局使农村信用社更接近农民,甚至更接近农业。广西农村信用社通过与农民的长期接触,得到了当地农民的信任,当地农民对其也更加忠诚。其次,广西农村信用社的发展得到了党中央相应的政策支持。在金融改革和广西实施西部大开发的重要战略机遇下,广西开创了不同的发展模式。最后,广西农村信用社设立乡镇法人,最大限度地缩短了决策链,信息传递准确高效,效率高于其他银行。这些优势决定了广西农村信用社的市场定位和服务方向,可以更有效地服务"三农"。

据广西统计局统计,截至2017年底,广西常住人口为4885万人,广西农村信用社有客户4300多万人。广西农村信用社作为地区金融机构的一支重要力量,承担着当地一半的支农支小工作任务,通过深入推进服务机制建设,确保为"三农"提供负责任、可持续的金融服务。同时,广西农村信用社坚持涉农信贷"逐步增长"、小微企业金融服务"三个不低于"原则,单独安排农业、农民、农村和小微企业信贷计划,定制支农支小支微等方面的金融服务方案,强化工作措施,完善详细的评估计划,建立了一个相对可持续、强劲的支持指导机制,逐渐成为信贷支持"三农"的主要模式,发展成为广西农业生产发展的主渠道,为增加农民收入和提升农村经济社会发展作出了不懈的努力。近年来,广西农村信用社围绕中心、服务大局,在农村金融、普惠金融、民生金融等方面发挥了重要作用。2013年初至2017年底,广西农村信用社共发放贷款11468亿元,存款余额达1.1576万亿元,列广西首位,占广西银行业资金实力大约22%,发放广西银行业扶贫小额贷款99%以上、农民贷款65%以上、扶贫龙头企业贷款超过60%和农业和小微企业贷款近50%,为地方经济社会发展和乡村振兴战略奠定了坚实的基础。

(二)广西农村信用社支持乡村振兴的业绩

1. "三农"定位准确

对于广西和各级政府推动的"一带一路""四个一百"等重大(重点)项目(企业),广西农村信用社积极开展营销和对接。涉农贷款余额和农户贷款余额分别占广西银行业的49.47%和64.12%。通过单独的信贷计划和方案,实施免税、无还本续贷、融资税收优惠等政策,积极推广银税联动、惠企贷等金融产品,小微企业贷款余额占到广西银行业的46.21%,有效支持小微企业发展。结合广西农业产业化"339"项目和区域产业特色,广西农村信用社主要支持蔗糖、酒精、淀粉、桑蚕等特色农产品的种植和深加工。截至2017年底,糖业、林业贷款余额为485亿元,促进特种产业生产和深加工发展,农业产业链得到延伸。通过支持农业龙头企业,鼓励更多农民开展特色农业和农业产业化生产,促进农业产业结构调整,增加农民收入。根据国家扶贫开发的决定和安排,广西农村信用社精准地满足了贫困地区和贫困人口的金融服务需求,对贫困家庭发放信贷的覆盖面为94.93%,对贫困家庭发放贷款48.77万笔,贷款余额为225.7亿元。扎实推进"党旗带头、电子商务扶贫攻坚"工作。通过广西农村信用社的利农商城等合作渠道销售商品6643万元,使贫困农户实现增收800余万元。

2. 惠农水平提升

在创新融资方式方面，广西农村信用社优化了对农民的小额信贷，下属的象州、合山、金秀、宾阳、灵川、忻城6家机构的最高信贷额度提高到10万元。积极探索林权、农村土地承包经营权、农村住房等农村抵押贷款业务。启动移民在库区权益质押贷款——"保障贷款""党员贷款""金香蕉""金芒果""边民贷款"等专项信贷产品。2017年，广西农村信用社发放贷款8.55亿元用于农村承包经营土地抵押，发放贷款906万元用于农民产权抵押。广西农村信用社依托营业网点，通过自助设备、网上银行、手机银行、电话银行、"桂盛通"等方式实现了24小时服务，建立了全覆盖的金融服务渠道体系。目前，广西农村信用社共设立营业网点2380个，在农村（县、乡、镇、村）设立营业网点2043个。截至2017年底，广西农村信用社拥有网上银行、手机银行、电话银行客户522万户，金融便利点13625个（其中，综合金融服务站1825个），POS自助商户65629家，ATM、CRS、BSM等自助设备8384台。同时，广西农村信用社充分发挥基层干部、大学生村官、扶贫第一书记、村民委员会和其他组织，积极推进"农金村办"服务项目，创建"农村金融服务办公室"6070个，招聘6412名农村金融顾问，服务便利和满意度进一步提高。

3. 支农效益凸显

降低收费是造福人民的一项重要措施。广西农村信用社严格遵循金融服务费"四公开"原则，开展免费服务项目67个。通过贷款利率优惠，降低了农民和小微企业的借贷成本。广西农村信用社对库区农民工生产生活贷款基准利率下调10%，贫困家庭购房、建房贷款基准利率下调20%；实施农村贫困家庭子女就学、就医、扶贫开发和计划生育贷款基准利率，向计划生育家庭提供信贷服务，普通农民经营贷款利率上升10%~20%。据统计，以上项目可使农民每年的利息支出减少约10亿元。广西农村信用社在南宁市、北海市、钦州市、防城港市4个城市继续实行银行业务收费同城化，推出桂盛卡全球ATM免费取款等17项政策，造福人民，每年回馈社会3亿多元。此外，客户存款的执行利率是根据中国人民银行公布的基准利率浮动的。浮动利率高达50%，最大限度地提高了客户存款的收益。广西农村信用社为全区近1100万农户免费开设各类补贴项目近40个，有效地把惠民政策落实到千家万户。

三、乡村振兴战略下广西农村信用社发展存在的问题

（一）广西农村信用社自身发展中存在的问题

1. 产权关系不清

多年来，广西农村信用社的产权都不够清晰，导致其治理结构紊乱，管理责任无法真正落实到位，金融服务工作不能有效开展，严重制约了广西农村信用社的发展。根据国内外先进的经验，农村信用的产权制度改革关键是把农村信用社放在市场主体上，起

到市场资源配置的基础性作用，实现市场资源有效配置，而政府应该只是起到辅助作用。也就是说，要坚持"谁出资、谁管理、谁负责"的原则。但现实是，广西农村信用社的股东并没有按照投入的资本数额偿还债务，且广西农村信用社聘请职业经理人来管理银行的日常业务，操作起来比较困难，这就阻碍了上述目标的实现。

2. 历史负担沉重

多年来，尽管广西农村信用社针对产权改革采取了一系列措施，试图改进农村信用社的执行机制和运行效率，但效果都不明显。只是在一定程度上提高农村信用社的资产质量，提高其盈利能力，减轻历史负担，然而，这只是对广西农村信用社的一些表面的修复。广西农村信用社发展困境的根本原因并没有被根除，有许多因素制约着广西农村信用社的发展，例如，广西农村信用社对票据兑换的需求较高，有很多不良资产没有反映出来，利润和亏损率差距较大，资金储备不足，很难抵御外部风险的影响，缺乏基本的农村信用社发展股本，存款权益有待提高，资本充足率很低，尚未建立完善的内部控制机制，缺乏应对风险的能力。

3. 治理结构不完善

广西农村信用社在从合作社向现代金融企业转型的过程中，现有的公司治理结构并没有完全满足现代企业制度的要求。决策、执行和监督之间的相互制衡机制尚未建立，激励和约束也没有很好地匹配。体现在决策机构、执行机构、监督、检查各自的职责不清楚，在实践中很难执行许多现有的法规，决策权力、行政权力和监督在实践中并没有有效地分离，股东会和董事会很难实现有效的监督，很难制约信用社法定代表人。

4. 运行机制僵化

广西农村信用社的运行机制存在一定问题。在长期发展过程中，从广西农村信用社无论是在改革开放前还是在改革开放后产生的各种变化，都可以看得出来广西农村信用社作为一个独立的经济主体，更多的角色是国家行政权力在农村金融领域的扩展，具有比较重的政府和国有企业特质。广西农村信用社的国有企业理念导致企业员工思维僵化，企业经营模式落后，金融产品难以满足农业生产、农民生活和农村经济发展的需要。在广西农村信用社的运营中，一直以来按照国家下达的指标完成政策任务仍是其主要责任，于是经营重点还是放在改革前保留的客户群上，很少发展新客户。长期以来，与同行业其他金融机构相比，广西农村信用社的客户群体较少，新的市场领域拓展不足。此外，管理体制不健全，导致广西农村信用社各项开支过大，经营成本较高，信息开放程度低，经营模式不够透明。另外，广西农村信用社从业人员经营能力薄弱，"近亲繁殖"比较严重，导致多岗位人员过剩。

5. 信贷风险较大

在国内和国际经济发展的环境下，广西不断改变发展方式，目前正处于经济发展转型的关键期。尤其是在乡村振兴战略的大背景下，农民、农业和农村的发展都离不开金融支持。由于广西农村信用社基层网点众多，广泛分布于广西各大农村地区，农民和小微企业生产、发展过程中遇到资金问题需要解决时，很自然地会首先想到通过农村信用社的贷款来解决，基于农村信用社的发展定位也一般为他们提供各项小额贷款。但是，因为农民的经营实力有限，小微企业的经营条件也不是很好，二者的贷款风险很高。为了暂时解决这个问题，广西农村信用社普遍存在以"借新还旧"的贷款方式来补充贷款，长期这样导致不良贷款所占的比例较高，且不容易被察觉，一旦资金链断裂，将损害客户利益。所以广西农村信用社面临很大的风险，经过深入调查发现，这种风险的主要发生在客户不符合贷款条件、客户没有足够的钱偿还贷款本金和利息、贷款客户有能力还款但缺乏自愿还款的意识、部分贷款客户贷款到期不还款等方面。

（二）广西农村信用社支持乡村振兴中存在的问题

1. 涉农信贷产品单一

广西农村信用社涉农信贷产品主要是生产信贷产品，其主要功能是帮助农民解决生产困难。然而，在日常生活中，除了解决生产困难，农民还存在子女教育问题、父母赡养问题、严重疾病和住房问题，这些都是农民生活中的问题。目前，广西农村信用社在很大程度上解决了农民或农业企业的生产资金问题，但产品过于单一。农业信贷产品在为生产和生活困难的农民提供资金方面是至关重要的，特别是在孩子的教育问题和严重的疾病方面。虽然现在在全国范围内实施"新农合"，但在重大疾病面前，"新农合"的角色或可以忽略不计，未能解决农民挽救生命的问题。单一涉农产品也非常不利于农村信用社的发展。农村信用社经营规模小，农业支持服务不足，将影响其市场地位。

2. 缺乏涉农中长期信贷

贷款产品分为三类：短期、中期和长期。广西农村信用社的农业支持贷款以短期贷款为主，贷款期限以三年以内为主。目前广西农村信用社支农贷款主要包括农机贷款、青年创业贷款、林权抵押贷款和中小微企业联保贷款。它们的贷款期限不超过一年或两年，都是短期贷款，中长期贷款现在很少见。而农民生产生活需要中长期贷款支持。我国农业具有发展质量差、风险大、农民信贷需求分散小的特点，这些农业特征无法通过短期贷款来解决。农业生产周期较长，在这个过程中存在许多不可预测性，贷款期限成为影响因素。但如果贷款期限很长，农业生产在前一阶段受到自然灾害的影响，就可以在下一阶段加以弥补。如果贷款期限短，由于自然灾害的影响，农民的收成减少，也就没有办法偿还贷款。

3. 涉农大额信贷不足

伴随着广西农村经济的不断发展和农村环境的变化，农业、农民和农村发展对广西农村信用社的贷款品种提出了多样化的需求，尤其表现在对大额涉农资金的需求显著增加。但现实情况是，广西农村信用社目前提供的涉农信贷仍是小农贷款，资金供大于求，而大额信贷却不能满足当前农业发展需求，信贷结构还没有适应农村资金变化的需要。从广西农村信用社近年来的涉农贷款投资来看，贷款主要投资于农业、林业、牧业和渔业等产业的初级生产领域，贷款主体仍然以小规模的农民为主，对农产品加工、农副产品流通、农资运输、农业科技发展的投入相对较少。广西农村信用社根据农村资金需求的特点量身定做的信贷产品很少，贷款仍然是以抵押贷款为主，担保方式传统，尤其是信用贷款比例不高，但现实是，农村信贷需求主体也就是农民普遍缺乏有效的抵押物品和担保，不能满足广西农村信用社贷款风险控制体系的要求，这种情况使得信贷供给和需求不能有效对接。

4. 涉农不良信贷率高

因为广西农村信用社的业务支持对象主要是农业、农村和农民，农业发展质量低、高风险和小型分散的特点使农民信贷存在高风险，广西农村信用合作社的农业支持业务正面临较高的信用风险。首先，农业的弱势主要表现在以下几个方面：一是生产周期长，供给调整滞后于市场；二是承担自然风险和市场风险；三是投资回报率低。这些因素容易导致贷款期限与实际资金需求之间的矛盾。此外，受自然风险影响，农民将入不敷出，没有办法偿还以前的贷款本金和利息。农业的高风险主要指的是受到自然灾害的影响，农民没有为自己的农业活动购买相应的保险。广西农村信用社贷款给农民，没有保证，且农民本身没有任何东西可以再次抵押。目前信贷业务主要依靠评估的可信度，这是非常危险的。农户小而分散的信贷需求特点主要是由于农村分布分散，农民要处理各种各样的金融业务，如处理小额贷款，农民和农村信用社之间信息不对称，容易产生道德风险和其他风险，这也使得广西农村信用社信贷支农业务非常危险。

5. 涉农信贷营销薄弱

广西农村信用社营销意识不足，尤其是许多基层的农村信用社，缺乏营销意识，仍然采取被动地等待客户主动上门的经营模式。这导致农村信用社经营效益不佳，而其他金融机构常用的主动营销和竞争营销的工作机制还没有真正融入广西农村信用社的日常活动中。这种被动的营销方法，会影响农民对农村信用社的理解，会觉得农村信用社的贷款申请是非常困难的。农村信用社的信贷产品、信贷政策和贷款申请程序，对农民来说都非常复杂，这就要求广西农村信用社工作人员要有主动营销的意识和为"三农"服务的精神。广西农村信用社应该及时进行改革，需要更加积极主动的营销意识，商业银行是一个有利可图的商业机构，但农村商业银行除了盈利的能力，更多的是发挥支持农业的水平，二者兼具，才是广西农村信用社发展之道。广西农村信用社虽然还没有完全正式改革成为农村商业银行，但在现阶段的发展中，我们应该有这样的意识，以便在未来更好地发展。

四、乡村振兴战略下广西农村信用社健康发展的对策建议

（一）广西农村信用社健康发展的对策建议

考虑到原有广西农村信用社制度的弊端，结合国内先进经验，广西近年来大力推进农村信用社改革和发展，不断探索和尝试新的发展模式，并逐渐将部分符合条件的农村信用社转变为农村商业银行，向国内先进地区学习和借鉴。这其中不仅仅是名称的变化，

更涉及多个层级和多个部门的变革。从农村信用社到农村商业银行的变化主要反映在产权制度的变化，成为股份合作制、合资银行的组织形式，所有制结构更加合理，公司治理也更加完善。这些变化在已经改革的农村商业银行中表现得明显。更重要的是，广西农村信用社通过完善公司治理，可以在多方面进一步激发企业运行和发展活力，丰富金融产品种类，拓宽金融服务渠道，提高服务"三农"、服务乡村振兴的能力和水平。

1. 建立现代产权制度

建立现代产权制度，实现法人治理，各级法人是一个独立的整体，自筹资金，承担自己的风险，将使广西农村信用社的产权制度具体化。因此，广西农村信用社的健康发展需要稳定地方农村信用社的法人地位，提高管理水平和服务能力，逐步弱化行政管理，强化服务功能。广西地处西部，农村地区人口密集、众多，广西各市的经济社会发展程度也明显不同。根据国内外发展经验可以看出，经济因素会影响农村信用社产权制度的建立和运行。由于长期以来广西各地的经济发展程度和发展水平各有特色、各不相同，产权制度改革的选择不能一概而论，应根据区域差异进行更有针对性和适应性的选择。因此，广西农村信用社的改革和发展也需要在认真调研和讨论的基础上，根据各地社会经济发展的实际情况建立不同的产权制度。其核心理念是，只要有利于农业、农村和农民的发展，只要有利于乡村振兴，我们就应该积极采取相应的发展模式。另外，广西农村信用社产权制度改革中，在经济社会相对发达的地区，进一步发展商业银行的产权制度是可以借鉴的。在商业银行的发展模式中，无论是银行的内部结构还是管理制度，都是要规范股份的再分配和重组。这样既可以充分利用商业银行资产，又可以显著提高经营效率。相应地，在广西经济社会欠发达的地区，农村信用社可以在规范原有的合作体系的基础上进行运作，发扬其原有的优势，进一步改革，尽量弥补其不足。同时，广西各级政府在人力、物力、财力等方面也需要给予广西农村信用社大力支持，帮助广西农村信用社逐步改革、增强实力，更好地服务乡村振兴。在近年来的发展中，我们可以很明确地认识到，广西农村信用社在传统发展模式下产权不明，给广西农村信用社的发展和改革带来了诸多制约和不便。在综合考虑到改革过程中，股份制优于其他形式的产权，所以广西农村信用社股份制改革在促进产权清晰、加强约束机制、改善公司治理结构和提高资本积累的能力等方面的优势明显。因此，在今后的改革过程中，广西农村信用社应该遵循这个理念，进一步明确产权结构，积极通过股份制银行的改革实现更好的发展。

2. 加大政策扶持力度

广西农村信用社在多年的改革实践中逐渐认识到，如果不能成功摆脱历史的沉重负担，广西农村信用社即使经过各个阶段的改制也无法实现真正意义上的转型发展。过大的历史负担导致广西农村信用社的许多发展思路受到限制，难以真正实施和见效。要真正摆脱历史的包袱，广西农村信用社除了积极加强和改善自身管理之外，还需要主动依靠外部力量，如政府的政策支持，来不断消除历史遗留下来的各种问题。值得注意的是，改革后的广西农村信用社虽然经营模式更倾向于企业性质，但其发展过程中承担的"三农"扶持、乡村振兴等任务与政府的工作目标息息相关。因此，广西农村信用社要消除历史负担的影响，首先，要通过比较国家对国有商业银行的注资，争取剥离不良贷款。其次，根据国家扶贫攻坚任务，对广西贫困地区的农村信用社给予一定比例的涉农贷款专项财政补贴，提高广西农村信用社发放涉农贷款的能力和积极性。此外，为了防止广西贫困地区因资金断裂导致返贫造成的不良贷款，贫困地区农村信用社的税收减免和扶持政策应该再延长 10～15 年，促使贫困地区可持续发展。再次，应努力取消对广西农村信用社的经营限制政策，帮助其积极开拓和发展优秀的客户市场。同时，妥善解决部分政府机关和公职人员向广西农村信用社贷款担保和民间贷款所造成的不良贷款等问题，逐步化解历史包袱。最后，广西地方政府应借鉴先进地区经验，积极采取措施有效地改善当地的信贷环境，引入相关措施保护广西农村信用社的各项合法权益，使广西农村信用社降低其维护成本，积极维护广西农村信用社的权利，以提高广西农村信用社支持"三农"、服务乡村振兴和县域经济发展的能力和热情。

3. 完善公司治理结构

广西农村信用社改革和发展过程中面临的最初问题是股权的过度分散，经营难以集中。这使得广西农村信用社难以有效地建立决策、执行和监督等机制，使广西农村信用社在其法人治理改革过程中遇到许多困难，难以有效开展。国内外经验表明，逐步完善公司治理结构是深化广西农村信用社改革的重要组成部分，也是建立广西农村信用社现代企业制度的基础。即使是改革后的广西农商银行成为独立法人，也需要继续加强公司治理建设，才能真正达到经营能力提高的效果。广西农村信用社在完善公司治理结构过程中要重点从以下几个方面展开，才能起到事半功倍的效果。第一，建立和完善广西农村信用社的"三会"制度。在广西农村信用社的发展运营中，严格区分决策权、经营权和监督权的范围，形成各司其职、相互协调、相互制约、真正发挥作用的新型公司治理结构。第二，规范广西农村信用社的运行机制。积极探索建立广西农村信用社理事会的经营决策机制，充分发挥高级管理人员和内部专业委员会在广西农村信用社经营管理中的作用。第三，引入独立董事参与广西农村信用社的管理。独立董事是在广西农村信用社外部产生的，不是农村信用社的直接利益相关者。独立董事由广西农村信用社股东会依照相关法定程序任命，依法独立行使权利，承担相应的法律责任。广西农村信用社独立董事是以客观公正的方式参与董事会决策，有利于农村信用社决策的科学性、有效性，将有效制衡管理者或执行董事的决策地位。第四，加强广西农村信用社的企业文化建设。为了使广西农村信用社的全体员工在思想上和行动上真正摆脱传统制度的惯性，树立理性、稳健、审慎的管理和工作理念，应严格坚持"制度第一"原则，不断地在全体员工中弘扬诚实守信、尊重服从的职业道德和价值观，努力做到思想统一，上下各级形成合力。

4. 加强金融创新力度

创新是一个广西农村信用社生存和发展的灵魂。广西农村信用社作为金融企业，在当今金融业高速发展、多元化，竞争日益激烈，越来越多的困难逐渐显现出来的整个行业发展大环境下，如何在激烈的竞争中保全并寻求发展，制定核心产品、核心技术从而不同于其他竞争对手，是广西农村信用社发展过程中面临的又一个考验。值得注意的是，在信息化水平高速发展的当今，随着信息技术的进一步发展和进步，金融业信息的传播变得更加方便和迅速。广西农村信用社在金融衍生产品和金融替代产品越来越多的金融市场中寻求发展，要保证在推出新产品后，防止其他竞争对手竞相模仿，保持金融创新产品的价值，是非常困难的，也就是说广西农村信用社的金融产品创新难度不断加大。因此，广西农村信用社要想在金融产品创新方面有所成就，应该从以下几个方面来开展，才能逐步提高竞争力。首先，创新广西农村信用社的经营理念。广西农村信用社要大力吸收新鲜血液，克服传统思维和刻板思维的障碍，树立效率和效益意识、市场意识和服务意识，做到理念创新。其次，创新广西农村信用社的金融技术。广西农村信用社需要积极借鉴其他商业银行，逐步建立适应现代金融发展趋势的各种网络电子平台，并在此基础上实现广西各个地区乃至全国网络电子平台的整合，实现信息共享和技术创新。再次，创新广西农村信用社金融产品。广西农村信用社要按照"以市场为导向、以客户为中心、以效益为目标"的原则，加强中小企业和个人金融服务、金融产品的创新，大力推进中间金融产品的设计和开发。最后，创新广西农村信用社的服务方式。广西农村信用社需要在广西各个地区建立"个人贷款服务中心"和"个人投融资服务中心"，提供有广西农村信用社特色的"一站式"服务；推进广西农村信用社的信用共同体建设，构建金融利益共同体支撑的金融共保服务体系。尤其是需要按照"社区银行"和"零售银行"的品牌战略，广西农村信用社通过合理布局网点，完善各项业务功能。

5. 健全风险管理体系

广西农村信用社带有服务农业、农民和农村发展，服务乡村振兴，服务小微企业，服务县域经济的政治导向，且网点遍布广西各大农村地区。一方面，要想提高人们对广西农村信用社的投资与发展信心，就需要广西农村信用社不断学习国内外先进做法，逐步建立信用担保体系，有效管理广西农村信用社的资金风险，充分保护客户的各项合法权益，使客户的存款不受任何侵犯，有效减少客户的损失，提高广西农村信用社的发展信誉。另一方面，广西农村信用社容易短缺资金，这需要政府参与，以确保广西农村信用社的资金供应。通过获得政府的大力支持，使广西农村信用社的资金周转更加灵活和方便。例如，通过建立广西各级政府在农村信用保险系统中确保基金安全的政策，使广西农村信用社健康有序发展。值得注意的是，广西农村信用社的监管目标和其他银行一样，但是监管方式不同，其他银行是通过国家金融监管，而广西农村信用社由于有其特殊性，在改革成为广西农商银行后，广西农村信用社的监管资源重组后的业务方向更加多样化。因此，广西农村信用社为了适应新的发展要求，有必要改变监管思维，创新监管方法，从而提高监管效率。为此，广西农村信用社应建立银行分级监管机制，对大额资本贷款进行监管，确保上级机构的大额贷款安全。对于小额贷款，广西农村信用社有必要将权力下放给较低的机构进行监督和管理。这样，广西农村信用社的分级监管不仅可以大大提高监管效率，还可以提高下级监管机构的积极性，全面提高广西农商银行防范金融风险的能力。

（二）强化广西农村信用社服务乡村振兴的对策建议

1. 增加支农贷款种类

广西农村信用社的涉农贷款按城乡区域划分，可分为针对农村贷款和针对城市贷款。根据涉农贷款目的，涉农贷款应当分为农业贷款、林业贷款、畜牧业贷款和渔业贷款，主要用于农业循环材料生产、农副产品加工、农村基础设施建设。根据贷款对象的不同，涉农贷款分为农民贷款、农村企业贷款和各类组织涉农贷款、城市企业涉农贷款和各类城市组织涉农贷款。增加涉农助学贷款，包括儿童助学贷款和重大疾病助学贷款，这些都是面向农民的贷款。通过增加这些类别，可以在一定程度上提高农民的生活水平。目前广西农村信用社支农贷款以短期贷款为主，没有适合农业生产特点的中长期贷款，在这方面需要增加一些种类。例如，目前广西推进的主要农业生产活动是核桃种植业。在农户种植核桃程中，应增加适合核桃生产过程中的贷款项目。

2. 完善涉农信贷担保

农民和农村企业融资面临的最大问题一直都是农民和农村企业缺乏抵押担保能力。因此，解决这一问题最重要的途径是创新农业信贷保障机制和模式。首先应该扩大农业信贷有效保证类别，建立和完善土地承包经营权流转市场，允许农民以转让、租赁、股份合作方式对土地承包经营权进行流转，也可办理林权抵押贷款、住房抵押贷款等抵押贷款类型。其次农业部门和政府作为主要的领导部门，可以在市场机制基础上，建立一个以金融资本为核心的政策担保机构，或鼓励各类担保机构联合担保，创新担保方式，如领导合作金融、商业金融、政策性金融和私人资本直接投资或间接参与，加大农业发展融资保障服务力度。

3. 改进业务营销手段

广西农村信用社营销方法的改善应该从以下两个方面进行：首先，建立绩效导向的薪酬分配制度，根据工作性质分配工作量的多少，搞好深度和细致的分配，坚持正确的责任和利益相匹配的导向，并实现公开、公平和正义；其次，推行个人工作激励，充分调动员工的积极性，有效提高制度的实施和效果，促进工作有序高效进行。除了改进营销方法，广西农村信用社还可以适当增加中间业务。如果中间业务水平提高，农民的信任度也会提高。一是注重项目作为平台，增加零售业务的中间收入。重点项目资金可以支持农业相关项目，如建立农业产业基地、大规模投资休闲农业等，增加农村信用社零售业务的中等收入，更好地保障农村合作社自身实力，更好地为"三农"服务。二是完善收购制度，以产业链为载体，全面拓展农村商业银行的有效业务。在账单支付平台的基础上，公司应在一定的基础上继续深化与保险公司的合作范围，重点优化系统平台，不断扩大单一保险的范围。这些措施有利于增强广西农村信用社的营销手段，改善中间业务，增强农民信任。

4. 提高涉农服务水平

广西农村信用社金融服务水平的提高，首先涉及管理机制，然后是人才的引进，最后是金融产品的多元化。应坚持"善用信贷、充分利用信贷"的信贷方针，加大对农村经济发展的资金支持力度，把主要的信贷资金和信贷业务转移到农业、农民和农村发展的重点领域。同时，在有针对性地分析不同地区涉农经济发展水平、产业结构特征的基础上，为各地农业、农民和农村建立不同的信贷额度和利率政策，以满足不同地区发展对多样化金融产品的需求。广西农村信用社要立足农村，以更好地服务农村为目标，坚持与农村基层群众相结合，继续弘扬服务农民、农村和农业的精神。通过不同地区的实地调研，充分挖掘广西农村市场，让更多的地区享受到涉农金融服务。为此，广西农村信用社应首先对员工的服务行为和服务效果进行评价和监督，每月对员工的服务进行评分和记录，并将其评价结果纳入员工的年终考核，为员工完善工作方式和转变服务态度提供外部压力。另外，继续开展优质的学习活动，鼓励员工改变落后的服务习惯。只有提高服务水平，才能增强支农的内生动力。支持农业服务的内生动力包括多种存贷款政策，加大现代支付工具的金融开发力度，因地制宜创新多种贷款品种和服务模式，提高广西农村信用社的服务水平。应根据新形势下的农村信贷市场，积极调整信贷供应，主要集中在创新各种贷款条件和服务模式，特别是在"精准扶贫"战略方面，大力发展现代化支付工具如银行卡、多样性和服务模式创新的贷款，以满足不同层次和不同区域的客户需求，增加内生动力，服务"三农"。

参考文献

［1］于琳娜．江苏省农村信用社稳健性评价研究［J］．财经问题研究，2016（1）：88－91.

［2］陈俭．农村信用社变迁的阶段性特征及其改革指向［J］．江汉论坛，2016（10）：11－15.

［3］冯兴元．论农村信用社系统金融机构的产权、治理与利益关系［J］．社会科学战线，2017（2）：31－40.

［4］林雅娜，Christopher Gan，谢志忠．农村金融市场竞争对农村信用社信贷风险的影响研究——基于福建县级农村信用社数据［J］．农业技术经济，2017（1）：85－97.

［5］张珩，罗剑朝，郝一帆．农村普惠金融发展水平及影响因素分析——基于陕西省107家农村信用社全机构数据的经验考察［J］．中国农村经济，2017（1）：2－15.

［6］谢平．中国农村信用社体制改革的争论［J］．金融研究，2001（1）：1－13.

［7］谢平，徐忠，沈明高．农村信用社改革绩效评价［J］．金融研究，2006（1）：23－39.

［8］王家传，刘廷伟．农村信用社改革与发展问题研究——山东省农村信用社问卷调查综合分析报告［J］．金融研究，2001（8）：123－134.

［9］朱泓宇，李扬，蒋远胜．发展村社型合作金融组织推动乡村振兴［J］．农村经济，2018（1）：21－27.

［10］于玲燕．乡村振兴战略视野下互联网金融发展与农村金融生态体系的构建［J］．农业经济，2018（6）．

［11］骆昭东．金融支持"乡村振兴"战略研究——以陕西省为例［J］．西部金融，2018（1）．

［12］郭伙生，冯振中．金融支持老区乡村振兴战略研究——以吉安市为例［J］．老区建设，2018（6）．

［13］赵子锐．金融支持乡村振兴战略面临的制约因素和建议［J］．吉林金融研究，2018（5）．

［14］杨铁军．基于乡村振兴的新型农业经营主体金融服务研究——以黑龙江省为例［J］．商业经济，2018（6）．

［15］吴刘杰，张金清．乡村振兴战略下农村信用社改革目标与实施路径［J］．江淮论坛，2018（3）．

［16］杨国平，周斌．农村信用社何时走出"沼泽地"［J］．金融与经济，1999（11）：42－43．

［17］李国强．泰安市农村信用社发展研究［D］．泰安：山东农业大学，2017．

［18］刘奇．乡村振兴需要强大的外力支撑［J］．中国发展观察，2017（23）：51－52．

［19］党国英．乡村振兴战略的现实依据与实现路径［J］．社会发展研究，2018（1）．

［20］张红宇．乡村振兴与制度创新［J］．农村经营管理，2018（3）．

［21］吕植培．广西农村信用社涉农贷款发展研究［D］．南宁：广西大学，2012．

［22］何登录．新一轮农村金融改革背景下广西农村信用社支农服务探析［J］．广西社会科学，2015（2）：33－37．

［23］陈锡忠．广西农村信用社信贷风险管理研究［D］．南宁：广西大学，2011．

［24］董永华．探析农村信用社发展互联网金融的策略［J］．河北企业，2016（5）：97－98．

［25］隋坤．新形势下农村信用社风险控制策略研究［J］．现代经济信息，2016（10）．

［26］蓝虹，穆争社．中国农村信用社"去合作化"的成因探究及启示［J］．南方金融，2016（4）：65－72．

［27］冯兴元．论农村信用社系统金融机构的产权、治理与利益关系［J］．社会科学战线，2017（2）：31－40．

［28］蓝虹，穆争社．我国农村信用社改革绩效评价——基于三阶段 DEA 模型 Malmquist 指数分析法［J］．金融研究，2016（6）：159－175．

［29］姜震，郭健新．搭建多元化互联网金融平台　提升农村信用社核心竞争力［J］．吉林农业，2017（1）：105－105．

[30] 石舒，李娜. 农村信用社农户小额贷款存在的问题及对策 [J]. 中外企业家，2016（2）.

[31] 周明栋，陈东平. 农村信用社改革绩效的实证研究——基于 48 家县域农信社的调查 [J]. 西南金融，2016（6）：66－70.

[32] 甘甜，张隽钊. 浅析解决农村信用社农户小额信贷存在问题的对策——以云南墨红镇农信社为例 [J]. 全国流通经济，2016（2）：71－72.

[33] 余杰. 加强农村信用社个人征信体系建设为新农村建设服务 [J]. 财经界：学术版，2016（18）.

[34] 刘玉芝，刘志晶. 广西金融发展与经济增长关系的实证研究 [J]. 时代金融，2017（14）.

[35] 崔瑜. 2016 年广西金融业发展回顾及 2017 年展望 [J]. 区域金融研究，2017（1）：5－10.

[36] 李善民. 广西金融业供给侧改革的做法、问题和建议 [J]. 广西经济，2017（8）：26－28.

[37] 罗军. 农村合作金融机构内部审计质量控制策略探讨及实践——以广西农村信用社为例 [J]. 区域金融研究，2013（7）：60－65.

[38] 郭子初. 创新工作机制　助推小企业成长——广西农信社服务小企业综述 [J]. 中国金融家，2009（2）：94－96.

[39] 李民栋. 广西农信社打通金融活水流向小微企业"最后一公里"的实践与探索 [J]. 金融经济，2018（6）.

[40] 石士东，蒙志标. 关于进一步稳健推进广西农村信用社合规风险管理的建议 [J]. 江苏商论，2014（26）：231－232.

[41] 谢咏任，黄文婷. 金融之花绽八桂——广西农信社服务"三农"和小微企业发展纪实 [J]. 广西经济，2015（8）：47－49.

[42] 卜珉，唐展. 农民开心　辛苦亦甜——小记广西农信社的"新农保"金融服务 [J]. 中国农村金融，2010（9）：60－61.

[43] 刘洁. 植根八桂大地　谱写壮丽诗篇——广西区农村信用社联合社成立五周年巡礼 [J]. 中国农村金融，2010（10）：36－40.

[44] 磨现洲. 广西农村合作金融发展问题研究——基于农村金融供需的考察 [D]. 南宁：广西大学，2013.

[45] 黄兰. 农村信用社应支持农民搞特色种植——关于农民抵押贷款种植石斛的调查报告 [J]. 时代金融，2016（30）.

[46] 覃兆雨，陈前总. 力量源自创新——广西玉林监管分局探索合作金融监管新途径 [J]. 中国农村金融，2005（12）：37－38.

[47] 黄兰. 从市场需求前景出发支持生猪养殖——关于莫某某申请抵押贷款的调查报告 [J]. 时代金融，2016（29）.

[48] 李名. 加快改革发展步伐　助推广西经济起飞——广西农村信用社连续两年荣获"支持广西经济发展'突出贡献奖'" [J]. 当代广西, 2007 (15): 68.

[49] 郭子初. 植根八桂　深耕"三农"——广西区农村信用社联合社"十一五"回顾与展望 [J]. 中国金融家, 2010 (11): 134 – 136.

[50] 覃兆雨, 陈前总. 当前我国农村金融扶持政策探讨——基于广西玉林农信社的思考 [J]. 中国农村金融, 2010 (8): 40 – 43.

[51] Guinnane T W. Cooperatives as Information Machines: German Rural Credit Cooperatives, 1883 – 1914 [J]. Journal of Economic History, 2001, 61 (2): 366 – 389.

[52] Chen X. Cooperative System or Shareholding System: the Institutional Logic of Rural Credit Cooperatives Development [J]. Journal of Finance, 2003.

[53] Martinez – Soto A P, Martinez – Rodriguez S, Mendez I. Spain's development of rural credit cooperatives from 1900 to 1936: the role of financial resources and formal education [J]. European Review of Economic History, 2012, 16 (4): 449 – 468.

[54] Ye S F. Research on Credit Risk Management of Rural Credit Cooperatives [J]. Journal of Jiamusi Vocational Institute, 2018.

（执笔人：张云兰）

9. 广西农村普惠金融发展分析报告

从十八届三中全会首次提出"发展普惠金融"以来，普惠金融的发展就成为各方关注的重心。2015 年 11 月国家提出了《深化农村改革综合性实施方案》，其中颁布了促进普惠金融发展的若干政策，2016 年国务院颁布了《推进普惠金融发展规划（2016—2020年)》，至此，普惠金融的改革与发展已成为国家发展战略。普惠金融以包容性的思想，为长期被排除在金融体系之外的低收入群体、小微企业提供了平等获得金融服务的机会，帮助其把握经济机会，摆脱贫困。因此普惠金融的发展，对于我国经济相对落后的地区如广西农村，可谓意义重大。但在普惠金融改革推行的过程中，受农村人多面广、素质参差不齐、普惠金融教育等因素的影响，普惠金融业务的开展遭遇到了不同程度的困难。在此背景下，本课题开展了互联网金融助推广西农村普惠金融发展的研究，希望借助互联网金融的成本、信息等优势，摆脱当前普惠金融深化改革进程中的制约，帮助广西金融服务的覆盖范围、可获得性、安全性和便捷性等实现大幅度的提升，切实推进普惠金融发展。

党的十八届五中全会提出要"全面建成小康社会"，而通过发展农村普惠金融，促进农业增产增收，是让广西的广大农村人口尤其是农村贫困人口共享改革成果，全面建设小康社会的必然要求。因此，本课题的研究，可以丰富农村地区开展普惠金融的理论和研究方法，为中国农村金融改革和农村普惠金融发展提供相关的理论依据。在实践上，由于广西农村地区交通不便，文化层次参差不齐，经济较为落后，一直是正规金融无法或不愿惠及的地区。本课题试图利用互联网金融的优势，在贫困人口较为密集的农村推进普惠金融改革，本课题的研究成果可以为相关部门提供决策参考，有利于帮助广西农村发展普惠金融，使金融改革发展成果更多惠及广大人民群众，摆脱贫困现状，推进地方经济发展。

一、基于互联网金融视角的广西农村普惠金融发展现状与障碍

（一）广西农村普惠金融发展现状

对于农村普惠金融发展状况，不同学者有不同的衡量，本课题在借鉴国内外相关文献的基础上，结合普惠金融的"普惠"特征，主要从可获得性和使用质量两个方面展开分析。可获得性是用来衡量农村普惠金融供给程度的指标。其内容包括农村金融机构的空间布局、设施的完备程度等，反映在既定的条件下农村金融服务的覆盖程度。使用质量指标用来衡量农户获得普惠金融服务的满足程度。它包括农村普惠金融对象获得各项金融服务的满足程度、便利程度及由此产生的服务成本等内容。

1. 金融服务基本实现全覆盖但机构布局分布不均

金融服务广度是衡量金融服务覆盖程度的指标，反映了农村金融服务范围广度，主要包括金融机构网点的空间布局广泛程度和金融服务人员在数量上的充足程度。从广西农村金融机构的布局上看，金融机构网点的数量在增加（见表 9 - 1）。

表 9 - 1　　　　　　　　　　　2011—2016 年广西金融服务广度

年份	每万平方公里银行业金融机构数（家）	每万平方公里银行业金融机构从业人数（人）	每万人银行业金融机构数（家）	每万人银行业金融机构从业人数（人）
2011	230.51	3380.98	1.18	17.29
2012	238.24	3566.33	1.21	18.10
2013	243.81	3738.43	1.23	18.82
2014	251.85	3841.84	1.26	19.20
2015	259.85	3848.11	1.29	19.06
2016	278.03	4048.57	1.37	19.88

资料来源：《广西金融运行报告》、银监局官网等。

从广西每万平方公里银行业金融机构的数量上看，银行业金融机构呈现持续增长的态势。此外，截至 2016 年底，全区已建设 7951 个"三农金融服务室"，行政村覆盖率达 56.19%；助农取款（支付）服务点达 21490 个，实现行政村全覆盖。而从从业人数上看，银行业从业人数也在上升。

从农村金融机构的种类上看，经过多年的持续努力，广西已初步形成了由银行业金融机构与非银行金融机构共同组成的多层次、广覆盖的农村金融服务体系。截至 2017 年，广西辖内有银行业非法人机构 22 家：3 家政策性银行、5 家国有商业银行、8 家股份制商业银行、4 家外资银行、1 家邮政储蓄银行、1 家财务公司；银行业法人金融机构 140 家：城市商业银行 3 家、农村商业银行 30 家、农村合作银行 16 家、农村信用社 45 家、村镇银行 41 家、农村资金互助社 3 家、财务公司 1 家、金融租赁公司 1 家。证券业有 1 家证券公司，1 家基金管理公司，27 家证券分公司，新增 8 家，194 家证券营业部，新增 10 家；2 家期货分公司，31 家期货营业部。广西共有保险经营主体 40 家，各级分支机构 2151 家，同比增加 69 家，专业保险中介机构 351 家，同比增加 47 家。广西保险机构市场主体不断丰富，保险服务基本实现全区覆盖①。

虽然广西农村金融服务的总覆盖面较高，但各类金融机构分布不均。存款、贷款及基本保险服务等基础性金融服务的可获得性与经济发展程度及交通便利程度相关。在经济相对发达的县乡一级，基础性金融服务已实现全覆盖，农户可以获得较为便利的基础性金融服务。但在经济较为落后或交通不便的地区，基础性金融服务的满足程度明显降低，金融机构的类型也较单一，金融排他性问题依然存在。

---

① 参见《2017 年广西壮族自治区金融稳定报告》。

2. 金融服务深度逐年提升但农户贷款满足程度较低

金融服务深度主要反映金融服务的渗透程度。普惠金融就是要使金融服务惠及所有人，因此，金融服务深度主要通过人均数来体现。

表 9 – 2　　　　　　　　　　2011—2016 年广西金融服务深度

年份	人均存款余额（元）	人均贷款余额（元）	保险深度（%）	保险密度（元/人）
2011	29123.8	22920.1	1.8	457.8
2012	34102.3	26389.4	1.8	516.7
2013	38143.7	29667.3	1.9	583.7
2014	42697.7	33655.9	1.2	626.6
2015	47318	37598.0	2.3	804.3
2016	51674.2	43406.4	2.6	969.8

如表 9 – 2 所示，自 2011 年以来，广西的人均存款余额与人均贷款余额均呈现逐年上升的趋势，保险密度与保险深度也有了明显改变。就农村金融普惠而言，截至 2016 年，全区贷款余额为 2.1 万亿元，其中涉农贷款余额为 6765.03 亿元，涉农贷款占比为 32%，高于全国平均水平很多。涉农贷款占比提高，有力地支持了农村经济的发展。全区金融机构向信用农户累计发放贷款 2924 亿元，贷款结存余额为 1391 亿元，信用农户有效贷款满足率超过 90%。同年，全区农业保险实现保费收入 7.1 亿元，同比增长 49.93%，为全区农业生产提供风险保障总金额近 360 亿元。此外，金融扶贫工作也持续进行，2016 年累计发放扶贫小额贷款 197.54 亿元，惠及广西的 41.30 万贫困户。

虽然广西的涉农贷款占比高于全国平均水平，但应同时认识到，由于广西的经济相对落后，农业占比较大，因此涉农贷款在整个贷款余额中也占较大比重。而普惠金融中需要真正惠及的低收入农户贷款及农林牧渔业贷款占比都不高。以 2014 年西部各省数据为例（《中国农村金融服务报告》每双数年才统计一次，本课题收稿时间只能查阅到 2014 年的数据），西部各省农户贷款在各项贷款中的平均占比为 9%，农户人均贷款余额为 0.61 万，而广西的农户人均贷款余额仅为 0.35 万元，在整个西部地区处于落后的位置，低于西部整体水平。即使加上扶贫贷款，人均贷款余额依然处于较低水平。这就意味着广大农户的贷款需求还未得到真正的满足。

表 9 – 3　　　　　　　　　2014 年西部各省农户人均贷款余额一览表

项目 西部各省	农户贷款余额（亿元）	农户数（万人）	农户贷款/各项贷款（%）	人均贷款余额（万元）
内蒙古自治区	1265.544	1349.84	8.4	0.94
广西壮族自治区	1478.532	4243.35	9.2	0.35
重庆市	1072.812	2303.09	5.2	0.47
四川省	3509.851	6972.92	10.1	0.50

续表

项目 西部各省	农户贷款余额 （亿元）	农户数（万人）	农户贷款/ 各项贷款（%）	人均贷款余额 （万元）
贵州省	1691.568	3500.92	13.6	0.48
云南省	1524.544	3725.07	8.3	0.41
西藏自治区	126.282	251.14	7.8	0.501
陕西省	1898.226	2713.65	9.9	0.70
甘肃省	1860.768	2082.95	16.8	0.89
青海省	98.969	285.17	2.3	0.34
宁夏回族自治区	483.84	411.51	10.5	1.18
新疆维吾尔自治区	1113.658	1121.31	9.1	0.99

资料来源：《中国农村金融服务报告2014》。

3. 农村普惠金融创新不断但普及率不高

广西的农村金融服务存在着"缺服务、缺信用、缺资本"等现实难题。为推动农村金融的发展，广西大力推动普惠金融服务及产品的创新，这些创新包括：一是金融产品的创新。在银行信贷产品方面，针对小微企业和农户无法提供担保品的实际，各家金融机构相继推出了信用贷款、农村承包土地的经营权和农民住房财产权抵押的"两权"抵押贷款、公司＋基地＋农户、"线上金融""年审贷"等多样化的贷款产品，满足农户及小微企业的多样化需求。在保险产品方面，推出了小额贷款保证保险等小额系列贷款产品。在资本市场方面，农村产权交易中心试点建立，全区建立了331个农村土地流转服务中心，广西林权交易中心正在筹建。二是服务的创新。这既包括传统金融服务的创新也包括新技术的采用。例如，为解决偏远地区金融服务不足的问题设置的助农取款（支付）服务点，运用大数据技术，借助互联网平台，推出了互联网金融服务、手机银行、移动支付等。三是信用制度的创新，结合农村金融信用评级的实际，重构信用评价体系，建立农户信用档案，评定信用户、信用村，推动"信用＋信贷"的业务模式。

虽然广西农村普惠金融创新不断，但就总体情况而言，创新的普及率不高。根据抽样调查，以支付业务为例，传统的"银行个人结算账户开户率""银行卡人均持卡量"等指标保持在较高的数值上，而"个人网上银行人均开户数"指标值则相对较低，其他的通过互联网购买理财产品等行为则更为少见。究其原因，主要是由于农村的金融教育水平还处于较低的水平，农户金融意识不强，对创新的金融产品缺乏必要的认识。

（二）基于互联网金融视角的广西农村普惠金融发展障碍

1. 成本障碍

如前所述，广西县一级或经济相对发达的地区普惠金融机构种类较为齐全，产品较为丰富。而随着经济状况或地理位置的不断恶化，金融机构的空间布局明显减少，导致偏远地区的普惠金融有效供给不足，农户难以获得便利性的金融服务。金融机构空间布局的缺失主要源于成本约束。由于金融排斥性问题的客观存在，20世纪90年代，商业金融机构大规模地撤离农村金融市场。农村金融市场只留下信用社、农业银行、邮政储蓄银行等门类单一的银行类金融机构。当前，要发展农村普惠金融，要将金融服务惠及所有人群，首先需要增加供给，这将大大增加金融机构的运营成本。根据金融机构的调查资料，在农村设立一个物理网点大约需要75万元，每年的运营成本约为25万元，设立一个流动网点，每年也需投入20多万元。而与高额的运营成本不相匹配的是经济落后地区的低业务收入，由于农村人口居住分散，偏远地区更是存在地广人稀、交通不便的情况，整个金融业务量稀少，业务收入无法抵补运营成本，无法保证经营的持续性，导致趋利的金融机构不愿提供金融服务。

此外，金融机构还面临着一系列经营风险。一是由于农业产业自身的弱质性，自然风险和市场风险都较大，在没有有效风险补偿机制的情况下，这些风险都会转嫁给金融机构；二是由于农村征信系统不完善，信息不对称的客观存在使得金融机构无法全面掌握农户的实际情况，由此产生了一系列经营风险；三是由于经济的相对落后，农户无法提供有效的抵押担保品，普惠金融主要以信用贷款的形式提供金融支持，这又进一步加大了金融机构的经营风险；而偏远地区金融服务的缺失又进一步恶化了当地的金融生态，使得部分农户依然被排除在金融服务之外，农户无法通过金融服务把握经济机会、改善经济状况，形成恶性循环。

成本约束同样存在于需求方。在供给成本居高不下的情况下，如果能加大需求，可以在一定程度上弥补供给方的运营成本。但是广西农村普惠金融发展面临的困境是偏远地区的需求不足。这种需求不足一部分源于金融教育不足所致的潜在需求未被激发，另一部分则源于需求方为获取金融服务同样需要花费较高的成本。由于偏远地区的农村基础设施相对落后，金融产品对农户而言又较为复杂，农户为获得金融服务需要花费相当的时间成本、学习成本、交通成本、培训成本等诸多成本。农户为减少交易成本的支出，被迫选择交易成本较低的民间借贷或其他方式来解决融资需求。

高成本同时存在于供求双方，使得普惠金融供求双方存在错位的现象。一方面是供给不足使得需求得不到满足，另一方面是供给不断创新，需求的积极性却非常低下。这种错位现象的存在一是影响了金融机构经营的持续性，二是即使金融创新不断却因需求不足无法惠及需求方，普惠金融的发展依然存在其自身无法克服的发展障碍。

2. 信息障碍

与城市金融相比，农村金融的信息不对称现象较为严重。这主要是由于在农村地区基础设施建设相对落后，金融资源的配置不平衡，供求双方缺乏健全的信息交流平台，造成信息不对称问题。一方面，农村尚未建立像城市那样健全的征信系统，整个信用制度的建设处于初级阶段，只针对部分农户开展了征信调查，全面获取农户信息的难度较大。银行等金融机构缺乏可以正常获取和检索农户信用信息的渠道，信息不对称，贷前征信调查难度大。道德风险和逆向选择问题在农村金融市场更为突出，在保险市场上尤为严重。为防范风险，金融机构普遍惜贷，或者采用较高的利率水平开展业务，致使部分农户因为无力承担高利率水平而被排除在金融服务之外，转而选择亲友借贷或民间借贷，从而进一步制约了农村金融机构发展普惠金融的积极性。

另一方面，农户获取金融信息的渠道较为有限，特别是对于普惠金融机构的诸多创新服务，农户都缺乏获取信息的有效渠道。当前，我国的普惠金融教育主要在国家的贫困县部分开展，如广西只有三个县开展了较为系统的普惠金融教育活动，其他各县的金融信息宣传主要集中在经营网点开展。正如上述分析所述，本身金融信息就较为缺乏，又受到网点分布不均、交通不便等原因制约，农户的金融需求被抑制，同时也导致普惠金融机构的金融创新无法真正惠及农户。90% 以上的农户对金融业务的理解还停留在银行的"存、贷、汇"等传统模式和传统业务上，对金融理财产品、贷款流程等信息知之甚少。

信息不对称在农村金融市场的普遍存在造成了信贷配给及金融抑制，给农业保险的发展同样带来了不利影响。信息不对称的存在，引发了道德风险及逆向选择，加大了核保理赔的难度，增加了保险企业的经营成本，不利于农业保险的发展。而农业保险的发展滞后，使农村信贷的风险转移机制受到了影响，更进一步影响了农村信贷业务的发展。

3. 金融知识及金融教育障碍

近年来，随着普惠金融改革的推进，新型金融机构层出不穷，金融产品不断创新，赋予了普惠金融更大的发展空间，但由于金融知识与金融教育障碍的存在，阻碍了农村普惠金融的发展。

从金融知识角度而言，由于广西农村普惠金融的对象主要是农户，特别是由于文化程度相对较高的青壮年劳动力外出打工后，农村实际上留下来的主要是老人、妇女、儿童，这些农户文化水平普遍不高，对金融产品的认识和金融意识都较薄弱：一是对金融产品的认识还停留在传统的"存、取、汇"等金融业务上，诸多的产品需求没有被激发出来，不知道如何合理利用贷款把握经济机会，不知道贷款业务的流程、政策规定等，不知道银行理财产品，对金融机构推出的产品缺乏必要的认知与风险甄别能力；保险意识相对滞后，对保险公司缺乏足够的信任，不知道多样化的风险化解方式。二是对现代化的金融产品较为排斥。由于金融、互联网知识的缺失，部分农户对网上银行等新型金融服务手段或产品产生排斥心理。由于不熟悉银行卡的安全使用常识，农户使用银行卡进行存取款、转账、POS 机消费的比例较低；网上银行、手机银行的使用率远远低于开通率，互联网普及率较低。

从金融教育角度来说，现有的金融教育模式对推进普惠金融发展作用不明显。我国为推进普惠金融发展，目前主要采用金融教育发展基金会为主导、依托当地政府和人民银行各级分支机构、动员各家金融机构广泛参与、以志愿者为一线执行者的公益性国民教育模式。这一教育模式主要采用集中授课的方式进行，对居住分散的农户来说，时间成本较高，外出打工的青壮年农户更是难以参与学习。同时农户本身知识水平有限，一次讲述不能让所有农户都理解、接受，又缺乏后续的教育，使得农户学习之后难以真正掌握，学习效果不明显。知识的缺乏及后续教育的无力实际上成为阻碍普惠金融发展的最大障碍。在一个名为普惠金融国际行动中心组织发起的有 300 多个国家参与的普惠金融讨论中，70% 的国家认为金融素质教育在促进普惠金融发展的因素中应排在第一位。因此，应积极探索更为适合农户的学习模式，从根本上提升农户的金融素养，从而改变其金融行为。

二、互联网金融推动农村普惠金融发展的作用机理

（一）我国互联网金融的内涵

虽然至今国内外对互联网金融的内涵尚无统一的界定，但不少学者已从多个角度陆续展开了此方面的研究。概括而言，互联网金融有广义和狭义之分，广义的互联网金融是一个谱系概念，其内涵既包括传统金融服务借助互联网技术将传统业务向互联网平台延伸；也包含区别于传统金融的新型互联网金融业务模式。而狭义的互联网金融则主要是无金融中介或市场的互联网金融服务。鉴于本课题的研究需要，本课题所述的互联网金融主要指其广义的内涵。根据谢平、邹传伟、刘海二（2014）对互联网金融形态的划分，互联网金融可以分为六种形态：一是金融互联网化，即利用互联网平台延伸金融产品与金融服务（网络银行和手机银行、网络证券公司、网络保险公司、网络金融交易平台、金融产品网络销售），二是移动支付与第三方支付，三是互联网货币，四是基于大数据的征信与网络贷款，五是 P2P 网络贷款，六是众筹融资等。

（二）互联网金融推动农村普惠金融发展的作用机理

1. 互联网金融的成本优势可以显著降低交易成本

金融机构缺乏在农村偏远地区持续经营的动力，究其原因在于经营的高成本低收益，物理网点的高铺设成本、信息收集的高成本、农业产业经营的高风险等使得收益与成本不匹配。而互联网金融自身的特性可以帮助普惠金融机构显著降低成本。

（1）互联网金融可以减少物理网点的铺设，降低普惠金融机构的运营成本

受限于机构铺设的高成本，农村金融机构往往设置于经济相对发达、交通更为便利的地区，这就使得广西农村偏远地区的金融机构供给不足，即使设置了流动性金融服务点，受时间等因素的影响，农户得到的金融服务也较为有限。互联网金融将互联网技术与农村金融业务结合，能突破金融服务在时间和空间上的限制，使互联网金融终端能够部分替代传统的物理网点，弥补偏远地区物理网点不足的缺陷，将金融服务覆盖到传统普惠金融难以覆盖的地区，为农户提供便利的不间断的普惠金融服务。当前，随着移动工具和网络在农村地区的普及，利用手机开展普惠金融服务已成为提高农户金融服务可获得性的重要途径。

（2）互联网金融通过"金融脱媒"的高效资源配置降低供需双方交易成本

农户难以获得贷款，主要原因在于农户的信息收集成本较高，缺乏抵押物，单笔交

易金额小，边际成本高，而且还有可能存在道德风险。而互联网技术的运用有助于克服这一发展障碍。首先，在移动支付、社交网络、搜索引擎、云计算等现代信息技术的推动下，金融中介的作用日趋弱化，供求双方直接进行交易成为可能，"金融脱媒"成为普遍现象。如 P2P 平台的资金供求双方利用互联网平台完成了从资金的匹配、询价、定价到交易的过程，提高了资源配置的效率。其次，互联网还能产生规模经济优势，显著降低成本。互联网平台通过集合碎片化需求，形成规模优势，依托大数据分析，再通过互联网平台的标准化流程操作，可以加快整个业务审批的进程，不断降低交易成本，实现了供需双方信息几乎完全对称、边际成本极低的高效交易模式。

对需求方而言，互联网金融提供了便捷的普惠金融服务，使得农户不需要为办理各项业务而花费大量的时间，大大降低了农户的时间成本、交通成本、学习成本等各项成本，同时由于规模经济的原因，互联网金融能提供价格更具有竞争优势的金融产品，有利于激发农户的需求。各项成本的显著降低可以帮助普惠金融克服农村普惠金融发展中的社会目标与盈利目标之间的矛盾，推动普惠金融发展。

2. 互联网金融的数据优势有利于缓解信息不对称

（1）互联网金融可以运用大数据技术提高信息精准度

由于缺乏完善的征信系统，信息收集成本过高，在农村普惠金融的推行过程中，农户的贷款申请无法快速授信，贷款需求无法得到满足。互联网金融的核心优势就是可以利用大数据技术对贷款农户进行信用评估，缓解信息不对称现象，提高评估的精准度。互联网和移动互联的普及，打破了信息壁垒，极大地改善了信息不对称。互联网金融环境下的信息处理，有助于集中政府平台、电子商务平台、社交网络等平台的分散信息，并通过对信息的收集、分析、处理，构建全口径的信用数据库。互联网金融利用庞大的信息数据库，将不对称的信息扁平化，实现数据的标准化，提高信息的使用效率。这种大数据评估技术大大降低了信息的收集成本和贷款风险，提高了信用评估的准确度，提高了用户贷款的可获得性，对于缓解农户因缺乏信用和抵押物而无法获得贷款的难题提供了有效的解决方案。

大数据技术的运用也有利于金融机构更准确地掌握小微企业以及农户对于金融融资产品的具体需求，有利于细分市场、及时调整市场，加快金融创新，提供更加符合农户及小微企业需要的产品。

（2）互联网金融为农户扩宽信息渠道

在传统的普惠金融经营模式下，农户获取金融产品的渠道有限，无法及时分享金融改革的成果。互联网金融拓展了农户的融资渠道。随着农村电商的发展，农户对互联网金融有了更多的认识。多元化的互联网金融业务为解决农村地区金融服务和资金融通提供了多样化的选择，有利于农民享受更全面的金融服务。农户不仅可以从传统的普惠金融渠道获得融资服务，还可以通过互联网获取金融服务，互联网金融模式提供的基于交易记录的小额贷款、众筹和 P2P 模式等多种融资模式，扩大了直接融资的市场范围，拓宽了资金来源的渠道。此外，互联网金融还为居民提供了低门槛的投资渠道，为农户的投资性金融需求提供了更加便捷的信息与交易平台。

互联网金融同时也拓宽了农户获取金融知识的渠道。金融知识是制约农户采取理性金融行为的重要因素。在传统的普惠金融发展过程中，农户几乎没有系统获得金融知识的渠道。互联网金融的发展，为农户提供了不间断地获取金融知识的渠道，帮助农户增长金融知识，提高金融素养，改变金融行为。当然互联网金融是把"双刃剑"，在给农户提供金融知识的同时，由于教育的缺失，也加大了农户的金融风险。

3. 互联网金融的长尾效应推动了机构经营的持续性

普惠金融实际上是金融伦理下的产物，即金融机构从自身生存与发展的需要出发，会要求效率优先，将资金投放到具有盈利空间的产业或领域，趋向商业化经营。普惠金融则在强调效率的同时兼顾公平，要将金融服务惠及所有人群。效率和公平则存在着矛盾，强调公平，容易导致盈利目标落空，机构可持续发展受到影响；过度强调效率，则普惠金融就难以真正惠及所有人群。互联网金融的长尾效应能在一定程度上保障机构经营的持续性。克里斯·安德森（2004）首先提出了长尾理论。他认为，随着互联网技术的推进，商品存储成本、流通成本急剧降低，那些虽然需求有限但是基数庞大的产品共同形成的市场份额可以与市场需求旺盛的商品相匹敌。如前所述，互联网金融可以显著降低交易成本，使边际成本相对于非互联网有明显的成本优势。因此互联网金融以其自身的优势，服务处于长尾后端的众多的小微企业与农户。通过为人数庞大但个体需求不大的农户提供普惠金融服务，借助成本优势，也能实现可持续发展，使盈利目标和社会目标的融合发展成为可能。

互联网金融借助低成本运作和有效的风险控制为这一冲突的缓解提供了解决之道。信息存储技术的发展使得海量交易数据的存储成为现实，数据挖掘与处理技术的广泛应用则可将繁复的数据标准化、结构化并转化成有效信息，提高数据使用效率。在大数据及数据处理技术的基础上，客户的信息甄别成本和收集成本大幅降低。

三、互联网金融推动普惠金融发展的路径选择

（一）传统农村金融机构与互联网金融相结合建立多层次、广覆盖的金融服务网络

在当前的农村，传统农村金融机构与互联网金融各有不可替代的优势。与互联网金融相比，传统金融机构在农村地区有更高的认知度，而互联网金融则有成本优势，因此，可以将农村金融机构与互联网金融优势互补，建立广覆盖的金融服务网络，提高农户金融服务的便利性。

1. 经济相对发达的农村地区继续铺设物理网点

经济相对发达的农村地区人口密集，交易量大，有利于设置物理网点。同时，随着城市金融科技的普遍采用，城市的金融机构面临着物理网点下沉的转移要求，而农村的

金融服务网点依然存在着较大的缺口，因此，可以利用此机会重新分配金融资源，推动大型商业银行的物理网点下沉，继续发挥村镇银行等农村金融机构的作用，大力发展自主银行等多样化的微型金融机构为农户提供便捷的金融服务。

2. 经济欠发达但人口密度相对高的地区设置便民金融服务网点

经济欠发达地区由于经济体量较小，设置物理网点给金融机构的持续性经营带来困难，可以借鉴其他发展中国家的做法，设置成本相对低廉的便民金融服务网点。以巴西为例，巴西在推动农村普惠金融发展的过程中实施了代理银行业务模式，即允许非银行金融机构，如邮局、药店、超市等发展成为银行代理机构，在银行授权的范围内开展业务，并通过一系列政策措施，降低代理机构的运营成本，有效地解决了欠发达地区金融服务欠缺的问题。因此，广西可以在政策允许的前提下，设置相对固定的便民金融服务网点，在成本可控的同时实现普惠金融目标。

3. 经济欠发达且人口分散的地区以互联网金融作为普惠金融服务的主体

在经济欠发达的边远地区，由于人口居住分散，经济体量小，应以创新性的互联网金融技术手段为依托代替物理布点，将互联网金融的成本优势充分发挥出来，实现长尾效应。肯尼亚是世界上公认的利用手机开展普惠金融服务的成功典范。肯尼亚拥有世界上最知名的手机转账和支付体系，该体系可以帮助在农村的肯尼亚人无须使用现金也可相互交易，由于手机在肯尼亚的普遍使用，该项业务大大地推动了普惠金融发展。借鉴肯尼亚的成功经验，广西可以通过布设自助服务终端等多种形式的电子服务渠道，推广电子银行、网上银行特别是手机银行的使用；可以借助支付宝、微信支付等第三方支付平台开展各种金融代理业务，同时将如账户查询、小额支付、公用事业缴费等小额支付产品嵌入微信、支付宝平台，降低金融服务的门槛，使农户得到最便捷的基础金融服务。

（二）利用互联网金融搭建信息共享平台，提高金融服务的质量

1. 建立供应链式服务平台，共享农产品产销信息

农业产业的落后，除了受自然风险的影响，还有来自市场信息不对称的干扰。农户由于缺乏农产品销售的相关信息资源，无法及时调整自身的销售策略，导致农产品流通效率低下，销售成本居高不下。农户收入的不稳定，也影响了金融机构业务经营的积极性。而作为普惠金融而言，其本身就意味着要承担必要的社会责任。因此，可以考虑建立区域性的供应链服务平台。互联网金融通过大数据平台连通大量的农户与商家，收集分析海量信息后将原料的供应、销售、物流等农产品产业链消息和信用评价信息通过平台发布，使得农户足不出户即可通过信息平台了解到相关产品信息，加快农产品的流转速度，提高效率，为其农业生产决策提供有力支持。

2. 构建共享互通的信用评估体系，提高贷款满足程度

农村征信体系的不完善，影响了农户贷款的满足程度。事实上，农村金融机构一直在改革完善、建立健全具有自身特色的征信系统。但由于农户信息获取的难度比较大，各地区的信用评价指标不尽相同，征信进展较为缓慢。因此，应在此基础上完善农户经

济信用信息库，不断提高农户信用信息的覆盖率，并将互联网金融纳入征信系统，发挥互联网金融大数据的优势，整合各平台资源数据，构建大数据征信、风控和监管体系。持续创新大数据的统计分析能力，并逐步应用于农村普惠金融领域，为农村互联网金融的成长重构良性的征信体系。

3. 搭建农村金融产品供求平台，提高金融产品匹配程度

一方面，由于信息不对称，农户的真实需求无法反馈给机构，当前的普惠金融产品大多数与城市的产品相同，如"P2P"对农户来说，既不熟悉，也难以参与，产品匹配度不高，创新出来的产品不能完全契合农户的需要，达不到创新的初衷。另一方面，由于缺乏信息共享平台，金融机构创新的成果不能及时通达给农户，而农户也缺乏一个可以全面了解各金融机构创新产品的平台。因此，需要建立一个突破个体金融企业的金融产品供求信息共享平台，农户可以通过此平台了解各有关传统金融机构及互联网金融机构的金融产品，同时发布农户需求，推动金融机构根据农户的需求创新出真正适合农户的产品，做到信息的交流互通。

（三）加强金融教育，提高农户的金融素养及抗风险能力

1. 丰富教育方式，建立多元化的教育平台

采用多样化教育形式。鉴于普惠金融教育点多面广，受众难以集中，难以安排统一的时间开展教育，应借助信息化手段提高普惠金融教育的覆盖面。借助互联网平台的优势，可以持续地开展教育，满足不同受众的不同教育需求。同时，利用多媒体的优势，通过录制视频等方式，采用更为简化与通俗的教育方式，帮助受众接受普惠金融教育。此外，还可以建立开放的教育平台，设计相关的金融教育教程，向受众提供多样化的教育资源，帮助其作出正确的决策。除了借助网络优势外，还可以通过电视、广播等传统媒体，开展普惠金融教育活动。定期开展社区服务、举办知识讲座等多样化的形式切实推进普惠金融教育。

2. 明确教育内容

在当前金融创新层出不穷、金融产品日趋复杂、金融服务持续多样化的背景下，普惠金融教育的内容应包括四个方面：一是金融基础知识教育，通过知识普及，帮助受众形成对家庭预算、储蓄、养老规划等诸多理财知识的正确认识，促进金融产品与自身生产生活相结合。二是银行信贷政策和征信知识的教育，促进受众正确申请和有效运用贷款，提高资金使用效率，增强诚信意识，营造良好金融环境。三是金融风险意识教育，帮助受众明确基本的金融产品的收益与风险的关系，从而能够正确地选择金融产品，把握经济机会。四是金融消费者权益保护教育，帮助农户学会保护自身权益。

此外，为使互联网金融的作用能充分发挥，还应加强农村基础设施建设，加强互联网金融法制建设，为互联网金融的发展提供良好的生态环境，以推动广西普惠金融的发展。

参考文献

［1］Leyshon A and N. Thrift. Geographies of Financial Exclusion：Financial Abandonment in Britain and the United States ［J］. Transactions of the Institute of British Geographers，1995.

［2］Conroy，J. APEC and Financial Exclusion：Missed Opportunities for Collective Action? ［J］. Asia Pacific Development Journal，2005（12）.

［3］Duvvuri Subbarao. Financial Inclusion：Challengesand Opportunities ［J］. Reserve Bank of India，2009.

［4］Ahmed，M. Ansari. Financial Sector Development and Economic Growth：The South – Asian Experience ［J］. Journal of Asian Economics，1999（9）.

［5］杜晓山. 小额信贷的发展与普惠性金融体系框架 ［J］. 中国农村经济，2006（8）.

［6］韩俊. 建立普惠型的农村金融体系 ［J］. 中国金融，2009（22）.

［7］张平. 发展农村小额信贷，完善普惠金融体系建设 ［J］. 开发研究，2011（2）.

［8］胡国晖，雷颖慧. 基于商业银行作用及运作模式的普惠金融体系构建 ［J］. 商业研究，2012（1）.

［9］谢平. 互联网金融的基础理论 ［J］. 金融研究，2015（8）.

［10］马九杰，吴本健. 互联网金融创新对农村金融普惠的作用：经验、前景与挑战 ［J］. 农村金融研究，2014.

［11］张明哲. 互联网金融的基本特征研究 ［J］. 金融经济，2013（22）.

（执笔人：梁玉）

10. 广西上市公司 ESG 绩效分析报告

ESG 评估框架指将环境（Environmental）、社会（Social）、治理（Governance）三方面的指标纳入企业可持续发展绩效评估中，ESG 因子的引入将大概率提升总体的投资收益率水平。我国绿色金融事业快速发展，并已成为中国经济转型发展的重要因素，将投资实践与可持续性目标相结合是建立绿色金融体系的关键。我国企业社会责任信息披露相关工作，已经在上市公司的层面紧锣密鼓地展开。

一、国际 ESG 责任投资现状

国际市场中 ESG 的发展路径主要依赖于投资者的需求推动，投资者关注投资标的在社会贡献、环保、公司治理方面的举措，直接推动金融机构开发 ESG 产品、提供配套金融服务，推动企业主动向 ESG 方向转型，是市场化、需求推动的自发性行为趋势。再加上发达国家资本市场较为完善成熟的基础体系、监管部门的重视、相关政策的出台、组织机构的助力和第三方服务的发展，使得 ESG 责任投资在发达国家市场中得以迅速发展。

二、中国 ESG 整体表现

（一）ESG 表现与股票市场的相关性

1. 沪深 300 绩效领先指数的业绩

2017 年累计收益率在全国 29 只 ESG 相关股票指数中排名第三；2017 年累计收益率在绿色相关股票指数中排名第一；2017 年收益率达 25.85%，超过沪深 300 指数收益率 4.07%。

2. ESG 表现与股票收益率的相关性

根据中央财经大学绿色金融国际研究院的相关研究报告，ESG 表现与股票市场收益率和风险具有一定的相关性，简述如下：以 ESG 分数前 100 的股票作为一个投资组合，其投资收益率与 ESG、E、S 和 G 均呈正相关。沪深 300 绿色领先股票的投资组合收益高于沪深 300 投资组合收益。

3. ESG 表现与股票风险的相关性

在金融行业，上市公司绿色表现与系统性风险系数（Beta）呈负相关。

（二）我国资本市场的 ESG 整合中存在的障碍

重大 ESG 因素的考量是与客户利益息息相关的，是保护受益人利益的重要行为。然而，在我国资本市场的 ESG 整合中，仍然存在很多障碍。

1. 缺乏要求投资者将 ESG 因素纳入投资过程的正式监管机制

虽然中国市场对 ESG 标准的认识程度不断提高，但依然存在一些障碍。首先，中国尚未建立起正式的监管机制，以要求投资者，特别是资产所有者在投资过程中考虑 ESG 因素。包括主权财富基金和养老金在内的中国资产管理者在进行投资决策时往往忽略可持续发展因素。

2. 缺乏对投资者如何将 ESG 因素纳入投资组合中的指导意见

中国尚未建立起连贯、可比较、可靠的公司报告制度。对中国投资者而言，市面上也缺乏符合国际实践的关于绿色和可持续投资产品的统一定义。此外，很多投资者并未完全意识到在投资决策中纳入 ESG 因素有利于管控风险、提高利润，也未意识到企业在 ESG 方面的表现可为投资研究和决策提供参考。投资者很可能会将 ESG 和绿色金融视为伦理选择，认为这一选择将对投资收益产生负面影响，并将其与基础投资分析分割开来。

3. 公司难以参与 ESG 信息披露

因为缺乏可持续、易于对比、可信赖的报告，公司难以参与 ESG 信息披露。大多数中国公司正在进行的 ESG 披露以环保数据为主，反映到了中国政府对环境问题的重视。治理问题（即 ESG 中的"G"）也受到了一定的关注——人们往往认为治理因素"易于理解""符合股东价值"，有利于产生更高回报。但是，工人待遇、对当地社区的影响等社会问题（即 ESG 中的"S"）虽可能造成实质性的财务影响，却常常被认为最难衡量，有时需要主观判断，很难与实际表现挂钩。

三、广西 ESG 绩效的总体表现

（一）广西上市公司环境披露基本情况

表 10-1　2017 年广西 37 家上市公司环境披露基本情况

公司名称	股票代码	行业分类	营业收入（亿元）	净利润（亿元）	总资产（亿元）	净资产（亿元）	净利润增长率（%）	环境披露
柳工	000528	重型机械	112.64	3.20	216.60	91.20	555.56	建设产品全生命周期绿色管理平台，开展环保宣传；全年环保投入 786 万元，发生重大环境事故零起；公司能源消耗总量为 0.66 万吨标准煤，万元产值综合能耗为 0.0126 吨标煤（现价）；制订三年期噪声治理计划，已投入 30 万元

续表

公司名称	股票代码	行业分类	营业收入（亿元）	净利润（亿元）	总资产（亿元）	净资产（亿元）	净利润增长率(%)	环境披露
北部湾港股份有限公司	000582	港口	32.70	5.90	128.40	78.90	6.52	无披露
阳光新业地产科技股份公司	000608	房地产	5.30	1.90	72.20	36.80	4.88	无披露
天夏智慧城市科技股份有限公司	000662	软件	16.70	5.70	71.10	55.70	11.07	无披露
南方黑芝麻集团股份有限公司	000716	食品	27.70	1.00	50.50	27.20	49.00	无披露
北海银河生物产业投资股份有限公司	000806	电工电网	10.50	0.10	33.30	21.80	3.58	无披露
广西贵糖（集团）股份有限公司	000833	综合类	19.10	0.80	33.80	27.30	3.22	无披露
南宁糖业股份有限公司	000911	食品	29.10	-1.90	73.90	14.20	12.17	无披露，仅 2008 年有披露
广西河池化工股份有限公司	000953	化肥农药	2.20	0.30	8.20	0.20	126.15	根据上市公司社会责任专业评级产品，其得分为 9.02，但该企业无企业社会责任报告披露
广西桂冠电力股份有限公司	600236	电力	87.80	28.10	412.80	168.20	11.64	无披露
桂林旅游股份有限公司	000978	餐饮旅游	5.60	0.38	26.30	15.70	3.77	无披露，仅有 2006 年企业社会责任报告披露

续表

公司名称	股票代码	行业分类	营业收入（亿元）	净利润（亿元）	总资产（亿元）	净资产（亿元）	净利润增长率(%)	环境披露
中恒集团	600252	制药	20.50	6.00	68.60	55.90	5.10	2017年中恒集团及子公司未被列入国家重点监控企业名单，中恒集团子公司广西梧州制药（集团）股份有限公司列入梧州市重点监控企业名单；2017年没有发生环境污染和生态破坏相关责任事故；"中恒乡村医生培训项目"中有6000名乡村医生受益
五洲交通	600368	公路	17.90	3.56	106.93	32.53	9.23	无披露
两面针	600249	日用品	14.72	−1.65	27.06	17.57	−6.10	其子公司纸业公司污水处理费的环保投入资金为1299.91万元，环保费的环保投入资金为49.48万元；6月取得国家统一编码的新版排污许可证，按排污许可证要求上报季度和年度执行报告，全年达标排放
柳化股份	600423	化肥农药	18.30	0.62	32.04	0.39	257.63	无披露
南宁百货	600712	零售	23.21	0.02	22.38	10.64	0.17	无披露
柳钢股份	601003	钢铁	415.57	26.46	230.74	71.99	55.33	2017年公司实现重大环境污染事故为零，"三废"进行有效处理，污染物排放总量比上年同比减少，完成当地政府许可排放量年度考核指标
ST南化	600301	化工原料	2.14	−0.68	7.55	1.83	−8.38	无披露
桂东电力	600310	电力	102.44	1.00	127.53	25.19	−23.45	无披露
慧球科技	600556	软件	0.65	0.03	1.25	0.78	4.26	无披露
国发股份	600538	制药	4.34	0.02	7.76	6.59	1.36	各项环境指标均未超标
东方网络	002175	综合类	4.11	−2.78	21.54	11.37	−28.27	公司所处的行业不属于重污染行业，在生产经营过程中，公司全面贯彻实施ISO 14001环境管理体系，制定了多项环境保护措施并严格执行。公司也同时定期组织员工参与社区举行的社区绿化、整理及环境保护活动
莱茵生物	002166	生物科技	8.01	2.05	28.96	10.51	24.27	无披露

续表

公司名称	股票代码	行业分类	营业收入（亿元）	净利润（亿元）	总资产（亿元）	净资产（亿元）	净利润增长率(%)	环境披露
桂林三金	002275	制药	16.16	4.64	32.29	26.53	9.41	不存在重大环境问题，也未发生重大环境污染事故；污水处理系统采用成熟的厌氧和好氧组合处理工艺，设计处理前污水 COD 浓度为 3000mg/L，处理后 COD 浓度低于 100mg/L；项目通过环境影响评价及验收，具有排污许可证
皇氏集团	002329	食品	23.66	0.71	56.14	29.41	0.50	制定相关专项环保技改项目，采取多种措施提高节能减排水平
恒逸石化	000703	化纤	642.83	18.43	332.67	158.50	9.54	大江东环境监测站废水、废气等抽检结果显示，公司 2017 年上半年各类污染物均能达到 100% 达标排放；2017 年未发生重大环境污染事件
国海证券	000750	券商	26.58	4.30	660.09	142.15	− 0.02	公司为新疆新能源（集团）有限责任公司、无锡雪浪环境科技、广州鹏凯环境科技股份有限公司等环保企业融资 8.2 亿元
丰林集团	601996	林木	13.01	1.20	23.15	19.01	6.00	无披露
八菱科技	002592	汽车零部件	7.74	1.35	25.74	21.36	3.09	无披露
百洋股份	002696	农业	23.94	1.25	35.80	23.01	115.15	无披露
福达股份	603166	汽车零部件	13.33	1.36	31.60	21.08	0.85	公司投资 80 多万元，增加负压通风系统和水冷空调，加强厂房空气流通，降低车间内温度，员工夏季作业环境明显改善；2017 年共慰问困难员工 40 多名，慰问金额近 10 万元；组织开展了"增效降本，青年先行"技术创新评比工作，开展清洗机热泵改造降耗攻关工作，通过将热泵的能量循环利用，减少电加热过程，改造后单件产品加工电耗同比下降 61.5%；2017 年，福达集团公益捐赠和扶贫的金额达 430 多万元
柳药股份	603368	医疗保健	94.46	4.27	75.54	35.68	9.46	无披露
博世科	300422	环保	14.68	1.44	39.21	12.94	16.41	无披露
新智认知	603869	餐饮旅游	25.11	2.76	61.56	37.86	3.24	无披露

续表

公司名称	股票代码	行业分类	营业收入（亿元）	净利润（亿元）	总资产（亿元）	净资产（亿元）	净利润增长率(%)	环境披露
绿城水务	601368	水务	12.43	3.49	81.30	30.68	9.67	无披露
润建通信	002929	通信设备	27.78	2.39	23.86	11.89	25.74	无披露
广西广电	600936	文化传媒	27.08	2.01	73.81	36.54	5.84	无披露

资料来源：根据 Wind 数据库整理。

表 10 - 2　　　　　2016 年广西 37 家上市公司环境披露基本情况

公司名称	股票代码	行业分类	营业收入（亿元）	净利润（亿元）	总资产（亿元）	净资产（亿元）	净利润增长率(%)	环境披露
柳工	000528	重型机械	70.10	0.48	205.80	88.50	131.13	2016 年公司共投入约 608 万元环保资金；未发生环境污染事故，未发生投诉事件；各废水处理站出水均达到《污水综合排放标准》一级标准；执行一级标准的废水中 COD 排放均值为 32.7mg/L；执行三级标准的废水中 COD 排放均值为 65.6mg/L，远远低于国家标准要求；承接大客户业务 307 万元，生产再制造产品 31650 件，相当于减少 7144 吨标准煤
北部湾港股份有限公司	000582	港口	29.90	4.80	122.60	73.90	6.24	无披露
阳光新业地产科技股份公司	000608	房地产	6.40	-4.40	98.00	36.90	-14.12	无披露
天夏智慧城市科技股份有限公司	000662	软件	12.80	3.20	56.90	50.70	778.05	无披露
南方黑芝麻集团股份有限公司	000716	食品	23.10	2.50	31.20	18.20	0.07	无披露

公司名称	股票代码	行业分类	营业收入（亿元）	净利润（亿元）	总资产（亿元）	净资产（亿元）	净利润增长率(%)	环境披露
北海银河生物产业投资股份有限公司	000806	电工电网	12.00	0.20	28.90	21.10	1.04	无披露
广西贵糖（集团）股份有限公司	000833	综合类	17.90	0.40	34.20	26.30	0.19	无披露
南宁糖业股份有限公司	000911	食品	35.90	0.19	67.10	16.10	0.16	无披露
广西河池化工股份有限公司	000953	化肥农药	3.90	- 1.40	7.90	- 8.90	- 182.32	无披露
广西桂冠电力股份有限公司	600236	电力	85.60	29.10	395.60	151.40	4.97	无披露
桂林旅游股份有限公司	000978	餐饮旅游	4.90	- 0.47	26.70	15.30	- 0.82	无披露
中恒集团	600252	制药	16.70	4.90	64.50	53.30	7.49	对"三废"处理已有成熟的技术，根据国家有关规定设计了合理的环保工程，符合国家环境保护有关法规的要求；专门设立了"中恒博爱基金"，将社会责任纳入发展战略
五洲交通	600368	公路	12.90	1.91	114.19	30.55	4.60	无披露
两面针	600249	日用品	15.62	- 0.07	32.77	20.12	- 7.16	披露了其子公司环保违规事件基本情况
柳化股份	600423	化肥农药	20.76	- 7.99	36.99	- 0.25	- 103.11	公司实现重大环境污染事故为零，"三废"进行有效处理，污染物排放总量比上年同比减少，全年共开展环境督察 10 次，完成当地政府许可排放量年度考核指标
南宁百货	600712	零售	22.07	- 0.34	22.43	10.62	- 3.89	无披露

续表

公司名称	股票代码	行业分类	营业收入（亿元）	净利润（亿元）	总资产（亿元）	净资产（亿元）	净利润增长率（%）	环境披露
柳钢股份	601003	钢铁	266.50	19.64	208.12	46.35	4.43	无披露
ST 南化	600301	化工原料	0.72	-0.19	9.66	2.31	5.38	2015 年完成搬迁，将资产全部转让给了南化集团，公司目前已无污染严重的化学物品
桂东电力	600310	电力	52.12	2.37	110.04	30.47	-0.55	全年无环境污染等事故发生
慧球科技	600556	软件	0.46	-0.26	2.88	0.74	125.95	无披露
国发股份	600538	制药	4.55	-0.49	9.57	6.88	-4.67	无披露
东方网络	002175	综合类	5.74	0.70	27.86	16.09	70.58	无披露
莱茵生物	002166	生物科技	5.71	0.69	24.31	8.45	6.26	无披露
桂林三金	002275	制药	15.25	3.93	28.69	24.25	1.66	无披露
皇氏集团	002329	食品	24.64	3.27	52.02	28.99	5.72	积极履行环境保护义务，建立环境保护机制
恒逸石化	000703	化纤	324.19	8.86	275.34	132.13	74.72	废水废气无超标排放情况，二氧化硫排放 168.845 吨，排污核定量为 1105.5 吨；具有具体的各项环境信息披露，有排污许可证
国海证券	000750	券商	38.37	10.65	679.61	143.33	3.77	公司为新疆新能源（集团）有限责任公司、上实环境水务股份有限公司等绿色企业发行债券募集资金 7.5 亿元
丰林集团	601996	林木	12.49	0.90	22.07	17.95	3.20	无披露
八菱科技	002592	汽车零部件	8.78	1.28	24.72	20.72	3.87	公司生产过程产生少量废气，主要污染物为：颗粒物、氟化物、氮氧化物，执行《大气污染物综合排放标准》（GB 16297—1996）二级排放标准，监测结果均达标，固体废弃物处理率为 100%
百洋股份	002696	农业	20.68	0.67	19.14	11.21	4.24	建设水产循环经济，发展绿色生态产业，形成了独具特色的罗非鱼产业链循环经济模式；具有完善污水处理等环保设施，最大限度地实现节能减排

公司名称	股票代码	行业分类	营业收入（亿元）	净利润（亿元）	总资产（亿元）	净资产（亿元）	净利润增长率(%)	环境披露
福达股份	603166	汽车零部件	10.24	1.01	35.44	20.91	3.29	2016 年公司环境管理严格执行环保、节能法律法规标准及 ISO 14001 环境管理体系要求，公司的生产废水、废气、噪声排放均达到相关排放标准；固体废弃物严格按照标准分类存放，其中生活垃圾、危险废弃物全部委托有资质公司进行合规处置，生产废水全部经厂区污水处理站处理达标后集中排放至园区污水管网；共投入 283 万元为员工发放福利
柳药股份	603368	医疗保健	75.59	3.43	62.78	32.37	140.00	无披露
博世科	300422	环保	8.28	0.61	22.97	10.19	170.07	无披露
新智认知	603869	餐饮旅游	9.20	1.79	51.89	36.09	35991.00	无披露
绿城水务	601368	水务	11.95	2.89	75.42	27.97	8.47	无披露
润建通信	002929	通信设备	22.93	1.78	19.08	9.45	60.28	无披露
广西广电	600936	文化传媒	27.95	3.00	67.57	34.51	71.98	无披露

资料来源：根据 Wind 数据库整理。

表 10 - 3　　　　　　2015 年广西 37 家上市公司环境披露基本情况

公司名称	股票代码	行业分类	营业收入（亿元）	净利润（亿元）	总资产（亿元）	净资产（亿元）	净利润增长率(%)	环境披露
柳工	000528	重型机械	66.60	0.20	203.80	89.10	-89.26	2015 年，柳工环保投入共计 657 万元，每亿元营业收入的环保投入 10.1 万元；全年未发生环境污染事故，未发生投诉事件；公司全年减排 SO_2 约 15 吨，减排氮氧化物 20 吨

续表

公司名称	股票代码	行业分类	营业收入（亿元）	净利润（亿元）	总资产（亿元）	净资产（亿元）	净利润增长率(%)	环境披露
北部湾港股份有限公司	000582	港口	30.50	4.10	123.60	69.60	40.36	无披露
阳光新业地产科技股份公司	000608	房地产	6.50	0.68	122.50	41.30	0.62	无披露
天夏智慧城市科技股份有限公司	000662	软件	44.60	−2.90	68.00	57.00	−0.44	无披露
南方黑芝麻集团股份有限公司	000716	食品	18.90	1.50	28.20	17.40	−6.85	无披露
北海银河生物产业投资股份有限公司	000806	电工电网	8.30	1.00	27.00	20.70	145.75	无披露
广西贵糖（集团）股份有限公司	000833	综合类	17.40	1.30	34.10	26.40	36.11	无披露
南宁糖业股份有限公司	000911	食品	31.40	0.53	56.90	16.50	49.31	无披露
广西河池化工股份有限公司	000953	化肥农药	6.20	−1.10	14.10	1.10	−54.83	无披露
广西桂冠电力股份有限公司	600236	电力	103.10	40.10	434.10	146.50	69.08	无披露

公司名称	股票代码	行业分类	营业收入（亿元）	净利润（亿元）	总资产（亿元）	净资产（亿元）	净利润增长率（%）	环境披露
桂林旅游股份有限公司	000978	餐饮旅游	5.00	0.18	28.50	15.90	1.07	无披露
中恒集团	600252	制药	13.40	5.20	61.30	49.50	−16.28	对"三废"处理已有成熟的技术，根据国家有关规定设计了合理的环保工程，符合国家环境保护有关法规的要求
五洲交通	600368	公路	20.90	−2.18	123.35	30.16	−3.23	无披露
两面针	600249	日用品	13.53	−2.31	39.68	21.99	−1.41	无披露
柳化股份	600423	化肥农药	26.29	−4.94	47.88	7.88	−23.58	配合上级环保部门的各类检查15次、辐射专项检查1次；与柳州市政府签订2015年环保目标责任书，并认真落实环保责任；按照《危险废物转移联单管理办法》，完成危险废物、废机油、含油棉纱手套的安全转移处置工作；配合上级部门落实自行监测公开系统的监测信息公开申请和备案工作；公司目前运行在用的环保装置共有20套，总体运行情况良好，环保设施与生产装置同步运转率达99%
南宁百货	600712	零售	23.67	0.28	22.17	11.05	2.10	无披露
柳钢股份	601003	钢铁	259.09	−11.89	226.26	44.38	−22.14	环保总投资14703万元，完成了"十二五"万家柳钢加强工业废水处理，实现工业废水"零"排放
ST 南化	600301	化工原料	0.64	−0.61	9.06	2.33	221.23	无披露
桂东电力	600310	电力	35.90	3.99	92.45	30.40	−28.99	公司全年无环境污染等事故发生
慧球科技	600556	软件	0.92	0.05	1.24	0.33	1562.56	无披露
国发股份	600538	制药	5.06	0.08	9.84	7.37	0.60	无披露
东方网络	002175	综合类	4.04	0.66	19.94	9.03	6.65	无披露
莱茵生物	002166	生物科技	5.14	0.75	20.29	7.95	233.10	无披露
桂林三金	002275	制药	13.71	3.76	27.59	23.43	0.97	无披露
皇氏集团	002329	食品	16.85	2.15	44.53	27.79	66.61	无披露
恒逸石化	000703	化纤	303.17	1.62	252.08	83.27	24.33	无披露

续表

公司名称	股票代码	行业分类	营业收入(亿元)	净利润(亿元)	总资产(亿元)	净资产(亿元)	净利润增长率(%)	环境披露
国海证券	000750	券商	49.59	18.40	525.20	138.18	98.32	公司不存在重大环保或其他社会问题；公司为富春环保、盛运环保等环保类企业募集资金26.44亿元
丰林集团	601996	林木	11.56	0.55	21.52	17.83	1.53	无披露
八菱科技	002592	汽车零部件	6.48	1.25	25.44	20.12	50.93	无披露
百洋股份	002696	农业	18.63	0.61	18.86	10.69	3.23	无披露
福达股份	603166	汽车零部件	9.33	0.50	35.84	20.24	98.12	福达集团不断加强环保投入，近几年，公司用于环保方面的资金达642万元；"三废一噪"按国家要求排放；2015年福达股份万元产值综合能耗为0.237吨标煤，同比下降6.8%，折合节能4489.53吨标煤，减少二氧化碳排放11224吨；捐款达181万元
柳药股份	603368	医疗保健	60.07	2.26	43.04	13.60	15.01	无披露
博世科	300422	环保	5.04	0.42	10.42	3.69	80.55	无披露
新智认知	603869	餐饮旅游	3.64	0.71	9.26	7.71	65.60	无披露
绿城水务	601368	水务	11.30	2.36	69.06	25.79	70.30	无披露
润建通信	002929	通信设备	15.13	1.45	11.99	5.90	35.64	无披露
广西广电	600936	文化传媒	24.43	3.79	52.79	70.07	-16.83	无披露

资料来源：根据Wind数据库整理。

广西企业越来越重视企业社会责任，表明ESG绩效必将给企业带来益处。从2018年起，越来越多的企业参与企业社会责任信息披露中，ESG绩效对企业的发展也至关重要。近3年广西上市公司环境披露信息基本情况见表3-1至表3-3。

（二）ESG绩效对上市公司在资本市场的影响

对上市公司来说，ESG绩效已经变成了管理能力的一个象征，这对未来的现金流有重要的启示意义。所以ESG绩效的提高，对上市公司在资本市场上的表现必然会有积极作用。

（三）构建广西ESG绩效评估方法体系的必要性

据国泰君安研究发现，ESG指数投资有明显超额收益特征：第一，ESG Leader指数跑赢道琼斯与标普500指数：以2011年作为基年，2011—2017年，ESG指数投资的累计收益为 114.99%（复利收益率为 182.23%），道琼斯指数为 95.77%（复利收益率为 140.41%），标普 500 指数为 100.85%（复利收益率为 146.67%）；第二，ESG 指数内部看，投资于稳健 ESG 表现的公司的收益将获得强化，特别是已经被 ESG Leader 指数覆盖 7 年及以上的标的；第三，从夏普比率而言，ESG 指数能够获得更稳健的正收益，夏普比率的整体高于道琼斯与标普 500 指数。财通 ESG100 指数增强基金是业内首只 ESG 主题指数基金，跟踪的 ESG100 指数，运用可持续策略从环境、社会和公司治理三方面进行评级，依据评级结果优选靠前的 100 只股票构成指数样本。数据显示，ESG100 指数 2018 年跑赢沪深 300 指数 8.37 个百分点，与标的指数相比的超额收益率达 7.31%。

自 2016 年我国政府发布《关于构建绿色金融体系的指导意见》以来绿色金融事业快速发展，并已成为中国经济转型发展的重要因素，这样的进展在五个绿色金融改革创新试验区的建立，以及诸如"一带一路"倡议下综合大型绿色投资项目的开展上，表现得尤为明显。资本市场对中国经济的日益增长作出了重要贡献，将投资实践与可持续性目标相结合是建立绿色金融体系的关键。国内和国际资本市场预期将在中国绿色转型和增长过程中发挥重要的融资作用。为达到"十三五"计划目标，中国从 2015 年到 2020 年，每年至少需要在绿色项目投资 3 万亿至 4 万亿元。

根据我国资本市场的 ESG 整合中存在的问题，出现障碍的关键是缺乏 ESG 绩效评估标准，使得公司尤其是上市公司缺乏评价自身 ESG 绩效的方法，因此难以有的放矢地开展改进工作，也无法给投资者明确的 ESG 绩效评价结果。

因此，在广西开展上市公司 ESG 绩效评估方法研究，设计出一套符合广西实际情况的 ESG 绩效评估方法体系，对于上市公司的 ESG 绩效给予科学的评估结果，对于上市公司自身的可持续发展和市场上的投资者，都有重要的意义。并且，ESG 绩效的提高能够提高上市公司在资本市场上的影响力和信誉，从而增进上市公司在资本市场上的收益。

四、广西上市公司 ESG 绩效评估方法研究

（一）广西上市公司现存的 ESG 方面的问题及其原因分析

1. 信息披露不足

上市公司对企业社会责任信息的披露表明其对环境的绿色发展的重视程度。在查阅广西上市公司企业社会责任报告时，发现在广西的 37 家上市公司中，每年定期披露企业社会责任报告的并不多。这表明，广西上市公司对 ESG 方面的问题还没有足够重视，ESG 信息披露还不够完善。

2. 环境意识不高

从总体上看，上市公司的业绩处于下滑状态。尽管很多案例表明提高 ESG 绩效，加大环保投入，能增加资本收益，创造良好的外部环境，但仍有很多企业墨守成规，不愿作出改变，资本市场和环境意识不高。

（二）ESG 绩效的支持因素分析

在固定收益投资中，环境、社会和公司治理（ESG）三大因素正在被重新视为潜在经济表现的增值指标。着眼于长期、以基本面推动表现的任何宏观经济分析和投资策略都应将 ESG 因素考虑在内，将其作为分析的一个关键支柱。

1. 环境因素分析

环境因素扮演着重要的角色，在监管较为宽松而且应对能力和资源比较有限的新兴和前沿市场中更甚。不可持续的实践和污染可引起社会动荡，而且善后成本会削弱一个经济体的增长潜力。

2. 社会因素分析

社会状况影响着各种各样的政治问题，包括稳定性和政策组合，其竞争力和效率还会直接影响一个国家的宏观经济发展。同时，工资压力和基础设施建设等因素对国内外活动均有实质性的影响。

3. 治理因素分析

治理以及政治和经济制度的质量在宏观经济表现中扮演着至关重要的角色，健全的治理有助于提高政策环境的质量、稳定性和可预测性，而且往往与更强劲的潜在增长以及对内外挑战的更强大应对力息息相关。

综合这三个因素，ESG 绩效管理对上市公司资本市场具有推进作用，并在一定程度上减弱资本市场的风险。环境、社会和公司治理这三个因素是共生的，其威力不可小觑。

五、ESG 绩效分类评级体系设计及评估模型构建

（一）评估模型构建原则

1. ESG 评级模型的应用可行性

ESG 评估框架指将环境（Environmental）、社会（Social）、公司治理（Governance）三方面的指标纳入企业可持续发展绩效评估中。它是 2010 年 3 月由联合国环境规划署（UNEP）和世界可持续发展工商理事会（WBCSD）在国际研讨会系列报告中提出的。目前，商界领袖和投资者将环境、社会、公司治理三方面指标作为资本市场的价值评估工具，将 ESG 因素与可持续发展相结合应用到公司决策和投资选择。可持续发展的研究必须和资本市场联系起来，在进行企业价值评估时应更关注公司的长期价值和可持续发展。上市公司绩效管理是全过程的管理活动，涉及环境、经济、社会等很多方面。传统的管理绩效评估方法主要侧重于其中某一方面，缺乏全面的分析和评价。而 ESG 模型是一种系统的分析评价方法，以它进行上市公司管理绩效评估，可以达到环境、经济、社会效益相统一。

在进行上市公司管理绩效评估时，可以将 ESG 因素考虑进去，设置有关环境、社

会、公司治理的相关指标，确定这些目标的权重，然后依据评价目标为上市公司管理绩效评分，评价上市公司管理的优劣，总结出可持续的管理方式。政府和相关企业运用 ESG 模型对上市公司管理进行评价不仅能从技术、经济、环境等多个角度全面综合评价，而且政府和企业发布的 ESG 社会责任报告，可以提高信息透明度和公众满意度，促进和谐社会的构建。就 ESG 评估体系自身的设计而言，国外市场的先进经验已经为我们提供了充分的借鉴。比如 MSCI、富时、道琼斯，以及汤森路透等指数机构都已经形成并发布了科学、完整、详细的评估体系。

2. ESG 评级模型具体构建原则

影响上市公司管理绩效的因素较多，各因素既相互作用，又有独自的内涵，因此，为对上市公司管理绩效进行全面综合评价，必须建立由多个指标组成的指标体系，以从不同方面反映复杂的上市公司管理系统。评价指标的选取应遵循以下原则：（1）系统性原则。上市公司管理绩效评估应建立一个完整的评价系统，不仅能全面体现上市公司管理的要求，而且各个指标应具有不可替代性。（2）因地制宜原则。评价指标的选择应符合当地的实际情况，以便能充分反映上市公司管理对地区环境、社会、经济等方面的影响。因此，我们认为应该对广西上市公司内部的相关数据进行深度挖掘。在下一步的研究工作中希望得到人民银行、证监局、金融办等部门的数据支持。而且，应注重数据的变动频率。为了增强 ESG 评级的实效性，选取指标应具有较高的更新频率。（3）可操作性原则。设立的评价指标应在众多的影响因素中选择内涵丰富、简洁明了、容易测量的指标，便于统计分析。

（二）广西上市公司 ESG 绿色评级体系的构建总体思路

1. 环境指标

环境指标具体应包含以下四个方面的内容：（1）能源使用和效率，即能源消耗情况和节能工作的应用；（2）温室气体排放量；（3）水的使用情况，即耗水量以及水资源回收利用情况；（4）对生态系统的影响，即企业的产品和服务对生物多样性和生态系统的影响。

2. 社会指标

社会指标具体应包含以下三个方面的内容：（1）员工情况，即员工工作条件、工作安全和企业提供给员工的薪酬、福利等；（2）对贫困人群和社区的影响，即企业为社区和贫困者所作的贡献；（3）供应链管理，即供应商情况。

3. 公司治理指标

公司治理指标具体应包含以下三个方面的内容：（1）企业的核心价值观和责任；（2）问责制，即董事会中独立董事的人数和内部控制制度；（3）透明度及披露，即法律纠纷情况以及信息披露义务。

（三）广西上市公司管理绩效评估 ESG 模型的建立过程

上市公司管理绩效评估包括环境绩效、社会绩效与治理绩效。垃圾处理技术绩效为治理绩效评估的工作重点所在。在考虑成本效益下，可针对其重要的环境参数，建立持续监督的系统，并就评估结果与各利益相关者沟通。

1. 环境绩效指标建立方式

在进行上市公司管理时要充分考虑到其对生态环境的影响，降低污染。环境绩效指标应该包括以下三个方面：（1）直接污染，指企业生产运营过程中造成的污染，如环境风险管理力度不够造成的冒、滴、漏和臭气挥发等；（2）二次污染，如化工厂对大气污染严重，造纸对地表水、地下水和大气都有二次污染，制糖对土壤、地表水有轻微污染；（3）对安全健康的影响，指的是废弃物处理对人体健康产生的影响。

2. 社会绩效指标建立方式

上市公司管理往往会受到社会环境的影响，社会环境主要是指公众对于上市公司管理的满意度和参与度、政府对公众的要求和约束等。指标可归结为：（1）居民满意度，即城市居民对上市公司管理中存在的问题抱怨次数及程度；（2）公众参与度，即居民对于上市公司管理的参与意愿；（3）相关法律法规。

3. 政府治理绩效指标建立方式

既要考虑技术上的可行性，也要考虑经济性。政府治理绩效指标应包括以下几个方面：（1）环境污染处理技术的可靠性和适宜性，可以从"三废"处理量、处理效果、资金需求、场地需求等多方面评估；（2）处理设施的选址是否合理；（3）总投资情况，指环境污染治理的投入资金、投资回收期和投资报酬率；（4）单位处理成本，指废物收集、处置等管理过程中产生的费用；（5）运行管理水平，即废物处理过程中的机械化水平、自动化程度等。

4. 综合指标体系的计算方式

在对上市公司管理进行绩效评估时，需要建立一个合适的评估模型，常规的数据分析是不全面的。从环境、社会、公司治理多个方面研究、分析各因素的模糊现象可以取得比较好的效果。本文借鉴世界上最早的衡量企业可持续发展绩效的道琼斯社会责任指数指标体系，同时考虑到上市公司管理这一特殊行业，对各项指标进行定性讨论分析并结合多位专家打分，得到评价指标的权重。

表 10 - 4　　　　　　　　　　绩效评估 **ESG** 模型权重表

一级指标层	权重	二级指标层	权重
环境绩效指标	0.5	直接污染	0.5
		二次污染	0.2
		对安全健康的污染	0.3
社会绩效指标	0.2	居民满意度	0.5
		公众参与度	0.2
		法律法规符合度	0.3

一级指标层	权重	二级指标层	权重
政府治理绩效指标	0.3	单位处理成本	0.25
		总投资情况	0.25
		设施选址	0.1
		处理技术的可靠性和适宜性	0.2
		运行管理水平	0.2

六、ESG 绩效信息披露和宣传政策建议

(一)积极支持自治区相关绿色行业企业争取申报自愿减排项目

审慎研究探索广西林业碳汇、绿色减排项目碳储量评估、碳盘查及相关数据体系建设。整合广西排污权交易平台,探索开展排污权、水权、用能权交易,完善定价机制和交易规则,支持减排项目,降低减排成本,提高减排效率。所具体应考虑的几个因素如下。

1. 用能权初始分配思路及综合考虑的因素

分配思路:在合理确定"十三五"时期全国能源消费总量控制目标的基础上,对各个地级市实行能耗总量差别化控制。

综合考虑的因素:强化对雾霾严重地区和能耗大省能耗总量控制;对"十二五"时期节能和能耗总量控制目标完成情况较好的地区酌情考虑,鼓励有条件地区多节能;适当放宽对能源基地和国家重大项目布局地区能耗总量控制要求;对于经济增长超预期地区,在超额完成节能目标任务的基础上酌情考虑放宽能耗总量控制要求;鼓励可再生能源发展,在考核中对可再生能源予以差别化对待。

2. 用水权初始分配思路和考虑的因素

一是在合理确定"十三五"时期全国用水总量控制目标的基础上,综合考虑各地环境容量、用水现状、节水潜力等因素,实行用水总量控制。二是以不超过水资源可利用量为前提,统筹经济社会发展用水与生态环境用水。三是与水资源规划及管理要求相衔接,坚持流域与区域相结合、总量控制与定额管理相结合。四是用水权初始分配以免费分配为主。五是在用水总量中预留一定数量。

3. 排污权初始分配思路和考虑的因素

从"十三五"时期开始,我国环境治理将以提高环境质量为核心,并开始建立覆盖所有固定污染源的排污许可制度,这将是环境管理制度的重大变革。实施排污总量控制和排污许可制度,必须分配排污权。

初始分配排污权,要考虑如下原则和因素:一是根据环境质量控制目标来确定一定

时期内允许排放的污染物排放总量。二是政府以排污许可证形式明确排污单位可以排放的污染物种类、数量、方式和方向等，企业获得排污许可就意味着拥有相应的排污权。三是初始分配排污权要规定统一的标准、规制和方法，以确保每一个排污单位可以公开公正地取得合理的总量配额及排污权。四是分解总量控制目标时，要综合考虑环境质量现状及改善目标、经济发展水平和产业布局、人口及城镇化水平、污染排放及削减潜力、重点项目建设情况等。

为完善我国排污权初始分配制度，应注意发展和完善总量控制制度、制定和完善相关法律法规、完善我国的排污收费制度，兼顾效率和公平两方面，在现行经济社会背景下可考虑对排污权的初始分配采用免费和有偿相结合的方式。

4. 碳排放权初始分配思路和考虑的因素

一是碳排放权初始分配以免费分配为主。二是在排放配额总量中预留一定数量，用于重大建设项目等。

（二）形成广西统一的 ESG 绩效评价体系

ESG 社会责任投资作为一种新兴的长期投资理念，绩效信息披露良好的企业才能稳健持续地创造长期价值，实现生态效益、经济效益和社会效益的良性发展。建议在广西加快构建统一的履约体系、市场运行体系、监管体系，由相关部门出台配套顶层设计，并且配套相应的约束机制，对于在 ESG 信息披露中弄虚作假的，视为与财务报表弄虚作假同等性质的问题进行处罚。鼓励社会资本成立各类绿色产业基金，为绿色项目提供资金支持。应在广西逐步建立如下体系：

1. 建立健全绿色投资绩效评价体系

应建立符合广西实际特点的绿色资产投资绩效评价体系，对于任何一项投资资产，都可以对其投资绩效开展评级。

2. 建立健全生态环保资金审计监督体系

加强政府引导基金预算审计，确保财政资金按照基金章程约定和年度预算进度拨款出资。加强政府引导基金运作监督，确保按照各出资方"利益共享、风险共担"的市场化原则运作，防止明股实债行为发生，杜绝"财政兜底"的协议。加强地方债务审计，把政府引导的生态环保专项基金纳入债务审计范围，防止隐性债务借道扩张。

3. 构建整体的绿色金融体系

设立绿色金融机构为重点方向，统筹协调广西区财税部门、环保部门、金融机构等多方力量，推动跨部门合作，促进绿色金融自主、有序、规范发展，实现环境保护需求与金融资本供给的有效融合。

（三）广西加快建立健全绿色资本市场的政策建议

绿色金融的发展在起步阶段必须要首先依靠能力较强的大型金融机构和大城市来起示范作用，但发展到一定阶段，就必须要积极推广到更多的地区，积极动员地方性金融机构来参与。只有这样，绿色金融才能覆盖全国经济，才能支持大量的中小企业的绿色化进程。广西壮族自治区政府要有效地推动地方绿色金融的发展，可以从政府建章立制、政策扶持、人才培养、体系构建等多方面入手。

1. 建章立制

广西壮族自治区有关管理部门根据自治区发展战略、发展目标规划以及经济结构特点，结合自治区实际情况，以各类绿色产业政策文件为基础，明确自治区绿色产业和项目界定，确定重点支持领域。建立绿色信贷考核补偿机制，降低绿色信贷违约率。

2. 政策扶持

广西壮族自治区财政应统筹专项资金，加大投入力度，重点用于支持绿色金融改革发展、鼓励金融创新；对于相关企业机构，按规定给予资金、土地、人才等方面的政策扶持。支持区内金融机构与东南亚、港澳台等绿色金融业务较为成熟的金融机构加强业务合作。

3. 人才培养

支持区内金融监管体制革新，加强区内金融监管和业务服务体系人才建设，不断提高金融工作队伍素质和水平。制定高层次绿色金融人才的专项支持政策，着力吸引和培育绿色金融高端人才，深化与金融学会、金融机构、高等院校、科研机构、节能环保部门、第三方智库等机构的合作，加快培养一批具有金融和节能环保技术知识的复合型高级金融人才。强化绿色金融管理人员的日常指导培训，建立并完善绿色金融从业人才的培养机制。

七、结论

引导资本市场的绿色化，即鼓励"绿色投资"成为进一步完善绿色金融体系、挖掘绿色金融市场潜力、推动绿色发展与低碳转型的重要途径。而其最重要的基础便在于企业环境信息，以及更广义的社会责任信息的披露。借鉴国外先进市场的经验，以企业ESG 信息披露为基础，构建社会责任评估评级和责任投资体系，对于绿色金融市场的发展能够起到极大的促进作用。我国不论是上市公司还是非上市公司的 ESG 披露、评估和投资，都尚未形成系统。随着公众关注，以及监管要求的提升，加上市场和投资者自身对可持续发展更高的关注，ESG 体系的发展也将步入快车道。在这样的背景下，加快完善广西上市公司 ESG 信息披露指引和 ESG 绩效评价方法与指标体系，并结合市场监管以及市场投资的实际需求不断完善相关体系，探索并适时推出 ESG 指数，对于引导绿色投资、完善绿色金融体系，助推绿色和可持续发展，都将起到非常重要的作用。

本课题研究通过对广西 ESG 绩效的分析，找出其发展中存在的障碍和问题，提出了相应的解决方案，并首次构建了广西上市公司 ESG 绩效分类评估方法体系，以及相应的配套政策建议。本研究成果对于建立广西上市公司环境绩效评价的长效机制，具有深远意义，也为将来进一步研究开发广西绿色投资指数和绿色发展指数，打下坚实的基础；并提出了一系列加快建设广西绿色资本市场的政策建议。此研究成果对于广西大力推进生态文明建设、促进绿色发展，起到了重要的理论支持作用。

参考文献

［1］中央财经大学绿色金融国际研究院课题组．中国上市公司 ESG 表现与企业绩效相关性研究［R］．2018.

［2］王琰．绿色金融在我国的实践［J］．金融会计，2017（4）：48－52.

［3］ICMA. The Green Bond Principles 2017［R］．2017.

［4］气候债券倡议组织．Climate Bonds Standard v2_1［R］．2017.

［5］洪艳蓉．绿色债券运作机制的国际规则与启示［J］．域外法制，2017.

［6］刘璐，查娜，黄旭东．互联网金融与绿色金融的有机结合——以新能源互联网金融平台为例［J］．商场现代化，2017（7）：148－149.

［7］周汉君．国外绿色金融发展的启示［J］．中国商论，2017（7）：82－83.

［8］邓巧玲．我国绿色金融发展存在的问题及建议［J］．商场现代化，2017（6）：157－158.

［9］杨志刚．绿色金融——中国经济发展的新起点［J］．银行家，2017（4）：110－111.

［10］中国进出口银行战略规划部课题组．政策性银行践行绿色金融：行动与成效［J］．国际工程与劳务，2017（4）：33－36.

（执笔人：梁刚）

11. 泰国的外商直接投资现状与趋势分析报告

泰国不仅是东盟重要国家，而且也是"一带一路"以及"中国—中南半岛经济走廊"沿线的重要国家。根据东盟秘书处公布的数据，2015 年和 2016 年泰国的 GDP 分别是 3957.26 亿美元、4074.48 亿美元，分别占相应年份东盟十国 GDP 总和的 16.27%、15.90%，经济总量在东盟内部排名第二位，仅次于印度尼西亚。2016 年泰国的进出口贸易总额达到 4099.94 亿美元，占东盟十国进出口贸易总额的 18.33%，在东盟内部排名第二位，仅次于新加坡。2016 年泰国的对外依存度（即进出口总额/GDP）是 100.72%，在东盟内部排名第五位，排位居中。然而，泰国经济总量较大，而外商直接投资却较少。与 GDP 和对外贸易规模形成鲜明对比的是，泰国的外商直接投资却发展缓慢。2016 年泰国吸引外商直接投资额大约是 25.53 亿美元，占东盟十国外商直接投资总额的 2.60%，略高于柬埔寨 0.28 个百分点。未来泰国的外商直接投资趋势及其对"一带一路"倡议框架下中泰两国开展产能合作的影响，都值得人们关注。

一、泰国的自然资源及经济发展概况

泰国的国土面积是 51.3 万平方公里，是东南亚面积第三大的国家，人口有 6867 万人。泰国是东盟第二大经济体，人均 GDP 位居东盟第四位。世界经济论坛《2013—2014 年全球竞争力报告》显示，泰国竞争力排名全球第 31 位。

泰国拥有丰富的自然资源。主要有钾盐、锡、钨、锑、铅、铁、锌、铜、钼、镍、铬、铀等，还有重晶石、宝石、石油、天然气等。其中，钾盐储量为 4367 万吨，居世界首位。锡的总储量约为 150 万吨，占世界总储量的 12%，居世界首位。石油总储量约为 2559 万吨，褐煤蕴藏量约为 20 亿吨。天然气蕴藏量约为 3659.5 亿立方米。森林覆盖率约为 20%。

泰国基础设施比较发达。泰国的公路较发达，公路网覆盖全国城乡各地。公路总里程约为 51537 公里。其中一级公路 7100 公里，二级公路 10780 公里，府级公路 33200 公里，城际公路 280 公里。铁路系统相对落后，铁路网里程约为 4430 公里，均为窄轨，覆盖全国 47 个府。已有 122 个港口码头，包括 8 个国际深水港。曼谷是最重要的港口，承担全国 95% 的出口和几乎全部进口商品的吞吐。泰国电信业比较发达，电信网络已覆盖全国各地。泰国自身发电能力基本能满足国内需求，但伴随着经济的发展，电力供需矛盾日益突出。

泰国是全球第十大旅游国，2014 年旅游人数达 2645 万人次，为东盟之最。泰国大米的年产量是 2000 万吨，出口量为 800 万~1000 万吨，2012 年以前排名全球第一，近年来排名全球第三。2013—2014年食糖出口量是900万吨，同比增长22%，成为全球第二大食糖出口国。橡胶产量占全球产量的三分之一，出口量占全球出口量的40%~50%。泰国还是中国天然橡胶、木薯进口的最大来源地。泰国不仅是东盟最大的汽车生产国和出口国，而且是东盟唯一的整车贸易顺差国，是全球第九大汽车生产国。

在发展规划方面，2014年泰国政府批准了2015—2022年交通基础设施战略规划，预计公共和私人总投资将近800亿美元，涉及米轨铁路、高铁、城市轨道交通、公路、港口、机场和新能源等方面。

泰国吸收外资以日本、中国和欧美为主。截至2013年底，泰国吸收外资达1854.6亿美元。接受外商直接投资优惠申请项目1132个，同比减少28.5%。涉及投资额5247.7亿泰铢（约合164亿美元），同比增长19%。外资主要来源于日本、中国、欧盟、美国、马来西亚和其他东盟国家。在泰国投资的国际知名企业包括福特汽车、克莱斯勒、英特尔、朗讯等。

二、泰国的外商直接投资概况

泰国属于小型开放经济体（small open economy），国内经济发展容易受到外部因素的冲击。1997年亚洲金融危机就是从泰国开始爆发的。泰国借入大量外资，却没有能够相应的偿还能力。在国际游资的狙击下，泰国资本大量外逃，在泰铢盯住美元的条件下泰国外汇储备消耗巨大，泰铢大幅贬值。随着经济形势恢复，外商直接投资逐渐增多。如图11-1所示，在2008年国际金融危机之前的几年时间里，外商直接投资发展相对平稳。2006—2008年泰国吸引外商直接投资的规模分别是89.17亿美元、86.34亿美元、85.62亿美元，变异系数仅为2.16%。但是，在2008年国际金融危机之后，2009—2016年泰国外商直接投资的易变性明显增强，变异系数大约是67.49%。

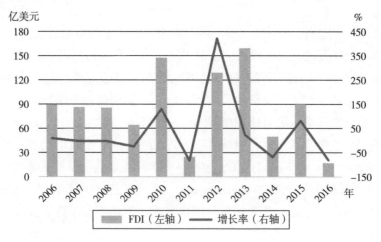

资料来源：Wind资讯。

图11-1 2006—2016年泰国的外商直接投资金额与增长率

如表 11 – 1 所示，日本与东盟其他国家是泰国外商直接投资的重要来源地。特别是日本在泰国的直接投资甚至明显超过了美国、中国内地以及中国香港在泰国的直接投资总和。2005—2016 年泰国外商直接投资总额与日本在泰国直接投资金额之间的相关系数高达 0.73。2016 年日本在泰国的直接投资竟然达到 3291.85 百万美元，远远超过当年泰国的外商直接投资总额 1045.87 百万美元。这说明，如果没有来自日本的外商直接投资，那么 2016 年泰国的外商直接投资金额将会变成负数。换言之，当一部分国家或地区的资金净流出泰国时，日本资金却正在大规模地净流入泰国。

表 11 – 1　　　　　　　泰国外商直接投资的部分来源地及投资金额　　　　单位：百万美元

年份	东盟	日本	美国	中国内地	中国香港
2005	2022.20	2997.55	812.75	18.36	106.72
2006	2845.07	2158.55	41.25	28.19	151.09
2007	1548.17	3579.43	– 49.66	17.89	248.53
2008	261.21	3027.62	475.69	22.09	870.40
2009	2685.88	1534.97	– 43.76	169.05	198.70
2010	2220.92	4400.04	1431.05	633.43	441.38
2011	952.22	– 1370.42	143.41	20.92	272.04
2012	– 745.35	3706.70	3966.52	598.46	705.61
2013	528.21	10927.21	857.17	938.86	125.51
2014	– 940.73	2430.85	2023.04	– 221.35	1539.86
2015	441.91	3022.87	1100.86	240.78	455.88
2016	1659.36	3291.85	309.40	247.79	1045.78

资料来源：Wind 资讯。负数代表资金净流出。

如表 11 – 2 所示，东盟其他国家在泰国的直接投资资金流动相当不稳定。新加坡是泰国在东盟内部最主要的外商直接投资来源国。然而，2011—2016 年这些来自新加坡的直接投资却波动剧烈，变异系数高达 665.57%。马来西亚是泰国在东盟内部的第二大外商直接投资来源国，也存在着直接投资资金剧烈波动的现象，变异系数高达 222.20%。在东盟国家当中，只有文莱、柬埔寨这两个国家在泰国直接投资的变异系数小于 100%。

表 11 – 2　　　　　　　东盟其他国家在泰国的直接投资　　　　单位：百万美元

国家名称	2011 年	2012 年	2013 年	2014 年	2015 年	2016 年	平均数	标准差	变异系数（%）
文莱	1.25	1.02	1.59	5.81	2.30	2.28	2.38	1.76	74.21
柬埔寨	0.79	4.75	0.30	1.03	4.29	3.33	2.42	1.94	80.37
印度尼西亚	– 61.31	121.24	127.09	– 131.00	– 40.71	2.05	2.89	103.33	3571.20

续表

国家名称	2011 年	2012 年	2013 年	2014 年	2015 年	2016 年	平均数	标准差	变异系数（%）
老挝	0.03	0.07	1.01	1.86	1.19	17.03	3.53	6.65	188.29
马来西亚	16.29	500.52	467.67	-198.10	0.51	-14.18	128.79	286.16	222.20
缅甸	-4.39	16.44	4.69	5.20	0.61	0.67	3.87	7.06	182.55
菲律宾	-18.16	8.12	56.97	-35.57	6.74	8.91	4.50	31.34	696.10
新加坡	1016.48	-1403.09	-132.11	-591.18	466.44	1640.04	166.10	1105.50	665.57
越南	1.24	5.59	0.99	1.24	0.55	-0.75	1.48	2.15	145.51

资料来源：Wind 资讯。负数代表资金净流出。

如表 11-3 所示，制造业、金融和保险业、房地产业等是泰国外商直接投资的重点领域，而建筑业以及电力、燃气、蒸汽及空调供应业等一部分基础设施行业则出现了外商直接投资撤离的情况。2006—2016 年，泰国制造业平均每年吸收外商直接投资 3838.07 百万美元，在产业排名当中位居第一。但是，近年来泰国制造业的外商直接投资呈现下滑趋势，线性趋势函数具有负的斜率，如图 11-2 所示。泰国金融和保险业、房地产业则分别平均每年吸纳外商直接投资 1785.18 百万美元、1285.23 百万美元，在产业排名当中分列第二位、第三位。从发展趋势来看，外商对泰国资本市场发展前景持有比较乐观的态度，线性趋势函数具有正的斜率，如图 11-3、图 11-4 所示。泰国建筑业以及电力、燃气、蒸汽及空调供应业的外商直接投资年平均金额为负数，在产业排名当中居于最后两位，线性趋势函数具有负的斜率，如图 11-5、图 11-6 所示。这说明，泰国基础设施行业的投资前景不被外商看好。

表 11-3　　　　　2006—2016 年泰国外商直接投资的主要行业　　　　　单位：百万美元

产业名称	年平均金额	排序
农林渔业	6.80	9
采矿和采石业	74.22	6
制造业	3838.07	1
电力、燃气、蒸汽及空调供应业	-9.30	10
建筑业	-33.54	11
批发和零售贸易、机动车辆修复业	579.11	5
运输和储存业	55.90	7
住宿和餐饮服务业	36.14	8
金融和保险业	1785.18	2
房地产业	1285.23	3
其他行业	952.13	4

资料来源：Wind 资讯。负数代表资金净流出。

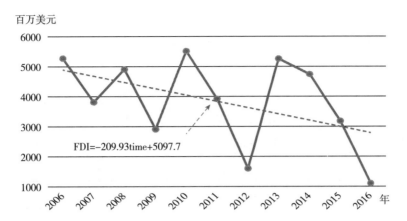

资料来源：Wind 资讯。

图 11 - 2　泰国制造业的外商直接投资趋势

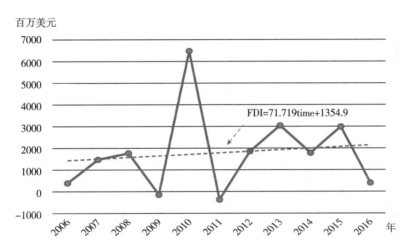

资料来源：Wind 资讯。

图 11 - 3　泰国金融和保险业的外商直接投资趋势

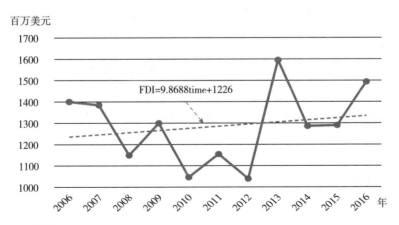

资料来源：Wind 资讯。

图 11 - 4　泰国房地产业的外商直接投资趋势

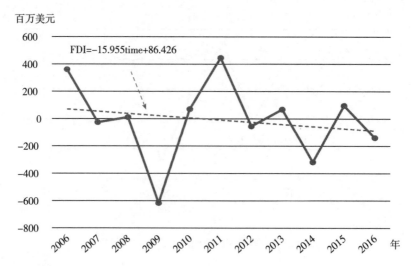

资料来源：Wind 资讯。

图 11 - 5　泰国电力、燃气、蒸汽及空调供应业的外商直接投资趋势

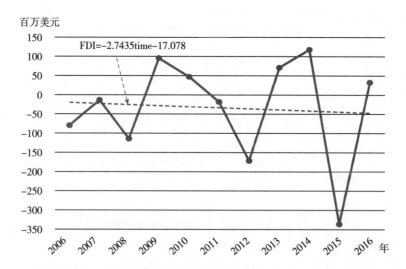

资料来源：Wind 资讯。

图 11 - 6　泰国建筑业的外商直接投资趋势

三、泰国外商直接投资的产业分布

（一）农林渔业

在泰国外商直接投资的十一类行业中，2006—2016 年农林渔业的外商投资平均规模排名第 9 位。农业是泰国的传统产业。泰国素有"东南亚粮仓"之称，是亚洲唯一的粮食净出口国，是排名在美国、法国、巴西、南非之后的全球第五大农产品出口国。农产品出口是泰国重要的外汇来源之一。泰国是全球稻谷和天然橡胶的最大出口国。虽然泰国农村人口占全国人口的比重从 2006 年的 61.20% 下降至 2016 年的 48.46%，但仍然是具有重要经济政治影响力的社会群体。2016 年，农林渔业占泰国 GDP 的比重大约是 8.45%。如图 11-7 所示，除了 2009 年之外，泰国外商直接投资农林渔业的规模并不大。其中一个重要的原因是，泰国法律对国内农林渔业市场的严格保护。根据泰国现行《外籍人经商法》规定，农业、畜牧业、渔业等行业的泰国籍投资者持股比例不得低于 51%，水稻种植、旱地种植、果园种植、牧业、林业等领域，因特殊理由禁止外国人投资。

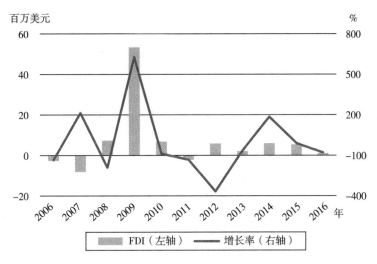

资料来源：Wind 资讯。

图 11-7　泰国外商直接投资农林渔业的情况

（二）采矿和采石业

在泰国外商直接投资的十一类行业中，2006—2016 年采矿和采石业的外商投资平均规模排名第 6 位。泰国拥有钾盐、锡、钨、锑、铅、铁、锌、铜、钼、镍、铬、铀以及重晶石、宝石、石油、天然气等自然资源。其中，钾盐储量为 4367 万吨，居世界首位。锡的总储量约为 150 万吨，占世界总储量的 12%，居世界首位。石油总储量约为 2559 万吨，褐煤蕴藏量约为 20 亿吨。天然气蕴藏量约为 3659.5 亿立方米。虽然泰国拥有丰富的矿产资源，但泰国矿产资源的产出条件只能算是一般，矿业投资环境风险处于中等偏高水平。当世界宏观经济出现波动时，缺乏弹性的初级产品行业可能面临较大风险，外商会担心投资安全的问题。如图 11-8 所示，在 2008 年国际金融危机之后，泰国采矿和采石业的外商直接投资波动剧烈，2009 年从泰国采矿和采石业撤离的外商直接投资多达 1973.35 百万美元，既超过了此前 2006—2008 年净流入泰国采矿和采石业的外商直接投资的累计值，也比此后 2010—2016 年净流入泰国采矿和采石业的外商直接投资的累计值更多。

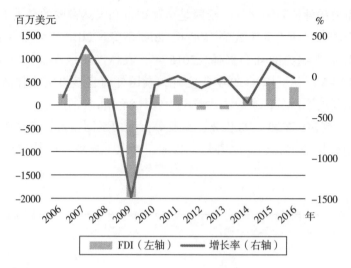

资料来源：Wind 资讯。

图 11-8　泰国外商直接投资采矿和采石业的情况

（三）制造业

在泰国外商直接投资的十一类行业中，2006—2016 年制造业的外商投资平均规模排名第 1 位。制造业是泰国的重要支柱产业，具有较强的产业竞争力。2016 年制造业占泰国 GDP 的比重大约是 27.42%。根据德勤公司的《2016 年全球制造业竞争力指数》研究报告，泰国制造业的劳动生产率水平相对较高，2016 年泰国制造业竞争力的全球排名是第 14 位，排在马来西亚、越南、印度尼西亚等国家之前。而且泰国制造业的企业税平均税率也明显地低于印度、马来西亚、越南、印度尼西亚等国家。如图 11-9 所示，2006—2016 年泰国制造业的外商直接投资规模比较大，而且变化率也相对平稳。

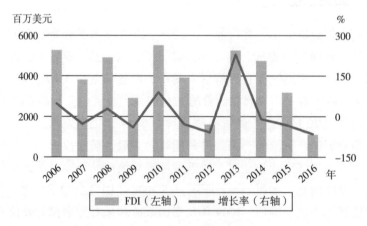

资料来源：Wind 资讯。

图 11-9　泰国外商直接投资制造业的情况

食品业是泰国的传统产业。虽然食品业也会受到经济波动的冲击，但是由于食品是必需品，受宏观经济冲击的程度相对有限。2011年，泰国成为世界第七、亚洲最大的食品出口国。① 如图11-10所示，无论是国际金融危机之前还是国际金融危机之后，2006—2016年泰国外商直接投资食品业基本上都能够保持较快的发展速度，平均每年净流入泰国食品业的外商直接投资达到176.75百万美元，年均增长率是14.11%。

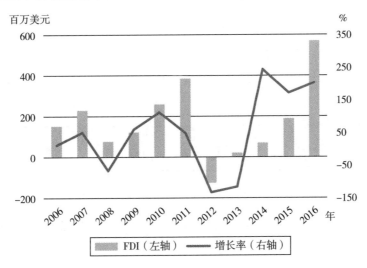

资料来源：Wind资讯。

图11-10　泰国外商直接投资食品业的情况

饮料业是泰国制造业当中占比相对较小的产业，外商直接投资也比较少。如图11-11所示，除了2009—2010年爆发性增长之外，2006—2008年以及2011—2016年平均每年仅有6.26百万美元的外商直接投资净流入泰国饮料业。

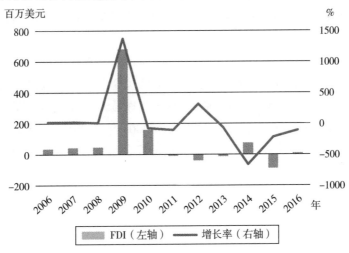

资料来源：Wind资讯。

图11-11　泰国外商直接投资饮料业的情况

---

① 资料来源：中国驻泰国大使馆网站，http：//th.mofcom.gov.cn/article/jmxw/201305/20130500135135.shtml。

泰国的纸张和纸制品业在东盟区域内拥有明显的比较优势。泰国的制浆与造纸能力大约是平均每年650万吨，在东盟国家中产量排名第2位，仅次于印度尼西亚。① 如图11-12所示，受制于造纸原材料短缺、纸制品进口增长等问题，2006—2016年泰国外商直接投资规模呈现出振荡衰减的趋势。

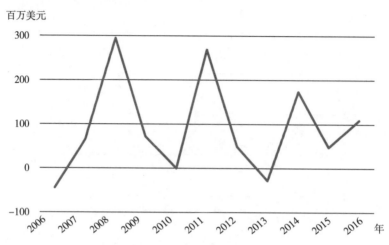

资料来源：Wind 资讯。

图 11-12　泰国外商直接投资纸张和纸制品业的情况

泰国既是石油和天然气的生产国，也是消费国。泰国的石油生产与加工能力在东盟国家当中排名第2位，仅次于新加坡。② 由于储量与供给能力的限制，泰国的石油和天然气难以满足国内消费需求，对国外相关市场的依赖程度较高，是石油和天然气的净进口国。泰国引进外商直接投资石油产业有助于缓解国内能源需求紧张的状况。如图11-13所示，在泰国焦炭和精炼石油产业，2006—2016年外商直接投资的增长率基本上保持了上升的趋势。

泰国的化学工业基础比较薄弱，许多重要的生产原材料依赖进口，而且化工领域的技术人才短缺。所以，泰国需要通过吸引大量的跨国企业直接投资促进国内化工产业的发展。如图11-14所示，2006年和2008—2016年净流入泰国化学品和化工产业的外商直接投资规模（约为6631百万美元）远远大于2007年和2016年净流出该产业的规模（约为199百万美元）。2006—2016年外商直接投资泰国化学品和化工产业的年平均规模达到566.59百万美元。

---

① 资料来源：《泰国造纸协会呼吁政府检讨税率标准》，载《中国印刷》，2015（12）：7。
② 资料来源：《泰国能源行业概况（二）》，中国国际贸易促进委员会网站，http://www.ccpit.org/Contents/Channel_3362/2015/0807/478299/content_478299.htm。

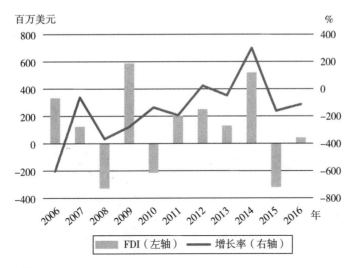

资料来源：Wind 资讯。

图 11 - 13　泰国外商直接投资焦炭和精炼石油产业的情况

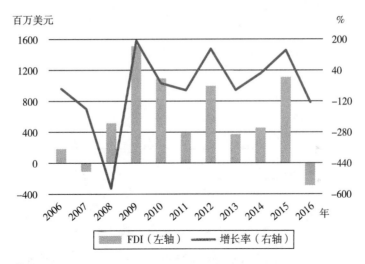

资料来源：Wind 资讯。

图 11 - 14　泰国外商直接投资化学品和化工产业的情况

　　泰国是中南半岛最大的医药市场。与进口药品相比，泰国国内仿制药品具有明显的成本优势。尤其是泰国政府加大了政府采购对本国医药产业的扶持力度。然而，在激烈的市场竞争环境下，只有少数优质的医药企业能够生存。有半数的医药企业曾经出现过药品安全隐患，而无力改善医药生产设施。相当多的医药企业在泰国失去增长动力，并担心可能存在的投资风险。如图 11 - 15 所示，在 2012 年之后外商直接投资泰国医药产品和制剂的规模呈现出明显的下降趋势。

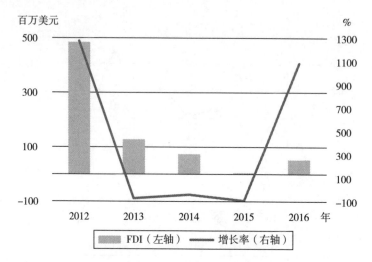

资料来源：Wind 资讯。

图 11 – 15　泰国外商投资基本医药产品和制剂的情况

泰国是全球最大的产胶国。2015 年泰国生产天然橡胶 447.3 万吨（同比增长 3.47%），占全球天然橡胶总产量的 36%。其中，大约 20% 的橡胶产量用于泰国国内消费。如图 11 – 16 所示，2006—2016 年净流入泰国橡胶和塑料制品业的外商直接投资规模大约是每年平均 442.21 百万美元。

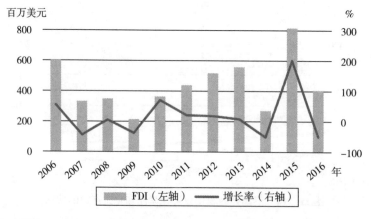

资料来源：Wind 资讯。

图 11 – 16　泰国外商直接投资橡胶和塑料制品业的情况

泰国的电子工业发展迅速，吸引外商直接投资的规模较大，但同时外商直接投资的增长率也呈现较大波动。如图 11 – 17 所示，2006—2016 年，每年净流入外商直接投资的平均规模是 813.17 百万美元。

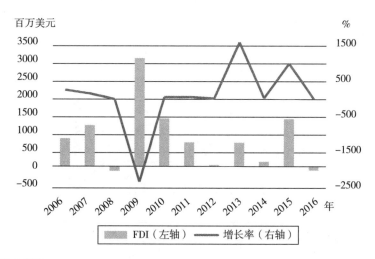

资料来源：Wind 资讯。

图 11 - 17　泰国外商直接投资计算机、电子及光学产业的情况

泰国的电气设备业缺乏市场竞争力。泰国从中国等国家大量进口电气设备的同时，大量的外商直接投资净流出泰国的电气设备业。如图 11 - 18 所示，2006—2016 年，净流出泰国电气设备业的外商直接投资大约是平均每年 122.01 百万美元，其中仅 2009 年就净流出 6795.25 百万美元。

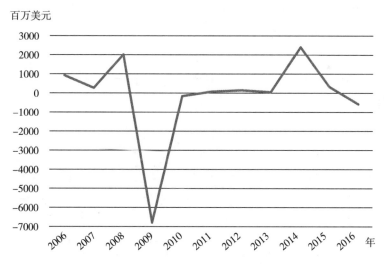

资料来源：Wind 资讯。

图 11 - 18　泰国外商直接投资电气设备业的情况

如图 11 - 19 所示，2006—2016 年，平均每年净流入泰国其他机械设备业的外商直接投资大约是 460.45 百万美元。值得注意的是，2006—2016 年净流出泰国电气设备业的外商直接投资与净流入泰国其他机械设备业的外商直接投资之间存在着非常相似的变动趋势，两者为负相关，并且相关系数的绝对值高达 0.94。

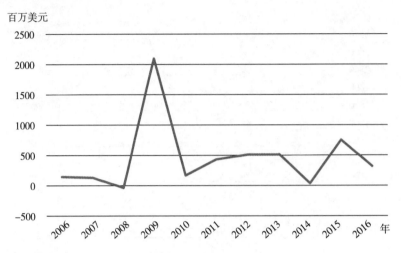

资料来源：Wind 资讯。

图 11 – 19　泰国外商直接投资其他机械设备业的情况

　　汽车业是泰国重要的支柱产业之一。泰国已经成为东南亚汽车制造中心以及东盟最大的汽车市场。一方面，泰国汽车业在亚太地区排名仅次于中国、日本、韩国、印度四国，排名比越南、菲律宾等东盟其他国家更加靠前。2016 年泰国共有 18 家整车厂，700多家一级供应商，1700 多家二、三级供应商，全年共生产约 194 万辆，其中过半用于出口。①　如图 11 – 20 所示，2006—2016 年，平均每年净流入泰国机动车辆、挂车和半挂车产业的外商直接投资大约是 666. 27 百万美元。

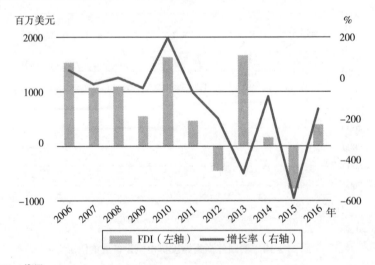

资料来源：Wind 资讯。

图 11 – 20　泰国外商直接投资机动车辆、挂车和半挂车产业的情况

---

　　①　资料来源：《亚太 TDI 市场概况（二）：泰国——东南亚汽车制造中心》，载于搜狐网财经频道，http：//www. sohu. com/a/161969104_99894682。

　　泰国家具独具特色，而且质量较好，未来有可能发展成为东南亚的家具出口中心。[①] 但是，家具业的发展往往与宏观经济形势、房地产市场发展等因素密切相关。2008 年国际金融危机使得外商直接投资泰国家具业时面临较大波动与风险。如图 11 - 21 所示，2006—2016 年，平均每年净流出泰国家具业的外商直接投资大约是 0.69 百万美元。尤其是在 2008 年国际金融危机之后，泰国家具业的外商直接投资波动幅度明显增大。

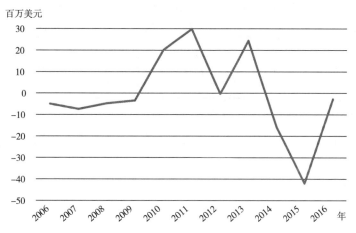

资料来源：Wind 资讯。

图 11 - 21　泰国外商直接投资家具业的情况

（四）电力、燃气、蒸汽及空调供应业

　　在泰国外商直接投资的十一类行业中，2006—2016 年电力、燃气、蒸汽及空调供应业的外商投资平均规模排名第 10 位。一方面，泰国能源供应严重依赖进口，能源供应业有广阔的市场需求。泰国每年从中东、缅甸等国家大量进口燃气，以弥补国内燃气供应缺口，甚至因此诱发电力供应成本上升与电价上涨。预计到 2040 年，泰国将有 70TWh（占比 27%）的电力需求依赖国外互联电网。[②] 另一方面，泰国能源部颁布的《2008—2022 年替代能源发展规划》强调未来绿色能源与环境保护的和谐发展，与此相关的电网改造升级、智能电网建设以及绿色能源供应组合等都给外商直接投资电力行业提供了重要机遇与挑战。由于国际金融危机之后，泰国经济增长速度明显放缓，增长前景不及预期，能源需求大幅减少。2015 年 4 月，泰国能源部能源政策和规划办公室公布了新版的《未来 20 年电力开发规划报告》，未来电力装机容量比早前拟定的原规划减少 5600MW。[③] 随着泰国能源需求减少，外商直接投资电力、燃气、蒸汽及空调供应业的动力减弱。如

---

　　① 资料来源：《泰国有望成为东南亚家具出口中心》，载于中国驻泰国大使馆网站，http：//th. mofcom. gov. cn/article/jmxw/201703/20170302532530. shtml。

　　② 资料来源：《泰国可再生能源市场展望》，载于中国电力网，http：//www. chinapower. com. cn/guoji/20160913/53925. html。

　　③ 资料来源：《泰国电力行业面临机遇和挑战》，载于中国驻泰国大使馆网站，http：//th. mofcom. gov. cn/article/jmxw/201410/20141000774290. shtml。

图 11 – 22 所示，2006—2016 年，泰国外商直接投资平均每年从电力、燃气、蒸汽及空调供应业净流出 9.30 百万美元。

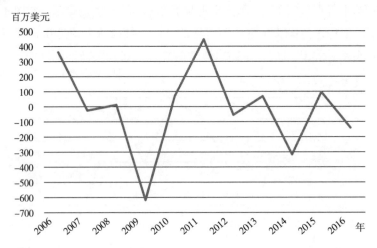

图 11 – 22 泰国外商直接投资电力、燃气、蒸汽及空调供应业的情况

（五）建筑业

在泰国外商直接投资的十一类行业中，2006—2016 年建筑业的外商投资平均规模排名第 11 位。受到宏观经济增长放缓以及政局不稳定的影响，泰国建筑业非常不景气，许多建设项目被迫推迟或者取消。例如，2014 年被推迟的政府交通运输基础设施项目大约价值 2 万亿泰铢。泰国建筑业领域的外商直接投资也受到拖累。2016 年泰国建筑业产值占 GDP 的比重大约是 2.83%。如图 11 – 23 所示，受到泰国建筑业整体不景气的影响，2006—2016 年泰国建筑业外商直接投资平均每年净流出大约 33.54 百万美元。

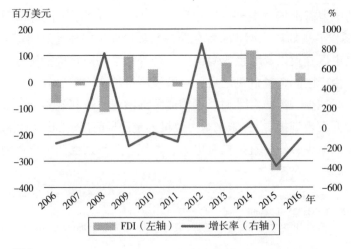

图 11 – 23 泰国外商直接投资建筑业的情况

（六）批发和零售贸易、机动车辆修复业

在泰国外商直接投资的十一类行业中，2006—2016 年批发和零售贸易、机动车辆修复业的外商投资平均规模排名第 5 位。在城镇化进程中，泰国批发和零售行业不仅出现了许多新的商业模式，而且长期保持 7% ~8% 的年增长速度。泰国商务部从 2001 年起曾经多次尝试修订《零售批发商业法》，旨在抑制商业垄断行为与维护市场公平竞争。2016年泰国批发和零售贸易、机动车辆修复业产值占 GDP 的比重大约是 15.42%。快速发展的批发和零售贸易、机动车辆修复市场吸引了外商直接投资流入泰国。如图 11-24 所示，2006—2016 年泰国批发和零售贸易、机动车修复业的外商直接投资平均每年净流入大约 579.11 百万美元。

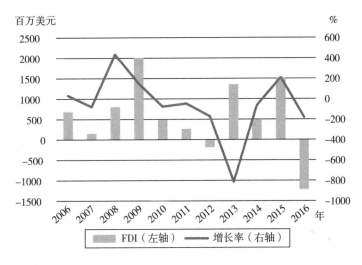

资料来源：Wind 资讯。

图 11-24　泰国外商直接投资批发和零售贸易、机动车辆修复业的情况

（七）运输和储存业

在泰国外商直接投资的十一类行业中，2006—2016 年运输和储存业的外商投资平均规模排名第 7 位。2016 年泰国运输和储存业产值占 GDP 的比重大约是 7.18%。现阶段，泰国的货物运输主要依靠公路交通，占比高达 80%。其次是水路、铁路和航空。运输行业结构有待进一步优化。随着中国—东盟自由贸易区、东盟经济共同体正式成立，泰国物流产业迎来新的机遇与挑战。如图 11-25 所示，2006—2016 年泰国运输和储存业外商直接投资平均每年净流入大约 55.90 百万美元。

（八）住宿和餐饮服务业

在泰国外商直接投资的十一类行业中，2006—2016 年住宿和餐饮服务业的外商投资平均规模排名第 8 位。2016 年泰国住宿和餐饮服务业产值占 GDP 的比重大约是 4.75%。虽然

泰国经济增长放缓，但是随着中国、日本、韩国以及中国香港游客到泰国旅游的人数日益增多，泰国住宿和餐饮服务业获得增长后劲，也吸引了外商直接投资。如图11 – 26所示，2006—2016年泰国住宿和餐饮服务业外商直接投资平均每年净流入大约36.14百万美元。

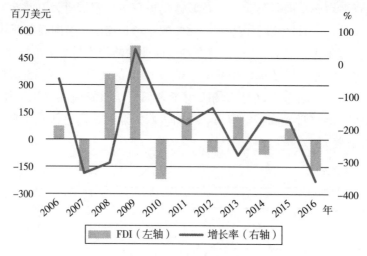

资料来源：Wind资讯。

图11 – 25　泰国外商直接投资运输和储存业的情况

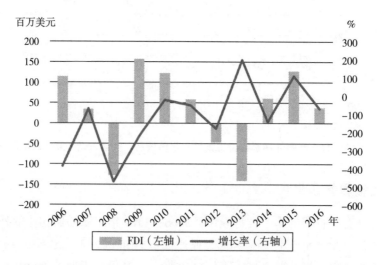

资料来源：Wind资讯。

图11 – 26　泰国外商直接投资住宿和餐饮服务业的情况

（九）金融和保险业

在泰国外商直接投资的十一类行业中，2006—2016年金融和保险业的外商投资平均规模排名第2位。2016年泰国金融和保险业产值占GDP的比重大约是7.76%。截至2017年6月，泰国共有外资银行14家，其中外资银行子行2家（中银泰国和台湾兆丰银行），外资银行分行12家，包括日资银行2家、欧美银行7家、马来西亚银行1家、新加坡银行 1 家和印度银行 1 家。① 如图 11 - 27 所示，2006—2016 年泰国金融和保险业外商直接投资平均每年净流入大约 1785. 18 百万美元。

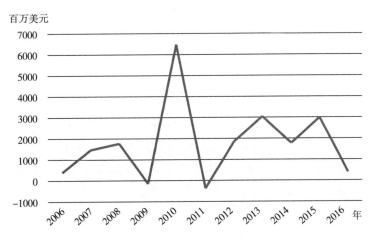

资料来源：Wind 资讯。

图 11 - 27　泰国外商直接投资金融和保险业的情况

（十）房地产业

在泰国外商直接投资的十一类行业中，2006—2016 年房地产业的外商投资平均规模排名第 3 位。2016 年泰国房地产业产值占 GDP 的比重大约是 6. 37%。旅游房地产为停滞的泰国房地产企业注入新的发展动力。其中，日本、中国是泰国旅游房地产最主要的投资来源国。如图 11 - 28 所示，2006—2016 年泰国房地产业外商直接投资平均每年净流入大约 1285. 23 百万美元。

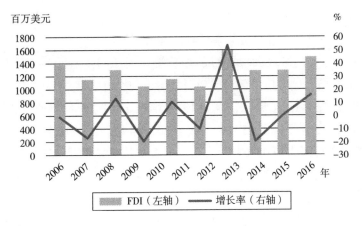

资料来源：Wind 资讯。

图 11 - 28　泰国外商直接投资房地产业的情况

---

① 资料来源：中国银监会网站，http：//www. cbrc. gov. cn/chinese/home/docView/F1D87C01DA09466893404955 4B924FC8. html。

（十一）其他行业

在泰国外商直接投资的十一类行业中，2006—2016 年其他行业的外商投资平均规模排名第 4 位。2016 年泰国其他行业产值占 GDP 的比重大约是 14.35%。如图 11 – 29 所示，2006—2016 年泰国其他行业外商直接投资平均每年净流入大约 952.13 百万美元。

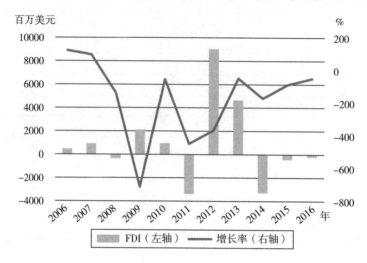

资料来源：Wind 资讯。

图 11 – 29　泰国外商直接投资其他行业的情况

四、广西在泰国的直接投资概况

中泰友好发展史历经上千年，有"中泰一家亲"的美誉。泰国是中国构建 21 世纪海上丝绸之路的支点国家。中泰经贸关系具有非常重要的示范效应和传导作用。

泰国是广西在东盟的第八大投资目的地、第二大承包工程市场、第四大贸易伙伴。2014 年，广西对泰国的进出口总额为 5.79 亿美元，比 2013 年增长了 17.8%。其中，广西从泰国的进口额是 4.25 亿美元，比 2013 年增长了 49.2%；广西向泰国的出口额是1.53 亿美元，比 2013 年下降了 25.7%。截至 2014 年底，广西在泰国共设立境外投资项目 13 个，协议投资总额为 8605.63 万美元，中方协议投资额为 4370 万美元。广西在泰国共签订承包工程项目合同 27 份，合同额为 3.53 亿美元，完成营业额为 2.72 亿美元。广西在泰国投资的代表性项目包括：

（1）泰国乌泰他尼府糖厂扩建项目。这是中国企业在泰国承建糖厂第一个实现盈利的项目，得到了中国驻泰国大使的肯定。由广西建工集团第一安装公司承建，总投资约3 亿美元，以 EPC 总承包模式施工建设。项目于 2012 年 12 月成功开榨投产。

（2）泰国锦业集团公司。截至 2015 年上半年，该项目是广西在泰国中方协议投资额最大的项目。中方企业是广西桂林市桂柳家禽有限责任公司，中方协议投资额为 4113 万美元。项目位于曼谷市，主要从事房地产开发与销售、对外贸易等。2015 年 6 月，该项目已经投入实际运作。

另外，国盾保安服务（泰国）有限公司、泰中文化传媒集团也是中国与泰国的规划合作项目。

五、泰国吸引外商直接投资的主要问题

（一）产能过剩使得外商直接投资风险增大

产能利用率也称为设备利用率，即实际产能除以设计产能。它通常被用来反映工业生产景气状况。如果产能利用率过低，就意味着生产设备、生产原材料、生产人员的闲置，工业生产处于萧条阶段，生产和投资活动收缩。此时，物价指数、平均工资率等指标数值相对较低。相反，如果产能利用率过高，就意味着生产设备、生产原材料、生产人员的充分利用，工业生产处于繁荣阶段，生产和投资活动扩张。此时，物价指数、平均工资率等指标数值相对较高。虽然产能利用率与宏观经济景气状况之间的关系缺乏全球统一的衡量标准，例如，中国的产能过剩与美国的产能过剩存在很大差别，中国现阶段的产能过剩与历史上曾经出现的产能过剩状况也有很大的差别（徐齐利和范合君，2018），但是西方国家一般认为，当产能利用率低于 79% 时，宏观经济处于生产能力过剩的阶段；当产能利用率介于 79%～83% 时，宏观经济处于正常发展阶段；当产能利用率超过 90%，宏观经济处于生产能力严重不足的阶段。如图 11-30 所示，泰国产能利用率综合指数呈现下降趋势，而且长期低于 75%，个别月份甚至下降至 40% 左右，产能过剩压力较大。

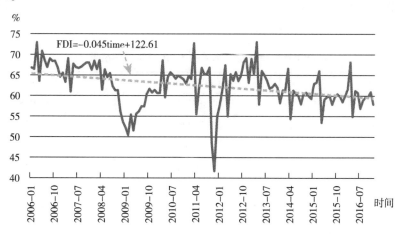

资料来源：Wind 资讯。

图 11-30　泰国产能利用率综合指数的变动情况

由于产能利用率（CAPACITY）与生产者价格指数（PPI）之间能够相互影响，产能利用率下降导致原材料、生产设备等的需求减少，生产者价格指数相应地减少；相反，

生产者价格指数减少，导致原材料、生产设备等变得更加便宜，结果原材料、生产设备的需求增加，产能利用率上升。因此，向量自回归模型（VAR）可以用于描述两者的动态变化状况。

如表 11-4 所示，ADF 单位根检验结果表明，2006 年 1 月至 2016 年 12 月泰国的产能利用率（CAPACITY）与生产者价格指数（PPI）在 5% 的显著水平拒绝原假设，即变量 CAPACITY 和 PPI 都是平稳的时间序列。

表 11-4   ADF 单位根检验

变量	ADF 值	判断（sig = 5%）
CAPACITY	-3. 359295 **	平稳
PPI	-3. 687066 ***	平稳

注：**、***分别代表 5%、1% 显著水平。检验方程仅包含截距项，根据 SC 准则筛选最大滞后阶数。

如表 11-5 所示，根据 LR、FPE、AIC、SC 和 HQ 准则，VAR 模型的最优滞后阶数是 2。

表 11-5   选择 VAR 最优滞后阶数的主要依据

Lag	LogL	LR	FPE	AIC	SC	HQ
0	-797. 5063	NA	828. 5633	12. 39545	12. 43978	12. 41346
1	-641. 2721	305. 2018	78. 21710	10. 03523	10. 16824	10. 08927
2	-609. 6670	60. 76012	50. 98665	9. 607240	9. 828931	9. 697318
3	-609. 0214	1. 221173	53. 71570	9. 659246	9. 969613	9. 785355

如表 11-6 所示，VAR 模型的回归结果验证了产能利用率（CAPACITY）与生产者价格指数（PPI）之间的相互影响。如图 11-31 和图 11-32 所示，PPI 对 CAPACITY 的影响明显强于 CAPACITY 对 PPI 的影响。

表 11-6   产能利用率与物价水平的 VAR 模型回归结果

	CAPACITY	PPI
CAPACITY（-1）	0. 305117	0. 013871
	(0. 08595)	(0. 03454)
	[3. 54994]	[0. 40162]
CAPACITY（-2）	0. 309956	0. 056327
	(0. 08636)	(0. 03470)
	[3. 58910]	[1. 62318]
PPI（-1）	0. 349623	1. 450105
	(0. 18540)	(0. 07450)
	CAPACITY	PPI
	[1. 88577]	[19. 4648]

续表

	CAPACITY	PPI
PPI（-2）	- 0. 293120	- 0. 563512
	(0. 18121)	(0. 07282)
	[- 1. 61753]	[- 7. 73879]
C	23. 80922	- 4. 089862
	(5. 71698)	(2. 29723)
	[- 1. 78034]	[4. 16465]
R - squared	0. 353271	0. 927248
Adj. R - squared	0. 332575	0. 924920
Sum sq. resids	2162. 618	349. 1861
S. E. equation	4. 159440	1. 671373
F - statistic	17. 07005	398. 2896
Log likelihood	- 367. 2121	- 248. 6866
Akaike AIC	5. 726341	3. 902871
Schwarz SC	5. 836630	4. 013161
Mean dependent	62. 33792	2. 677308
S. D. dependent	5. 091359	6. 099724
Determinant resid covariance（dof adj. ）		48. 03230
Determinant resid covariance		44. 40856
Log likelihood		- 615. 4971
Akaike information criterion		9. 623033
Schwarz criterion		9. 843612
Number of coefficients		10

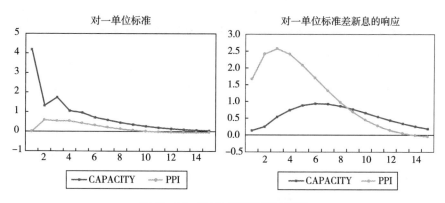

图 11 - 31   VAR 模型的脉冲响应

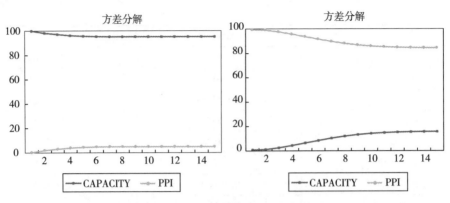

图 11 – 32   VAR 模型的方差分解

首先，CAPACITY 的一单位标准差新息使得 CAPACITY 自身在第 1 个月（即 $t=1$）时上升 4.2%，随后影响力逐渐衰退，并在第 10 个月（即 $t=10$）之后趋于零。CAPACI-TY 的一单位标准差新息对 PPI 的影响在第 2 个月（即 $t=2$）时上升至最大值 0.6%，随后影响力逐渐衰退，并在第 7 个月（即 $t=7$）之后趋于零。

其次，PPI 的一单位标准差新息使得 PPI 自身在第 3 个月（即 $t=3$）时上升 2.6%，随后影响力逐渐衰退，并在第 12 个月（即 $t=12$）之后趋于零。PPI 的一单位标准差新息对 CAPACITY 的影响在第 6 个月（即 $t=6$）时上升至最大值 0.93%，随后影响力逐渐衰退，并在第 15 个月（即 $t=15$）之后趋于零。

再次，产能利用率（CAPACITY）与生产者价格指数（PPI）之间的相互影响是非对称的。CAPACITY 只能解释大约 5% 的 PPI 波动性，PPI 却能够解释大约 16% 的 CAPACI-TY 波动性。

最后，直接投资者在投资前的决策过程中需要了解产能利用率、物价水平等市场因素，而这些参考指标本身相互作用并且具有明显的时滞效应，这将会增大外商直接投资的决策难度。

（二）泰铢疲软、通货紧缩使得外商直接投资的风险增大

如图 11 – 33 所示，泰铢实际有效汇率上升，意味着以泰铢计算的外国商品和劳务的价格上升，即泰铢对外价值下降。虽然外商只需要支付较少的外汇就能够在泰国换取较多数量的生产要素，外商直接投资的成本下降，但是泰铢持续疲软也意味着直接投资利润汇回时将遭受汇率损失。由于后者的损失有可能大于前者的收益，而且泰铢持续疲软也影响了投资者对泰国经济增长的信心，所以泰铢持续贬值不利于外商直接投资。

如图 11 – 34 所示，2006 年 1 月至 2016 年 12 月，在大约三分之一的时间里，泰国的通货膨胀率小于零，通货紧缩压力较大。

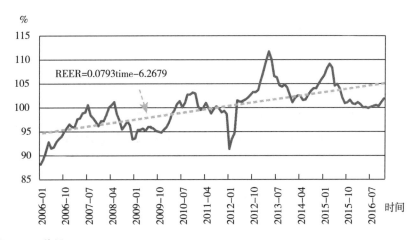

资料来源：Wind 资讯。

图 11 - 33　泰铢实际有效汇率变动趋势

资料来源：Wind 资讯。

图 11 - 34　泰国通货膨胀率（据 PPI 计算）的变动情况

　　如表 11 - 7 所示，无论是 LLC 还是 IPS、ADF、PP 等检验方法，笔者都可以在图中显示出 VAR 模型的最优滞后阶数 2。VAR 模型回归结果如表 11 - 8 所示。

表 11 - 7　　　　　　　　　　　　一组变量的单位根检验结果

Method	Statistic	Prob. **	Cross - sections	Obs
Null：Unit root（assumes common unit root process）				
Levin，Lin & Chu t*	- 3. 88911	0. 0001	3	391
Null：Unit root（assumes individual unit root process）				

续表

Method	Statistic	Prob. **	Cross – sections	Obs
Im, Pesaran and Shin W – stat	– 8.76576	0.0000	3	391
ADF – Fisher Chi – square	89.5780	0.0000	3	391
PP – Fisher Chi – square	85.1351	0.0000	3	393

表 11 – 8　　　外商直接投资、物价水平、有效汇率的 VAR 模型回归结果

	FDI	PPI	REER
FDI（–1）	0.017756	0.000237	0.000186
	(0.09026)	(0.00060)	(0.00049)
	[0.19674]	[0.39540]	[0.38011]
FDI（–2）	– 0.063316	0.000614	– 1.58E – 05
	(0.08972)	(0.00060)	(0.00049)
	[– 0.70570]	[1.02880]	[– 0.03255]
PPI（–1）	– 1.188281	1.473848	– 0.044491
	(11.1806)	(0.07439)	(0.06050)
	[– 0.10628]	[19.8115]	[– 0.73537]
PPI（–2）	6.311484	– 0.574095	0.036598
	(11.2013)	(0.07453)	(0.06061)
	[0.56346]	[– 7.70273]	[0.60380]
REER（–1）	5.758392	– 0.025022	1.101021
	(16.4868)	(0.10970)	(0.08921)
	[0.34927]	[– 0.22810]	[12.3414]
REER（–2）	– 5.129691	– 0.001652	– 0.186991
	(16.0591)	(0.10685)	(0.08690)
	[– 0.31943]	[– 0.01546]	[– 2.15181]
C	– 115.8672	2.952526	8.691723
	(558.387)	(3.71539)	(3.02157)
	[– 0.20750]	[0.79467]	[2.87656]
R – squared	0.019675	0.925901	0.896933
Adj. R – squared	– 0.028145	0.922287	0.891906
Sum sq. resids	803.3079	355.6477	235.2204
S. E. equation	255.5574	1.700425	1.382882
F – statistic	0.411440	256.1585	178.4001
Log likelihood	– 901.5124	– 249.8784	– 223.0063
Akaike AIC	13.97711	3.951976	3.538558
Schwarz SC	14.13152	4.106381	3.692964

续表

	FDI	PPI	REER
Mean dependent	− 36. 45323	2. 677308	99. 99546
S. D. dependent	252. 0352	6. 099724	4. 206136
Determinant resid covariance （dof adj.）		356331. 5	
Determinant resid covariance		301814. 1	
Log likelihood		− 1373. 528	
Akaike information criterion		21. 45427	
Schwarz criterion		21. 91749	
Number of coefficients		21	

如图 11 − 35 所示，生产者价格指数（PPI）的一单位标准差新息能够使得外商直接投资（FDI）在第 2 个月（$t=2$）时下降至 − 2.61%，然后开始回升，并在第 5 个月（$t=5$）时增长至最大值 13.65%，在第 15 个月（$t=15$）时逐渐收敛至零。实际有效汇率（REER）的一单位标准差新息能够使得外商直接投资（FDI）在第 2 个月（$t=2$）时上升至 7.91%，然后下降至 − 1.37%，并逐渐收敛至零。

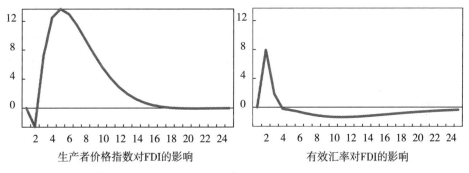

生产者价格指数对FDI的影响　　　　有效汇率对FDI的影响

图 11 − 35　生产者价格指数、有效汇率对 FDI 的影响

（三）政局不稳定使得外商直接投资风险增多

首先，泰国军事政变频发。自 1932 年泰国实行君主立宪制以来至 2016 年，泰国共发生大小军事政变 19 次，其中包括 2006 年和 2014 年各一次。泰国政府更迭频繁，导致投资者非常担心泰国政府制定的各项政策能否保持连续性。

其次，泰国党派政治复杂。泰国政坛活跃着民主党、为泰党、民众党、社会行动党、大众党、自由党等 60 多个政党，其中，民主党、为泰党是泰国最有影响力的政党。具有鲜明党派背景的泰国"黄衫军"与"红衫军"相继举行大规模的街头示威，严重影响了日常生产生活与外国投资者的信心。

最后，泰国南部局势不稳。泰国南部民族分离势力曾经在 2004 年和 2007 年掀起严重暴力冲突，导致重大人员伤亡，直接影响外商在泰国南部地区的直接投资决策。

六、结论与建议

作为典型的小型开放经济体，泰国产业经济和外商直接投资活动容易受到国际经济大环境与国内经济政治小气候的影响。经济增速放缓、产能相对过剩、汇率波动剧烈、法律法规约束以及政治局势不稳定等，都是造成泰国外商直接投资波动的重要因素。

中国企业"走出去"在泰国开展直接投资时，需要注意做好以下几个方面的工作。

（1）加强投资咨询及沟通。中国驻泰国使领馆、中资企业商会、泰国投资促进委员会（BOI）的中国投资顾问组。

（2）采取多样化的直接投资方式。中国企业既可以独资形式在泰国开展生产活动，也可以根据实际情况灵活选择合资形式与合作伙伴。

（3）实施本土化策略，即经营观念本土化、运作方式本土化、人才培养本土化、企业管理本土化。

（4）运用人民币跨境直接投资。既可以节省汇兑成本，也可以降低资金错配风险以及不同币种报表合并产生的汇率风险。

（5）熟悉泰国法律法规，做好风险应急预案。在政治形势不明朗的环境下进行大额投资或大型工程承包建设要格外保持理智和警惕。在进行投资前一定要对当地法律环境进行深入的尽职调查，同时在项目谈判及履行过程中，确保项目相关的各类批文、合同等文件规范、完整、符合泰国法律规定，最大限度地防范出现因项目合规性瑕疵而被新政府叫停的风险。

参考文献

［1］高亚峰，吴建杰.泰国矿产资源概况与投资环境［J］.河北国土资源与海洋科技信息，2013（1）：29－32.

［2］Merlin Ozkan，徐树明.泰国医药市场增长有望持续［N］.医药经济报，2012－07－23（F03）.

［3］王俊娜.警惕产能过剩 做到防患未然［J］.中国汽车界，2010（17）：68－71.

［4］徐齐利，范合君.产能过剩：概念界定、研究谱系与理论架构［J］.当代经济科学，2018（6）：49－59.

［5］王旭祥.人民币跨境直接投资与人民币"走出去"［J］.银行家，2013（1）：84－86.

［6］王霁虹，徐一白.泰国投资基建项目的法律环境［J］.国际工程与劳务，2016（12）：28－30.

（执笔人：黄荣哲）

第三部分 附录

一、改革开放以来中国 GDP 增长指数（上年 = 100）

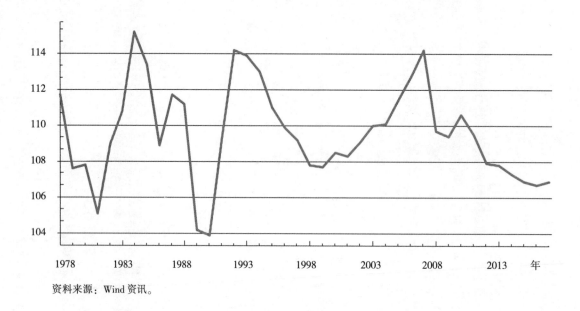

资料来源：Wind 资讯。

二、中国全部工业增加值同比增长率

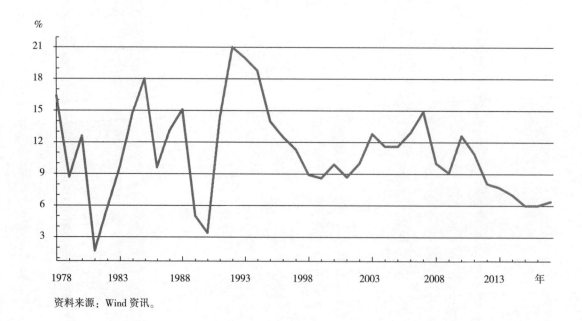

资料来源：Wind 资讯。

三、中国 CPI 指数（上年 ＝100）

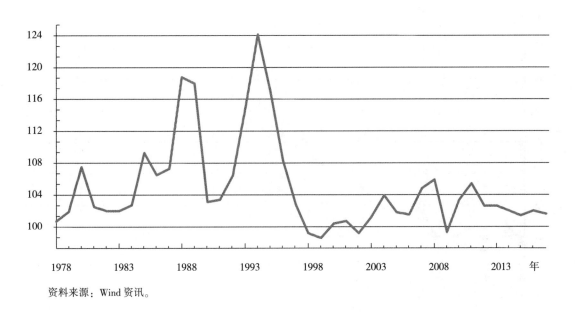

资料来源：Wind 资讯。

四、中国进出口总额

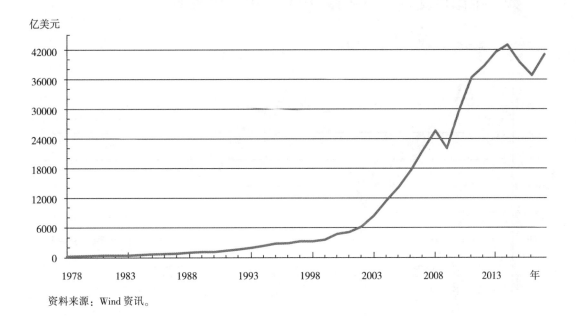

资料来源：Wind 资讯。

五、中国 PPP 项目落地率

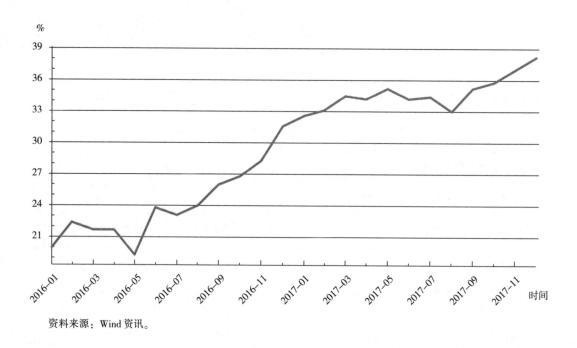

资料来源：Wind 资讯。

六、中国广义货币供应量（M$_2$）同比增长率

资料来源：Wind 资讯。

七、中国货币乘数

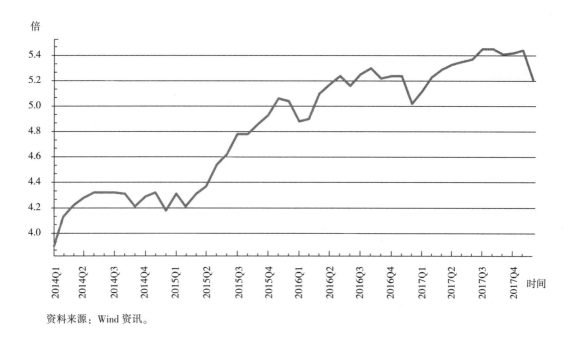

资料来源：Wind 资讯。

八、中国银行人民币跨境指数（CRI）（2011 年第四季度 = 100）

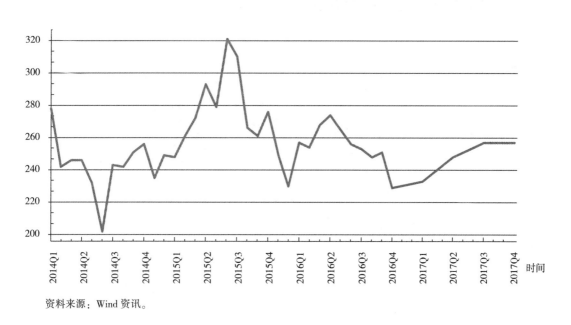

资料来源：Wind 资讯。

九、同业存单发行利率（3个月）

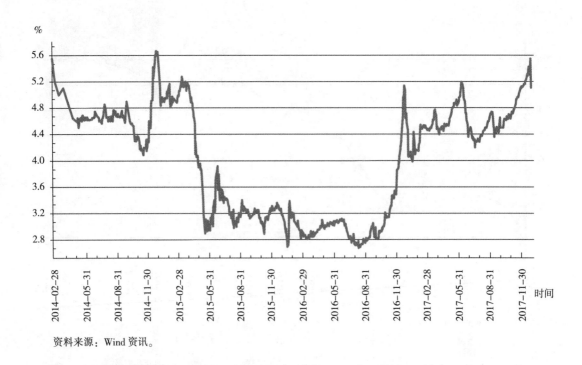

资料来源：Wind 资讯。

十、股票市场的境内外筹资额

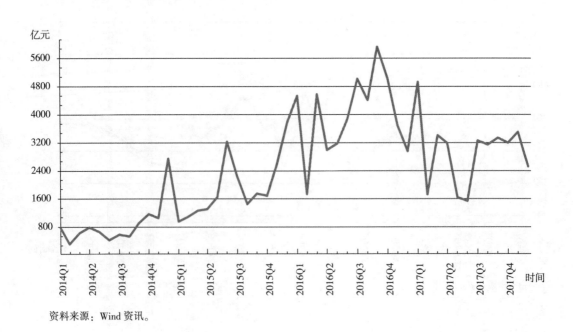

资料来源：Wind 资讯。

十一、房地产开发投资完成额实际累计同比

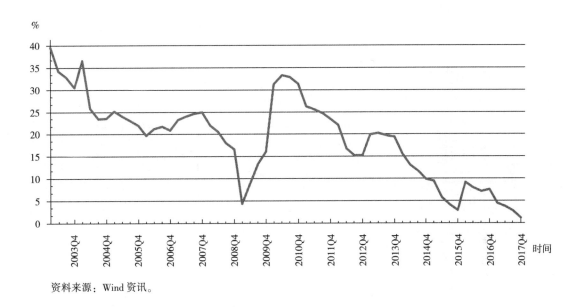

资料来源：Wind 资讯。

十二、城市建成区绿化覆盖率

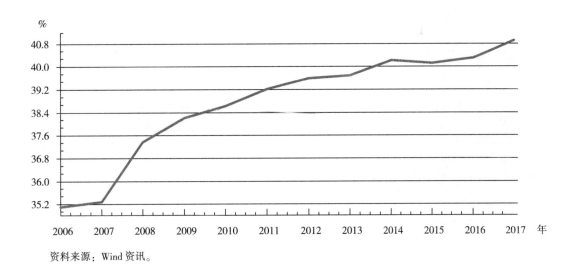

资料来源：Wind 资讯。

十三、PPP 项目落地率

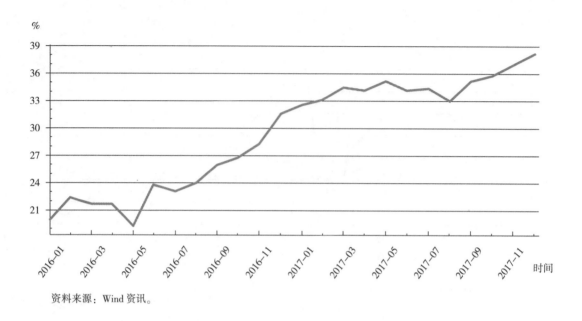

资料来源：Wind 资讯。

十四、高等教育研究生毕业生数

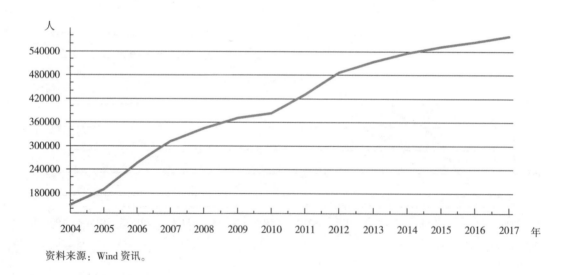

资料来源：Wind 资讯。

十五、研究与试验发展经费支出

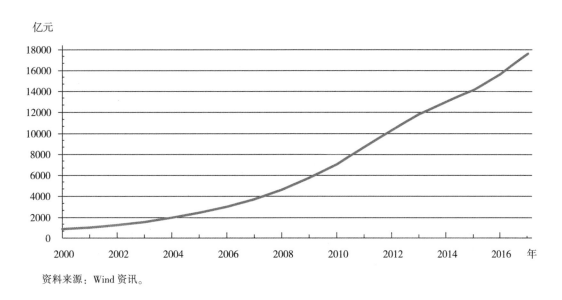

亿元

资料来源：Wind 资讯。

十六、广西地区生产总值

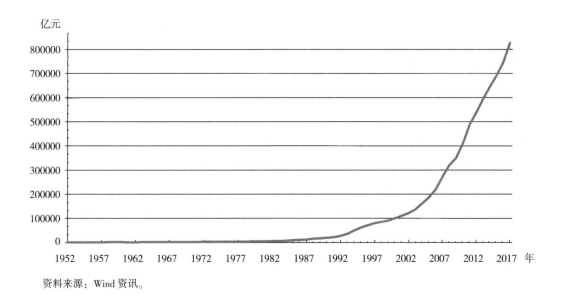

亿元

资料来源：Wind 资讯。

十七、广西劳动者报酬

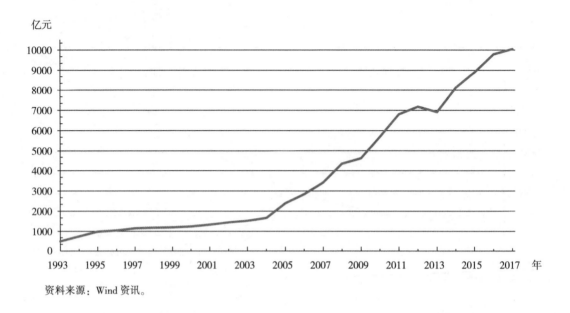

资料来源：Wind 资讯。

十八、广西生产税净额

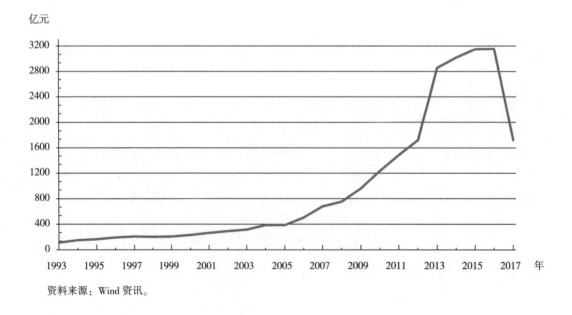

资料来源：Wind 资讯。

十九、广西固定资产折旧

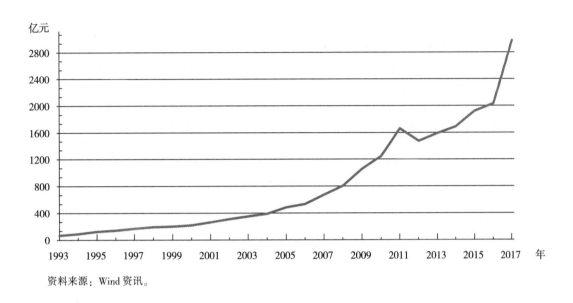

资料来源：Wind 资讯。

二十、广西工业增加值累计同比

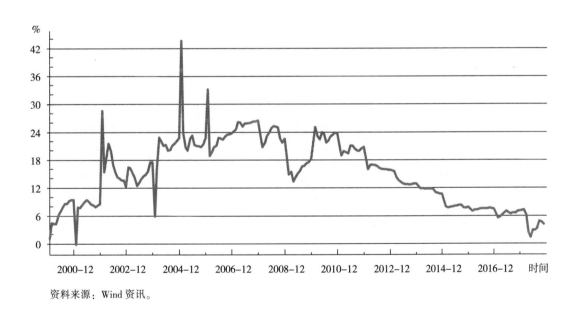

资料来源：Wind 资讯。

二十一、广西 CPI（上年 =100）

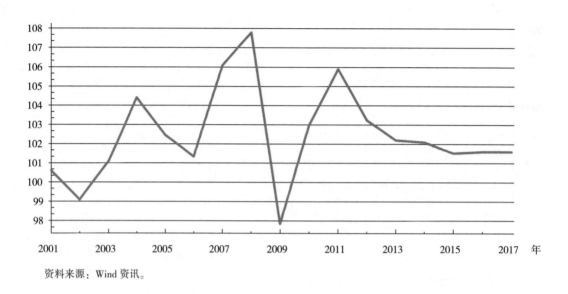

资料来源：Wind 资讯。

二十二、广西高新技术产品出口金额

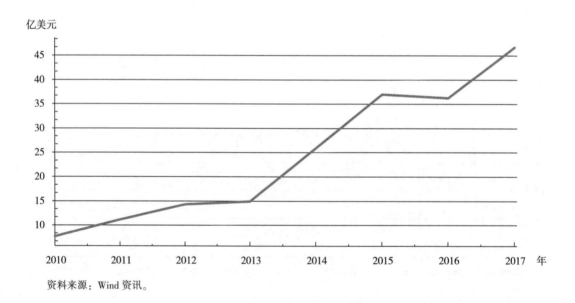

资料来源：Wind 资讯。

二十三、广西外商直接投资企业注册资本

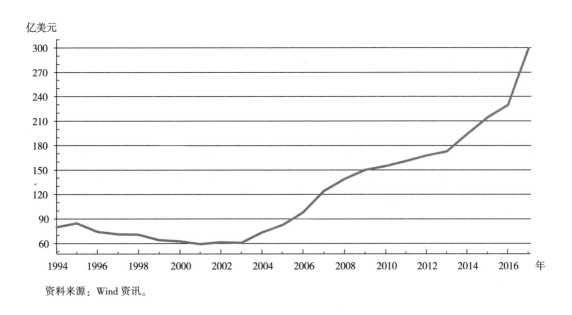

资料来源：Wind 资讯。

二十四、广西城镇固定资产投资完成额

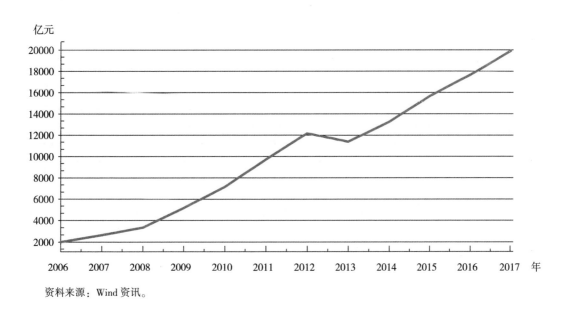

资料来源：Wind 资讯。

二十五、广西社会消费品零售总额

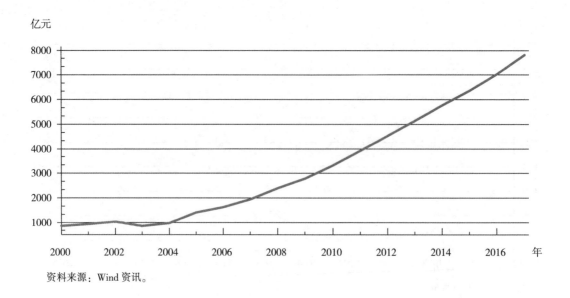

资料来源：Wind 资讯。

二十六、广西限额以上批发业法人企业数

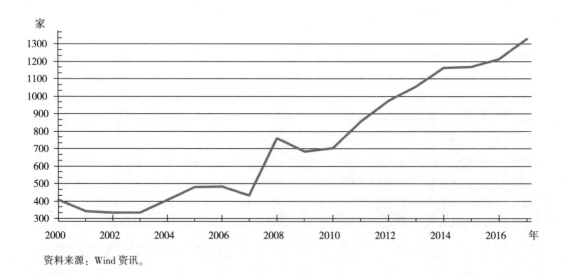

资料来源：Wind 资讯。

二十七、广西限额以上零售业商品销售额

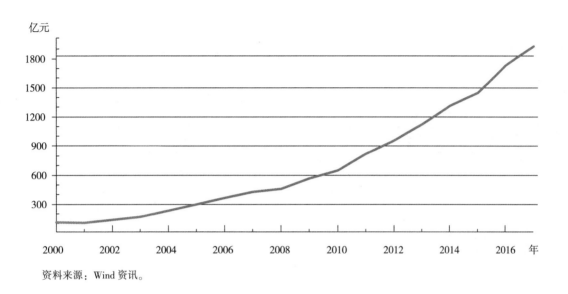

资料来源：Wind 资讯。

二十八、广西月最低工资标准（最低一档、最高一档）

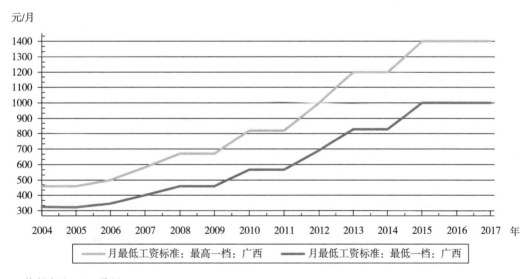

资料来源：Wind 资讯。

二十九、广西城镇单位就业人员工资总额累计同比

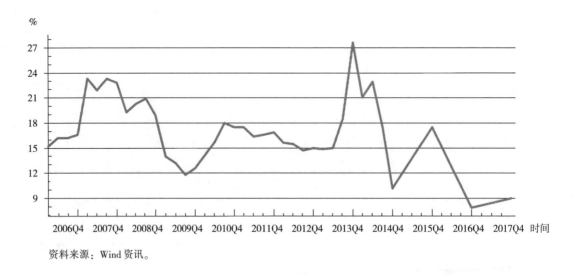

资料来源：Wind 资讯。

三十、广西参加城镇基本养老保险人数

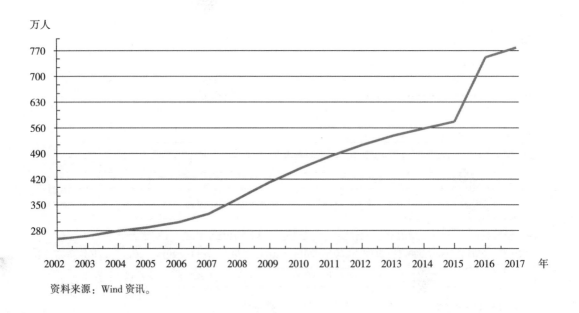

资料来源：Wind 资讯。